Luca Caioli

# RONALDO

## Die Geschichte eines Besessenen

VERLAG DIE WERKSTATT

## Danksagung

Mein Dank geht an Diego Torres, Manuel Pereira, Ian Hawkey, Julia Vogt, Markus Montz, Laure Merle d'Aubigné, Roberto Domínguez und Roberto Baldinelli.

Gewidmet Elvira, Lorenzo, Olmo, Alda und Tullio.

## Der Autor

Luca Caioli, geb. 1958 in Mailand, ist ein renommierter italienischer Sportjournalist und Autor. Er arbeitete in Italien u. a. für *L'Unità*, *Il Manifesto*, *La Repubblica*, *La Gazzetta dello Sport* und *Rai*. Seit 2001 lebt er in Madrid, wo er für *Marca*, *LaSexta*, *Cadena Ser* und *Onda Cero* arbeitet. Er veröffentlichte u. a. bereits Biografien der Fußballstars Fernando Torres, Ronaldinho und Zinédine Zidane, die in mehr als 30 Ländern erschienen sind. Im Verlag Die Werkstatt erschienen seine Biografien über Lionel Messi, Kylian Mbappé, Neymar und Luis Suárez, die bereits mehrere Neuauflagen erfahren haben.

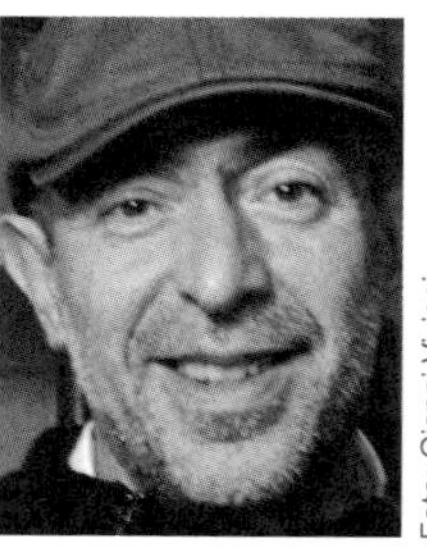

Foto: Gianni Viviani

Die Originalausgabe erschien unter dem Titel „Ronaldo. The obsession for perfection"
bei Corinthian Books, London.
Aus dem Englischen von Markus Montz,
außer
Kapitel 24: aus dem Spanischen von Friederike Werner Sturtz,
Kapitel 25 und 26: aus dem Spanischen von Reimar Paul,
Kapitel 27 und 28: aus dem Italienischen von Kerstin Marfordt,
Kapitel 29–34: aus dem Englischen von Olaf Bentkämper,
Kapitel 35–38: aus dem Italienischen von Kai Tippman,
Kapitel 40 und 41: aus dem Italienischen von Franco Tieferl.
Kapitel 39 wurde von Marcello Risse verfasst.

Bibliografische Information der Deutschen Nationalbibliothek:
Die Deutsche Nationalbibliothek verzeichnet diese Publikation
in der Deutschen Nationalbibliografie; detaillierte bibliografische
Daten sind im Internet über http://dnb.d-nb.de abrufbar.

Auch als E-Book erhältlich: ISBN 978-3-7307-0672-5

13. Auflage 2025

Siekerwall 21, D-33602 Bielefeld
www.werkstatt-verlag.de

Coverabbildung: IMAGO/ZUMA Wire
Gesamtherstellung: Die Werkstatt Medien-Produktion GmbH
Printed in Estonia 2024

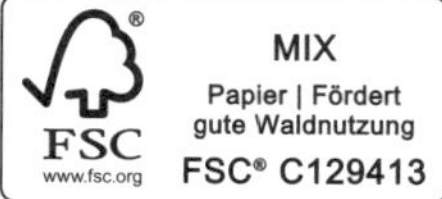


ISBN 978-3-7307-0671-8

# Inhalt

## Kapitel 1

# Ich

„Ich liebe es, Cristiano Ronaldo zu sein.“

„Ich liebe, was ich tue. Ich liebe mein Leben, und ich bin glücklich.“

„Ich halte mich selbst für einen Siegertypen. Ich gewinne öfter, als ich verliere. Ich versuche immer, konzentriert zu bleiben. Mir ist klar, dass das nicht einfach ist, aber im Leben ist ja nichts einfach. Wenn es das wäre, wären wir nicht mit Geschrei auf die Welt gekommen.“

„Ich bin ein Mensch, der den Wettkampf sucht, und das wird sich auch niemals ändern. Natürlich werde ich älter und auch erwachsener. Aber die Art, wie ich denke, die ändert sich nicht.“

„Ich vertraue auf mein Können. Das habe ich immer getan.“

„Ich bin, wer ich bin. Die Art, wie ich handele, was andere sehen können – das ist mein wahres Ich.“

„Ich habe mein Verhalten noch nie für irgendjemanden verändert. Wenn man mich mag, toll. Wenn nicht, kann man auch wegbleiben. Man muss ja nicht zu meinen Spielen kommen.“

„Diejenigen, die mich kennen, wissen, wer ich wirklich bin, kennen meine Persönlichkeit und meinen Charakter.“

„Mit meiner Familie bin ich eng verbunden. Ich habe meinem Vater sehr nahegestanden, und ich stehe meiner Mutter und meinen Geschwistern nach wie vor sehr nahe. Meine Familie ist mein Fels in der Brandung. Sie hat mich unglaublich unterstützt und ist immer für mich da, wenn ich sie brauche. Sie hat mir so viel geholfen, und ich versuche, für sie genauso da zu sein, wie sie es für mich gewesen ist.“

„Die Menschen, die mich gut kennen, lieben mich."

„Ich sage immer das, was ich denke. Ich sage, wie es ist. Schon möglich, dass das andere an mir nicht abkönnen."

„Ich achte nicht auf das, was die Leute über mich erzählen. Ich lese die Zeitungen oder Zeitschriften gar nicht. Es steht ja jedem seine eigene Meinung zu."

„Man hat viele Lügen über mich verbreitet … Das ist der Preis des Ruhms."

„Ich glaube, dass die Leute neidisch auf mich sind, weil ich reich bin, gut aussehe und ein hervorragender Fußballspieler bin. Eine andere Erklärung gibt es nicht."

„Ich bin jederzeit bereit, dazuzulernen und mir andere Meinungen anzuhören."

„Ich bin einer, mit dem man sehr gut zusammenleben kann. Und ich schätze mich sehr glücklich, wann immer ich über irgendetwas reden muss, da ich die besten Freunde der Welt habe."

„Ich bin ein ganz normaler Kerl und habe genauso Gefühle wie alle anderen auch."

„Ich bin im Großen und Ganzen ein positiver und sehr ausgeglichener Mensch."

„Für mich ist es wichtiger als Geld, gut mit anderen Menschen auszukommen."

„Eine gute Lebensqualität ist wichtiger als Geld."

„Ich verschwende keine Zeit auf Menschen, die mich anlügen – für mich ist Lügen eine der schlimmsten Eigenschaften. Es macht mich wirklich wütend."

„Ich habe eine hervorragende Erziehung genossen. Meine Eltern haben mir beigebracht, ich selbst zu sein und mich für niemanden zu verändern. Wenn die Leute mich mögen, fein. Wenn nicht, kratzt mich das auch nicht."

„Ich mag es, wenn die Leute um mich herum lächeln und glücklich und zufrieden sind."

„Man gewinnt in diesem Leben nichts, wenn man nicht die Art von Hindernissen überwindet, die mir begegnet sind."

„Ich habe jeden Tag geweint, als ich noch ein kleiner Junge war und in Lissabon groß geworden bin. Ich weine immer noch – ich vergieße viele Tränen, sowohl aus Freude als auch aus Traurigkeit. Es ist gut, zu weinen. Weinen ist einfach ein Teil des Lebens."

„Ohne Pause zu reden, ist nicht meine Art. Zu viel zu reden, ist nicht gut für dein Image."

„Ich rede nicht gern über mein Privatleben. Ich mag es nicht, wenn ich Aufmerksamkeit darauf lenke, aber ich verstecke auch nichts. Sollen die Leute doch tratschen, wenn sie wollen. Wenn die Leute ihre Story verkaufen wollen, ist das ihre Sache. Ich habe kein Interesse daran."

„Ich bin ein pfiffiges Bürschchen – aber niemand ist perfekt, und das schließt auch mich mit ein."

„Es gibt Tage, an denen es nicht leicht ist, Cristiano zu sein – Tage, an denen ich nur zu gerne etwas ganz Normales tun würde und es nicht kann. Aber ich weiß, wie man damit umgeht; und wenn ich ganz ehrlich bin, dann fühle ich mich mit dieser Art von Leben auch nicht unwohl."

*Anmerkung des Verfassers:* Diese Zitate sind Auszüge aus Interviews mit den folgenden spanischen Medien: *Radiotelevisión Española (RTVE), Antena 3, Telecinco, Intereconomía TV, Cadena SER, Cadena COPE, Real Madrid TV* und den drei Fußballzeitungen *Marca*, *As* und *A Bola*.

Kapitel 2

# Abelhinha - die kleine Biene

## Die Kindheit auf Madeira

*„Auf der einen Seite hatte ich eine glückliche Kindheit. Auf der anderen Seite war sie nicht normal, weil ich mit zwölf Jahren meine Familie verlassen habe und nach Lissabon gezogen bin.“*

Die Drei-Zimmer-Sozialwohnung, in der Cristiano aufwuchs, gibt es nicht mehr. Im Jahr 2007 hat man das Gebäude, das im Viertel Santo António in Madeiras Hauptstadt Funchal in der Quinta do Falcão 27A lag, abgerissen, um keine Probleme mit Hausbesetzern zu bekommen. Die Familie Aveiro war zu diesem Zeitpunkt schon lange fortgezogen. Cristianos Mutter Dolores lebt mittlerweile in einem großen weißen Haus mit Blick auf den Atlantik, das am anderen Ende von Funchal in São Gonçalo steht – ein wundervolles Zuhause, das ihr Sohn ihr gekauft hat und das sich ganz in der Nähe der Domizile seines Bruders Hugo und seiner Schwester Cátia befindet.

Die früher einmal sehr ärmliche Quinta do Falcão mit ihrer am Berghang gelegenen Ansammlung von Sozialwohnungen hat sich in den vergangenen Jahren dank einiger Investitionen der Europäischen Union sehr verändert. Neue Gebäudekomplexe sind aus dem Boden geschossen. Das Gebiet ist nun auch für die portugiesische Mittelklasse annehmbar geworden, in deren Reihen sich immer breiteres Entsetzen über die Häuserpreise entlang der Küstenlinie breitgemacht hat.

Am Ende der schmalen, kleinen Straße, an der das Haus des Fußballers einmal gestanden hat, gibt es heute nur noch etwas überwuchertes Buschland, einen Kleinfeld-Fußballplatz und eine Kneipe. Trotzdem pilgern Fans hierher, und die Taxis bieten ihnen für ein paar Euros eine Tour zu seinem Geburtsort, den Orten seiner Kindheit, seiner Schule, den Ort, an dem er anfangs Fußball gespielt hat … Er hat es sogar geschafft, so illustre Besucher Madeiras wie Winston Churchill, Kaiserin Elisabeth „Sissi“ von Österreich, Kaiser Karl I. von Österreich, den Literaten George Bernard

Shaw, den Dichter Rainer Maria Rilke, Christoph Kolumbus und Napoleon in den Schatten zu stellen.

Madeira ist eine Inselgruppe im Atlantik, die sich ungefähr 860 Kilometer von Lissabon entfernt befindet und zu der zwei bewohnte Inseln gehören – Madeira und Porto Santo. Hinzu kommen drei kleinere, unbewohnte Inseln. Von Reiseführern als „Garten des Atlantiks" gepriesen, sitzt die Insel Madeira auf einem 57 Kilometer langen und 22 Kilometer breiten vulkanischen Felsen, der vom Meeresboden bis zu dem 1.862 Meter hohen Gipfel des Pico Ruivo aufsteigt, der höchsten Erhebung. Die Hauptstadt Funchal hat 110.000 Einwohner.

Hier wird Cristiano am 5. Februar 1985, einem Dienstag, um 10:20 Uhr vormittags in der Klinik Cruz de Carvalho geboren. Er misst bei der Geburt 52 Zentimeter und wiegt knapp neun Pfund. Er ist das vierte Kind von Maria Dolores dos Santos und José Dinis Aveiro und der jüngste Bruder von Hugo, Elma und Cátia. Die Schwangerschaft war nicht geplant gewesen, gerade einmal 18 Monate liegen zwischen ihm und Cátia. Nun muss noch ein Name für ihn gefunden werden. „Meine Schwester, die in einem Waisenhaus arbeitete, schlug vor, dass wir ihn Cristiano nennen", erinnert sich Dolores. „Ich dachte, dass das eine gute Wahl sei. Und mein Mann und ich mochten beide den Namen Ronaldo, nach Ronald Reagan. Meine Schwester wählte also Cristiano und wir Ronaldo."

Cristiano Ronaldo dos Santos Aveiro wird in der Kirche Santo António getauft – an einem Tag, der zufälligerweise durch den Fußball geprägt wird. In seiner Freizeit nämlich hilft sein Vater José Dinis als Zeugwart des Amateur-Fußballvereins CF Andorinho in Santo António aus. Er bittet den Mannschaftskapitän Fernão Barros Sousa darum, Patenonkel des gerade geborenen Babys zu werden. Die Zeremonie ist für sechs Uhr abends angesetzt, doch zuvor findet um vier Uhr noch ein Spiel statt – Andorinha spielt gegen Ribeiras Bravas.

Priester António Rodríguez Rebola wird allmählich nervös. Er hat die anderen Kinder bereits getauft, und noch immer ist weder vom Vater noch vom Patenonkel etwas zu sehen. Dolores und die Patentante in spe laufen ihm in der Kirche hinterher, mit dem Baby im Schlepptau, und versuchen, den Geistlichen zu beruhigen. Schließlich kommen mit einer halben Stunde Verspätung auch Fernão und Dinis, und die Zeremonie kann endlich beginnen.

Die ersten Bilder im Familienalbum zeigen Cristiano als Baby, wie er mit großen Augen direkt in die Kamera starrt. Er ist in ein kleines, blau-weißes Gewand und weiße Schühchen gekleidet, trägt an beiden Handgelenken goldene Armreifen und außerdem einen goldenen Ring sowie eine lange Kette mit einem Kruzifix um den Hals. Mit zunehmendem Alter ist auf den Fotos zu erkennen, wie sich sein Haar in einen kleinen Lockenschopf verwandelt und sein Lächeln nach dem Verlust der Schneidezähne etwas lückenhaft wird.

Dinis ist als Gärtner beim Rathaus angestellt, während Dolores hart als Köchin arbeitet, um ihren eigenen Kindern ebenfalls Essen auf den Tisch stellen zu können. Wie Tausende Portugiesen ist auch sie im Alter von 20 Jahren nach Frankreich gegangen, wo sie drei Monate lang Häuser geputzt hat. Ihr Mann wollte eigentlich nachkommen, doch als sich das zerschlug, ging sie zurück nach Madeira. Da hatten sie bereits zwei Kinder.

Das Leben ist nicht leicht für die Familie Aveiro – es ist für jeden schwierig, der weit entfernt von der Luxushotel-Industrie an der Küste wohnt. Es ist ein kleines Zuhause für eine sechsköpfige Familie, und wann immer es einen Regenschauer gibt, tropft es im Haus an Dutzenden Stellen hinein. Dolores besorgt sich Ziegel und Mörtel aus dem Rathaus, um das Problem in den Griff zu bekommen. Cristiano blickt dennoch auf eine glückliche Kindheit zurück. Im Alter von zwei oder drei Jahren entdeckt er beim Spielen auf dem Hof seinen besten Freund – den Fußball. „Einmal schenkte ich ihm an Weihnachten ein ferngesteuertes Auto und dachte, dass er damit gut ausgelastet sein würde", erinnert sich sein Patenonkel Fernão Sousa. „Aber er spielte lieber mit einem Fußball. Er schlief mit dem Ball, und er ging nie von seiner Seite. Er war immer unter seinem Arm – wo immer er auch hinging, er kam mit."

Cristiano kommt in eine Kinderkrippe des Externato de São João da Ribeira, einer von Franziskanernonnen geführten Schule. Mit sechs Jahren geht er auf die örtliche Grundschule. Als weiterführende Schule besucht er die Schule Gonçalves Zarco, die besser bekannt ist als Barreiros-Schule wegen ihrer Nähe zum Barreiros-Stadion, in dem die bekannte portugiesische Mannschaft von CS Marítimo Funchal spielt. Cristiano ist kein eifriger Schüler. Er schlägt sich nicht allzu schlecht, aber er ist auch nicht gerade ein Bücherwurm – er ist froh, wenn er irgendwie versetzt wird.

Eine seiner ehemaligen Klassenlehrerinnen, Maria dos Santos, hat ihren ehemaligen Schüler als „artig", „witzig" und als „einen guten Freund seiner Klassenkameraden" in Erinnerung. Fragt man sie nach seiner Lieblingsfreizeitbeschäftigung, so sagt sie: „Von dem Tag an, als er durch die Tür kam, war Fußball sein Lieblingssport. Er hat sich auch an anderen Aktivitäten beteiligt, Lieder gelernt und seine Arbeit erledigt, aber er hatte gerne Zeit für sich selbst, Zeit für den Fußball. Wenn gerade kein Ball in der Nähe war – und oft war keiner da –, dann konnte er sich einen aus Socken machen. Er fand immer einen Weg, auf dem Schulhof Fußball zu spielen. Ich habe keine Ahnung, wie er das hinbekommen hat."

Fußball auf dem Schulhof und Fußball auf der Straße also. „Wenn er von der Schule nach Hause kam, habe ich ihm immer gesagt, dass er auf sein Zimmer gehen und seine Hausaufgaben machen soll", sagt Dolores. „Er hat mir dann immer erzählt, dass er keine aufbekommen habe. Also ging ich wieder und fing mit dem Kochen an, und er versuchte sein Glück. Er kletterte aus dem Fenster, schnappte sich einen Joghurt oder ein Stück Obst und rannte mit dem Ball unter dem Arm davon. Er war dann draußen und spielte bis halb zehn Uhr abends."

Als wenn das nicht genug wäre, fängt er auch an, den Unterricht zu schwänzen, um hinauszugehen und zu spielen. „Seine Lehrer meinten zu mir, dass ich ihn bestrafen müsse, aber das habe ich nie getan. Er musste ja so viel wie möglich üben, um ein Fußballstar zu werden." Auch ihr Sohn bestätigte später einmal: „Ich habe immer Fußball mit meinen Freunden gespielt. Damit habe ich meine Zeit verbracht."

Er spielt auf der Straße, weil es in der Nachbarschaft keinen Fußballplatz gibt. Eine Straße, die Quinta do Falcão, erweist sich als besondere Herausforderung, wenn Busse, Autos und Motorräder hindurch wollen. Man muss jedes Mal die Steine wegnehmen, die die Torpfosten markieren, und mit dem Wiederbeginn des Spiels warten, bis der Verkehr durchgefahren ist. Die ausgetragenen Partien sind heiß umkämpfte Schlachten zwischen bestimmten Hausgemeinschaften oder Kinderbanden. Es sind Spiele, die niemals aufhören. Eine Atempause gibt es nur, wenn der Ball in einem der Gärten der Nachbarn landet – und wenn es der Garten vom alten Senhor Agostinho ist, droht er jedes Mal damit, ein Loch in den Ball zu stechen und Dolores und den anderen Müttern zu sagen, dass sie ihre Kinder besser im Zaum halten sollen.

Und dann ist da noch eine Senke, in der Cristiano über Stunden alleine den Ball gegen die Mauer schießt. Die Senke und die Straße sind seine ersten Trainingsplätze. Genau hier, zwischen Bürgersteig, Asphalt und Autos und beim Spiel gegen jüngere wie ältere Kinder, lernt Ronaldo jene Tricks und Techniken, die ihn groß werden lassen und zu seinem unverkennbaren Stil werden sollen. „Er ist immer den ganzen Tag draußen auf der Straße unterwegs gewesen und hat echte Tricks mit dem Ball gemacht. Es war, als wenn er an seinem Fuß klebte", erinnert sich Adelino Andrade, der in der Nähe der Familie Aveiro wohnte. „Was Fußball angeht, war er wirklich begabt", meint auch Cristianos Schwester Elma. „Aber wir haben uns nie träumen lassen, dass er mal dort hinkommen würde, wo er heute ist."

Im Alter von sechs Jahren unternimmt Cristiano seinen ersten Ausflug in die Welt des Fußballs. Sein Cousin Nuno spielt für Andorinha, und Cristiano war bereits häufiger gemeinsam mit seinem Vater auf der Anlage. Nuno lädt ihn ein, vorbeizukommen und ihn spielen zu sehen, und fragt ihn, ob er sich nicht einer der Mannschaften anschließen wolle. Cristiano trainiert mit und beschließt, seine Chance zu nutzen. Dolores und Dinis freuen sich über die Entscheidung ihres jüngsten Sohnes – sie haben Fußball immer gerne gemocht. Dinis und sein älterer Sohn Hugo sind Fans von Benfica, während Dolores Luís Figo und Sporting Lissabon verehrt.

In der Saison 1994/95 bekommt der neunjährige Cristiano Ronaldo dos Santos Aveiro vom Fußballverband von Funchal seinen ersten Spielerpass mit der Nummer 17.182. Er trägt nun das hellblaue Trikot von Andorinha. Andorinha ist ein örtlicher Verein mit einer langen Geschichte. Er wurde am 6. Mai 1925 gegründet. Der Name Andorinha ist der portugiesische Begriff für Schwalbe und geht der Legende nach auf den fantastischen Schuss eines bestimmten Spielers zurück, dem dann der Flug einer Schwalbe folgte.

Der Grundschullehrer Francisco Afonso, der Cristianos Schwester Cátia unterrichtete, war 25 Jahre lang Trainer in den Jugendligen Madeiras. Er war auch Ronaldos erster Trainer und hat nie vergessen, wie er ihn im Alter von sieben Jahren zum ersten Mal bei Andorinha auf dem Platz sah. „Fußball war das, wofür Cristiano lebte", sagt er. „Er war schnell, er war technisch brillant, und er spielte mit seinem linken und seinem rechten Fuß gleich gut. Er war dünn, dafür aber einen Kopf größer als die anderen Kinder in seinem Alter. Ganz ohne Frage war er extrem talentiert – er hatte ein natürliches Talent, das in den Genen lag. Er jagte immer dem

Ball nach und wollte derjenige sein, der das Spiel entschied. Er war sehr konzentriert und hat unabhängig davon, wo auf dem Platz er sich befand, gleich hart gearbeitet. Und wann immer er nicht spielen konnte oder ein Spiel verpasste, war er am Boden zerstört."

Vereinspräsident Rui Santos erzählt eine nette Anekdote von einem Spiel während der Saison 1993/94. Andorinha trat gegen Camacha an, das damals zu den stärksten Teams auf der Insel gehörte. Zur Halbzeit lag Andorinha 2:0 hinten, und „Ronaldo war so verzweifelt, dass er wie ein Kind schluchzte, dem man das Lieblingsspielzeug weggenommen hatte. In der zweiten Hälfte kam er aufs Feld und schoss zwei Tore, mit denen er die Mannschaft zu einem 3:2-Sieg führte. Er konnte es definitiv nicht ab, zu verlieren. Er wollte jedes Mal gewinnen, und wenn sie verloren, dann hat er geweint."

„Deshalb wurde er auch Heulsuse genannt", erklärt Dolores. Er brach leicht in Tränen aus oder wurde wütend – wenn ihm ein Mannschaftskamerad den Ball nicht zuspielte, wenn er oder jemand anderes das Tor nicht traf oder einen Pass nicht bekam oder wenn die Mannschaft nicht so spielte, wie er wollte. Der andere Spitzname, den er bekam, war *Abelinha,* die ‚kleine Biene', weil er wie eine geschäftige Biene immer kreuz und quer über den Platz lief. In Madrid sollte Cristiano viele Jahre später seinen Yorkshireterrier auf den gleichen Namen taufen.

„Ein Fußballspieler wie Ronaldo kommt nicht jeden Tag daher", fügt Rui Santos hinzu. „Und wenn er es plötzlich tut, dann wird einem klar, dass er ein Superstar ist – anders als all die anderen Kinder, die man hat spielen sehen." Doch leider gehörte Andorinha zu den schwächsten Teams in der Liga, und wenn sie sich Größen wie Marítimo, Camara de Lobos oder Machino gegenübersahen, wurden die Spiele zu einer Art Stahlbad. Ronaldo wollte eigentlich nicht hin, weil er schon wusste, dass sie verlieren würden. Doch dann kam sein Vater nach Hause, munterte ihn auf und überzeugte ihn schließlich, Dress und Schuhe anzuziehen und zur Mannschaft auf dem Feld zu stoßen. Nur die Schwachen geben auf, pflegte er zu sagen – und das war eine Lektion, die der kleine Ronaldo niemals vergessen würde.

Innerhalb weniger Jahre ist sein Name auf der gesamten Insel bekannt. Die beiden großen Vereine der Insel, Nacional de Madeira und Marítimo Funchal, fangen an, sich für die kleine Biene zu interessieren. Die

Geschichten über das Kind, das weiß, wie man mit dem Ball umgeht, erreichen auch die Ohren von Cristianos Patenonkel Fernão Sousa. Er trainiert eine Nachwuchsmannschaft von Nacional de Madeira. „Ich war hocherfreut, als ich mitbekam, dass man da über meinen Patensohn redete“, sagt er. „Ich wusste, dass er Fußball spielte, aber ich hatte keine Ahnung, dass er so gut war. Er war den anderen um Meilen voraus. Er ging wundervoll mit dem Ball um und hatte mit Sicherheit eine glänzende Zukunft vor sich. Mir war sofort klar, dass dieses Kind ein Geschenk des Himmels für seine Familie sein konnte.“ Ohne auch nur ein bisschen zu zögern, will er ihn zu Nacional holen. „Ich sprach mit seiner Mutter. Ich erklärte ihr, dass es das Beste für ihn sein würde, und wir kamen dann auch zu einer Einigung mit Andorinha.“

Doch es ist nicht ganz so einfach, wie Sousa es darstellt. Dinis sähe es lieber, wenn sein Sohn zu Marítimo ginge. Die geschichtsträchtige, ehemalige Spielstätte „Almirante Reis“ liegt ganz in der Nähe des Hauses der Familie. Außerdem hat der Junge grün-rotes Blut – sein Herz schlägt für Marítimo. Man kann sich nicht einigen, und deshalb arrangiert Rui Santos eine Zusammenkunft mit beiden Vereinen, um sich über mögliche Offerten auszutauschen. Doch der Trainer der Nachwuchsmannschaft von Marítimo erscheint nicht zu dem Treffen mit dem Präsidenten von Andorinha. So kommt es, dass Cristiano zu Nacional wechselt, im Tausch gegen 20 Bälle und zwei Sätze Spielkleidung für den Nachwuchs.

Finanziell ist der Transfer keine große Sache, aber Andorinha wird als der erste Verein des späteren Weltfußballers in die Geschichte eingehen und später Subventionen von der Stadtverwaltung erhalten. Mittlerweile ist das alte Spielfeld durch einen Kunstrasenplatz ersetzt worden, inklusive Flutlicht. Außerdem hat der Deal mit Nacional einen Platz in den Geschichtsbüchern Madeiras – genau wie in Madrid Raúls Wechsel aus der Jugend von Atlético zu Real, der angeblich einzig und allein deshalb erfolgte, weil die Rot-Weißen dem Jungen nicht die Busfahrkarte für den Weg zum Training bezahlen wollten.

Cristiano ist gerade einmal zehn Jahre alt, als er zu Nacional kommt – und seine Mutter macht sich mehr als nur ein paar Sorgen. „Mein Mann hat ihn immer darin bestärkt, mit älteren Jungs zu spielen. Ich hatte Angst, dass er sich weh tut oder sich ein Bein bricht, aber Dinis hat immer gesagt: ‚Kein Stress, die kriegen ihn ja gar nicht. Er ist zu schnell.‘“

Dass er nur Haut und Knochen ist, entgeht auch den Trainern von Nacional nicht. Schleunigst empfehlen sie, dass er mehr essen soll, um etwas kräftiger zu werden. Doch wenn es um die Bewertung seiner Qualifikationen geht, gibt es für sie keinen Zweifel. „Wir haben sofort gesehen, dass er fantastisch ist", sagt António Mendoça. Er war Cristianos Coach während seiner zwei Spielzeiten bei Nacional. „Seine Fähigkeiten waren schon hochgradig entwickelt: Tempo, Dribbling, Schusstechnik, blitzschneller Abschluss. Der Straßenfußball hatte ihm beigebracht, wie man Tritten entgeht, dem Gegner ausweicht und sich mit Jungs auseinandersetzt, die viel größer waren als er. Er hatte auch seinen Charakter gestärkt – er war verdammt mutig."

Nun ist es an Mendoça und den anderen Trainern, ihm zu vermitteln, dass Fußball ein Mannschaftssport ist. Ronaldo bringt es fertig, sich den Ball in der eigenen Hälfte zu holen und sich in Richtung Tor aufzumachen – ohne irgendjemanden in seiner Mannschaft anzuspielen. Seine Gegner machen ihm nichts aus. Niederlagen sind keine Option: Er will alles gewinnen. Er weint und wird wütend auf seine Mannschaftskameraden, wenn etwas schiefläuft. „Sie haben es hingenommen, weil er ja immer so viele Tore geschossen hat", sagt Mendoça. „Wir haben alle unsere Spiele immer 9:0 oder 10:0 gewonnen." Trotzdem sind sein Eigensinn und Stolz ein Problem. Er benimmt sich gegenüber den anderen, als wäre er etwas Besseres. Außerdem ist es schwierig, ihm Ratschläge zu erteilen – das geht nur unter vier Augen und niemals vor dem ganzen Team.

In der Saison 1995/96 gewinnt Cristiano mit Nacional seine erste Regionalmeisterschaft in der Liga der Zehn- bis Zwölfjährigen. Allmählich werden Vereine wie der FC Porto und Boavista Porto, also die großen Klubs vom portugiesischen Festland, auf ihn aufmerksam. Fernão Sousa ist der Meinung, dass es an der Zeit sei, den Sprung zu wagen. Zum zweiten Mal nimmt er Kontakt zu jemandem auf, der die Zukunft des Jungen verändern wird, nämlich João Marques Freitas, dem stellvertretenden Bezirksstaatsanwalt und gleichzeitigen Repräsentanten von Sporting Lissabon in Funchal. Der berichtet daraufhin den Grün-Weißen von dem unglaublichen Jungen aus der Quinta do Falcão. Sporting schickt jemanden hinüber, um mit der Familie zu reden. Es dauert nicht lang, und Ronaldo verabschiedet sich von seiner Kindheit, seiner Familie, seinen Freunden und seiner Insel. Für ihn ist es nun an der Zeit, den Weg auf das Festland anzutreten.

Kapitel 3

# Weit weg von der Insel

## In der Jugendakademie von Sporting Lissabon

*„Es war die schwierigste Zeit in meiner sportlichen Laufbahn."*

Er hat noch nie in einem Flugzeug gesessen – er hat ja bisher noch nicht einmal die Insel verlassen. Es ist die härteste Herausforderung, der er sich jemals hat stellen müssen, und er ist so aufgeregt, dass er in der Nacht davor nicht schlafen kann.

Sein Patenonkel Fernão Sousa begleitet ihn nach Lissabon. Es ist 1997, es sind Osterferien, und Cristiano befindet sich auf dem Weg zu einem Probetraining bei Sporting Lissabon. Er wäre lieber zu Benfica gegangen, einer Mannschaft, die sowohl sein Vater als auch sein Bruder lieben. Doch seine Mutter ist stets ein Sporting-Mädchen gewesen, und sie hat so eine Vorahnung, dass ihr Sohn ebenso groß werden wird wie Luís Figo. Abgesehen davon kann man einem der größten Vereine der Hauptstadt nicht einfach einen Korb geben. Sporting hat die beste Jugendakademie in Portugal und zählt Größen wie Paulo Futre, Figo und Simão zum Kreis seiner Ehemaligen. Zu den aktiven Spielern gehören etwa João Pinto, Ricardo Quaresma, Hugo Viana und Nani.

Cristiano ist sich sicher, dass er dort einen guten Eindruck hinterlassen kann. Er weiß, dass er gut ist, und er glaubt, dass er die grün-weißen Trainer überzeugen kann, dass er gut genug ist. Allerdings ist er erst zwölf Jahre alt, und als er schließlich auf dem Trainingsgelände der Jugendabteilung ankommt, ist alles unglaublich überwältigend. Die Trainer Paulo Cardoso und Osvaldo Silva sind vor Ort, um ihn beim Spielen zu beobachten. Von Ronaldos Körperbau sind sie nicht sonderlich beeindruckt – er ist ein dürres Kind. Doch sobald sie ihn in Aktion erleben, sieht die Sache vollkommen anders aus. Der Junge aus der Quinta do Falcão schnappt sich den Ball und tritt gegen zwei oder drei Gegner an. Er ist unermüdlich und liefert eine One-Man-Show: Er täuscht an, dribbelt und treibt den Ball auf dem Feld nach vorne.

„Ich drehte mich zu Osvaldo und sagte: ‚Der hier ist anders. Der ist etwas Besonderes'", erinnert sich Cardoso. „Und wir waren nicht die einzigen, die das so sahen. Am Ende der Trainingseinheit umringten ihn all die anderen Jungs. Die wussten, dass er der Beste war." Die Trainer bei Sporting sind von dem Probetraining beeindruckt. Sie wollen ihn am nächsten Tag noch einmal spielen sehen, und zwar auf dem Trainingsgelände neben dem alten Stadion José Alvalade. Dieses Mal will auch der Direktor der Jugendakademie, Aurélio Pereira, dabei sein.

„Er war talentiert, er konnte beidfüßig spielen, er war unglaublich schnell, und wenn er spielte, dann wirkte der Ball wie eine Erweiterung seines Körpers", sagt Pereira. „Aber was mich mehr beeindruckt hat, war seine Entschlossenheit. Seine Charakterstärke schimmerte durch. Er war beherzt – mental war er unverwüstlich. Und er war furchtlos und ließ sich von älteren Spielern nicht beeindrucken. Er hatte diese Art von Führungsqualität, wie sie nur die größten Spieler haben. Einzigartig. Als sie zurück in die Umkleide gingen, schrien die ganzen anderen Jungen wie wild, um sich mit ihm zu unterhalten und ihn kennenzulernen. Er hatte alles, und es war klar, dass er nur noch besser werden konnte."

Am 17. April 1997 unterschreiben Paulo Cardoso und Osvaldo Silva Cristianos Spieler-Identifikationsbogen. Dort heißt es: „Spieler mit außergewöhnlichem Talent und hervorragender Technik. Besonders bemerkenswert ist seine Fähigkeit zum Antäuschen und Vorbeiziehen, sowohl aus dem Stand als auch aus der Bewegung." Neben dem Wort „Aufnahme in den Verein" ist das Kästchen „Ja" angekreuzt. Er spielt als zentraler Mittelfeldspieler oder als hängende Spitze. Cristiano Ronaldo dos Santos Aveiro hat die Prüfung bestanden – er darf bei Sporting spielen. Doch vorher muss man sich noch mit Nacional de Madeira einig werden.

Nach einer Woche in Lissabon kehrt Ronaldo wieder nach Hause auf die Insel zurück. Nun ist es an den Trainern, die letzten Details des Transfers zu regeln. Nacional schuldet Sporting noch 4.500 portugiesische Contos, also etwa 22.500 Euro, für Franco, einen jungen Spieler, der von Sporting dorthin gewechselt war. Im Gegenzug für Cristianos Verpflichtung könnten nun diese Schulden erlassen werden. Allerdings sind 22.500 Euro für einen zwölfjährigen Jungen ein Wahnsinnspreis. „Das gab es noch nie", meint auch Simões de Almeida, der ehemalige Sportdirektor des Vereins. „Sporting hatte noch nie etwas für einen Jugendspieler bezahlt."

Aurélio Pereira und die übrigen Trainer müssen dem Management nun klarmachen, dass sich eine so hohe Investition in einen Jungen lohnt. Am 28. Juni 1997 verfasst Pereira einen neuen Bericht und fügt folgenden Nachtrag hinzu: „Auch wenn es absurd erscheinen mag, für einen zwölfjährigen Jungen so viel auszugeben, so hat er doch enormes Talent. Das hat er beim Probetraining und unter den Augen der Trainer unter Beweis gestellt. Es wäre eine großartige Investition in die Zukunft." Diese dürren Zeilen reichen aus, um den Finanzdirektor des Vereins zu überzeugen, und der Transfer wird besiegelt.

In der letzten Augustwoche verlässt Cristiano Ronaldo Madeira und zieht in die Jugendakademie von Sporting. Es ist eine äußert schwierige Zeit für den Zwölfjährigen. Er kann sich immer noch an den emotionalen Tag erinnern, an dem er Abschied von seiner Familie nehmen musste. „Meine Schwestern und meine Mutter haben geweint. Ich habe geweint", erinnert er sich. „Sogar als ich schon im Flugzeug saß und wir gerade gestartet waren, musste ich an meine Familie denken, die wegen mir weinte, und fing wieder an zu heulen."

Ronaldo zieht im Sporting-Wohnhaus für junge Spieler aus anderen Teilen des Landes ein. Es besteht aus sieben Schlafsälen und einem Wohnzimmer und befindet sich im Inneren des Alvalade-Stadions, gleich neben den drei Trainingsplätzen. Ronaldo ist der jüngste Bewohner und wird sich ein Zimmer mit Fábio Ferreira, José Semedo and Miguel Paixão teilen. Andere Mitbewohner kommen aus Mosambik (einer ehemaligen portugiesischen Kolonie), von der Algarve und aus der Stadt Vila Real in Nordportugal. Sie alle haben einen straffen Tagesplan: Schule bis fünf Uhr nachmittags und danach Training.

Der erste Tag in der Schule ist ein traumatisches Erlebnis für den Jungen. Er kommt zu spät in den Unterricht, und der Lehrer nimmt bereits die Namen auf. Er ist als Fünfter an der Reihe. Als er aufsteht und seinen Namen sagt, hört er, wie sich einige Schüler im hinteren Teil des Klassenzimmers über seinen madeirischen Dialekt lustig machen. Der Dialekt unterscheidet sich sehr stark von dem Portugiesisch, das in der Hauptstadt gesprochen wird, und ist beinahe eine vollkommen andere Sprache. Er klingt wie ein Insulaner, und niemand kann ihn wirklich verstehen. Cristiano verliert die Beherrschung und droht seinem Lehrer mit einem Stuhl.

Er wird zum Gespött der Klasse und kommt sich wie ein Idiot vor. Ein paar Tage darauf beschimpft er einen Trainer, der ihn bat, die Kabine aufzuräumen. „Ich bin ein Spieler von Sporting und muss nichts vom Boden aufheben", meint er. Das ist nicht besonders klug von ihm. Zur Strafe muss er bei einigen Spielen aussetzen. Und natürlich muss er weinen – fast jeden Tag. Er hat Heimweh nach seiner Familie, seiner Insel und seinen Freunden.

Er kauft sich eine Telefonkarte mit 50 Einheiten und geht hinunter zur Telefonzelle. Es macht ihn traurig, die Stimme der Mutter zu hören. Es bringt ihn zum Weinen, und er vermisst sie noch mehr. Dolores versucht, ihn aufzumuntern. Sie rät ihm, die Witzbolde in der Schule gar nicht zu beachten. Sie muss ihn oftmals trösten und ihn überzeugen, dass sein Leben und seine Zukunft in Lissabon liegen, in der Jugendakademie von Sporting. Am Ende muss sie in die Hauptstadt einfliegen, weil Cristiano ihr sagt, dass er es nicht mehr aushält. Er will abbrechen, seinen Traum sausen lassen und wieder auf die Insel zurückkehren, um bei seiner Familie sein zu können.

„Ohne seine Mutter wäre Cristiano nicht der geworden, der er heute ist", bestätigt Aurélio Pereira. „Sie hat oftmals Partei für uns gegenüber ihrem Sohn ergriffen. Sie hat uns geholfen, und sie hat Cristiano geholfen." Als der Junge die Heimat besucht und nicht mehr nach Lissabon zurückkehren will, greift auch sein Patenonkel ein und sorgt dafür, dass er auf der Akademie bleibt. Das erste Jahr ist eine Tortur. Doch allmählich fängt er an, sich einzugewöhnen. „In schwierigen Zeiten lernt man eine Menge über sich selbst", wird er Jahre später sagen. „Man muss stark bleiben und sich auf das konzentrieren, was man wirklich will."

„Er hatte sein Leben lang einen Traum – er wollte jemand sein", sagt Paulo Cardoso. „Er wollte von ganzem Herzen Profifußballer sein." Während dieser harten Anfangsjahre hat er einen madeirischen Tutor, Leonel Pontes, der ihn zum Training und zur Schule begleitet. „Ronaldo war entschlossen bei allem, was er tat", erinnert er sich. „Er wollte bei allem – Tischtennis, Tennis, Pool-Billard, Kickern, Darts, Leichtathletik – der Beste sein, er wollte jeden Gegner schlagen beziehungsweise der Schnellste sein. Er musste gewinnen, völlig egal, welche Sportart er gerade ausübte. Dass er immer mehr wollte, ist, glaube ich, einer der Gründe dafür, dass er es dorthin geschafft hat, wo er heute ist."

Sie finden ihn um ein Uhr morgens im Kraftraum vor, wo er ohne Erlaubnis Gewichte stemmt. Auf dem Zimmer macht er Liegestütze und Sit-ups, und er trainiert mit Gewichten an den Fußknöcheln, um sein Dribbling zu verbessern. Wenn seine Mannschaftskameraden sich nach den Trainingseinheiten in Richtung Dusche aufmachen, bleibt er noch auf dem Platz und übt Freistöße gegen eine Mauer aus lebensgroßen Zielscheiben. Er isst bei jeder Mahlzeit zwei Schüsseln Suppe, weil man ihm gesagt hat, dass er zwar gut spiele, aber zu dünn sei.

Wenn Sporting am Sonntag zu Hause spielt, ist er Balljunge und holt den Ball zurück, wenn dieser ins Aus geht. Er sieht einige der besten Spieler des Vereins aus nächster Nähe, spürt die Atmosphäre im Stadion und verdient sich gleichzeitig fünf Euros. Nach jedem Spiel werfen er und seine Mannschaftskameraden ihr Geld zusammen und gehen in die Pizzeria. Sie kaufen eine Pizza und nehmen außerdem noch zwei mit nach Hause.

Sein erstes Gehalt bei Sporting beträgt zehn Contos pro Monat, also etwa 50 Euro. Das reicht, um Klamotten, Schulbücher, Schulhefte und den Rucksack zu kaufen, den er für die Schule braucht. Außerdem deckt es die täglichen Ausgaben. Doch eines Tages ruft Dolores beim Verein an und informiert ihn, dass „Ronaldo sich nicht sein Essen in der Kantine gekauft, sondern sein ganzes Geld für Schokolade ausgegeben hat". Er ist halt doch immer noch ein Kind, obwohl er gezwungenermaßen seine Kindheit zurücklassen und schnell erwachsen werden musste. „Ich bedauere es schon, dass ich meine Kindheit nicht wirklich genießen konnte", wird er einige Jahre später in einem Interview kurz vor der WM 2010 in Südafrika sagen.

Man erwartet von ihm, dass er sich wie ein Erwachsener verhält, eigenständig lebt und sich um seine Wäsche und das Bügeln kümmert. Er ist ja hier als Fußball-Azubi, nicht als Kind. Dazu kommen die Probleme in seiner Familie, mit denen er sich auseinandersetzen muss. Mit 14 Jahren ist Cristiano klar, dass sein Vater Dinis chronischer Alkoholiker und sein Bruder Hugo drogenabhängig ist. Er ist geschockt, aber er kann sich davon auch nicht erdrücken lassen. Sein älterer Bruder wird in eine Entziehungsklinik in Lissabon eingewiesen und schafft es nach diversen Rückfällen schließlich, clean zu werden. Sein Vater dagegen schafft es nicht.

Glücklicherweise bessert sich das Leben in der Akademie. „Dank seines außerordentlichen Talents und harter Arbeit passte er sich schließlich an sein neues Leben an und wurde zum Mittelpunkt der Mannschaft", sagt sein Tutor Pontes. „Die anderen spielten den Ball immer öfter zu ihm, weil sie wussten, dass er der Beste ist." Er ist auf und abseits des Platzes ein Anführer. In der Dokumentation *Planet Ronaldo*, die vom portugiesischen Fernsehkanal *Sic* gesendet wurde, erzählt Pontes, dass Cristiano und drei Mannschaftskameraden einmal auf einer Straße in Lissabon überfallen wurden. Cristiano war der einzige, der nicht wegzulaufen versuchte, obwohl er der Jüngste war. Er wehrte sich und wollte das wenige Geld verteidigen, das sie in ihren Portemonnaies hatten. Die Straßenräuber zogen schließlich ohne Bares wieder ab.

Die Jugendakademie von Sporting kümmert sich nicht nur auf dem Trainingsplatz um ihre vielversprechenden jungen Spieler. Sie stellt ihnen auch einen Tutor zur Seite, damit sie sich in der nahe gelegenen Ganztagsschule Crisfal hervortun können. Ronaldo liebt zwar den Fußball, aber die Schule läuft eher nebenher. Naturwissenschaften mag er, kann aber Englisch nicht leiden. Er ist ein ordentlicher Schüler, macht jedoch nur das Nötigste. Fußball, Freunde und die Arbeit als Balljunge lenken ihn vom Lernen ab. Schlussendlich muss er sich zwischen dem Sport und der Schule entscheiden. Er redet mit seiner Mutter darüber und trifft eine Entscheidung: Er wird nach der neunten Klasse abgehen.

Das Vereinsmanagement versucht, den jungen Spielern zu helfen, sich einzuleben, und bietet Beratung durch einen Psychologen an. Gleichzeitig herrscht strenge Disziplin. Ronaldo hat bis heute nicht vergessen, wie er einst in der Nachwuchsmannschaft die volle Wucht dieser Disziplin zu spüren bekommen hat. Am letzten Spieltag der Meisterschaft trifft Sporting auf Marítimo, die Mannschaft aus Cristianos Heimatstadt. Es ist die Gelegenheit, auf seine Insel, in seine Stadt und in das Stadion zurückzukehren, wo er seine ersten Spiele absolvierte, und seine ganze Familie und seine Schulfreunde wiederzusehen. Das ist mehr, als er zu hoffen gewagt hat. Doch Cristiano hat sich in der Schule danebenbenommen, und das Management beschließt, ihn dort zu bestrafen, wo es wirklich weh tut. Er wird nicht mit ihnen nach Madeira kommen. „Ich habe die Liste gesehen und stand nicht drauf", sagt er. „Ich habe sie viermal geprüft und ... nichts. Ich habe angefangen zu weinen und bin ins Trainingszentrum gestürmt, wo ich wütend eine Erklärung verlangt habe. Es war ziemlich heftig, aber ich habe eine wichtige Lektion gelernt."

Die Akademie erwartet von den Spielern, dass sie sich an strikte Vorgaben halten. Gemeinsam mit dem Mannschaftsarzt kümmert sich das Management um die körperliche Entwicklung jedes einzelnen Spielers. Im Falle Cristianos beobachtet man seine Knochendichte, um herauszufinden, welche Körpergröße er am Ende erreichen wird. Es sieht vielversprechend aus – wenn alles gut läuft, sollte er es auf 1,85 Meter bringen. Doch als er 15 Jahre alt ist, entdeckt man ein ernsthaftes Problem.

„Der Verein teilte uns mit, dass sein Ruhepuls zu hoch war", offenbarte seine Mutter dem britischen Boulevardblatt *The Sun*. „Ich musste Berge von Papierkram ausfüllen, damit er die Zulassung bekam und sie ein paar Untersuchungen machen konnten. Schließlich hat man sich für eine Operation entschieden. Es ist ein Laser zum Einsatz gekommen, um die beschädigte Zone in seinem Herzen zu reparieren, und nach ein paar Tagen Erholung hat man ihn wieder entlassen. Bevor ich wirklich genau wusste, was los war, habe ich mir schon ziemlich Sorgen gemacht, dass er vielleicht mit dem Fußball aufhören müsste." Er hatte einen angeborenen Herzfehler. Deshalb war sein Pulsschlag höher als normal, aber seine Karriere hat das nicht beeinflusst. „Ein paar Tage nach dem Eingriff war er wieder zurück beim Training mit seinen Mannschaftskameraden", sagt seine Mutter. „Er konnte sogar noch schneller rennen als vorher."

Er läuft nicht nur schnell, sondern klettert auch mit unglaublichem Tempo die Karriereleiter nach oben. Mit 16 ist Ronaldo ohne jede Frage der Starspieler der Akademie. Er ist der einzige Spieler in der langen Geschichte des Vereins, der in einer einzigen Saison für die U16, die U17, die U18, die 2. und die 1. Mannschaft angetreten ist. Im August 2001 unterschreibt er seinen ersten Profivertrag: Laufzeit vier Jahre, 2.000 Euro pro Monat und eine festgeschriebene Ablösesumme von 20 Millionen Euro. Er verlässt das Wohnheim der Akademie und zieht in eine Unterkunft in der Nähe des Platzes Marquês de Pombal im Herzen von Lissabon. Dort bleibt er, bis er eine Wohnung findet, wo auch seine Familie ihn öfter besuchen kann. Der Junge ist erwachsen geworden. Er ist jetzt eigenständiger und beschließt, sich einen neuen Berater zu suchen. Er trennt sich von Luis Vega, dem Mann, der auch Figo berät, und legt die Zukunft seiner Karriere in die Hände von Jorge Mendes.

Im August 2001 bekommt die Profimannschaft von Sporting einen neuen Trainer. László Bölöni ist ein Rumäne ungarischer Abstammung und ehemaliger Mittelfeldstar von Steaua Bukarest, wo er 1986 den Europapokal der Landesmeister gewann. Er trainierte sechs Jahre den französischen Klub AS Nancy und nahm nach einem kurzen Intermezzo als rumänischer Nationaltrainer das Angebot von Sporting an. In seinem ersten Jahr gewinnt er die Meisterschaft und den portugiesischen Pokal und wird auf Spieler wie Cristiano, Ricardo Quaresma und Hugo Viana aufmerksam. Er setzt alles daran, Cristiano so schnell wie möglich in die Profimannschaft zu holen. Gelegentlich darf Cristiano sogar schon mit den Starspielern trainieren. Die Mediziner raten vorerst jedoch von diesem Schritt ab, weil er sich noch im Wachstum befindet. Allerdings ist klar, dass es nicht mehr lange dauern wird, bis der Junge von Madeira sein Profidebüt gibt.

Kapitel 4

# 17 Jahre, acht Monate, zwei Tage

## Die ersten Schritte als Profi

*„Den richtigen Ronaldo müssen sie erst noch kennenlernen. Das hier ist erst der Anfang."*

Ein grün-weißer Bus befindet sich auf dem Weg zum Trainingsgelände von Sporting im Vorort Alcochete. Man schreibt den 1. Juli 2002, und es ist Cristianos erster Tag mit der Profimannschaft. Der rumänische Trainer László Bölöni hat ihn für die Saisonvorbereitung hochgestuft, gemeinsam mit drei anderen Spielern aus der 2. Mannschaft: Custódio, Carlos Martins und Paíto. „Ich hoffe, dass ich gut spielen werde und bei den Profis bleiben kann. Ich will mein Bestes geben und versuchen, den Erwartungen des Trainers gerecht zu werden", erklärt ein bescheidener Ronaldo und fügt noch hinzu: „An der Seite von João Pinto und Jardel zu spielen, da wird ein Traum wahr. Sie sind großartige Vorbilder für einen Fußballspieler."

Fünf Tage später ist das erste Spiel angesetzt, gegen Samouquense, eine Mannschaft aus der 1. Liga des Distrikts Setúbal. Sie gewinnen es mit 9:0. Als Nächstes geht es gegen den Drittligisten UD Rio Maior: 5:0 für die Löwen von Sporting. Ronaldo befindet sich in Topform und schießt auch ein Tor. Doch Bölöni geht behutsam vor. Der Junge ist es gewohnt, als Spitze zu spielen. Der Trainer stellt ihn jedoch auf dem linken Flügel auf. Dort kann er seine Schnelligkeit gut ausspielen. Außerdem ist diese Position besser für ihn, weil er körperlich noch nicht weit genug ist, um es mit den gegnerischen Mittelfeldspielern aufzunehmen. Er enttäuscht jedenfalls nicht. Er ist schnell, er hat eine gute Ballkontrolle, und er bereitet seinen Gegenspielern einige Schwierigkeiten.

Der Trainer wiederholt dieses Experiment bei Sportings offizieller Saisoneröffnung am 14. Juli 2002 vor vielen Fans und Aktionären im Stadion José Alvalade. Gegner ist Olympique Lyon aus Frankreich. Die Begegnung endet 1:1, gibt den Zuschauern jedoch die Möglichkeit, das Juwel der Jugendakademie in Augenschein zu nehmen. „Dieser Junge ist einer, den man im Auge behalten muss", schreibt die Sport-Tageszeitung *Record*. „Er weiß, wie man seinen Gegner abschüttelt. Er kann dribbeln, und er hat ein Näschen für Tore.“ Das stimmt – Cristiano erzielt ein Tor bei seinem ersten Auftritt in dem Stadion, in dem er vor Kurzem noch nur Balljunge gewesen ist. Zu Unrecht wird es vom Schiedsrichter aberkannt.

Weniger als eine Woche später ist es Zeit für ein Rendezvous mit einer anderen Mannschaft aus Frankreich: Paris Saint-Germain. Die Begegnung endet 2:2, und Cristiano Ronaldo hat mal wieder eine Überraschung auf Lager. Als nach dem Spiel alle von ihm erwarten, dankbar und emotional zu sagen, dass es der glücklichste Abend seines Lebens gewesen sei, da eröffnet er ihnen stattdessen: „Den richtigen Ronaldo müssen die Aktionäre erst noch kennenlernen. Das hier ist erst der Anfang.“ Er ist vorlaut, respektlos und sehr selbstsicher. Nichtsdestotrotz hat er auf dem linken Flügel gut gespielt, drei Mal aufs Tor geschossen, und man redet bereits von einem neuen Star bei den Löwen.

Der Trainer beeilt sich, den leidenschaftlichen Ausbruch herunterzuspielen. „Ronaldo ist ein junger Mann mit exzellenten Fähigkeiten, aber er ist noch kein voll entwickelter Spieler.“ Auf jeden Fall ist er nur bereit, ihn für Kurzauftritte von 15 oder maximal 20 Minuten zu bringen und zunächst auch lediglich in den Freundschaftsspielen des Sommers, so wie am 27. Juli im Derby gegen Benfica oder am 1. August gegen den FC Pontevedra aus Spaniens 3. Liga. Doch allmählich beginnt der Junge, ein fester Teil im Spiel der Löwen zu werden, und seine Auftritte machen Hoffnung.

Am 3. August tritt Sporting gegen eine andere Mannschaft in Grün-Weiß an, Betis Sevilla, die sich gerade in Maia in Nordportugal aufhält. In der 77. Minute nimmt László Bölöni vier Einwechslungen vor. Danny kommt für Pedro Barbosa, Luís Filipe für Quaresma, Diogo Matos für den Rumänen Marius Niculae, und Rui Bento wird durch die Nummer 28 ersetzt – „Ronaldo Cristiano“, wie es im Stadionheft heißt. Quaresma trifft in der 27. Minute, Alfonso Pérez gleicht in der 30. aus, und Barbosa bringt sie in der 53. Minute wieder in Führung – 2:1 für die Mannschaft aus Portugal.

In der 84. Minute gleicht Alfonso mit seinem zweiten Tor an diesem Abend erneut aus. Man hat das Gefühl, das sei es gewesen. Zwei Minuten später versucht Sevillas argentinischer Stürmer Gáston Casas sogar, das Siegtor zu erzielen. Nur eine spektakuläre Abwehraktion des brasilianischen Verteidigers César Prates verhindert dies. Das Spiel geht in die Verlängerung, und nun sieht man endlich, was dieser 17-jährige Junge alles kann.

Abwehrfehler von Sevillas selbstsicherem Verteidiger Juanito: Sein Mannschaftskollege tritt einen Freistoß, und er nimmt den Ball mit der Brust an. Doch er bekommt ihn nicht richtig unter Kontrolle, die Kugel springt ihm weg, und Cristiano schießt wie der Blitz auf ihn zu. Er stibitzt ihm den Ball mit der Hacke, holt ihn wieder vor sich und macht sich auf die linke Seite auf. Er dribbelt in Richtung von Betis' Torhüter Toni Prats, erspäht aus einer eigentlich unmöglichen Position weit links das leere Tor und zielt auf die lange Ecke. Der Schuss geht an Verteidiger David Rivas vorbei, dessen verzweifelter Sprung den Ball nicht mehr abwehren kann. Es ist ein phänomenales Tor, das Können, Technik, Ballkontrolle, Potenzial und Torriecher beweist.

Cristiano wechselt explosionsartig in den Feiermodus, läuft einmal um den Platz und wirft Kusshändchen in Richtung Tribüne. Es ist sein erstes Tor im Sporting-Trikot, und er hat sich den 3:2-Sieg verdient. Die portugiesische Presse nennt sein Tor „ein Kunstwerk". Das Tor zementiert sein Selbstbewusstsein und vertreibt die letzten Spuren von Angst. Bis dahin war er stets nervös gewesen, wenn er bei den Profis spielte – er hatte das Gefühl, ihnen nicht ebenbürtig zu sein, als wenn er nur ein kleiner Junge unter lauter Männern wäre. Doch nun ist alles anders – auch wenn die Menschen immer noch nicht wissen, wer er eigentlich ist. Das Fernsehen schreibt das Tor Custódio zu, und die spanische Presse kann gar nicht mehr aufhören, von dem unglaublichen Tor Custódios zu schreiben, seinem nur wenige Minuten vor ihm eingewechselten Mannschaftskollegen.

„Ich widme dieses Tor meiner Familie, besonders meiner Mutter Dolores, die hier bei mir in Lissabon ist", erklärt ein aufgekratzter Cristiano Ronaldo gegenüber Portugals Boulevardblatt *Correio da Manhã*. Er bedankt sich bei seinem Trainer, der ein „großartiger Coach ist, der mit den jungen Spielern ein großes Risiko eingegangen ist und mir sehr geholfen hat, mich in die Profimannschaft zu integrieren". Auch die Fans vergisst er nicht: „Ich weiß, dass sie mich mögen, und ich werde hart arbeiten, um ihr Vertrauen in mich zu bestätigen und ihnen dafür zu danken, wie sie mich willkommen geheißen haben. Ich werde mein Bestes geben und hoffentlich meine Ziele erreichen."

Elf Tage später, am 14. August, sind ihm die Götter aufs Neue wohlgesinnt. Er gibt sein Debüt in einem offiziellen Spiel, und zwar in der Qualifikation zur Champions League im Alvalade. Der Gegner ist kein Geringerer als Inter Mailand, das von dem Argentinier Héctor Cúper trainiert wird. Ronaldo wird in der 58. Minute für den Spanier Toñito eingewechselt. Er sieht sich augenblicklich mit den Veteranen Javier Zanetti und Marco Materazzi konfrontiert, die zusammengenommen schon mehr Jahre Fußball spielen als Ronaldo überhaupt auf der Welt ist. Sie machen Cristiano das Leben äußerst schwer, doch am Ende hat er trotz des Ergebnisses von 0:0 eine beeindruckende Leistung abliefern können. Bei seinen Anflügen von Brillanz, wenngleich nur punktuell, geht ein Raunen durch die Zuschauer. Nicht schlecht für ein Debüt.

Einige kritische Stimmen in der portugiesischen Presse erwähnen das exzessive Tricksen und Antäuschen sowie eigensinnig angegangene Zweikämpfe von Ronaldo und dem Weißrussen Wital Kutusau, dem anderen jungen Spieler im Angriff der Löwen. Es heißt, sie wüssten nicht, wann sie abspielen müssen. Ein jugendliches Laster, das man nur durch jahrelanges Training korrigieren kann. Mit Sicherheit weiß Cristiano jedoch die Zuschauer zu unterhalten. Das stellt er auch in der portugiesischen Liga bei seinem zweiten Auftritt am 7. Oktober 2002 unter Beweis. Der Titelverteidiger spielt zu Hause gegen den Moreirense FC, der gerade aus der 2. Liga aufgestiegen ist. So weit also kein besonders außergewöhnliches Spiel. Doch Cristiano steht zum ersten Mal in der Startelf und wird im Alter von 17 Jahren, acht Monaten und zwei Tagen als jüngster Torschütze aller Zeiten bei Sporting Geschichte schreiben. Er erzielt ein „monumentales, königliches, unglaubliches Tor … Es gibt gar nicht genug Adjektive, um die Leistung dieses jungen Wunderkinds von Sporting zu beschreiben“, überschlagen sich die Kommentatoren von *Sport TV*.

Es läuft die 34. Minute. Ronaldo bekommt kurz hinter der Mittellinie den Ball per Hackentrick von Toñito zugespielt, umkurvt zwei Verteidiger und lässt über etwa 60 Meter seine Gegenspieler wie Slalomstangen stehen. Er überlistet am Strafraumeck mit einem Übersteiger einen weiteren Gegner und legt den Ball elegant an Moreirenses Torwart João Ricardo vorbei, der in einem verzweifelten Abwehrversuch zur Strafraumgrenze stürmt. Cristiano reißt sich das Trikot vom Leib, umarmt seine Mannschaftskollegen und läuft auf die Tribüne zu. Bölöni feiert mit seinen Kollegen an der Bank.

Er war ja derjenige, der das Risiko eingegangen ist und die Umstellung auf Ronaldos Position vorgenommen hat. Ein Risiko, das sich gelohnt hat.

Zurück zum Spiel: Die Vorstellung der Nummer 28 ist noch nicht vorbei. Nicht der brasilianische Stürmer „Super Mário" Jardel – im Jahr zuvor Träger des „Goldenen Schuhs" als bester europäischer Torschütze und nach vier Monaten Verletzungspause wieder zurück –, sondern Cristiano prägt das Spiel. Er setzt auch den Schlusspunkt, indem er mit einem spektakulären Kopfball auf 3:0 erhöht. Getrübt wird die Geschichte lediglich dadurch, dass Cristianos Mutter Dolores auf der Tribüne einen kleinen Schwächeanfall erleidet. Vielleicht ist es die Aufregung über die Leistung ihres Sohnes. Glücklicherweise handelt es sich nur um einen kurzen Schrecken.

Tags darauf beherrscht Ronaldo mit seinem „monumentalen Tor" die Titelseiten Portugals. Die Journalisten nutzen die Gelegenheit, seine Geschichte zu erzählen, und berichten von seinen ersten Spielen auf der Straße in den „Slums" von Madalena und Santo António. Sie befragen die Trainer aus seiner Kindheit und versuchen, an seinen Vater ranzukommen. Der arme Mann hat jedoch nur die Zusammenfassung sehen können – er hat das Spiel im Radio verfolgt, weil zur gleichen Zeit auch Andorinha spielte. Er sagt, dass jeder auf der Insel über den Erfolg seines Sohnes rede. Außerdem werde gewitzelt, er solle zusehen, dass Sporting ihn mal an Andorinha ausleiht, damit man dort zur Abwechslung auch mal etwas gewinnt.

José Dinis meint außerdem, dass sein Sohn eine Naturgewalt sei und seit seiner jüngsten Kindheit Tag und Nacht mit dem Ball gespielt habe. Er hofft, dass ihm eine große Zukunft bevorsteht und er als Mensch weiterhin genauso reift wie als Spieler. Er selbst will keinen Ruhm, nur weil er der Vater der Nummer 28 ist. Allerdings werde er das nächste Spiel seines Sohnes ganz bestimmt nicht wieder verpassen. Er habe bereits ein Flugticket gekauft, um ihn bei Belenenses sehen zu können – nach sechs Jahren reist er zum ersten Mal wieder nach Lissabon.

Doch nicht nur die portugiesische Presse ist an dem Newcomer interessiert. Dank seiner Tore und seines Namens schlägt Ronaldo in ganz Europa Wellen – schließlich feiert der berühmte brasilianische Ronaldo gerade sein x-tes Comeback und verhalf Brasilien gerade erst zum Gewinn der WM 2002 in Südkorea und Japan. Er ist mit acht Treffern der Torschützenkönig des Turniers. Italiens *Gazzetta dello Sport* spricht auf der Titelseite bereits vom „neuen Ronaldo“. Und was hält der Junge aus Madeira von solchen Vergleichen? „Ich würde es niemals wagen, daran zu denken. Ronaldo von Real Madrid ist ein Superstar. Er ist der beste Spieler der Welt. Er ist mein Lieblingsspieler.“

Cristianos Leistung bei den Profis ist überragend. Er ist zum Liebling der Fans avanciert. László Bölöni hat größtes Vertrauen in ihn. Doch der Wettbewerb ist hart, denn auf die Stürmerposition erheben auch Jardel, Quaresma, João Pinto, Toñito und Niculae Anspruch. Am Saisonende hat Ronaldo in 25 Partien gespielt, aber nur in elf von Anfang an. Er hat drei Treffer in der Liga und zwei im Pokal erzielt. Sporting hatte dabei keinen guten Lauf. Der Verein konnte sich nicht für die Champions League qualifizieren, nachdem er das Rückspiel im San Siro 0:2 gegen Inter verloren hatte. Auch im UEFA-Cup flog man gegen Partizan Belgrad aus Serbien raus (1:3, 3:3). Am 1. Mai warf Zweitligist Naval 1° de Maio Sporting im Viertelfinale aus der Copa de Portugal, dem portugiesischen Pokalwettbewerb. Und den Titel in der Liga konnte man auch nicht verteidigen. Am Ende wurde man Dritter, 27 Punkte hinter José Mourinhos FC Porto und 16 hinter Benfica.

Bölöni verabschiedet sich von der Bank – ein wehmütiger Moment für seine Nummer 28. „Ich habe wirklich gerne mit ihm gearbeitet. Er war ja derjenige, der mich zu den Profis geholt hat“, sagt Cristiano. „Ohne ihn wäre ich wahrscheinlich immer noch bei den Amateuren.“ Der neue Trainer ist Fernando Santos. Cristiano kennt ihn zwar nicht, hat aber gehört, dass er einen tollen Charakter hat, viel Wert auf Disziplin legt und in der Fußballwelt hoch angesehen ist. Bei seiner Ankunft brodelt die Gerüchteküche. Es heißt, der Starspieler der Akademie würde möglicherweise bald gehen. Santos sieht sich zu einer Stellungnahme gezwungen und erklärt: „Ronaldo ist für Sporting ein Schlüsselspieler.“

Cristiano kann nur hoffen, dass das wirklich der Fall ist. Er erklärt, dass er bei Sporting bleiben will. „Ich möchte all meine Energie darauf verwenden, dem Verein beim Gewinn der Titel zu helfen, die ihm dieses Jahr durch die Lappen gegangen sind. Ich spiele bei Sporting, seit ich zwölf Jahre alt bin, und ich will Meisterschaften mit dieser Mannschaft gewinnen. Würde ich gehen, ohne irgendetwas gewonnen zu haben, würde das einen bitteren Beigeschmack hinterlassen. Aber so ist das Leben. Schauen wir mal, was die Zukunft so bringt …“

Kapitel 5

# Le Festival

## Das Jugendturnier von Toulon 2003

*„Es ging ja nicht darum, der beste Spieler des Turniers zu sein."*

Das Festival International Espoirs de Toulon et du Var, in Deutschland als „Turnier von Toulon" bekannt, ist neben der U21-EM der bedeutendste Junioren-Wettbewerb. Der Vorläufer dieses Turniers wurde bereits 1967 mit sechs Klubmannschaften ausgetragen, doch seit 1975 spielen dort nur noch die Junioren-Nationalmannschaften verschiedener Länder. Das Turnier ist zwar kein offizieller FIFA-Wettbewerb, doch bekommt man hier immer wieder Jungtalente zu sehen, die später groß herauskommen. Nur ein paar Beispiele:

- 1985: Jean-Pierre Papin vom FC Valenciennes wird Torschützenkönig und holt mit Frankreich die Trophäe.
- 1991: Zinédine Zidane, damals noch beim AS Cannes, begeistert mit seinem brillanten Spiel und gelangt bis ins Endspiel, wo die Franzosen dann gegen England verlieren. Alan Shearer vom FC Southampton ist mit sieben Toren in vier Partien der Star des Turniers.
- 1992: Benfica Lissabons Rui Costa wird mit einer außerordentlichen Leistung Spieler des Turniers und Torschützenkönig.
- 1997: Thierry Henry vom AS Monaco wird nicht nur bester Torschütze und Spieler des Turniers, sondern gewinnt auch mit Frankreich den Titel.
- 1998: Juan Román Riquelme von den Boca Juniors aus Argentinien wird zum Spieler des Turniers gekrönt, und die europäischen Vereine reißen sich um ihn.

Die 31. Auflage des Turniers, die zwischen dem 10. und 21. Juni 2003 stattfindet, macht da keine Ausnahme. Allen Vorhersagen zum Trotz wird Javier Mascherano Spieler des Turniers. Der Junge, der eines Tages zum Star beim FC Barcelona und in der argentinischen Nationalmannschaft werden soll, spielt zu der Zeit noch für River Plate Buenos Aires und verhilft Argentinien zu einem dritten Platz im Wettbewerb. Zwei Jahre später geht er zu den Corinthians São Paulo nach Brasilien, bevor er in die Premier League wechselt, wo er zunächst für West Ham United und dann den FC Liverpool antritt.

Ronaldo, der gemeinsam mit Italiens Silvio Pagano und Argentiniens Emanuel Rivas als Favorit gegolten hat, darf sich damit trösten, jüngster Finalteilnehmer gewesen zu sein. „Es ging ja nicht darum, Spieler des Turniers zu werden“, erklärt ein zurückhaltender Cristiano. „Es war wichtiger, dass die Mannschaft ganz oben steht – und das haben wir geschafft. Wir haben den Pokal geholt.“ Nach Siegen 1992 und 2001 dürfen die Portugiesen die Trophäe von Toulon zum dritten Mal in die Höhe stemmen. Sie schlagen Italien im Finale mit 3:1 und liefern eine fantastische Vorstellung ab. Gleichwohl zeigt sich Sportings Nummer 28 durchaus selbstkritisch: „In drei Partien habe ich wohl ganz gut gespielt, aber in den beiden anderen war ich ein bisschen müde“, gesteht er. „Das ist ja auch kein Wunder, wenn man bedenkt, wie viele Spiele man hier in so kurzer Zeit zu absolvieren hat.“

In jeder Nationalauswahl hat Ronaldo gemeinsam mit etwas älteren Mannschaftskameraden gespielt. Er war 14, als er zur U15 kam, und 16, als er zur U17 ging. In der U20 in Toulon ist er 18 Jahre alt. Dort hinterlässt er bereits beim ersten Spiel am 11. Juni in Nîmes gegen England einen starken Eindruck. Portugals Trainer Rui Caçador hat eine offensive Aufstellung versprochen, und er steht zu seinem Wort. Er lässt Danny als Zehner spielen und Ronaldo und Lourenço auf den Flügeln, während der hünenhafte Hugo Almeida Löcher in die Verteidigung des Gegners reißen soll. Nach zehn Minuten sorgfältigen Abtastens nimmt Portugal die Zügel in die Hand. Auch wenn die drei Tore erst in der zweiten Halbzeit fallen, sind die Portugiesen doch über die gesamte Spieldauer ihrem Gegner hoch überlegen. Cristiano besiegelt mit seinem Tor den Endstand von 3:0. Er beeindruckt nicht nur den Trainerstab der Nationalmannschaft, sondern auch die zahlreichen Scouts von Topmannschaften, die in Toulon immer nach potenziellen Neuverpflichtungen Ausschau halten.

Unter ihnen ist auch Barcelonas Scout Joan Martínez Vilaseca. Nachdem er Ronaldo spielen gesehen hat, erklärt er: „Das ist ein ungemein interessanter Spieler. Er hat einzigartige Qualitäten, die ihn zu einem vielversprechenden jungen Mann machen. Wenn er sich weiterhin auf seine Karriere konzentriert, wird er bald für einen der großen Vereine in Europa spielen können." Der junge Fußballspieler ist bei den fußballerischen Großmächten kein Unbekannter mehr. Vilaseca ist nicht der Einzige, der große Stücke auf ihn hält. Schon seit einiger Zeit machen ihm einige von Europas größten Klubs den Hof. Manchester United, Liverpool, Chelsea, Juventus, Parma, Atlético Madrid, Barça und Valencia haben allesamt Interesse an dem Jungen aus Madeira angemeldet.

So auch der FC Arsenal aus London. Gunners-Trainer Arsène Wenger hat Cristiano und seine Mutter persönlich eingeladen, im Januar 2003 nach London zu kommen, um über die Zukunft zu sprechen, den Verein zu besuchen und den Stürmer Thierry Henry kennenzulernen, den Ronaldo sehr bewundert. Der Kontakt reißt auch nach seiner Rückkehr nach Lissabon nicht ab, aber Wenger legt großen Wert darauf, dass er noch ein weiteres Jahr dort bleibt, bevor er den Sprung in die Premier League unternimmt.

Inter denkt ähnlich: Sie sind bereit, die Ablösesumme zu bezahlen, aber ebenfalls der Meinung, dass der Junge noch ein wenig länger in Lissabon bleiben und dort trainieren soll. Inters Scout Luis Suárez, einst Mittelfeldspieler bei Inter und Barça sowie Europas Fußballer des Jahres 1960, hatte den Tipp von einem Freund bekommen, dass es da einen wirklich guten Spieler in der Jugendakademie von Sporting gäbe. So hatte er Cristiano bereits ein- oder zweimal gesehen, bevor er sein Debüt in der Profimannschaft gab, und fand, man sollte so schnell wie möglich mit seiner Familie sprechen und ihn verpflichten. Insiderquellen zufolge soll Valencia bereits drei Millionen Euro geboten haben. Und der spanischen Presse zufolge befindet sich Ronaldo auch in Gesprächen mit Atlético Madrid.

Selbst Liverpools Trainer Gérard Houllier hat sich die Worte seiner Scouts über das Wunder von Madeira zu Herzen genommen und ist nach Frankreich geflogen, um das neue Phänomen aus Portugal höchstpersönlich in Augenschein zu nehmen. Als er ihn spielen sieht, hat er keine Zweifel mehr. Er ist überzeugt, dass Ronaldo einer der vielversprechendsten Nachwuchsspieler Europas ist, und will ihn an die Anfield Road holen. In der Presse wird gemunkelt, Liverpool böte für Ronaldo einen seiner Spieler plus 7,5 Millionen Euro. Es heißt, der Transfer soll in wenigen Tagen über die Bühne gehen. Cristianos Berater Jorge Mendes hat sich bereits mit den

Vertretern Liverpools getroffen, und der Klub aus Lissabon ist bereit, seine Nummer 28 in die Stadt der *Beatles* ziehen zu lassen.

Cristiano sagt, dass er den englischen Fußball unheimlich bewundere. Allerdings ist er kein Fan der englischen Spielweise, er mag den spanischen Fußball lieber. Doch er gibt zu: „Liverpool gehört zu den besten englischen Vereinen. Dort zu spielen, wäre für jeden Spieler ein Traum." Auf der anderen Seite hat er eigentlich keinen Grund, Sporting überstürzt zu verlassen.

Doch die Presse will wissen, wie der 18-Jährige darüber denkt, dass er den vielen Scouts in Toulon ins Auge gefallen ist und nun reihenweise Klubs um seine Aufmerksamkeit buhlen. „Ich fühle mich durch das Ganze nicht unter Druck gesetzt", antwortet er. „Ich bin einfach nur begeistert und glücklich zu wissen, dass ich den größten Vereinen und bekanntesten Leuten aufgefallen bin. Das gibt mir Kraft und spornt mich an, mich jeden Tag weiter zu verbessern. Aber bislang habe ich noch mit niemandem geredet, und niemand hat Sporting ein konkretes Angebot gemacht. Ich weiß, dass in der Presse viel geschrieben wird, aber im Augenblick ist mein oberstes Ziel, die Mannschaft ins Finale zu bringen und ihr zum Sieg zu verhelfen. Darauf konzentriere ich mich."

Und genau das tut er. Gegen Argentinien, das für viele der Turnierfavorit ist, liefert er erneut eine fantastische Leistung ab: Portugal schlägt die Männer um Mascherano mit 3:0. Als Nächstes trifft man in Fréjus auf Japan. Die Japaner allerdings halten eine böse Überraschung bereit. In dem Glauben, dass das schwierigste Spiel nun hinter ihnen liege, lassen Rui Caçadors Männer die Zügel schleifen und verlieren durch ein Tor von Hiroto Mogi mit 0:1. „Wir haben nicht so gespielt wie in den beiden anderen Partien", lässt Ronaldo verlauten. „Wir waren nicht auf Zack, wir haben uns nicht durchsetzen können und eine Reihe von Chancen ausgelassen. Nun müssen wir die Türkei schlagen, wenn wir ins Endspiel kommen wollen." Tore von Nuno Viveiros und Danny machen Hackfleisch aus Raşit Çetiners türkischer Mannschaft und ebnen ihnen den Weg ins Finale.

„Ein McVictory, um die Spaghettis zu schlagen", titelt am 21. Juni die portugiesische Zeitung *Record*. Der Trainer hatte beschlossen, die Spannung am Abend vor dem Endspiel gegen die Italiener zu bekämpfen, indem er seine 20 Spieler auf einen Big Mac ausführte. Sie hatten ihn bekniet, losziehen zu dürfen, und so konnte man sich ja schließlich auch bestens entspannen – und zudem dem langweiligen Hotelessen entgehen.

Es ist kein Spiel für Herzschwache, sondern 90 Minuten, die es in sich haben. Besonders die Portugiesen müssen bis an ihre Schmerzgrenze gehen. Schon in der 25. Minute sind sie nur noch zu zehnt, nachdem Hugo Almeida die Rote Karte gesehen hat. Danach kontrollieren die Azzurri den Ball. Unmittelbar vor der Pause, als es noch immer 0:0 steht, wird auch der Italiener Cesare Bovo wegen eines Fouls an Pedro Ribeiro des Feldes verwiesen. Bei der Zahl der Spieler herrscht jetzt also ebenfalls wieder Gleichstand. In der zweiten Halbzeit wird jedoch deutlich, dass die Italiener ausgeruhter sind – sie hatten nach ihrem Spiel gegen Polen 24 Stunden länger Pause. Sie haben das Spiel weiterhin unter Kontrolle. Nach einem Konter gehen die Azzurri in der 67. Minute durch Francesco Ruopolo in Führung. Nun wird es hart für Portugal, gegen die starke italienische Verteidigung noch einmal zurückzukommen. Es sieht so aus, als sei das Spiel endgültig verloren.

Doch das erweist sich als falsch. Es sind noch etwas über zehn Minuten zu spielen, da kommen zwei Leute von der Bank, die das Spiel drehen werden. João Paiva betritt das Feld und trifft mit seiner ersten Ballberührung. Fünf Minuten später stibitzt Danny seinem Gegner den Ball und erzielt die Führung. In der Nachspielzeit erhöht Paiva noch auf 3:1, und dann nehmen die Feierlichkeiten ihren Lauf. Das Siegerfoto zeigt einen spindeldürren Ronaldo – die Muskeln von heute muss er erst noch entwickeln – mit blondgefärbten Stirnfransen und freiem Oberkörper. Er strahlt nur so vor Freude und hat die Arme in die Luft gehoben. In der linken Hand hält er ein blaues Trikot – seine Siegesbeute.

„Es war ein schwieriges Spiel gegen ein äußerst gutes Team, das uns jede Menge Probleme bereitet hat", sagt Cristiano. „Wir wussten vorher, dass die Italiener eine sehr starke Mannschaft haben. Wir haben gut gespielt und eine unserer besten Turnierleistungen gezeigt." Die portugiesische Presse bejubelt diese U20-Mannschaft und vergleicht sie gar mit der Generation von Figo und Rui Costa.

Das Team erhält bei seiner Rückkehr nach Lissabon einen triumphalen Empfang. In großen Scharen ziehen die Fans zum Flughafen Lissabon-Portela, um ihre Helden zu feiern. Cristiano ist nicht dabei. Er ist nicht mit der Mannschaft zurückgereist. Gemeinsam mit seiner Mutter und einer seiner Schwestern bleibt er für einen Urlaub in Frankreich – ein paar Tage im Süden und danach ein Abstecher nach Paris. Es ist eine wohlverdiente Auszeit, bevor die Saisonvorbereitung bei Sporting losgehen wird. Am 6. August, nach einem Freundschaftsspiel gegen Manchester United, wird sein Leben jedoch eine unerwartete Wendung nehmen.

Kapitel 6

# Nummer 7

## Der Wechsel zu Manchester United

*„Ich wollte die Nummer 28, aber ich konnte dem Boss ja nicht widersprechen.“*

Am Abend vor dem Spiel ist die ganze Sache bereits über die Bühne gegangen. Bei einer Zusammenkunft im Hotel Quinta da Marinha hat Sporting sich mit Manchester United geeinigt. Für 15 Millionen Euro, etwas über zwölf Millionen britische Pfund, wird Cristiano zum *Red Devil.* Uniteds Trainer Alex Ferguson, Sportings Finanzvorstand Simões Almeida und Cristianos Berater Jorge Mendes haben alles unter Dach und Fach gebracht. Der Spieler muss nur noch unterschreiben.

Cristiano weiß bereits, dass seine Zukunft bei United liegt. Trotzdem werden die Neuigkeiten nicht vor dem 12. August bekannt gegeben. Zuvor dementieren beide Seiten eine komplette Woche lang alle diesbezüglichen Gerüchte. Keiner möchte Sporting das Fest verderben. Am 6. August 2003 soll das Alvalade XXI, das neue Stadion der Löwen, eingeweiht werden. Es ist von dem Architekten Tomás Taveira entworfen worden, mit Blick auf die in Portugal ausgetragene Europameisterschaft 2004. Gegner im Eröffnungsspiel ist Manchester United, die ein Kooperationsabkommen mit dem Verein aus Lissabon haben. Die Jugendakademie in Alcochete ist gewissermaßen auch ein Nachwuchszentrum von United – Manchester hat gegenüber anderen europäischen Vereinen das Vorkaufsrecht bei sämtlichen Jugendspielern der Grün-Weißen.

Die Einweihungszeremonie ist ein beeindruckendes Spektakel, doch das Spiel und Cristianos Leistung stehen ihr in nichts nach. Die Feier beginnt um 20:45 Uhr: Die Vorhänge heben sich, und eine Bühne kommt zum Vorschein, auf der die portugiesische Sängerin und Komponistin Dulce Pontes ihr berühmtes Lied „Amor a Portugal“, „Liebe zu Portugal“, singt. Hunderte Menschen formen auf dem Feld das Wappen des Klubs, und schließlich laufen die Spieler ein. Die Atmosphäre ist fantastisch, und im ganzen Stadion gibt es keinen einzigen leeren Platz.

Cristiano Ronaldo trägt sein grün-weißes Trikot mit der Nummer 28, die weiße Hose und die grün-weiß geringelten Socken und ist ganz heiß darauf, Manchester United zu zeigen, was er kann. Tatsächlich wird er sein bestes Spiel überhaupt für die Löwen abliefern. Er legt los wie die Feuerwehr und stellt Uniteds Außenverteidiger vor enorme Probleme. Er lotet mit einem Weitschuss und in einer Eins-gegen-Eins-Situation, die der französische Torwart für sich entscheiden kann, die Leistungsgrenzen von Fabien Barthez aus. In der 25. Minute legt er den Ball für Luís Filipe auf, der das erste Tor erzielt. Doch vor allem verzückt Cristiano sie alle mit seinen Dribblings, seiner Schnelligkeit, seinen Übersteigern, den Tempowechseln und der Fähigkeit, seinen Gegenspielern immer wieder zu entwischen. Kein Wunder, dass Sir Alex Ferguson bereits in der Halbzeitpause zum damaligen Geschäftsführer Peter Kenyon meint: „Wir können hier nicht ohne den Jungen wegfahren.“ Verteidiger Phil Neville erinnert sich an die gleiche Diskussion in der Kabine: „Wir haben alle zum Boss gesagt: ‚Den müssen wir verpflichten.‘“

Doch Ferguson schweigt. Er hat nicht die Absicht, seinen Spielern zu verkünden, dass der Deal bereits in trockenen Tüchern ist. Er ist ein alter Fuchs und will, dass der Junge vom ersten Tag an in der Kabine akzeptiert wird. Wie ginge das besser, als die Spieler glauben zu lassen, sie hätten Ronaldos Wechsel überhaupt erst forciert? Auf dem Rückflug nach London loben Uniteds Veteranen Rio Ferdinand, Paul Scholes und Roy Keane die Fähigkeiten des jungen Spielers aus Portugal und fragen, ob United ihn nicht holen könne. Sir Alex reibt sich nur still die Hände. Nach Abpfiff der Partie – ein 3:1-Sieg für Sporting – und Rücksprache mit Jorge Mendes hatte er sich persönlich mit Cristiano unterhalten, ihn mit Lob überschüttet und nach Manchester eingeladen.

Ronaldo glaubt allerdings, dass er nur hinfahren soll, um den Vertrag zu unterschreiben, den medizinischen Check zu absolvieren, das Old Trafford zu besuchen und sich die Anlagen des Vereins anzusehen, um dann für ein Jahr auf Leihbasis nach Lissabon zurückzukehren. Doch Ferguson hat andere Pläne. Gleich nachdem Cristiano eingetroffen ist und den Vertrag unterschrieben hat (zwei Millionen Euro pro Jahr, pro Monat also 150.000, wohingegen er bei Sporting monatlich 2.000 Euro verdient hat), setzt sich Ferguson mit Jorge Mendes zusammen. „Von dem Englisch habe ich kein Wort verstanden“, gesteht Cristiano einige Jahre später der portugiesischen Tageszeitung *Público*. „Mendes erklärte mir, dass Ferguson mich in Manchester behalten wollte. Ich war beeindruckt und nervös zugleich." Der Junge weiß nicht, was er tun soll – er hat ja noch nicht einmal seine Klamotten mitgebracht. Aber kein Problem – er soll einfach ins Training einsteigen und später zurückfliegen und seine Sachen holen.

Am 13. August wird er offiziell im Old Trafford vorgestellt, gemeinsam mit dem 24-jährigen Brasilianer José Kléberson, der von Atlético Paranaense geholt worden ist. Ronaldo erscheint im weißen, transparenten Hemd sowie in verblichenen Jeans und trägt Strähnchen im Haar. Sein Aussehen, sein Alter und vor allem der Preis, den United für ihn berappt hat, hinterlassen bei den anwesenden Journalisten keinen besonders guten Eindruck. Ronaldo ist der teuerste Teenager in der Geschichte des britischen Fußballs, und zwölf Millionen Pfund kommen ihnen vollkommen überteuert für einen 18-jährigen Jungen vor, der gerade einmal eine Profisaison mit 25 Spielen und drei Toren absolviert hat.

Doch Ferguson hat gerade erst David Beckham für 25 Millionen Pfund an Real Madrid und Juan Sebastián Verón für 15 Millionen Pfund an den FC Chelsea verkauft. Außerdem ist es ihm nicht gelungen, Ronaldinho zu verpflichten: Der Brasilianer ist zum FC Barcelona gewechselt. Ferguson ist sich sicher, dass er einen hervorragenden Transfer getätigt hat. Er glaubt, dass Cristiano für die Mannschaft mehr wert sein wird als Beckham und dass er das Puzzlestück ist, das United seit Jahren gefehlt hat. Portugals Fußballlegende Eusébio, Europas Fußballer des Jahres 1965, ist der gleichen Meinung: „Ronaldo ist nicht einfach nur ein großartiger Fußballspieler, er könnte ein richtiger Star werden. Er würde jede Mannschaft verstärken, in jeder Liga, überall. Ich glaube wirklich, dass er so gut ist."

Ferguson und seine Scouting-Abteilung haben Ronaldo nicht erst bei der Partie im Alvalade entdeckt, sondern ihn seit seinem 15. Lebensjahr beobachtet. „Es war Carlos Queiroz, der uns auf Cristiano Ronaldos Potenzial aufmerksam gemacht hat", erklärt Ferguson. Tatsächlich hat Fergusons früherer Co-Trainer eine entscheidende Rolle bei dem Transfer gespielt: „Er hat sich mit den portugiesischen Jugendmannschaften beschäftigt und sofort gesehen, dass er ein wertvoller Spieler ist. Er hat uns gesagt, dass wir ihn holen müssen."

Und auch wenn der Vertrag jetzt erst unterschrieben wurde, hat United dem Klub aus Lissabon doch schon eine ganze Weile den Hof gemacht.

Der israelische Geschäftsmann und Spielervermittler Pini Zahavi, der eine ganze Reihe großer Deals für United eingefädelt hat, ist bei Cristianos fantastischem Auftritt gegen Moreirense im Oktober 2002 vor Ort. Nach dem Spiel trifft er sich mit den Vereinsvorständen, um die Bedingungen für einen möglichen Transfer der jungen Nummer 28 auszuloten. Und er ist nicht der Einzige ...

Der portugiesischen Presse zufolge hat Sporting vom AC Parma und von Juventus Turin Angebote über jeweils mehr als zehn Millionen Euro erhalten. Die Turiner Sport-Tageszeitung *Tuttosport* druckte sogar schon die Schlagzeile „Juve: Ronaldo gehört euch". Dutzende von Vereinen beginnen, Interesse zu signalisieren: von Barça bis Milan, von Real Madrid bis Chelsea. Der FC Liverpool, der ursprünglich besonders interessiert war, zieht sich am Ende jedoch aus dem Wettbieten zurück. Manager Gérard Houllier wird der *Daily Mail* Jahre später dazu sagen: „Wir hatten ein bestimmtes Gehaltsgefüge im Verein, und wir zahlten nicht das Gehalt, das er haben wollte. Ich war der Ansicht, dass es ansonsten Probleme in der Kabine geben würde."

Manchester United macht schließlich das Rennen. Sporting ist angesichts seiner schlechten wirtschaftlichen Lage mehr als glücklich darüber, seinen neuesten Star aus der Jugendakademie versilbern zu können – ähnlich wie schon sechs Monate zuvor, als man Ricardo Quaresma für sechs Millionen Euro an den FC Barcelona verkaufen konnte. Schließlich wissen die Vereinsvorstände, dass Ronaldo am Ende der Saison 2003/04 ablösefrei gehen könnte.

Bei der Vorstellung der Neuverpflichtung verkündet Sir Alex Ferguson: „Ronaldo ist ein extrem begabter Spieler, ein beidfüßiger Angreifer, der vorne auf jeder Position spielen kann: rechts, links und in der Mitte. Er ist einer der aufregendsten Spieler, die ich jemals gesehen habe." Nicht schlecht für einen „portugiesischen Teenager", wie ihn die britische Presse immer wieder bezeichnen wird. Der Teenager selbst äußert lediglich Nettigkeiten: „Ich freue mich sehr, dass ich bei der besten Mannschaft der Welt unterschreiben durfte. Besonders stolz bin ich darauf, der erste portugiesische Spieler zu sein, der zu Manchester United wechselt. Ich freue mich, dem Team dabei helfen zu können, in den nächsten Jahren noch erfolgreicher zu sein."

Nach den Statements ist es Zeit für ein Foto auf dem Rasen im Old Trafford. In der Mitte steht ein lächelnder Ferguson in dunklem Anzug, weißem Hemd und roter Krawatte. Seinen rechten Arm hat er um Kléberson gelegt, den linken um Ronaldo. Beide tragen ihre Trikots. Am ernsthaftesten von den dreien guckt Cristiano mit seiner Nummer 7, die so viele United-Größen vor ihm getragen haben: George Best, Steve Coppell, Bryan Robson, Eric Cantona und David Beckham.

Doch wie kann es angehen, dass eine so junge Neuverpflichtung ein Trikot mit einer so geschichtsträchtigen Rückennummer tragen soll? Ronaldo wird der *Sun* später erzählen, wie sich die Sache zugetragen hat. „Ich fragte, ob das Trikot mit der 28, die ich bei Sporting Lissabon getragen hatte, noch frei ist. Aber Alex Ferguson sagte zu mir: ‚Nein, nein, deines ist die Nummer 7.' – ‚Alles klar, Boss!' Ich habe natürlich nicht zu ihm gesagt: ‚Och nö, meines ist das mit der Nummer 28.'" Sir Alex begründet seine Entscheidung gegenüber der Presse folgendermaßen: „Wir haben Ronaldo dieses Trikot gegeben, weil er jung ist und große Taten vollbringen wird. Dieses Trikot haben viele wichtige Spieler in der Vereinsgeschichte getragen. Ronaldo vertraut sehr auf sein Können, und er wird eine ganze Zeit lang hier bleiben. Das Trikot mit der 7 gehört ihm."

„Das Trikot mit der Nummer 7 bedeutet Ehre und Verantwortung", erwidert Cristiano. „Ich hoffe, dass es mir eine Menge Glück bringt." Und der portugiesischen Presse erklärt er: „Jeder in Manchester hat mir von Best und Cantona erzählt. Ich bin stolz, in ihre Fußstapfen treten zu dürfen. Aber es gibt etwas, das die Briten nicht wissen: Die Nummer 7 ist auch deshalb besonders für mich, weil Luís Figo diese Nummer bei Sporting getragen hat. Schon als Kind wollte ich so sein wie er und die Nummer 7 tragen, genau wie sie mein guter Freund Quaresma jetzt auch bei Barcelona trägt. Wir können nun beide sagen, dass unsere Träume in Erfüllung gegangen sind."

Seine Träume mögen in Erfüllung gegangen sein, aber ist es nicht beängstigend für einen 18-Jährigen, ein solch legendäres Jersey zu tragen und in einer Liga mit einer solchen Konkurrenz und derart hohem Druck zu spielen? „Ich habe keine Angst, ganz und gar nicht", antwortet Ronaldo. „Mir ist klar, dass es schwer werden wird, aber ich werde unglaublich viel lernen, wenn ich an der Seite von einigen der besten Spieler der Welt spiele." Jahre später wird er dem hinzufügen, dass er vor nichts mehr Angst gehabt habe, seit er durch sein erstes Jahr in Lissabon gegangen sei.

Drei Tage nach seiner offiziellen Vorstellung gibt Ronaldo sein Debüt im Old Trafford. Es ist der erste Spieltag der Saison, und Man United begrüßt zu Hause die Bolton Wanderers. Cristiano sitzt auf der Bank, doch in der 60. Minute will Ferguson Leben in die Partie bringen, die beim Stand von 1:0 vor sich hinplätschert. Also bringt er ihn als Ersatz für Nicky Butt. Die Zuschauer erheben sich, um der Neuverpflichtung Applaus zu spenden. Zugleich erinnern die TV- und Radiokommentatoren, dass er „einer der teuersten Teenager im Fußball" ist.

Während der verbleibenden 30 Minuten zeigt die neue Nummer 7 auf dem Flügel, was sie kann. Mit seinen Läufen und Dribblings begeistert Cristiano die 67.647 Fans. Er bereitet zwei Chancen vor und bekommt einen Strafstoß zugesprochen, den Ruud van Nistelrooy jedoch nicht verwerten kann. Am Ende wird er zum Mann des Spiels ernannt und darf seine erste Flasche Sekt entkorken – die Prämie, mit der die Premier League den wichtigsten Spieler einer Begegnung belohnt. Roy Keane gratuliert ihm als Erster, gefolgt von seinen übrigen Mannschaftskollegen. Überdies bekommt er stehende Ovationen im „Theatre of Dreams", dem Theater der Träume, wie man das Old Trafford auch nennt.

„Sieht ganz so aus, als wenn die Fans einen neuen Helden hätten. Es war ein großartiges Debüt, fast schon unglaublich", meint Ferguson nach dem 4:0-Erfolg. Gewiss, ein fantastisches Debüt, aber man sollte die Dinge auch nicht überstürzen. Es besteht kein Grund zur Eile, und man braucht den Jungen auch nicht unter Druck zu setzen. Dem erfahrenen Ferguson ist das nur allzu bewusst: „Wir müssen vorsichtig sein mit dem Burschen. Sie müssen sich klarmachen, dass er erst 18 ist – wir müssen ihn behutsam einsetzen."

Und genau das tut Ferguson dann auch – er kümmert sich um ihn, wie er das zuvor bei Beckham, Giggs oder Scholes gemacht hat. Er bekommt Zeit zum Spielen und Zeit zum Ausruhen, und manche Spiele sieht er nur von der Bank. Der Junge von Madeira muss sich an sein neues Leben und vor allem an den englischen Fußball erst einmal gewöhnen: an die Spielweise, die Regeln, an das System von Man United und an seine Mannschaftskollegen und darüber hinaus auch an das Klima, das Essen und die Sprache. Außerdem ist da noch die englische Presse, die ihn genau beobachtet und häufig kritisiert – für seine Art, seinen Kleidungsstil, seine angebliche Freundin, seine Vergangenheit, seine Familie und für das, was er auf dem Platz anstellt.

Was Letzteres betrifft, wird ihm bald vorgeworfen, sich ständig fallen zu lassen. So erklärt nach einem Ligaspiel gegen Charlton Athletic deren eher körperbetont spielender Innenverteidiger Chris Perry gegenüber der Presse: „Wenn man ein- oder zweimal fällt, ist das absolut in Ordnung. Aber Ronaldo ist fünf- oder sechsmal zu Boden gegangen, und es hat dabei bestimmt nicht jedesmal einen Kontakt gegeben." Ferguson meint dazu nur: „Ich habe mir die Aufzeichnung noch einmal angesehen, und Cristiano hätte schon stark wie Atlas sein müssen, um nicht hinzufallen."

Doch auch wenn ihn sein Trainer in Schutz nimmt, gibt es immer wieder Klagen über Cristianos Schwalben, sein Foulspiel, darüber, dass er sich beim Schiedsrichter und den Zuschauern beschwert und nach Fouls gern den sterbenden Schwan mimt. Daran ändert sich auch in den folgenden Jahren nichts. Cristiano hat Probleme, sich an das körperbetontere Spiel in England anzupassen – wo man bei den Verteidigern Aktionen zulässt, die sie in Portugal nicht tun dürften. Wo Stürmer reichlich auf die Socken bekommen. Wo seine frechen Tricks am Ball die Gegner giftig machen. Und wo man Reklamieren nicht toleriert.

Am 21. September 2003 bekommt Ronaldo bei einem Match gegen Arsenal eine Ahnung davon, was in der Premier League alles passieren kann. Das Spiel endet 0:0, geht jedoch in eine Schlägerei über. Cristiano legt sich mit Martin Keown an, und der englische Verband verurteilt ihn zu 4.000 Pfund Geldstrafe. Allerdings ist er noch milde davongekommen. Sein Gegenüber und zwei weitere Spieler der *Gunners* werden für drei beziehungsweise vier Spiele gesperrt.

Am 1. Oktober gibt Cristiano gegen den VfB Stuttgart sein Debüt in der Champions League. Er steht in der Startelf, und in der 67. Minute wird ihm ein Strafstoß zugesprochen, den van Nistelrooy zum 1:1 verwandelt. Beim Schlusspfiff im Gottlieb-Daimler-Stadion steht es 2:1 für Manchester. Nur einen Monat später erzielt er im Old Trafford gegen den FC Portsmouth mit einem Freistoß direkt vor der Strafraumgrenze sein erstes Tor im Trikot mit der Nummer 7. Es ist ein kräftiger Schuss, der Ball hebt sich über die Verteidiger und Angreifer, tippt einmal auf und fliegt in die Maschen. Die Kommentatoren fühlen sich an die besten Zeiten eines Beckham erinnert. Ronaldo legt einen vielversprechenden Start bei United hin. Trotzdem wird er am Saisonende lediglich vier Tore in 25 Einsätzen in der Premier League erzielt haben.

Zweiter Weihnachtsfeiertag 2003, Manchester United gegen Everton. Die *Red Devils* brauchen unbedingt die Punkte, um an Arsenal dranzubleiben. Cristiano bietet eine Leistung vom Allerfeinsten: Er hält die gegnerische Verteidigung auf Trab, er leitet den Spielzug ein, der zum Tor durch Nicky Butt führt, und er legt dem Franzosen David Bellion den dritten Treffer auf. Und all das trotz ständiger Fouls und Nickligkeiten von Wayne Rooney, der damals noch für Everton auf dem Flügel spielt. Es ist ein Duell zwischen zwei aufstrebenden jungen Spielern der Premier League, das den Zuschauern eine Menge Gesprächsstoff liefert. Nach dem Spiel gibt Ferguson seiner Nummer 7 drei Wochen frei, um nach Madeira zurückzukehren. Es ist eine Belohnung und soll ihm gleichzeitig ein wenig den Druck nehmen, auch wenn nicht jeder mit der Entscheidung des Trainers einverstanden ist.

Am 25. Februar 2004 kehrt Cristiano wieder nach Portugal zurück. Dieses Mal allerdings beruflich, zum Spiel gegen den FC Porto im Achtelfinale der Champions League. Die Mannschaft von José Mourinho ist eindeutig Außenseiter. Ferguson ist sich sicher, dass seine Elf im Estádio do Dragão als Sieger vom Platz gehen wird. Doch es kommt anders, und beim Schlusspfiff steht es 2:1 für Mourinhos Männer. Und Cristiano? Nun, er spielt nur 14 Minuten und ist vollkommen abgemeldet. Nach dem Spiel beklagt Ferguson sich über die Rolle des portugiesischen Torhüters Vítor Baía beim Platzverweis für Roy Keane. Anlass genug für Mourinho, gegen Uniteds Trainer zu ätzen: „Natürlich ist man traurig, wenn die eigene Mannschaft so klar von einem Gegner beherrscht wird, dessen Etat gerade einmal zehn Prozent des eigenen beträgt", erklärt er.

Den *Red Devils* bleibt nur die Hoffnung, das Ergebnis im Rückspiel im Old Trafford noch zu drehen. Zunächst sieht es gut aus: Paul Scholes bringt United mit einem Kopfballtreffer in der 31. Minute in Führung. Porto kommt kaum zu Chancen, und ein weiteres Tor von Scholes wird wegen Abseits aberkannt. Doch Ferguson ist zuversichtlich und bringt in der 74. Minute Ronaldo für Darren Fletcher. Acht Minuten später ist das Spiel für ihn allerdings dank einer Knöchelverletzung, wegen der er vom Platz muss, schon wieder vorbei. Er kann nur noch von der Bank aus zusehen, wie Francisco Costinha in der Schlussminute den Ausgleich erzielt und Porto damit ins Viertelfinale schießt. José Mourinho feiert. Er ist seinem ersten Titel in der Champions League wieder einen Schritt näher gekommen.

Am 15. Mai bestreitet United im Villa Park gegen Aston Villa das letzte Ligaspiel der Saison. Ronaldo erzielt sein viertes Tor im Wettbewerb und fliegt zum ersten Mal seit seiner Ankunft in England vom Platz. Er ist bereits wegen Simulierens verwarnt, da schlägt er in der 80. Minute vor lauter Wut unnötig den Ball weg. Schlechter kann er seine erste Saison in der Premier League kaum beschließen.

Man United wird am Ende mit 79 Punkten Dritter, vier Punkte hinter Chelsea und 15 hinter Arsenal, das sich den Titel sichert. Doch das Endspiel im FA-Pokal steht noch aus. Es ist die letzte Gelegenheit, noch einen Titel zu gewinnen, nachdem man sich aus allen anderen Wettbewerben einschließlich des Ligapokals bereits verabschiedet hat. Im Millennium Stadium in Cardiff geht es gegen den Zweitligisten FC Millwall, und dieses Mal glänzt Ronaldo. Er köpft in der 44. Minute eine Flanke von Neville ein und erzielt damit das erste Tor im Spiel. Danach treibt er die Offensive von United an, das am Ende mit 3:0 gewinnt.

Er wird zwar nicht zum Spieler des Spiels gewählt – diese Ehre wird dem Doppeltorschützen Ruud van Nistelrooy zuteil. Doch dafür ist er in aller Munde. Gary Neville sagt: „Ryan Giggs und Ruud van Nistelrooy haben klasse gespielt, aber Cristiano hat sich besonders hervorgetan. Ich glaube, dass Ronaldo einer der besten Fußballer der Welt werden kann." „Ronaldo war überragend", meint auch Sir Alex. „Wir müssen gut auf ihn aufpassen, weil er auf dem Weg ist, ein herausragender Spieler zu werden." Und nicht nur der Trainer und die Mannschaftskollegen denken so. Die Zeitungen geben ihm neun von zehn Punkten, als Bestem im Team. Die Älteren vergleichen seine Leistung mit der von Sir Stanley Matthews im englischen Pokalfinale von 1953.

Cristiano Ronaldo beendet seine erste Saison als *Red Devil* glanzvoll. Er hat in seinen 39 Einsätzen in allen Wettbewerben acht Tore erzielt. Und er wird mit mehr als 10.000 Stimmen der United-Fans zum „Sir Matt Busby Player of the Year" ernannt, also zum Spieler des Jahres. In seiner Reaktion auf den Preis sagt Sir Alex Ferguson: „Ronaldo ist ein junger Spieler, der in der abgelaufenen Saison enormen Eindruck gemacht hat. Er hat sich den Sir-Matt-Busby-Preis redlich verdient. Sir Matt hat immer geglaubt, man müsse jungen Spielern eine Chance geben, und ein solcher junger Spieler ist Ronaldo." Nun ist es an Cristiano, ebenso überzeugend aufzutreten, wenn er für Portugals *Selecção* aufläuft.

Kapitel 7

# Eine griechische Tragödie

## Die Europameisterschaft 2004

*„Eine Riesenenttäuschung. Ich wollte doch mit 19 Europameister werden."*

„Glaubt an euch", lautet die Schlagzeile auf der Titelseite der portugiesischen Sport-Tageszeitung *O Jogo*. Darunter befindet sich das Bild eines weinenden Cristiano Ronaldo, der mit wie im Gebet gefalteten Händen in Richtung Himmel schaut. Es ist eine der wenigen mutmachenden Stimmen, die am 13. Juni 2004 in der portugiesischen Presse zu lesen sind. Die anderen Blätter reden von „einer Nation am Rande des Nervenzusammenbruchs" und „einem in Tränen aufgelösten Land". Griechenland hat Portugal im Eröffnungsspiel der Europameisterschaft 2004 besiegt. Keine andere Gastgebernation ist bisher im Eröffnungsspiel geschlagen worden. Und die Griechen haben in der Endrunde einer EM bisher noch nie gewinnen können. Wie konnte es dazu kommen?

„Wir sind da enorm motiviert rausgegangen, und dann hat uns die Nervosität übermannt. Die Atmosphäre hat gegen uns gearbeitet", erklärt Kapitän Luís Figo. „Wir sind vom Druck überwältigt worden", pflichtet ihm Mitveteran Rui Costa bei, ein Angehöriger der „Goldenen Generation" Portugals, die 1989 und 1991 die U20-Weltmeisterschaft gewonnen hat. „Wir waren sehr nervös", meint auch Simão. „Wir hatten nie daran gedacht, dass wir auch verlieren könnten."

Sicherlich mögen die Erwartungen eines ganzen Landes die Nationalmannschaft unter Druck gesetzt haben. Doch beim Eröffnungsspiel im Estádio Dragão in Porto ist eben auch eine griechische Mannschaft zu erleben, die extrem gut organisiert, in der Abwehr fein gestaffelt und auf die Zerstörung des gegnerischen Spiels aus ist und dazu entschlossen, selbst die kleinste Chance zu nutzen – sei es durch einen Konter oder einen ruhenden Ball. Es ist *Catenaccio* ganz so, wie ihn die Italiener in den sechziger Jahren gespielt haben. Mit anderen Worten: Es kommt zu einer ziemlich öden Partie.

Die portugiesischen Spieler verfangen sich in dem Netz, das Griechenlands Trainer Otto Rehhagel gewoben hat. Sie verlieren die Kontrolle über das Spiel, weil alte Hasen wie Figo, Rui Costa und Couto nicht in Form sind. Gleiches gilt für Costinha und Maniche, und dem brasilianischen Trainer Luiz Felipe Scolari ist das nur allzu bewusst. Zur Halbzeit steht es nach einem Weitschuss von Inter Mailands Giorgos Karagounis in der siebten Minute 1:0 für die Griechen. Der Ball war allerdings nicht so hart, dass Ricardo ihn nicht hätte halten können.

Während der Pause schickt der Trainer Deco und Cristiano Ronaldo zum Aufwärmen. In seinem grünen Trainingsanzug mit der Nummer 17, mit hochgestellten, gesträhnten Haaren und zwei glitzernden Ohrringen setzt Ronaldo zu einem Zickzack-Lauf an, schießt ein wenig den Ball durch die Gegend und kehrt dann zur Bank zurück. Er lauscht Scolaris taktischen Anweisungen und betritt das Spielfeld. Es ist offensichtlich, dass er unglaublich aufgeregt ist. Fünf Minuten später mäht er im Strafraum wie ein ungestümes Kind Georgios Seitaridis um, die griechische Bulldogge mit der Zwo, die den linken Flügel bewacht. Der italienische Schiedsrichter Pierluigi Collina pfeift Strafstoß, und Angelos Basinas erhöht auf 2:0. Die Zuschauer fangen an, Rui Jorge und einen sehr müden Figo auszupfeifen, während die Griechen jeden Pass ihrer Spieler bejubeln.

Portugals Nummer 17 verdoppelt seinen Einsatz auf der linken Seite. Er rennt vor und zurück, er trickst und täuscht. Er verwirrt seine Gegenspieler und spielt einen Pass nach dem nächsten, doch es gibt keine Abnehmer für seine Zuspiele. In der 83. Minute versucht er selbst sein Glück und hält drauf: ein kraftvoller Schuss, der knapp am linken Pfosten von Antonios Nikopolidis vorbeizischt. Cristiano blickt zum Himmel und faltet die Hände zum stillen Gebet. Irgendjemand weiter oben muss sein Flehen erhört haben. Zehn Minuten später trifft er. Es ist sein erstes Tor in einem offiziellen Spiel der Nationalmannschaft. Voraus geht ein von Figo hereingebrachter Eckstoß von der linken Seite. Ronaldo springt kraftvoll in die Luft und setzt zu einem wuchtigen Kopfball an. Die Kugel beschreibt eine perfekte Flugbahn. Nikopolidis kann nur dastehen und zusehen.

Es ist ein Moment großer Freude für den 19 Jahre alten Jungen, der gerade einmal neun Monate zuvor sein Debüt in der portugiesischen Nationalmannschaft gegeben hat. Am 14. August 2003 hat er einen Anruf von seiner Mutter bekommen, die ihm von seiner ersten Berufung für das

Freundschaftsspiel gegen Kasachstan berichtete. Kurz darauf bestätigt auch sein Berater Jorge Mendes die gute Nachricht. „Ich bin froh und stolz, zu den Auserwählten zu gehören", sagt Ronaldo. „Ich bin dem Trainer sehr dankbar. Das ist ein ganz besonderer Augenblick in meinem Leben. Alles Gute ist auf einen Schlag gekommen – erst Manchester United und jetzt die Nationalmannschaft. Ich will spielen, und ich will gewinnen."

Am 20. August 2003 streift Cristiano im portugiesischen Chaves zum ersten Mal das rot-grüne Trikot über. Luiz Felipe Scolari bringt ihn in der zweiten Halbzeit für Figo. Mit einem Mal ist er umringt von den Champions, zu denen er stets als Vorbilder aufgeschaut hat. Seine Mentoren in der Mannschaft, Luís Figo und Rui Costa, haben ihm geraten, ruhig zu bleiben und so wie immer zu spielen. Insbesondere legen sie ihm nahe, sich nicht von seinen Emotionen leiten zu lassen. Der Jungspund folgt ihrem Rat, und die Presse ernennt ihn hinterher zum Spieler des Spiels. Scolari gratuliert ihm. Zwei Monate darauf, am 11. Oktober in Lissabon, wird er gegen Albanien zum ersten Mal in der Startaufstellung stehen. Und Schritt für Schritt verdient er sich auch seinen Platz im Kader für die EM 2004.

Doch es ist eine Europameisterschaft mit einem Fehlstart in Form einer unerwarteten Niederlage. „In einem so kurzen Wettbewerb darf man nur einmal einen Fehler machen, und wir haben unseren nun schon gemacht", sagt Scolari. „Nun geht es in den Spielen gegen Russland und Spanien um Leben oder Tod." Glücklicherweise ist Portugal in diesen Spielen der Gruppe A wieder in Form. Scolari passt seine Strategie an. Er trifft unpopuläre Entscheidungen und setzt die alten Hasen Fernando Couto und Rui Costa auf die Bank. Stattdessen baut er auf den Porto-Block mit Innenverteidiger Ricardo Carvalho und Spielmacher Deco – und auf Cristiano Ronaldo.

Eusébio, der ehemalige Nationalspieler und Star von Benfica Lissabon, hat die Mannschaft beschworen, die Köpfe nicht hängen zu lassen. Und die Spieler tun, wie ihnen geheißen. Sie dominieren die folgenden beiden Partien und sichern sich mit Toren von Maniche und Rui Costa einen 2:0-Sieg über Russland und durch einen Treffer von Nuno Gomes ein 1:0 über Spanien. Zusammen mit Griechenland ziehen sie in die nächste Runde ein.

Gegen die Russen kommt Cristiano in der 78. Minute für Figo in die Partie. Elf Minuten später schlägt er eine Flanke von links, die Rui Costa in aller Ruhe verwerten kann. Gegen Spanien spielt er von Beginn an und bringt sofort die gegnerische Verteidigung durcheinander. Nacheinander lässt er Carles Puyol und Raúl Bravo alt aussehen. Er arbeitet Chancen heraus und verteilt ausgezeichnete Pässe an seine Mannschaftskollegen. Cristiano tut alles das, was Scolari von ihm verlangt hat.

Im Viertelfinale geht es gegen England. Wieder einmal kreuzen sich bei einer EM die Wege dieser beiden Nationen. Vier Jahre zuvor hat Portugal in Eindhoven durch Tore von Figo (aus 35 Metern), João Pinto und Nuno Gomes 3:2 gewonnen. Abgesehen von dieser historischen Rivalität, bringt diese Partie drei äußerst interessante Duelle mit sich. Das erste lautet Scolari gegen Sven-Göran Eriksson. Bei der WM 2002 schickte Scolari als brasilianischer Nationaltrainer die von Eriksson trainierten Engländer im Viertelfinale nach Hause. Das zweite Duell heißt Figo versus Beckham. Die Leistung der beiden Stars von Real Madrid spiegelt ihre Saison bei den Königlichen wider. Figo war voll da, als Portugal ihn am meisten brauchte. Beckham dagegen ließ zwar hin und wieder sein Können aufblitzen, gehörte aber meistens eher zu den Statisten.

Das dritte Duell findet zwischen Ronaldo und Rooney statt und ist möglicherweise das interessanteste, zumindest mit Blick auf die Zukunft. Während man bei dieser EM so manchen Veteranen wie Italiens Christian Vieri zum letzten Mal bei einem großen internationalen Turnier sieht, betreten Jungstars wie Milan Baroš, Bastian Schweinsteiger oder Arjen Robben die Bühne. Rooney und Ronaldo haben bisher sämtliche Erwartungen erfüllt. Im September wird der 18 Jahre alte Rooney den FC Everton verlassen und für eine Ablöse von 25,6 Millionen Pfund, also über 38 Millionen Euro, bei Manchester United anheuern. Er steht in der Startaufstellung gegen Portugal und hat bereits vier Treffer erzielt, zwei gegen die Schweiz und zwei gegen Kroatien. Damit ist er der jüngste Torschütze in der Geschichte der Europameisterschaft. Darüber hinaus hat er sich in schwierigen Phasen auch als Führungsspieler erwiesen.

Ronaldo hat zwar die ersten beiden Partien auf der Bank begonnen. Doch gegen Spanien hat er sich durch einen fantastischen Auftritt seinen Platz in der Startaufstellung gesichert. Gemeinsam mit Deco und Nuno Gomes stellt er die Offensivreihe gegen England, während Rooney zusammen mit Michael Owen, Europas Fußballer des Jahres 2001, den englischen Sturm bildet. Und Owen ist es auch, der in der dritten Minute das erste Tor der Partie erzielt, dank eines furchtbaren Fehlers von Costinha. Cristiano dagegen beginnt überragend: Er gibt Vollgas, beherrscht seine linke Seite und bereitet Englands Ashley Cole einige Probleme.

Und was macht Rooney? Der sorgt nach einem Freistoß, den David Beckham direkt vor dem Strafraum ausführt, beinahe für den zweiten Treffer. Doch nach nur 23 Minuten ist das Spiel für ihn zu Ende. Nach einem Tritt von Jorge Andrade geht er zu Boden. Zunächst sieht es gar nicht so schlimm aus, doch Rooney muss sichtbar humpeln und wird drei Minuten darauf gegen Darius Vassell ausgetauscht. Er hat sich den dritten Mittelfußknochen am rechten Fuß gebrochen. So muss das Duell mit Cristiano bis zur WM 2006 warten.

Derweil kann England die Führung zunächst trotz eines portugiesischen Sturmlaufs verteidigen. Doch in der 83. Minute köpft Hélder Postiga eine fantastische Flanke von Simão ins Tor und erzwingt so die Verlängerung der Partie. Beide Mannschaften sind erschöpft, doch Portugal scheint leichte Vorteile zu haben. Für Cristiano ist es, als wenn das Spiel gerade erst begonnen hätte. Phil Neville kassiert eine Gelbe Karte, nachdem er ihn umgesenst hat. In der 110. Minute glaubt Rui Costa, dass sein herrlicher Schuss in das Netz von David James bereits die Entscheidung ist. Doch England kommt noch einmal zurück: Fünf Minuten später erzielt Frank Lampard das 2:2. Es gibt Elfmeterschießen.

Beckham schickt den ersten Ball über den Querbalken, und auch Rui Costa haut die Kugel in die Wolken. Dann ist Cristiano an der Reihe. Er legt sich das Leder umständlich auf dem Punkt zurecht und schickt es, ohne Nerven zu zeigen, halbhoch in die Maschen. Portugals Torwart Ricardo wehrt den Versuch von Darius Vassell ab. Kurz darauf tritt er selbst an und sichert seinem Team aus elf Metern den Einzug ins Halbfinale.

Dort erwartet sie die nächste harte Nuss: die Niederländer. Die Jungens von Dick Advocaat konnten sich erst über die Playoffs für das Turnier qualifizieren. Auch ihre drei Gruppenspiele haben ihnen alles abverlangt. Im Viertelfinale haben sie die Schweden im Elfmeterschießen besiegt. Die Partie gegen den Gastgeber will Advocaat jetzt erst recht gewinnen. Er will es für die Mannschaft, aber er will den Fans auch beweisen, dass selbst ein so kleines Land den Gipfel der Fußballwelt erklimmen kann.

Der niederländische Innenverteidiger Wilfred Bouma ist überzeugt, dass die größte Gefahr von Cristiano Ronaldo ausgeht. Und er behält recht: Die Begegnung hat gerade erst begonnen, als die portugiesische

Nummer 17 nach einer Zuckerflanke von Figo knapp daneben zielt. Einen Schuss Ronaldos wenige Minuten darauf kann Edwin van der Sar problemlos halten. In der 26. Minute gibt es dann einen Eckstoß für Portugal, den ersten in der Partie überhaupt. Luís Figo tritt ihn, Cristiano läuft sich im Sechzehner frei, steigt ganz ähnlich wie bei seinem Treffer gegen Griechenland in die Luft und köpft ihn in die lange Ecke des Netzes. Edwin van der Sar ist ebenso machtlos wie Edgar Davids, der den Pfosten abdeckt. Ronaldo reißt sich das Trikot vom Leib, wirbelt es durch die Luft und rennt los, um sein zweites Tor gemeinsam mit den Mannschaftskameraden direkt vor den eigenen Fans auf der Tribüne zu feiern. Die Gelbe Karte des schwedischen Schiedsrichters Anders Frisk folgt auf dem Fuß.

In der 67. Minute wird Ronaldo gegen Petit ausgewechselt. Zu dem Zeitpunkt steht es 2:1 für Portugal nach einem traumhaften Treffer von Maniche aus 25 Metern und einem Eigentor von Jorge Andrade, und dabei bleibt es am Ende auch. Die portugiesische Nationalmannschaft qualifiziert sich für ihr erstes Endspiel überhaupt.

Am 4. Juli 2004, einem Sonntag, treffen sie im Estádio da Luz in Lissabon auf Griechenland. Es ist das erste Mal in der Geschichte der Europameisterschaft, dass die beiden Teams aus dem Eröffnungsspiel auch das Finale bestreiten. Nach gerade einmal 23 Tagen trifft man also erneut aufeinander – ein Endspiel, das zu Beginn wohl nur wenige vorausgesagt hätten. Vor dem Turnierstart wurde Portugal zu den Favoriten gezählt, während die Quoten für Griechenland eher bei eins zu achtzig lagen.

Der Weg der Griechen ist kein leichter gewesen. Nach ihrem Sieg gegen die Portugiesen sowie einem Unentschieden gegen Spanien und einer Niederlage gegen die Russen waren sie Zweiter in der Gruppe A geworden. Sie konnten dann gegen Titelverteidiger Frankreich das Viertelfinale gewinnen und haben im Halbfinale die Tschechen geschlagen.

Scolaris Truppe hat sich das Spiel gegen die Tschechen im Fernsehen angeschaut und konnte über das Ergebnis nur den Kopf schütteln. „Was? Schon wieder Griechenland?“, sagten sie einander. „Wir sollen es gegen die Mannschaft zu Ende bringen, die uns zu Anfang geschlagen hat?!“ Trotzdem sind sie alle überzeugt, dass es dieses Mal anders laufen wird. Sie glauben, dass sie gewinnen und den Titel mit der *Selecção* holen können. Ein ganzes Land hofft mit ihnen und unterstützt sie. Ganz Lissabon ist auf der Straße, winkt und jubelt, und unzählige Fans folgen dem Bus auf dem Weg ins Stadion. Im Stadion selbst herrscht eine knisternde Stimmung, und um Viertel vor acht kommt an diesem Sonntagabend ganz Portugal zum Stillstand.

Vor dem Spiel erklärt Griechenlands Trainer Otto Rehhagel: „Wir sind jetzt so weit gekommen und haben dem griechischen Volk so viel Freude bereitet. Wir haben nichts zu verlieren. Im Eröffnungsspiel hat uns Portugal unterschätzt. Dieses Mal werden sie besser aufpassen. Es ist ja ganz klar, dass sie die Favoriten sind. Sie haben ja die Unterstützung von 50.000 Zuschauern." Und das ist nicht alles. Portugal hat in Lissabon seit 17 Jahren nicht mehr verloren, weder im Alvalade noch im Estádio da Luz. Und sie sind das Gastgeberland – ein entscheidender Faktor für Spanien 1964, Italien 1968 und Frankreich 1984.

Doch all diese guten Vorzeichen erweisen sich als nichtig. Portugal tappt in dieselben Fallen wie beim Eröffnungsspiel. Das Märchen des Gastgebers endet genau so, wie es begonnen hat: mit einer Niederlage. Dieses Mal trifft Angelos Charisteas mit einem herrlichen Kopfball in der 57. Minute zum 1:0-Sieg der Griechen. Die Griechen ruinieren die mit so viel Herzblut vorbereitete Feier einer ganzen Nation und bereiten den Portugiesen ihr ganz persönliches *Maracanaço* – ein Begriff, der nach der ebenso überraschenden wie erschütternden Finalniederlage Brasiliens bei deren Heim-WM 1950 im Maracanã-Stadion in Rio de Janeiro gegen Uruguay geprägt wurde.

Und die Geschichte des Gastgebers endet, wie sie begonnen hat – mit den Tränen Cristiano Ronaldos. Verloren und alleine steht er in der Mitte des Platzes und bemerkt kaum die Gesten und tröstenden Worte seiner Mannschaftskameraden. Er trauert über vergebene Chancen: wie in der 59. Minute, als Torwart Nikopolidis eine seiner Gelegenheiten zunichte machte, oder in der 74., als er ganz frei vor dem Tor stand, den Ball aber trotzdem über die Latte schoss, begleitet vom Raunen der Menge. Er weint, weil er es sich nie hätte vorstellen können, gegen Griechenland zu verlieren, weil „wir ein fantastisches Team hatten, ein großartiges Turnier gespielt haben und es nicht verdient hatten, auf diese Weise zu verlieren". Weil er „ein Mensch mit großen Zielen" ist und „Europameister mit 19" sein wollte. „Doch nun muss ich dieses Kapitel abhaken", sagt Cristiano noch. „Ich muss nach vorne schauen. Es wird noch viel mehr Gelegenheiten in meiner Karriere geben, in Europa etwas zu gewinnen und diese riesige Enttäuschung wieder wettzumachen."

## Kapitel 8

# Trauer

### Der Tod des Vaters

*„Mein Vater wird immer bei mir sein. Er wird mir immer ein Vorbild sein."*

Es ist neun Uhr abends nach Moskauer Zeit. Cristiano ist auf seinem Zimmer und schaut einen Film, als Portugals Trainer Luiz Felipe Scolari ihn zu sich bestellt. Es ist Dienstag, der 6. September 2005. Am nächsten Tag soll Portugal gegen Russland antreten: ein Schlüsselspiel in der Qualifikation zur WM 2006. Wenn man gewinnt und die Slowakei Punkte liegen lässt, wird man der Turnierteilnahme einen Schritt nähergekommen sein.

Auch Portugals Kapitän Luís Figo befindet sich im Hotelzimmer des Trainers. Cristiano findet diese Zusammenkunft ein wenig seltsam, aber er schöpft keinen Verdacht. Er nimmt an, dass es um irgendeine taktische Angelegenheit geht, irgendetwas, was der Trainer und der Kapitän mit ihm besprechen wollen. Doch sie haben ihn rufen lassen, um ihm den Tod seines Vaters mitzuteilen. Dinis Aveiro ist in einer Londoner Klinik verstorben, nachdem er einige Monate zuvor erstmals in ein Krankenhaus eingeliefert worden war.

Bereits im Juli hatte man ihn mit schweren Leber- und Nierenkomplikationen als Notfall und mit eher vorsichtiger Prognose im Centro Hospitalario, dem Klinikzentrum von Funchal, aufgenommen. In dem Versuch, sein Leben zu retten, lässt Ronaldo ihn für eine Lebertransplantation nach England verlegen. Doch obwohl sich sein Zustand zunächst kurzzeitig verbessert, verstirbt Dinis bald darauf. Sein früher Tod ist auf den Alkohol zurückzuführen und macht Cristiano untröstlich. „Es war, als wenn um uns herum eine Welt zusammenbrach", sagt seine Schwester Cátia.

Scolari und die Verbandsfunktionäre bieten Ronaldo an, sofort aus Moskau abzureisen, um bei seiner Familie zu sein. Doch der sagt Nein. Er will bei der Mannschaft bleiben und bittet Scolari, ihn spielen zu lassen. „Ich wollte auflaufen. Das wusste ich genau", wird Cristiano später sagen. „Ich wollte allen zeigen, dass ich die Dinge voneinander trennen kann, dass ich ein Vollprofi bin und dass ich meine Arbeit ernst nehme. Ich wollte das Spiel zu Ehren meines Vaters spielen. Ich wollte ein Tor für ihn schießen. Ich wollte mich selbst auf die Probe stellen und auch alle Menschen, die mich lieben."

„Ich hoffe, dass das Fußballspielen ihm helfen wird, mit seinen Gefühlen klarzukommen", sagt Portugals Verbandspräsident Gilberto Madaíl. Und als die Presse ihn fragt, wie es dem Spieler gehe, antwortet er: „Ich habe einen 20 Jahre alten Mann gesehen, der wegen des Verlusts seines Vaters am Boden zerstört ist. Die Sache ist ja kompliziert. Auch wenn es abzusehen war, hatte nun mal niemand gedacht, dass es so plötzlich kommen würde. Es ist eine sehr schmerzhafte Trauer."

Die endgültige Entscheidung über einen Einsatz Cristianos von Beginn an liegt bei Scolari, einem Mann, der ihm in einer schwierigen Zeit sehr nahesteht. Er erinnert Cristiano daran, dass die Familie oberste Priorität hat und der Fußball erst an zweiter Stelle kommt. Er sagt ihm, dass er stark sein müsse, er fühlt mit ihm und erzählt ihm vom Tod seines eigenen Vaters. Auch Eusébio, der die Mannschaft begleitet, tröstet den Star, indem er von dem Tag erzählt, an dem seine Mutter starb. Er bestritt am selben Tag ebenfalls noch ein Match und erzielte dabei drei Tore.

Die Mannschaft steht hinter ihm, und der ganze Stab versucht, ihm ein möglichst gutes Gefühl zu geben. Auch die Presse unterstützt ihn: „Portugal ist mit dir", heißt es in *A Bola*. Dennoch herrscht am Spieltag eine ungewohnte Atmosphäre in der Umkleidekabine des Lokomotiv-Stadions. Die Trauer ist spürbar. Die Gesichter blicken nach unten, niemand spricht, niemand macht Witze, und auch die sonst vor einem wichtigen Spiel zu spürende Anspannung fehlt. Cristiano wird klar, was gerade vor sich geht. Er gibt sich einen Ruck und fängt an, wie vor allen seiner bisherigen Länderspiele Kunststückchen mit dem Ball zu machen. Er will zeigen, dass das Leben weitergehen muss. Doch kurz darauf, als er in einer Reihe mit der Mannschaft die Nationalhymne hört, kann er seine Gefühle nicht mehr unterdrücken.

Die Partie gegen Russland endet mit einem 0:0-Unentschieden. Ronaldo schafft es nicht, das Tor zu schießen, das er seinem Vater widmen wollte. Das wird ihm erst bei der Weltmeisterschaft in Deutschland gelingen, als er den letzten Elfmeter gegen England verwandelt und Portugal ins Halbfinale bringt. Er wird daraufhin seine Hände zum Himmel erheben und sagen: „Der ist für dich, Vater." Immerhin ist er am 7. September im Lokomotiv-Stadion der beste Mann auf dem Platz. Mannschaftskamerad Deco erklärt das später so: „Ich glaube, dass er sich in unserem Kreis wohlgefühlt hat. Wir haben an dem Tag nicht allzu viele Worte über die Sache verloren. Wir wussten, dass es ihm besser gehen würde, sobald er auf dem Platz ist. Fußball macht ihm Freude. Aber ich werde auch nie vergessen, wie er mit diesem Schmerz umgegangen ist. Es war bewundernswert, besonders, wenn man sein junges Alter und den Druck, unter dem er stand, bedenkt."

Nach dem Spiel kehrt Cristiano Ronaldo nach Madeira zurück. Die Beerdigung seines Vaters findet auf dem Friedhof Santo António in Funchal statt. Die Nachricht vom Tod Dinis Avereiros hat die engverbundene Gemeinde geschockt. Freunden und Nachbarn zufolge war Ronaldos Vater ein „bescheidener Mann, der mit allen gut ausgekommen ist und niemals Schwierigkeiten mit irgendwem hatte". Ein einfacher Mann, der sich trotz des Erfolges eines seiner Söhne nicht veränderte. Er pflegte die gleichen Gewohnheiten und dieselben Freundschaften wie vor der Zeit, als sein Name bekannt wurde.

Obwohl Cristiano ihm ein wunderschönes Haus mit Blick auf den Atlantik gekauft hatte und ihm jeden nur erdenklichen Luxus verschaffen konnte, stand Dinis auch weiterhin mit dem Morgengrauen auf, um dem Zeitschriftenhändler von Santo António zu helfen. Es war ein Hobby, das er niemals aufgab. Den Morgen verbrachte er dann mit Freunden in der Bar oder bei CF Andorinha, dem Verein, wo einst die fußballerische Karriere seines Sohnes ihren Anfang nahm. Nachmittags fuhr er dann mit dem Bus inklusive einmal Umsteigen wieder nach Hause.

Hunderte Menschen sind bei der Beerdigung anwesend – Freunde, Nachbarn aus dem Viertel, Verwandte, Vertreter verschiedener lokaler Institutionen wie auch aus der Welt des Fußballs. Unter ihnen befinden sich Luiz Felipe Scolari, Paulo Bento von Sporting Lissabon (Cristianos früherer Manschaftskollege und nun Trainer im Verein) und die Vorstände von Andorinha.

Cristiano trägt ein schwarzes Hemd und eine Sonnenbrille. Seine Familie und sein Berater Jorge Mendes sind die gesamte Zeit über in seiner Nähe, und er schafft es, die Fassung zu wahren. Auch wenn er keine Tränen vergießt, so sieht man seinen Augen dennoch an, dass er viel geweint haben muss. Die Familie bittet darum, während der Trauerfeier keine Fotos zu machen. Etwas später äußert sich Cristiano selbst zum Umgang der portugiesischen Medien mit dem Tod seines Vaters, der für vier Tage in Folge Schlagzeilen für die Titelseiten lieferte. „Das hat mir und meiner Familie wirklich weh getan. Wir hätten eigentlich Ruhe und Frieden gebraucht, und am Ende wurde so ein Wirbel darum erzeugt."

Auf dem kleinen Friedhof in Funchal nimmt Cristiano zum letzten Mal Abschied von dem Mann, der für seine persönliche und berufliche Entwicklung eine Schlüsselfigur gewesen ist. „Mein Vater hat mir immer Mut gemacht", sagt Ronaldo. „Er hat mir immer gesagt, dass ich ehrgeizig sein soll, und er war stolz auf meine Leistungen als Fußballer. Ich liebe ihn und werde ihn immer lieben. Mein Vater wird immer bei mir sein. Er wird mir immer ein Vorbild sein. Ich glaube, dass er sehen kann, was ich tue und was ich erreiche, wo auch immer er sein mag."

Dinis mochte die Kameras und das Blitzlicht nicht. Er blieb lieber im Hintergrund. Dennoch war seine Beziehung zu seinem Sohn jederzeit eng. Bevor die „kleine Biene" auf das portugiesische Festland übersiedelte, um bei Sporting Lissabon zu spielen, waren die beiden unzertrennlich. Sie blieben sich auch nahe, als Ronaldo nach Manchester wechselte. Dinis war häufig bei ihm, besuchte ihn, unterstützte ihn und machte ihm Mut – bis sein Krankheitszustand es nicht mehr zuließ. Immer wieder versuchte Cristiano seinen Vater davon zu überzeugen, eine Klinik aufzusuchen und seine Alkoholabhängigkeit behandeln zu lassen. Doch er konnte ihn nicht retten. Dinis trank weiter, und schließlich konnten nicht einmal mehr Englands beste Krankenhäuser etwas für ihn tun.

Kapitel 9

# Eine Falle

## Die Vergewaltigungsvorwürfe 2005

*„Es war eine falsche Anschuldigung."*

Scotland Yard nennt keine Namen. Man bestätigt nur, dass sich ein etwa 20 Jahre alter Mann auf einem Londoner Polizeirevier gemeldet hat, nachdem eine Frau Anzeige erstattet hatte. Doch die britischen Medien glauben zu wissen, um wen es sich handelt. „Ronaldo wegen Vergewaltigung verhaftet. Fußballschönling Cristiano Ronaldo wegen unglaublichen Vergewaltigungsvorwurfs festgenommen", heißt es am folgenden Tag auf der Titelseite der *Sun*. Die Titelstory vom 19./20. Oktober 2005 verbreitet sich rasch um die ganze Welt.

Was steckt dahinter? Eine französische Frau behauptet, am 2. Oktober in einer Suite im Londoner Sanderson Hotel sexuell missbraucht worden zu sein. Sie erklärt gegenüber der Polizei, dass sie und eine Freundin Ronaldo in der angesagten Diskothek Movida in der Nähe des Oxford Circus kennengelernt hätten.

Cristiano befand sich in der Hauptstadt, weil er am Nachmittag ein Spiel in der Premier League gegen Fulham absolviert hatte. United gewann 3:2. Vom Movida waren Ronaldo, ein Freund und die beiden Mädchen noch in die Long Bar des im West End gelegenen Sanderson Hotel weitergezogen. Dort hatten sie sich zwei Stunden lang unterhalten und etwas getrunken, um dann auf die Suite hinaufzugehen. Und dort soll nach Angaben der Mädchen auch die Vergewaltigung stattgefunden haben. Um fünf Uhr morgens verlassen die beiden das Hotel und begeben sich in ein Krankenhaus. Am Montag erstatten beide auf der Polizeiwache West End Central Anzeige. Nachdem man sie befragt und untersucht hat, beginnt die Polizei, die Aussagen der Damen äußerst ernst zu nehmen.

Am 19. Oktober erscheint Cristiano Ronaldo in Begleitung des Anwalts von Manchester United auf der Polizeiwache West Didsbury in London. Er hatte zuvor eine Vorladung der Polizei erhalten im Zusammenhang mit einer Ermittlung, die auf Berichten über einen schweren sexuellen Missbrauch in einem Hotel im Zentrum Londons basiert. Das „Sapphire Command“, also die „Abteilung Saphir“ von Scotland Yard, die sich in erster Linie mit Vergewaltigung und sexueller Gewalt befasst, befragt darüber hinaus auch einen 30-jährigen Mann, der später jedoch wieder gehen darf. Ronaldo aber bleibt auf der Polizeiwache. Man nimmt seine Fingerabdrücke und eine Speichelprobe, und man verhört ihn. Er bestreitet kategorisch jeglichen Vorwurf des sexuellen Missbrauchs und wird nach knapp neun Stunden wieder entlassen.

Bei der Polizei überlegt man, ob man die Ermittlungsergebnisse der Staatsanwaltschaft übergeben soll, damit diese über eine Anklage gegen den Spieler entscheiden kann. „Momentan gibt es von uns keinen Kommentar“, sagt Phil Townsend, Mediendirektor von Manchester United. Reden tut nur einer, nämlich Co-Trainer Carlos Queiroz. In einem Telefoninterview mit dem öffentlich-rechtlichen Sender *Rádio e Televisão de Portugal* dementiert er, dass Cristiano verhaftet worden wäre. Er sagt, dass Ronaldo freiwillig auf die Polizeiwache gekommen sei, in Absprache mit Vertretern der Polizei und des Vereins.

„Er ist hingegangen, um eine gemeinsam vereinbarte Aussage zu machen. Auf Basis dieser Aussage werden die Behörden nun gerechte und korrekte Schlussfolgerungen ziehen. Cristiano ist ganz ruhig, auch wenn er natürlich sehr verärgert darüber ist, dass man ihn in diese unwahre Geschichte hineingezogen hat. Es gibt bei solchen Geschichten ja immer zwei Seiten, aber diese Beschuldigungen sind eine Schande.“ Zudem nutzt Queiroz die Gelegenheit und kritisiert die Sensationsgier der Medien. Auch, dass diese ohne jeden Beweis von einer „Verhaftung“ sprechen, prangert er an: „Sie erfinden offenbar gerne Skandalgeschichten ohne Fakten dahinter und schaden damit doch nur den Menschen“, meint Queiroz. „Verhaften sollte man eigentlich diejenigen Medienleute, die immer weiter die Tatsache ignorieren, dass ihre Worte unheimlich großen Schaden anrichten können.“

Cristianos Berater Jorge Mendes schaltet sich zur Verteidigung seines Klienten ebenfalls in die Diskussion ein. In einer Erklärung schreibt er, dass „die Vergewaltigungsvorwürfe gegen Cristiano Ronaldo das Produkt von Einbildung und Fantasie“ seien und man sie „restlos und kategorisch“ zurückweise. „Die Ermittlungen werden zeigen, dass diese Anschuldigungen nicht auf Tatsachen basieren.“

Cristiano Ronaldo ist nicht der erste Spieler der Premier League, der sich Vorwürfen wegen angeblichen sexuellen Missbrauchs ausgesetzt sieht. 2003 wurde Jody Morris von Leeds United wegen mutmaßlicher Vergewaltigung festgenommen. Die Anklage wurde später fallen gelassen. Im September des gleichen Jahres beschuldigte man sieben Spieler des FC Chelsea und von Newcastle United, im Grosvenor House Hotel in London eine junge Frau vergewaltigt zu haben. Sie hatte ein Date mit einem weiteren Kicker von Chelsea gehabt, der mit den fraglichen Männern befreundet war. Das Verfahren löste in ganz England einen Skandal aus, wurde aber später eingestellt.

2004 wurde Terrell Forbes, Abwehrspieler von Grimsby Town, zusammen mit vier Freunden in den Vergewaltigungsfall eines 15-jährigen Mädchens hineingezogen. Alle fünf Männer sprach man frei. Im spanischen Cartagena wurden ebenfalls 2004 drei Spieler von Leicester City beschuldigt, drei Frauen vergewaltigt zu haben. Auch sie wurden am Ende freigesprochen. Der letzte Fall war der des Niederländers Robin van Persie, Stürmer beim FC Arsenal. Nach einer Anzeige wegen Vergewaltigung wurde er im Juni 2005 in Rotterdam verhaftet. Zwei Wochen später ließ man ihn ohne Anklage wieder frei.

Es gibt sicher viele Vergewaltigungsfälle, doch mag niemand glauben, dass Ronaldo wirklich schuldig sein könnte. Warum nicht? Weil der Portugiese trotz seines prahlerischen und provokativen Verhaltens auf dem Feld neben dem Platz als „the Quiet One", der Ruhige, bekannt ist. Doch dieser Umstand heizt die Gerüchte und Theorien in den britischen Medien eher noch weiter an. Zum Glück erhält Cristiano jede Menge Unterstützung durch den Verein, die Fans und den portugiesischen Fußballverband.

Anfang November gibt es neue Entwicklungen in seinem Fall. Der *Sun* zufolge hat man Cristianos Cousin Nuno Aveiro festgenommen und auf demselben Polizeirevier verhört, auf dem auch Cristiano seine Aussage gemacht hat. Die Frau, die den Spieler beschuldigt, behauptet, dass Nuno sie in der Nacht im Sanderson Hotel festgehalten habe, damit Cristiano sie vergewaltigen konnte. Nuno Aveiro bestreitet die Vorwürfe und wird auf Kaution freigelassen. In der Zwischenzeit ist die zweite Frau nach Frankreich zurückgekehrt und hat ihre Aussage zurückgezogen.

Am 25. November schließt man den Fall. Cristiano Ronaldo wird nicht wegen Vergewaltigung angeklagt werden. „Die Metropolitan Police hatte der königlichen Staatsanwaltschaft in Folge von Anschuldigungen bezüglich eines sexuellen Übergriffs in einem Hotel im Zentrum Londons am 2. Oktober eine Akte übersandt", so ein Sprecher von Scotland Yard. „Man hat uns heute seitens der Staatsanwaltschaft mitgeteilt, dass für eine Anklage nicht genügend Beweise vorliegen. Demzufolge werden die beiden Männer, die man im Zuge dieser Ermittlungen festgenommen hat, keinerlei weiteren Maßnahmen in dieser Angelegenheit unterzogen werden."

Cristiano Ronaldo reagiert mit einer weiteren Erklärung: „Ich habe stets ausdrücklich meine Unschuld beteuert und bin froh, dass diese Sache ein Ende hat. Nun kann ich mich darauf konzentrieren, für Manchester United zu spielen." Cristiano hatte seinen engsten Freunden immer gesagt, dass die Vorwürfe haltlos wären und er das Opfer einer Falle geworden sei. Diese Theorie wird auch von der mittlerweile eingestellten Boulevardzeitung *News of the World* gestützt. Dort heißt es, dass die Anschuldigungen das Werk einer Prostituierten gewesen seien, die sich darauf spezialisiert habe, reiche und berühmte Personen zu verführen. Die Geschichte nimmt also ein gütliches Ende. Trotzdem betont der Spieler: „Alle Zeitungen hatten die Beschuldigungen gegen mich dick und fett auf ihren Titelseiten stehen. Aber als die Wahrheit herauskam, da haben sie die irgendwo ganz klein auf einer Innenseite gedruckt."

Doch Cristiano hat sich zuletzt nicht nur mit juristischen Problemen herumschlagen müssen. Im Derby gegen Manchester City ist er mit Rot vom Platz geflogen. Im Training ist er mit Ruud van Nistelrooy aneinandergeraten. Und in der Champions League hat er den Fans von Benfica den Finger gezeigt, als er bei einem Spiel in Lissabon ausgewechselt wurde. Es sieht so aus, als läge er gerade mit der ganzen Welt im Streit.

„Die Vergewaltigung war eine falsche Anschuldigung. Das zählt nicht", erklärt Cristiano einige Monate später in einem Interview mit dem portugiesischen Journalisten und Autor Joel Neto. „Aber es ist ja offensichtlich, dass mich bei den ganzen anderen Vorfällen der Tod meines Vaters irgendwie beeinflusst hat. Von einem auf den anderen Moment erwische ich mich dabei, wie ich Leute unfair behandele. Manchmal denke ich dann einfach: ‚Der geht mir gegen den Strich, und ich will jetzt nicht der nette Junge sein!' Ich wollte doch nie Aufmerksamkeit auf mich ziehen. Ich wusste ja, dass das sowieso passieren würde, und das Wichtigste in meinem Leben war, weiterhin hart zu arbeiten. Aber es war eine schwierige Zeit in meinem Leben. Klar weiß ich, dass man lernen muss, mit schwierigen Zeiten umzugehen, aber das ist nun mal leichter gesagt als getan. Besonders, wenn es um Fußball geht. Es ist verdammt schwer zu spielen, wenn man sich nicht gut fühlt."

Kapitel 10

# Ronaldo vs. Rooney

## Die Weltmeisterschaft 2006

*„Was man über mich und meinen Mannschaftskameraden und Freund Rooney gesagt hat, ist unglaublich."*

Er kennt die Bilder von der WM 1966, als Eusébios Portugiesen im Halbfinale gegen Bobby Charltons Engländer aus dem Turnier flogen, die dann am Ende den Weltmeistertitel holten. Doch seine erste Erinnerung an eine Weltmeisterschaft ist das Turnier von 1994 in den Vereinigten Staaten. „Ich war neun Jahre alt und habe das Finale mit meiner Familie auf Madeira geguckt. Alle waren für Brasilien. Trotzdem hat sich das Bild, wie Roberto Baggio den entscheidenden Elfmeter verschossen hat, für immer in mein Gedächtnis eingebrannt." Unvergessen ist auch die WM 2002, als Portugal nach einer Niederlage gegen Südkorea nicht über die Gruppenphase hinauskam.

Vier Jahre später guckt sich Cristiano die WM nicht mehr im Fernsehen an. Stattdessen fährt er nach Deutschland und spielt selber mit. Er ist nun 21 Jahre alt, und Fußballfans aus der ganzen Welt haben ihn gemeinsam mit Lionel Messi und Ecuadors Luis Antonio Valencia auf die Liste der sechs Kandidaten gesetzt, von denen einer die Auszeichnung als bester Nachwuchsspieler der WM erhalten soll. Die drei übrigen Kandidaten sind von der FIFA benannt. Es handelt sich um Spaniens Cesc Fàbregas, den Schweizer Tranquillo Barnetta und Lukas Podolski. Für die Liste wurden nur Spieler nominiert, die nach dem 31. Dezember 1984 geboren wurden. Der Sieger soll anhand der Kriterien Spielstil, Ausstrahlung, Fairness und Fußballleidenschaft ermittelt werden.

Cristianos dritte Saison bei United war heftig gewesen, sowohl auf als auch neben dem Platz. Er hat eine Wette mit Ferguson verloren, nachdem er angekündigt hatte, mindestens 15 Tore zu schießen, aber nur zwölf erzielte. Dennoch hat sich Ronaldo deutlich verbessert, obgleich United auch im zweiten Jahr in Folge hinter José Mourinhos FC Chelsea zurückblieb. In der Champions League kam man nach einer Niederlage gegen

Benfica Lissabon nicht über die Gruppenphase hinaus und musste sich als Gruppenvierter im Dezember bereits komplett von der europäischen Bühne verabschieden.

Die einzige Trophäe, die der Vitrine von United hinzugefügt werden konnte, war nach einem 4:0-Sieg im Finale gegen Wigan Athletic der Carling Cup, der englische Ligapokal. Das dritte Tor hatte dabei Ronaldo erzielt. Darüber hinaus wurde er von der FIFPro, dem internationalen Verband der Profifußballer, mit dem erstmals vergebenen Fan-Preis für den besten Nachwuchsspieler ausgezeichnet. Sein Mannschaftskollege Wayne Rooney bekam den offiziellen Preis als Nachwuchsspieler des Jahres. Die beiden sollen in Deutschland noch für Schlagzeilen sorgen, sowohl positive als auch negative. Portugals Trainer Luiz Felipe Scolari glaubt ebenso an ihn, wie ganz Portugal an die Mannschaft glaubt. Das tut auch Ronaldo. „Ich denke, dass wir eine hervorragende Truppe, klasse Spieler und einen klasse Trainer haben", sagt er. „Für mich persönlich hoffe ich, dass ich bei der WM besser sein werde als bei der EM."

Portugals Gruppe D mit Angola, Mexiko und dem Iran scheint ziemlich leicht zu sein. Die Portugiesen gewinnen alle drei Spiele: 1:0 gegen die ehemalige Kolonie Angola, 2:0 gegen den Iran und 2:1 gegen Mexiko. Das zweite Tor gegen den Iran ist ein von Cristiano verwandelter Strafstoß. Mit neun Punkten zieht Portugal als Gruppenerster ins Achtelfinale ein. Es ist das erste Mal seit der WM 1966 in England, dass die Portugiesen die Gruppenphase überstehen.

Am 25. Juni 2006 trifft Portugal in Nürnberg in einer Neuauflage des EM-Halbfinales 2004 auf die Niederlande. Scolari wird später von einem historischen Sieg sprechen, der laut Kapitän Luís Figo das Ergebnis von „mannschaftlicher Geschlossenheit, Charakterstärke und der Unterstützung der gesamten Nation" ist. Leider bleibt einem die Partie besonders wegen ihrer zweiten Halbzeit in Erinnerung, die hauptsächlich aus Nickligkeiten, Verwarnungen und Unsportlichkeiten bestand. Hollands Giovanni van Bronckhorst und Khalid Boulahrouz fliegen vom Platz, ebenso Portugals Deco und Costinha, die beide im Viertelfinale aussetzen müssen. Schiedsrichter Walentin Iwanow aus Russland stellt einen neuen FIFA-Rekord auf und verteilt 16 Gelbe Karten, davon vier Gelb-Rote. Portugal kommt dank eines Treffers von Maniche in der 22. Minute, der die Torjägerqualitäten des Mittelfeldmannes noch einmal unterstreicht, eine Runde weiter.

Ronaldo muss seinen Platz in der 33. Minute nach einem überharten Einsteigen von Boulahrouz unter Zornestränen für Simão räumen. Er kann sein Bein kaum noch bewegen, und sein Einsatz im Viertelfinale gegen England steht bis zur letzten Minute auf der Kippe. Den will er aber auf keinen Fall verpassen – immerhin träfe er da ja auf einige seiner Mannschaftskollegen von Manchester United. Außerdem hofft er ganz fest, sich auf dem Flügel mit Gary Neville duellieren zu können.

Am 1. Juli um 17 Uhr werden in Gelsenkirchen die Mannschaftsaufstellungen verkündet. Ronaldo ist wieder auf dem Damm und wird mit der 17 auf dem Rücken auflaufen. England hat sich im Achtelfinale mühsam mit 1:0 gegen Ecuador durchgesetzt. Der schwedische Trainer der *Three Lions*, Sven-Göran Eriksson, hat großen Respekt vor dem Gegner und dessen Coach. Immerhin sorgte Luiz Felipe Scolari als Brasiliens Nationaltrainer für Englands Ausscheiden bei der WM 2002 in Japan und Südkorea. Nach seinem Wechsel zu den Portugiesen hat seine Mannschaft England dann auch bei der EM 2004 aus dem Turnier geworfen.

Die Partie beginnt. Auf den Rängen übertönen die 45.000 englischen Fans die 5.000 anwesenden Portugiesen. „Stand up for the Englanders", „Steht auf für die Engländer", skandieren sie. Doch England zeigt sich blass und liefert ein enttäuschendes Spiel ab. Auch die Führungsspieler Frank Lampard, Steven Gerrard und Wayne Rooney können daran nichts ändern. Portugal dagegen kontrolliert in der eigenen Hälfte den Ball, kann jedoch jenseits der Mittellinie nichts ausrichten. Man bekommt keinen Schwung ins Spiel und hat Probleme mit der Spieleröffnung. Deco wird schmerzlich vermisst, und es zeichnet sich ab, dass weder Pauleta noch Hélder Postiga ein Tor schießen werden. Die Knipser knipsen nicht.

Cristiano zeigt auf dem Flügel, was er kann. Langsam, aber sicher zermürbt er Gary Neville. Gerrard und Lampard müssen dem linken Außenverteidiger immer wieder zu Hilfe eilen. Sobald Cristiano allerdings in die Mitte zieht, verlöschen sein Feuer und seine Dynamik.

Schlimmer noch: In der 62. Minute kommt es zu einem Vorfall, der noch Monate später für hitzige Debatten sorgen wird. Ricardo Carvalho hat Wayne Rooney an der kurzen Leine und lässt ihn zu keiner Zeit entkommen. Frustriert versucht Englands Nachwuchshoffnung, sich durch das Netz der portugiesischen Verteidiger zu tanken und zwischen Carvalho und Petit durchzubrechen. Nach kurzem Kampf bleibt Carvalho auf dem Boden liegen, Rooney tritt unabsichtlich auf ihn drauf und erwischt ihn mit den Stollen in der „kritischen Zone". Auf das Foul folgt augenblicklich eine Rudelbildung englischer und portugiesischer Spieler. Cristiano trifft als Erster am Ort des Geschehens ein und stürzt sich auf den Schiedsrichter. Rooney schubst ihn daraufhin weg und sagt wohl etwas wie: „Halt dich da raus!" Englands Owen Hargreaves versucht, die beiden auseinanderzuhalten, während auf Portugals Seite Maniche die Gemüter beruhigen will.

Der Vorfall hat sich direkt vor der Nase von Schiedsrichter Horacio Elizondo ereignet. Die Portugiesen fordern nun einen Platzverweis für Rooney. Der Schiri zögert kurz und zückt dann die Rote Karte. Englands Nummer 9, Cristianos Sturmkollege bei Man United, tritt den Weg in die Kabine an. Die englischen Spieler sind wütend über die aus ihrer Sicht unfaire Entscheidung und skandieren „Cheat, cheat, cheat!", „Schwindler, Schwindler, Schwindler!", in Richtung Carvalhos, der auf der Trage vom Platz befördert wird. In den folgenden Monaten wird die Auseinandersetzung zwischen Cristiano und Rooney immer wieder Thema in den britischen Medien sein. Doch dazu später mehr, jetzt erst einmal zurück zum Spiel.

Eriksson reagiert auf den Platzverweis und entscheidet sich, Joe Cole durch Peter Crouch zu ersetzen. England schafft es auch mit zehn gegen elf, das Ergebnis zu halten. Man zieht sich weit zurück und spielt lange Bälle auf den über zwei Meter großen Mannschaftskameraden, der die Kugel behaupten soll, bis Verstärkung nach vorne geeilt ist. Scolari hingegen bringt Simão für die linke Seite und schickt Cristiano ins Angriffszentrum. Dort sieht er allerdings kein Land, weshalb ihn der Trainer wieder zurück auf den Flügel beordert.

Englands Mannen überstehen den Ansturm der Portugiesen, und nach 90 Minuten steht es weiterhin 0:0. Portugal hat aus der Überzahl keinen Vorteil ziehen können, zumal Erikssons Jungs durch Konter immer wieder für Gefahr sorgten. In der Verlängerung brennt es zwar vor Robinsons Tor, aber die Portugiesen agieren zu planlos und lassen jede Kreativität vermissen. England hält sich irgendwie über Wasser, und es geht ins Elfmeterschießen.

Ricardo, Torhüter von Sporting Lissabon und Held der EM 2004, nachdem er dort zwei englische Elfmeter abgewehrt hatte, steht ganz ruhig und konzentriert auf der Torlinie. Die Spannung, die sich auf dem Platz aufgebaut hat, scheint an ihm vorbeizugehen. Nun tritt Frank Lampard an, um den ersten Elfmeter für England zu schießen. Ricardo kann halten. Nachdem er den zweiten von Hargreaves passieren lassen musste, kann er den dritten von Gerrard wiederum abwehren. Als nächster Engländer ist Jamie Carragher an der Reihe. Er legt sich den Ball auf den Punkt, geht weg, dreht sich schnell um und schießt, ohne allerdings den Pfiff des Schiedsrichters abzuwarten. Elizindo schickt ihn für einen zweiten Versuch zurück. Dieses Mal wartet Ricardo bis zur letzten Sekunde, taucht dann ab und lenkt den Ball an die Latte, von wo er ins Nirgendwo fliegt.

Damit steht es 2:1 für Portugal, und nun ist es an Cristiano, sein Land ins Halbfinale zu schießen. Der Junge von Madeira wirkt nervös. Die Kamera zoomt nahe heran, um zu zeigen, wie er die Lippen schürzt und eine Grimasse schneidet. Er tritt ein wenig auf den Elfmeterpunkt, um ihn einzuebnen, küsst den Ball und legt ihn sich sorgfältig zurecht. Er wählt einen kurzen Anlauf, verzögert kurz und schießt.

Tooooooor! Ronaldo legt den Kopf zurück und schreit gen Himmel, während Fans und Mannschaft ihren Gefühlen freien Lauf lassen. Er zeigt nach oben und widmet das Tor seinem Vater. „Ich war mir ganz sicher und habe mit voller Kraft draufgehalten", sagt er hinterher. England muss genau wie schon 2004 die Heimreise antreten. Damals hatte Beckham verschossen. Dieses Mal hat er verletzt zugeschaut.

Am 5. Juli trifft Portugal in München auf die Franzosen um Zinedine Zidane, die zur allgemeinen Überraschung Titelfavorit Brasilien mit Superstar Ronaldinho aus dem Rennen geworfen haben. Portugal legt einen guten Start hin und kann die Franzosen dank einer glänzenden Leistung von Figo, Cristiano Ronaldo und Deco immer wieder in Bedrängnis bringen. Doch in der 33. Minute zieht Thierry Henry in den Strafraum, wo Ricardo Carvalho stolpert und ihn zu Fall bringt. Der uruguayische Schiedsrichter Jorge Larrionda zeigt auf den Punkt, woran auch der Unmut aus Scolaris Lager nichts ändert.

Kapitän Zinedine Zidane, genannt Zizou, trabt zum Elfmeterpunkt. Frankreichs Nummer 10 wählt einen kurzen Anlauf und schießt platziert ins Eck. Ricardo ahnt die Ecke, ist aber machtlos. Damit steht es 1:0, und das wird bis zum Schlusspfiff auch so bleiben. Patrick Vieira und Claude Makélélé sorgen dafür, dass ihre Abwehr nicht durchbrochen wird. Die

Portugiesen lassen den Ball zirkulieren und versuchen alles, um vor das Tor zu kommen. Figo und Cristiano bearbeiten die Flügel, aber jeder Ansturm scheitert an der französischen Verteidigungsmauer. Die größte Herausforderung für Fabien Barthez stellt ein Freistoß von Cristiano dar, der direkt auf ihn zufliegt. Frankreichs Torwart versucht, den Ball festzuhalten, kann ihn aber nur abklatschen. Figo hat noch die Chance zum Kopfball, zielt aber knapp neben das Tor.

Nach dem Schlusspfiff weint Cristiano wie schon nach dem Endspiel der EM 2004, während Zizou seinen ehemaligen Kollegen von Real Madrid, Luís Figo, tröstet. Dies ist Figos letztes großes Turnier, das Spiel um Platz drei wird sein letztes im portugiesischen Trikot sein. Zum zweiten Mal haben die Franzosen den Portugiesen ein Endspiel vor der Nase weggeschnappt. Bei der EM 2000 war ihnen dies dank eines Tores von Henry sowie durch einen von Zidane verwandelten Strafstoß in der Verlängerung gelungen.

Frankreich zieht also ins Finale gegen Italien in Berlin ein, das mit Zidanes Kopfstoß und dem vierten WM-Titel für Italien enden wird. Am 8. Juli verliert Portugal im Stuttgarter Gottlieb-Daimler-Stadion das Spiel um den dritten Platz mit 1:3 gegen Deutschland. Für Scolaris Mannen ist die Weltmeisterschaft vorbei.

Aber noch einmal zurück zur 62. Minute des Spiels Portugal gegen England, zur Szene, die zum Sturm der Entrüstung im Mutterland des Fußballs führte. Englands Fans und Medien sind fest davon überzeugt, dass Ronaldo Schiri Horacio Elizondo überredet hat, Rooney die Rote Karte zu zeigen. Schlussendlich geben sie ihm die Schuld an Englands Niederlage. Es heißt außerdem, dass er im Wissen um den Charakter seines Mannschaftskollegen alles dafür getan hat, damit bei diesem die Sicherungen durchbrannten.

Cristiano interessiert herzlich wenig, was da alles spekuliert wird. „Ich bin kein Schiedsrichter, und ich habe auch nicht die Macht, einen Spieler vom Platz zu werfen. Ich habe nichts damit zu tun, dass der Schiri Rot gegeben hat“, hält er dagegen. Auch Schiedsrichter Elizondo hält die Sache für überbewertet und erklärt gegenüber der *Times*: „Die Leute können [über Ronaldo] sagen, was sie wollen. Aber er hatte überhaupt keinen Einfluss. Ich achte ganz allgemein nicht sonderlich auf solche Sachen, weil ich mir während eines Spiels keine Gedanken über die Verantwortung mache, die auf meinen Schultern liegt. Für mich war das eine Tätlichkeit und damit eine klare Rote Karte."

Auch Ricardo Carvalhos Kommentar gegenüber den Medien hilft nicht viel: „Wenn einer verliert, muss es immer einen Sündenbock geben. Ich glaube nicht, dass Ronaldo den Schiri beeinflusst hat." Ebenso wenig nützt Rooneys eigene Bewertung: „Ich bin nicht sauer auf Cristiano, sondern nur enttäuscht. Er hätte sich da nun mal nicht einzumischen brauchen."

Die britische Revolverpresse dagegen diskutiert die Sache bis ins kleinste Detail, und jedes Blatt hat seine ganz eigene Version. Die *Sun* etwa schreibt, dass Rooney damit gedroht habe, seinen Mannschaftskollegen „in zwei Teile zu brechen", wenn er ihn das nächste Mal sehe. Sie behauptet außerdem, dass United ihn nach seinem „beschämenden" Verhalten bei der WM loswerden wolle. Die Nachricht entbehrt zwar jeglicher Grundlage, aber Cristiano hat offensichtlich seine Schwierigkeiten damit. Es heißt, dass Sir Alex ihn anzurufen versucht habe, aber nur seine alte Telefonnummer besitze.

Jeder meint, zu der Debatte beitragen zu müssen. Englands ehemaliger Angreifer Alan Shearer erklärt im Fernsehen, Rooney werde Cristiano bestimmt eine verpassen, sobald dieser beim Training von Man United auftaucht. Liverpools Kapitän Steven Gerrard fragt: „Wie konnte er einem Mannschaftskameraden so etwas antun? Das ist kaum zu fassen. Hätte einer von meinen Mitspielern das gemacht, würde ich kein Wort mehr mit ihm reden." Unterdessen sagt Tottenhams Trainer Martin Jol, dass „Cristiano Ronaldo bei allem das größte Unheil angerichtet hat, weil er Einfluss auf den Schiedsrichter nehmen wollte. Wo bleibt da der Sportsgeist?" Die Reaktion der englischen Fans ist heftig: Sie haben nicht die Absicht, ihm irgendetwas nachzusehen. „Ich will Ronaldo nie wieder bei United sehen", „Er ist eine Schande für den Sport" und „Man verrät doch einen Freund nicht auf solche Weise" sind nur eine Auswahl der im Internet kursierenden Kommentare.

Ronaldo startet unverzüglich eine Gegenoffensive und erklärt, dass es zwischen ihm und Rooney keine Probleme gäbe. „Letztendlich haben wir SMS ausgetauscht und die Sache unter uns geklärt. Er hat mir noch alles Gute für die WM gewünscht und gemeint, dass wir eine super Mannschaft hätten und weit kommen würden, wenn wir so weiterspielen. Er war mir nicht böse und hat mir außerdem gesagt, dass ich ignorieren sollte, was die englische Presse dazu sagt, die wollten nur Chaos erzeugen, aber das kennen wir ja schon." Und dann fügt er noch hinzu: „Was man über mich und meinen Mannschaftskameraden und Freund Rooney gesagt hat, ist unglaublich."

Das ist aber noch keineswegs das Ende der Geschichte, obwohl Ronaldo verspricht, seinen Mannschaftskollegen anzurufen und die Sache auszuräumen. Bei den Fans, den Medien und allen Beobachtern hat sich das Bild festgebrannt, wie Ronaldo, als Rooney vom Platz fliegt, in Richtung der portugiesischen Bank zwinkert, als wolle er sagen, „Ziel erreicht, er ist raus." Da nützt es auch nichts, dass er sein Zwinkern in Richtung Scolari damit erklärt, dass er die Anweisung für einen Positionswechsel verstanden hatte.

Die Medien fühlen sich vielmehr persönlich beleidigt und starten eine Kampagne gegen Ronaldo. Am 3. Juni zeigt die Titelseite der *Sun* ein Bild von Ronaldos Kopf auf einer Dartscheibe. Sein zwinkerndes Auge befindet sich genau über dem Bullseye. „Give Ron on the eye", „Gebt Ron ein paar aufs Auge", heißt es in der Schlagzeile. Im Artikel steht dazu: „Nun hat jeder England-Fan die Chance, es dem größten Zwinkerer der Welt heimzuzahlen. Auf unserer menschlichen Dartscheibe sehen Sie Cristiano Ronaldo, die portugiesische Schwuchtel. Manchester Uniteds Mittelfeldspieler wurde erwischt, wie er seinen Mitspielern zuzwinkerte, nachdem er aktiv mitgeholfen hatte, Englands und Uniteds Star Wayne Rooney vom Platz zu befördern. Wir haben aus Ronaldos Zwinkern das Bullseye gemacht. Hängen Sie es im Büro auf und geben Sie dem oberschlauen Señor ein paar aufs Auge." Das braucht man nicht weiter zu kommentieren.

Das Theater will einfach nicht aufhören und zieht sich bis in den August. Alex Ferguson und Uniteds Vorstandschef David Gill fliegen an die Algarve zum Golfhotel Vale do Lobo, um mit Cristiano zu reden. Dieser gibt zu verstehen, dass er nicht zurück nach England will, sondern nach Spanien, entweder zu Barça oder zu Real. Er hat nicht das Gefühl, dass der Verein ihn während der ganzen Tortur rückhaltlos unterstützt hat, und erläutert Sir Alex seine Bedenken: Er fürchtet sich vor der Presse und den möglichen Reaktionen gegnerischer Fans, sollte er wieder auf englischem Boden spielen.

Sir Alex macht ihm klar, dass Man United mit derartigen Situationen umzugehen weiß. Man hatte es ja auch schon mit Leuten zu tun, die Fotos von Beckham vor Londoner Pubs verbrannt haben, nachdem der englische Kapitän wegen seines Nachtretens gegen Argentiniens Mittelfeldspieler Diego „El Cholo" Simeone bei der WM 1998 vom Platz geflogen war. Und er verdeutlicht Cristiano, dass die englischen Fans heftiger bellen als beißen. Man würde ihn zwar im Stadion ausbuhen, aber das wäre es dann auch schon. Außerdem erzählen Ferguson und Gill, dass sie bereits ein neues Haus auf dem Vereinsgelände für ihn besorgt haben, wo sein Privatleben vollständig vor der Außenwelt geschützt sei. Am Ende überzeugen sie ihn dann doch noch, nach Manchester zurückzukommen und sich der Situation zu stellen.

In Macclesfield, wo United die Saisonvorbereitung absolviert, schließen Cristiano und Wayne Rooney dann Frieden. Der Boss hat von ihnen gefordert, sich eine Dreiviertelstunde unter vier Augen auszusprechen. Portugals Stürmer meidet sämtliche Medien, indem er durch einen Nebeneingang kommt und auch wieder verschwindet. Später wird er sein Schweigen in einem Interview mit dem Magazin *FourFourTwo* doch noch brechen. „Wir haben bei der Weltmeisterschaft in gegnerischen Mannschaften gespielt", sagt er. „Es gibt kein Problem. Wir haben keine persönlichen Differenzen. Bei der WM waren wir Rivalen, aber das ist nun Vergangenheit. Das Leben geht weiter." Aber tut es das wirklich?

Kapitel 11

# Champagner

## Englischer Meister 2007

*„Der Druck macht mich bloß stärker."*

Steht man vor einer schwierigen Situation, gibt es zwei Möglichkeiten. Entweder verkriecht man sich und steht nie wieder auf, oder man kämpft mit all seiner Kraft. Cristiano Ronaldo wählt die zweite Möglichkeit. Trotz der Anschuldigungen der Boulevardblätter, der Drohungen und der ihn erreichenden Briefe, die mit weißem Pulver gefüllt sind – das soll wie Anthrax aussehen, damals eine beliebte Form der Drohung –, verwirft er jeden Gedanken an eine Flucht. Stattdessen kehrt er nach England zurück und zeigt neben seinem fußballerischen Können die Charakterstärke, die er während der schwierigen Jahre in Lissabon entwickelt hat.

„Ich konnte zeigen, dass der Druck mich bloß stärker macht", schreibt Cristiano in seiner Autobiografie *Moments*. „Ich hatte mir selbst eine Prüfung auferlegt und bin siegreich daraus hervorgegangen. Vom Beginn der Saison an habe ich mein Bestes gegeben, um locker zu bleiben, und habe in den Spielen, in denen ich durchgehend ausgebuht wurde, eine Maske aus Eis aufgesetzt. Ich habe diese Anfeindungen ignoriert und in einen zusätzlichen Motivationsfaktor verwandelt."

So auch am 23. August 2006, am zweiten Spieltag der Premier League. United tritt auswärts bei Charlton Athletic an. Als Ronaldo auf den Platz kommt, spürt man von den Rängen ein kollektives Verlangen nach Vergeltung. Sämtliche Zuschauer pfeifen, buhen und schreien Beleidigungen. Doch dann bekommt Uniteds Nummer 7 unmittelbar vor der Pause den Ball, tanzt einen Gegenspieler aus und hämmert die Kugel mit Karacho gegen den Querbalken. Die Menge verstummt. Mit einem Mal hat sie Angst vor ihm, Angst davor, dass er ihre Mannschaft vielleicht abschießen könnte. Nach Spielende (Ergebnis: 3:0 für United) nimmt Ferguson Cristiano zur Seite. „Du hast die richtige Antwort gegeben", erklärt er ihm. „Du kannst sie mit deinem Können zum Schweigen bringen. Hab nie Angst davor, ihnen zu zeigen, was du kannst. Zeig ihnen deinen Mut."

Genau das wird Ronaldo auch für den Rest der Saison tun. Die WM in Deutschland und die ständige Kritik, der er ausgesetzt ist, haben ihn rasch erwachsen werden lassen. Er sieht mittlerweile anders aus als noch ein paar Monate zuvor – ernsthafter, entschlossener und weniger wie der arrogante kleine Junge. Er arbeitet hart und strengt sich im Training noch mehr an als alle anderen. Er legt sowohl auf physischer Ebene als auch taktisch zu, handelt auf dem Platz überlegter und kommt besser mit seinen Mannschaftskollegen aus. Er hat sich die Ratschläge von Ferguson und Carlos Queiroz zu Herzen genommen. Letzterer ist nach einer erfolglosen Saison bei Real Madrid wieder als Co-Trainer zu Manchester zurückgekehrt. Mittlerweile weiß Cristiano besser, wann es an der Zeit für ein Dribbling ist, wann er auf dem Flügel genug gelaufen ist, wann er abzuspielen und wann aufs Tor zu schießen hat. Er kann das Spiel besser lesen und seinen Einsatz besser dosieren. Allmählich sieht er erste Ergebnisse, auf persönlicher wie auf Mannschaftsebene.

Am 22. April 2007 wird Cristiano von der Professional Footballers' Association (PFA), dem Verband der englischen Profispieler, zum Spieler des Jahres ernannt. Er schlägt sowohl die ebenfalls nominierten Mannschaftskollegen Ryan Giggs und Paul Scholes als auch Spieler wie Steven Gerrard, Didier Drogba und Cesc Fàbregas aus dem Feld. Ronaldo ist nach Mark Hughes, Gary Pallister, Eric Cantona, Roy Keane, Teddy Sheringham und Ruud van Nistelrooy der siebte Spieler von United, der diese Auszeichnung gewinnen kann. Doch zusätzlich darf Cristiano noch den Preis als Nachwuchsspieler des Jahres mit nach Hause nehmen. Er ist damit der erste Akteur seit 30 Jahren, der beides gewinnen kann – was zuletzt 1977 Andy Gray von Aston Villa gelungen ist. Außerdem steht er in der PFA-Mannschaft des Jahres 2007.

Zum ersten Mal hat er eine persönliche Auszeichnung gewonnen. Er weiß zwar, dass seine Saison bei Manchester United gut gelaufen ist, hat aber ganz ehrlich nicht damit gerechnet, dass er gegen eine solch starke Konkurrenz irgendwelche Preise holen könnte. Die Neuigkeit ist eine große Überraschung, und bei der Feierstunde in einem Londoner Hotel ist er nervös und aufgeregt. Begleitet wird er von Jorge Mendes, Man Uniteds Lichtgestalt Bobby Charlton und Sir Alex. Dem schottischen Trainer fällt auch die Aufgabe zu, die besten drei bekanntzugeben. Zuerst verkündet er Platz drei für Paul Scholes und Platz zwei für Didier Drogba.

Dann sagt er mit einem breiten Lächeln auf dem Gesicht: „Auf Platz eins … der Gewinner ist … Cristiano."

Ronaldo, im schwarzen Smoking mit weißem Hemd und Fliege, steht vom Tisch auf, umarmt Mendes und seinen Schwager Zé und steigt auf das Podium. Er bekommt von Ferguson die Trophäe überreicht und schaut sich den Videoclip an, in dem die Verantwortlichen erklären, weshalb er der Sieger geworden ist. Danach hat er Gelegenheit, sich den Fragen des Moderators zu stellen. Zuvor aber bedankt er sich bei den Mitgliedern der PFA, die für ihn gestimmt haben, „denn die Spieler kennen ja die Qualitäten der Spieler". Und nun zu den Fragen:

„Was bedeutet Ihnen dieser Preis?"

„Es ist unglaublich und eine große Ehre für mich, in der englischen Premier League eine solche Auszeichnung zu gewinnen. Ich bin sehr stolz und sehr glücklich darüber. Dank an euch alle, an meine Familie. Danke an meine Mannschaft und Danke an meinen Trainer."

„Was können Sie uns über den englischen Fußball sagen, was lieben Sie so daran?"

„Tja, dass er mir so gut gefällt, dass ich für die nächsten fünf Jahre unterschrieben habe", entgegnet Ronaldo, der neun Tage zuvor, am 13. April, seinen Vertrag bei United um weitere fünf Spielzeiten verlängert hat. Aus Sorge über ein mögliches Interesse von Real Madrid und Inter Mailand hatte der Vereinsvorstand beschlossen, seinen Star aus Portugal noch fester zu binden. „Ich liebe diesen Fußball. Ich genieße ihn. Ich glaube, dass es der beste Fußball der Welt ist. Ich spiele wirklich gerne hier", präzisiert Ronaldo dann.

Der Moderator fragt ihn noch, wie es ist, bei United die Nummer 7 zu tragen, und geht dann zum Gespräch mit Sir Alex über. Der geizt nicht mit Lobeshymnen auf seinen Spieler: „Ich glaube, dass er zum jetzigen Zeitpunkt der beste Spieler der Welt ist. Er hat bisher eine unglaubliche Saison gespielt." Cristiano hat das Schlusswort: „Ich will auch weiterhin hart arbeiten und mich weiter verbessern, weil mich diese Auszeichnungen nun noch mehr motiviert haben." Nach der Feier steht ein Privatflugzeug bereit, um Ronaldo und die Delegation von United direkt nach Manchester zurückzubringen. Zwei Tage später, am 24. April, steht im Old Trafford die nächste Partie an – das Hinspiel im Halbfinale der Champions League gegen den AC Mailand.

Ronaldo erzielt in der sechsten Minute das erste Tor des Spiels. Dank eines wie entfesselt spielenden Kaká verwandeln Carlo Ancelottis Männer den Rückstand in eine 2:1-Führung, bevor zwei Tore von Wayne Rooney den *Red Devils* doch noch ein 3:2 bescheren. Das Rückspiel findet am 2. Mai im San Siro statt und wird zur Lehrstunde für United. Am Ende gewinnen die Mailänder mit 3:0, und ein gedemütigtes Manchester United muss sich von seinen Champions-League-Träumen verabschieden.

Nun kann man sich ganz auf die Premier League konzentrieren. United hat bei drei noch ausstehenden Spielen fünf Punkte Vorsprung auf José Mourinhos FC Chelsea, der seinerseits gerade im zweiten Champions-League-Semifinale gegen den FC Liverpool aus der Königsklasse ausgeschieden ist. Am 5. Mai, einem Samstag, stehen Fergusons Männer vor der ersten Herausforderung im verbleibenden Titelkampf: dem Derby gegen Manchester City. Die Citizens haben in der Liga zwar keine größeren Ambitionen mehr, aber ihren Fans würde kaum etwas mehr Freude machen, als dem ewigen Rivalen nach dem Rückschlag in Europa noch mehr Kummer zu bereiten.

Dazu kommt es jedoch nicht – Ronaldo und van der Sar haben etwas dagegen. Während Rooney und Giggs nicht groß in Erscheinung treten, blüht Cristiano im Etihad-Stadion richtig auf. Zwar macht Michael Ball ihm das Leben schwer, aber in der 33. Minute zahlt sich Ronaldos Einsatz aus. Der gegnerische Linksverteidiger foult ihn im Strafraum, Cristiano tritt selbst zum Strafstoß an und erzielt das 1:0 für United. Dank van der Sar bleibt es bis zum Schlusspfiff bei diesem Spielstand. Kurz vor Ende kann der niederländische Torwart einen Elfmeter von Man Citys Stürmer Darius Vassell entschärfen und so den Sieg von United festhalten. Ronaldo hat nun 17 Tore in der Premier League geschossen. Damit steht er an dritter Stelle hinter Chelseas Drogba (20) und Benni McCarthy von den Blackburn Rovers (18). Vor allem aber wahrt sein Tor die Chancen auf Uniteds 16. Meisterschaft – seinen ersten großen Titel.

Den gewinnt er dann an einem Sonntagnachmittag, im Sessel vor dem Fernseher sitzend. Das auf Platz zwei liegende Chelsea tritt im Emirates-Stadion gegen Arsenal an. Bei einer Niederlage oder einem Unentschieden der *Blues* wäre United Meister. Das Spiel verläuft zunächst vielversprechend. Die *Gunners* haben einen Strafstoß verwandelt, und Chelseas holländischer Verteidiger Khalid Boulahrouz ist vom Platz geflogen. Cristiano, sein Schwager Zé und sein Cousin Nuno sind hellauf begeistert. Doch das Spiel ist noch nicht vorbei. Michael Essien kann für die *Blues* ausgleichen.

Die letzten 20 Minuten sind nichts für schwache Nerven. Ronaldo drückt beide Daumen und kaut sich sämtliche Nägel ab. Er will nicht noch eine Woche warten, bis er endlich zum Meister gekrönt wird. Muss er auch nicht, denn es bleibt beim 1:1. Man United ist Meister, und Ronaldo entkorkt den Champagner. Er ruft seine Mutter und seine Freunde an, bekommt etliche Glückwunschnachrichten und eilt dann in die Stadt, um mit seinen Mannschaftskollegen zu feiern. Die Party geht bis in die frühen Morgenstunden und findet ihre Fortsetzung am nächsten Tag in der Kabine. Die emotionalsten Feierlichkeiten aber stehen noch aus.

Am 9. Mai, einem Mittwoch, stellen sich die Spieler von Chelsea im Stadion an der Stamford Bridge zum Ehrenspalier für den Gegner auf. United hat nach vier mageren Jahren endlich wieder den Titel geholt und die Vorherrschaft der *Blues* gebrochen, dem Meister von 2005 und 2006, und das noch mit beeindruckenden Zahlen: bester Angriff der Liga (83 Treffer), zweitbeste Verteidigung hinter Chelsea (nur 26 Gegentore), gerade einmal vier Niederlagen – und seit dem ersten Spieltag ununterbrochen auf Platz eins.

Fergusons Wagnis mit offensivem Spiel hat sich ausgezahlt, selbst gegen Chelsea, das dank seiner disziplinierten Ordnung und einer eisenharten Verteidigung so lange dominierte. Mit seinem neunten Ligatitel hat Sir Alex auch Mourinho eine Lektion erteilen können. „The Special One", der „Besondere", lässt mit seiner Revanche aber nicht lange auf sich warten. Am 19. Mai wird Chelsea im Endspiel des FA-Pokals dank eines Tors von Didier Drogba mit 1:0 gegen United gewinnen. Doch davor, am Sonntag, dem 13. Mai, dem letzten Spieltag der Premier League, können die *Red Devils* noch mit ihren Fans im Old Trafford feiern.

In eine portugiesische Flagge gehüllt, darf Ronaldo den Pokal in die Höhe stemmen und ihn zusammen mit seiner Mutter, seinem Bruder Hugo, Zé, Nuno und Rogelio rund um den Platz tragen. Am Ende sind sie von Regen und Champagner vollkommen durchweicht, stellen sich aber noch für ein Familienfoto im Mittelkreis auf. Die Bilder zeigen einen strahlenden Ronaldo im Kreise seiner Familie mit beiden Daumen nach oben.

Kapitel 12

# Eine großartige Saison

## Der Gewinn der Champions League 2008

*„Ich dachte, es würde der schlimmste Tag meines Lebens werden. Aber trotz meines Fehlers haben meine Mannschaftskameraden immer noch daran geglaubt, dass wir gewinnen können. Am Ende war es dann der glücklichste Tag meines Lebens."*

Man schreibt den 21. Mai 2008. Zehn Tage zuvor wurde United an einem nervenzerreißenden letzten Spieltag in der Premier League erneut englischer Meister vor dem FC Chelsea. Nun treffen die beiden englischen Supermächte im Endspiel der Champions League im Luschniki-Stadion in Moskau aufeinander. In der 26. Minute konnte Paul Scholes bereits an der Verteidigung der *Blues* vorbeiziehen, Wes Brown flanken und Cristiano Ronaldo mit einem fantastischen Kopfball das 1:0 erzielen.

Im Alter von 23 Jahren und nach fünf Spielzeiten bei den *Red Devils* ist der portugiesische Junge inzwischen ein Superstar. Dennoch hat er sich seine Spielweise aus Kindertagen bewahrt: Immer noch zieht er gern von der Grundlinie nach innen und begeistert mit Hackentricks, Übersteigern oder Hebern. Zugleich hat er sein Repertoire erweitert: Er schießt beidfüßig, seine Freistöße sind brandgefährlich, ebenso seine Kopfbälle, und er ist ein besserer Mannschaftsspieler geworden. Dieses Champions-League-Finale in einem ehemaligen Olympiastadion könnte die Krönung seiner bisherigen Karriere werden.

„Um der Beste der Welt zu werden, muss ich Titel gewinnen, so wie die Premier League und die Champions League", sagt er vor dem Spiel und ist sich der Chance, die sich hier auftut, sehr wohl bewusst. „Ich bin ein Siegertyp, und diese Saison träume ich vom Double. Warum nicht?"

Es sieht so aus, als wenn seine Träume wahr werden könnten. Cristiano brennt ein wahres Feuerwerk auf dem Flügel ab und hat bereits getroffen. Nur Sekunden vor der Pause wird allerdings ein Fernschuss von Essien von zwei United-Akteuren abgefälscht und fällt Frank Lampard vor die Füße. Der lässt sich die Gelegenheit nicht entgehen und sorgt aus neun Metern für den Ausgleich. Chelsea spielt nun selbstbewusster, Makélélé, Lampard, Ballack, Cole und Essien drängen auf ein weiteres Tor. Cristiano kommt jetzt nicht mehr richtig zum Zug, und die Truppe von Avram Grant, dem israelischen Trainer und Nachfolger José Mourinhos, hat eine Torchance nach der anderen. Es ist jetzt ein packendes, intensives Match. Doch auch nach 120 Minuten steht es weiterhin unentschieden, und es kommt bei strömendem Regen zum Elfmeterschießen.

Carlos Tévez tritt als Erster an und erzielt das 1:0 für United. Als Nächster schießt Michael Ballack: 1:1. Auch Michael Carrick und Juliano Belletti treffen, somit steht es 2:2. Nun ist Ronaldo an der Reihe. Zehn Tage zuvor, am 11. Mai, hat Cristiano schon einmal von der Strafstoßmarke aus getroffen, als er gegen Wigan den Ball ins Netz donnerte und damit den Grundstein für den Gewinn der 17. Meisterschaft legte. Im Champions-League-Halbfinale gegen Barcelona im Camp Nou hat er allerdings auch schon einen verschossen. Zugleich haben die englischen Fernsehkommentatoren noch nicht den Elfmeter vergessen, mit dem er im Sommer 2006 in Gelsenkirchen England aus der WM schoss.

Der Portugiese hat in einer einzigen Saison 42 Tore erzielt. Er ist Zuschauerliebling, und jeder achtet nun gespannt darauf, was er wohl machen wird. Der beste Feldspieler und der beste Torhüter der Welt stehen sich gegenüber, so jedenfalls sehen es die Experten. Ronaldo küsst den Ball und legt ihn sich sorgfältig auf dem Punkt zurecht. Wie immer stemmt er die Hände in die Hüften, senkt das Haupt, holt einmal tief Luft und wartet auf den Pfiff des Schiedsrichters. Er nimmt Anlauf und entscheidet sich nach brasilianischer Art für das *Paradinha*, das kurze Zögern, mit dem der Torwart verunsichert werden soll. Doch Čech ahnt den Trick voraus und kann den Schuss abwehren. „Gehalten!", schreit der Kommentator in sein Mikrofon.

Cristiano vergräbt das Gesicht in den Händen und geht langsam davon, am Boden zerstört. Čech macht Platz für van der Sar. Nun haben große Spieler schon häufig im entscheidenden Moment einen Elfmeter verschossen – man denke nur an Roberto Baggio, Raúl, Michel Platini und Zico, um nur einige Beispiele zu nennen. Doch das kann ihn nicht wirklich trösten. „Nachdem ich vergeben hatte, da dachte ich, dass wir verlieren würden. Ich dachte, es würde der schlimmste Tag meines Lebens werden. Aber trotz meines Fehlers haben meine Mannschaftskollegen immer noch daran geglaubt, dass wir gewinnen können." Und das tun sie dann auch, dank Hargreaves, Nani, Anderson und Giggs, die allesamt treffen. Und dank van der Sar, der den letzten Schuss von Nicolas Anelka parieren kann.

Chelseas Kapitän John Terry hatte zwar die Chance, den Titel klarzumachen, rutschte aber auf dem mit Wasser vollgesogenen Platz weg, verschoss und schenkte damit United den Sieg. Für den Innenverteidiger der *Blues* endet das Spiel mit Tränen der Enttäuschung, während Cristiano am Ende doch noch Freudentränen vergießen darf. Seine Mannschaftskollegen rennen wie die Verrückten in Richtung Tor, wo van der Sar bereits feiert. Cristiano liegt am Strafraumeck, drückt das Gesicht ins Gras und weint. Er will alleine sein, um den bis dahin schönsten Augenblick seiner fußballerischen Laufbahn zu genießen. „Am Ende war es der glücklichste Tag meines Lebens", wird er später sagen. „Elfmeterschießen ist zwar ein Lotteriespiel, aber wir haben den Sieg verdient gehabt, weil wir über die 120 Minuten gesehen besser waren."

50 Jahre nach der Flugzeugkatastrophe von München am 6. Februar 1958, bei der 23 von 44 Passagieren auf der Rückreise von Uniteds Viertelfinalsieg im Landesmeisterpokal ums Leben kamen, und 40 Jahre nach dem ersten europäischen Titel der Mannschaft – 1968 mit Starspieler George Best – gewinnt Manchester United zum dritten Mal den wichtigsten Vereinstitel im europäischen Fußball. United kann sich für diesen Triumph bei einer sattelfesten Abwehr und einem brillanten Cristiano Ronaldo bedanken. Die Nummer 7 der *Reds* ist ohne Frage der Star des Wettbewerbs und mit acht wichtigen Toren auch dessen bester Torschütze und Spieler.

Das erste Tor erzielt er am 19. September 2007 im Alvalade-Stadion gegen seinen ehemaligen Verein Sporting Lissabon beim Auftaktspiel in der Gruppe F. Es ist das erste Mal seit seinem Abschied 2003, dass er gegen seine alten Mannschaftskollegen antritt. Nach einer Flanke von Wes Brown von der rechten Seite köpft er den Ball ins Netz, verzichtet aber aus Respekt vor den Sporting-Fans auf den Torjubel. Die hatten ihn bei der Verkündung der Mannschaftsaufstellungen mit stehenden Ovationen gefeiert. Das Spiel endet 0:1.

Als Nächstes gelingen dem portugiesischen Flügelstürmer drei Treffer gegen Dynamo Kiew: zwei Tore, darunter ein Strafstoß, in der Ukraine, und eines beim 4:0-Erfolg im Old Trafford, mit dem Man United zugleich den Einzug ins Achtelfinale klarmacht. Am 27. November wird Cristiano dann von Ferguson ausdrücklich gelobt, nachdem er in der Schlussminute mit einem direkten Freistoß gegen Sporting getroffen und United so den Sieg beschert hat. „Wunderschönes Tor von Cristiano Ronaldo", erklärt Uniteds Trainer vor der Presse. „Ronaldo will gegen seinen alten Klub immer gut aussehen. Er verdankt Sporting ziemlich viel, respektiert das auch und zeigt große Bewunderung für den Verein. Cristiano war gerade mal 18, als er zum ersten Mal im europäischen Fußball spielte. Jetzt wird er erwachsen – er tut das, was wir von ihm erwarten." Und Ronaldo zeigt seine Dankbarkeit, indem er United ins Viertelfinale führt: Im Achtelfinal-Rückspiel am 5. März 2008 überwindet er Olympique Lyons Torwart Grégory Coupet durch einen Flachschuss mit dem linken Fuß, nachdem er sich einen abgewehrten Fehlversuch von Anderson geschnappt hat. Damit ist das Spiel bereits entschieden.

Im Viertelfinale geht es für United erneut gegen die Roma von Francesco Totti und Trainer Luciano Spalletti. In der Gruppenphase hatte man gegen die Italiener zu Hause einen Sieg eingefahren und auswärts ein Unentschieden geholt. Im Viertelfinale im Stadio Olimpico sieht alles nach einer Niederlage aus. Doch dann sprintet Cristiano heran, springt höher als Cassetti und nickt eine Flanke von Paul Scholes ins Tor ein. Es ist sein 36. Saisontor. In der zweiten Halbzeit wird Rooney den Erfolg durch seinen Treffer zum 2:0 endgültig besiegeln. Das Rückspiel ist daraufhin mehr oder weniger Formsache. United gewinnt dank eines Treffers von Tévez mit 1:0. Ronaldo wird auf der Bank geschont, schließlich wartet im Halbfinale im Camp Nou Lionel Messi auf ihn.

Natürlich machen sich die Verteidiger von Barça so ihre Gedanken über Cristiano. So erklärt Gianluca Zambrotta: „Man muss versuchen, vorherzuahnen, was Cristiano Ronaldo vorhat. Er hat ganz ähnliche Fähigkeiten wie Messi, und seine Mannschaftskollegen verlassen sich darauf, dass er versuchen wird, gute Chancen herauszuarbeiten. Es ist nicht so einfach, ihn zu decken, weil er aus verschiedenen Richtungen vor dem Strafraum auftauchen kann. Er dominiert einen Großteil des Spiels und bringt sich stark ein. Man muss sehr konzentriert sein, weil er schnell mit den Füßen ist und gerne Tricks mit dem Ball macht. Im direkten Duell kann man ihn kaum aufhalten, wenn man keine Unterstützung durch die Außenverteidiger oder einen im Zentrum spielenden Mittelfeldspieler bekommt. Besser ist es, wenn er gar nicht erst den Ball bekommt."

Und selbstverständlich flößt Messi der United-Abwehr ebenfalls Angst ein. Insbesondere seine Schnelligkeit ist ein Grund zur Sorge. Am meisten fürchtet man allerdings Eins-zu-eins-Situationen gegen den kleinen Argentinier. Der Plan ist, ihn zu stoppen, bevor er überhaupt eine Chance bekommt, sich zu einem seiner unglaublichen Solos abzusetzen. Beide Mannschaften sind noch ungeschlagen, als sie am 23. April im Halbfinale aufeinandertreffen. Ihr Weg dorthin ist allerdings sehr unterschiedlich verlaufen. Während United zuletzt die englische Meisterschaft und den Supercup gewann, ist Barça nach zwei besonders tristen Spielzeiten ohne jeglichen Titelerfolg in die Champions League eingezogen.

Das Spiel im Camp Nou bedeutet einen großen Auftritt für Ronaldo, immerhin spielt er vor 96.000 Zuschauern. Seine ersten Ballberührungen enden mit einem Foul, einem Eckstoß und einem Strafstoß. Es sind gerade einmal zwei Minuten vergangen, seit Schiedsrichter Massimo Busacca das Spiel angepfiffen hat, und schon legt sich Cristiano den Ball auf dem Elfmeterpunkt zurecht. Zuvor war sein Versuch, die Ecke einzunicken, durch Gabriel Militos Handspiel verhindert worden. Nun also das Duell Cristiano gegen Víctor Valdés. Der Portugiese holt tief Luft und konzentriert sich auf den gegnerischen Torhüter. Er schlenzt den Ball, verfehlt aber das anvisierte rechte Tordreieck um ein gutes Stück. Über die Latte. Damit hat Ronaldo die Chance vertan, schon frühzeitig den ersten Treffer zu markieren.

Doch Ferguson hat ihm den Auftrag gegeben, anzugreifen, und genau das tut er weiterhin … zumindest, solange sein Rivale Lionel Messi auf dem Platz ist. Der Argentinier ist gesundheitlich angeschlagen, versucht aber dennoch, zum Wohle seiner Mannschaft so lange wie möglich durchzuhalten. 30 Minuten vor Schluss wird er schließlich durch Bojan ersetzt. Nach Messis Auswechslung verpufft auch Ronaldos Energie. Ohne diese beiden Stars, die gefährlichsten Spieler auf dem Planeten Fußball, wird die Partie langweilig und durchschaubar. Barça gibt zwar den Ton an, kann den Sack aber nicht zumachen, da United auf Defensive setzt. Das Spiel endet 0:0.

Nun muss das Rückspiel im Old Trafford darüber entscheiden, ob entweder Cristiano oder Messi zum ersten Mal ein Champions-League-Finale erreicht. Es ist Cristiano – dank Paul Scholes, der noch vor dem Strafraum mit einem sagenhaften Schuss abzieht. Das Tor des Tages reicht aus, um United ins Endspiel zu befördern.

Ein strahlender Cristiano erfüllt sich einen seiner Lebensträume und hält unter dem verregneten Himmel von Moskau den Pokal mit den zwei Henkeln in die Höhe. Für ihn ist es der perfekte Abschluss einer Saison, in der er nicht nur Tor um Tor schoss, sondern auch einen Titel nach dem andern gewann und endgültig zum Superstar aufstieg.

Im Laufe der Spielzeit hat er 42 Pflichtspieltore erzielt. Er ist mit 31 Treffern Torschützenkönig der Premier League vor Adebayor und Fernando Torres, die es auf jeweils 24 Tore gebracht haben. Am 12. Januar 2008 hat er für United einen Hattrick gegen Newcastle geschafft. Am 19. März überreichte ihm Ferguson vor der Partie gegen Bolton die begehrte Kapitänsbinde, und bei Spielende standen zwei Ronaldo-Tore zu Buche. Das nächste Mal wird Cristiano am 15. November 2008 gegen Stoke City zwei Tore in einem Spiel erzielen und damit mehr als 100 Treffer für Manchester United gemacht haben.

An Titeln hat er 2007/08 den englischen Supercup, seine zweite Auszeichnung als Spieler des Jahres durch den Verband englischer Profispieler, die englische Meisterschaft (United bringt es am Ende auf 87 Punkte, zwei mehr als Chelsea und vier mehr als Arsenal) und natürlich die Champions League gewonnen. „Niemand könnte noch glaubhaft bestreiten, dass er sich zu einem der besten Stürmer der Welt entwickelt hat", schreibt der *Guardian*. Und niemand widerspricht.

## Kapitel 13
# Ehrungen

### Weltfußballer und Ballon d'Or 2008

*„Diese Auszeichnung als Europas Fußballer des Jahres ist nur der erste Schritt auf dem Weg zu etwas noch viel Größerem."*

Mit 446 von 480 möglichen Punkten ist Cristiano Ronaldo der einzige der 30 nominierten Spieler, dessen Name auf jedem einzelnen Wahlzettel der 96 Juroren auftaucht. Er hat sich mit großem Vorsprung gegen Lionel Messi durchgesetzt. Der Star vom FC Barcelona konnte gerade einmal 281 Punkte auf sich vereinigen. Der Argentinier hat zwar eine fantastische Saison gespielt, dafür hat Barça aber keinen einzigen wichtigen Titel gewinnen können. Einen großen Sieg erreichte er lediglich mit der argentinischen Nationalmannschaft, die bei den Olympischen Spielen in Peking die Goldmedaille holte. Auf Platz drei folgt Fernando Torres dank einer großartigen Spielzeit beim FC Liverpool, einer Ausbeute von 24 Toren und seiner entscheidenden Rolle bei Spaniens Sieg im EM-Finale 2008 in Wien gegen Deutschland.

Die internationale Presse hat keinen Zweifel daran gelassen, dass sie Cristiano für den Besten hält. Von Peking bis Los Angeles und von Johannesburg bis Reykjavík haben die Journalisten ihn in den höchsten Tönen gelobt, als sie von *France Football* um ihre Stimme gebeten wurden – jenem französischen Sportmagazin, das den *Ballon d'Or*, inoffiziell bis 2009 auch unter dem Namen „Europas Fußballer des Jahres" bekannt, seit 1956 verleiht. Auch wenn Ronaldo bei der EM nicht wirklich glänzen konnte, es ständig Gerüchte über einen möglichen Wechsel nach Madrid und sein Privatleben gab und er auf dem Platz zuweilen durch Arroganz und eine provokative Haltung auffiel, hat man ihn zum Sieger gekürt. Gezählt haben einzig seine atemberaubenden Leistungen, sein enormes Können, die 42 Tore, die ihm den *Goldenen Schuh* der UEFA einbrachten, sowie die Titel, die er in der Premier League und in der Champions League mit Manchester United geholt hat.

Mit 23 Jahren und nach dem zweiten Platz 2007 hinter Kaká und noch vor Leo Messi sowie Platz 14 im Jahr 2006, Platz 20 2005 und Platz zwölf 2004 ist Cristiano der fünftjüngste Spieler, der die Auszeichnung mit nach Hause nehmen darf. Brasiliens Ronaldo war bei seinem Sieg 1997 gerade einmal 21, George Best (1968) und Michael Owen (2001) waren beide 22, und der in der damaligen Sowjetunion lebende Ukrainer Oleg Blochin im Jahr 1975 23. Nach Eusébio 1965 und Luís Figo 2000 ist Ronaldo außerdem der dritte Portugiese, der als „Europas Fußballer des Jahres" ausgezeichnet wird, und nach Denis Law 1964, Bobby Charlton 1966 und dem bereits erwähnten Best 1968 der vierte Spieler von United. Nicht zu vergessen ist er seit Owen der erste Spieler der Premier League, der den Preis zugesprochen bekommt.

Cristiano erreicht eine persönliche Gratulation von Portugals Präsidenten Aníbal Cavaco Silva, der unterstreicht, wie sehr diese Auszeichnung „der Förderung der sportlichen Reputation Portugals auf internationaler Ebene dienlich und der Wertschätzung des Sportes im eigenen Land zuträglich ist und damit auch einen bedeutsamen Ansporn für viele junge Sportlerinnen und Sportler der Nation darstellt".

Am 2. Dezember 2008 verkündet *France Football* den Gewinner des 53. *Ballon d'Or* auf seiner Website und bringt eine Sonderausgabe, die Cristiano gewidmet ist. Von allen Seiten ist der Sieg vorhergesagt worden. Jeder wettete auf den Portugiesen, angefangen bei Zinedine Zidane („Er ist der Favorit: Er hat die Meisterschaft und die Champions League gewonnen und ist Torschützenkönig"), über Kaká („Er hat es verdient, weil er der entscheidende Faktor bei Uniteds Erfolgen war") und den Sieger von 2006, Fabio Cannavaro („Ist doch klar, dass er gewinnt") bis hin zu Zlatan Ibrahimović („Ich würde ihm das Ding geben, auch wenn er bei der EM nicht ganz so toll war") und schließlich Fernando Torres („Er ist eine Tormaschine").

Auch Cristiano selbst ist sich sicher, dass 2008 einfach sein Jahr ist, und er schätzt seine Chancen schon ein paar Tage vor Bekanntgabe des Siegers als ziemlich gut ein. „Ich glaube, dass ich mehr geleistet habe als jeder andere und den Preis deshalb auch mehr verdiene", erklärt er gegenüber der italienischen Sporttageszeitung *Gazzetta dello Sport*. „Wenn man sich die abgelaufene Saison anguckt, dann meine ich, dass ich besser war als in jeder Saison zuvor." Was die Auszeichnung als „Europas Fußballer des

Jahres“ angeht, so räumt er ein, dass „zwar auch zwei oder drei andere den Sieg verdient hätten. Aber wenn man sich genau anschaut, was jeder von denen im gesamten Saisonverlauf geleistet hat, dann glaube ich trotzdem immer noch, dass ich mehr auf die Beine gestellt habe als jeder andere. Was müsste ich denn nach dem Gewinn der Premier und der Champions League noch tun, um den *Ballon d'Or* zu kriegen?“

Die Zeitung beantwortet seine rhetorische Frage, indem sie ihn an die EM 2008 erinnert und ihn davor warnt, sich zu große Hoffnungen zu machen – trotz der Tatsache, dass er mit einer Knöchelverletzung gespielt hat, um sein Land und seinen Trainer Luiz Felipe Scolari nicht im Stich zu lassen („Es war, als wenn man mir ein Messer reinrammt. So einen Schmerz will ich nie wieder spüren müssen. Das war Folter, auch für die Seele“).

Die EM, bei der Portugal im Viertelfinale gegen die Deutschen mit 2:3 ausschied, spielt dann auch für die 96 Journalisten aus aller Welt keine ausschlaggebende Rolle. Zwar stehen fünf Spieler von Europameister Spanien unter den ersten elf: Hinter Torres belegen Iker Casillas, Xavi Hernandéz, David Villa und Marcos Senna die Ränge vier, fünf, sieben und elf. Außerdem landen Cesc Fàbregas auf Platz 19 und Sergio Ramos auf Platz 21. Doch Juror Michel Dubois von der belgischen Tageszeitung *La Dernière Heure* merkt dazu an: „Auch wenn Ronaldo im Viertelfinale der EM 2008 nicht hat überzeugen können, so ist doch alles andere, was er erreicht hat, einfach fantastisch.“ Und wenn wir schon von den Stimmen sprechen: 77 der 96 Juroren wählen Ronaldo auf Platz eins.

Ronaldo erfährt das Ergebnis der Abstimmung erst in letzter Minute, einen Tag vor der Bekanntgabe. Zumindest gibt *France Football* das als Grund dafür an, warum auf der Website und in der Sonderausgabe der Sieger, anders als in den Vorjahren, nicht mit dem *Ballon d'Or* zu sehen ist. Die Nummer 7 muss auf die Übergabe der Trophäe noch bis zum Sonntag, den 7. Dezember, warten, an dem er gemeinsam mit seiner Familie nach Paris anreist.

Die Übergabe des *Ballon d'Or* an Ronaldo durch *France Footballs* Chefredakteur Denis Chaumier findet im Rahmen einer eigens dem Sieger gewidmeten Ausgabe der Fußballsendung *Telefoot* beim französischen Sender *TF1* statt. Der sichtlich aufgeregte Cristiano trägt einen dunklen Anzug, Krawatte und ein grau-weißes Hemd und hat seine Haare zurückgegelt. Er entschuldigt sich für die Verspätung seines Fluges und den Verkehr in Paris und schaut dann auf den Preis, den er seit der Bekanntgabe seines Sieges so sehnsüchtig erwartet hat. Er hebt ihn hoch und erklärt, wie spektakulär er die Trophäe finde, und fügt dann noch hinzu, dass er sich sehr freue.

„Wie jeder weiß, ist der erste Platz beim *Ballon d'Or* etwas, wovon ich schon als kleines Kind geträumt habe. Deshalb ist das auch ein sehr bewegender und wunderschöner Augenblick für mich, und ich möchte die Gelegenheit nutzen, diese Auszeichnung meiner Familie zu widmen, die mich hierher begleitet hat", sagt er, dreht sich etwas und macht eine Handbewegung in Richtung seines Clans. „Ich widme sie meiner Mutter, meinem Vater, meinen Schwestern Elma und Cátia, meinem Bruder Hugo, meinen besten Freunden Rodrigo und Zé, meinem Berater Jorge Mendes. Fällt mir gerade echt schwer, ich habe eigentlich eine Liste mit so vielen Leuten, aber ich bin so gerührt."

Und er soll noch gerührter werden, als er die Komplimente von Patrice Evra, Kaká, Nicolas Anelka, Karim Benzema, Samuel Eto'o, Pedro Miguel Pauleta, Luís Figo, Francisco Alonso, Luiz Felipe Scolari, Alex Ferguson, seiner Schwester Elma Aveiro, seinem Patenonkel Fernão Sousa und seiner Mutter Dolores empfängt. Dolores strahlt förmlich in die Kamera, als sie die schon vorher aufgezeichneten Glückwünsche an Europas Fußballer des Jahres 2008 beschließt: „Ich bin so stolz auf dich. Du bist der beste Sohn der Welt. Küsschen!" Im Studio zoomt die Kamera live auf sie und zeigt, wie der Mutter des Geehrten im Publikum die Tränen über die Wangen rollen. Doch es folgen noch mehr Komplimente an Ronaldo.

Der Moderator der Sendung verweist auf die Sieben auf seinem Trikot, eine magische Nummer im Old Trafford. „Best, Robson, Eric Cantona, David Beckham und nun auch Sie. Die Nummer 7 scheinen tatsächlich nur die Besten bei United zu tragen." Wie von Zauberhand erscheint nun Alex Ferguson auf der französischen Bühne und tut seine Meinung kund. „Cristiano hat es sich verdient, und wir im Verein freuen uns wahnsinnig über diesen jüngsten Erfolg. Manchester United hat 40 Jahre lang auf diesen Moment gewartet", sagt er und fügt noch hinzu, dass Ronaldo ein außergewöhnlicher Spieler und viel schneller erwachsen geworden sei, als selbst er, Ferguson, es sich fünf Jahre zuvor noch habe vorstellen können. „Er ist erst 23 und hat seine ganze Karriere noch vor sich."

„Ronaldo ist gut, sehr gut sogar. Zu den weniger bekannten Tugenden von Ronaldo gehören Mut und Tapferkeit“, hatte Ferguson kurz zuvor über seinen Star gesagt. „Im Fußball zeigt sich Mut genau wie im richtigen Leben auf verschiedene Weise. Aber der Mut, nach vorne zu gehen, egal, wie oft er getreten wird – der zeichnet Ronaldo aus. Nicht viele Spieler haben solch ein Maß an Mut. Manche glauben ja, dass der größte Mut im Fußball darin besteht, den Ball zu erobern. Die andere Art von Mut – und das ist Mut im Sinne von Moral – ist der Mut, den Ball zu halten. Den hat Ronaldo. Alle großen Spielern hatten ihn.“

Nachdem er dermaßen mit Lob überschüttet worden ist, bestätigt Cristiano, dass er bei Man United sehr glücklich und der Verein seine zweite Heimat sei. „Ich bin ehrgeizig. Ich habe einen starken Charakter. Ich will in die Fußstapfen anderer großer Spieler treten und möchte persönliche Auszeichnungen ebenso gewinnen wie Titel mit der Mannschaft“, sind seine Schlussworte.

Am 21. Dezember 2008 darf er schon die nächste Trophäe hochhalten. Cristiano Ronaldo und seine Kollegen triumphieren auch bei der FIFA-Klub-WM im Stadion von Yokohama in Japan. Manchester United gewinnt gegen den Sieger der südamerikanischen Copa Libertadores, Liga Deportiva Universitaria aus Ecuador, dank eines Treffers von Wayne Rooney in der 72. Minute mit 1:0.

Und am 12. Januar 2009 kann Ronaldo seinen Status als weltbester Fußballspieler weiter festigen, indem er auch die Auszeichnung als Weltfußballer des Jahres gewinnt. Die Stimmen der Trainer und Kapitäne von 155 Nationalmannschaften bestätigen die von *France Football* durchgeführte Wahl. Die feierliche Gala im Züricher Opernhaus beginnt mit Videos der fünf Finalisten. Über den Schirm huschen Bilder, die die besten Fußballer in Aktion zeigen: Kaká, den Titelträger von 2007, und dazu Leo Messi, Ronaldo, Fernando Torres und Xavi Hernández.

Pelé fällt die Ehre zu, dem Sieger die Auszeichnung zu überreichen. Er betritt die Bühne, stolpert kurz auf der Treppe und nimmt dann den Umschlag mit dem Namen des Siegers in die Hand. Als er ins Mikrofon spricht, gibt er zu, aufgeregter als die Kandidaten auf den Ehrenplätzen zu sein. Pelé öffnet den Umschlag und wirft einen Blick auf den Namen. Bevor er ihn dem Publikum bekannt gibt, sagt er jedoch, dass er noch eine kleine Geschichte zu erzählen habe. „Letztes Jahr habe ich Kaká diese Trophäe überreicht. Danach habe ich Cristiano die Hand geschüttelt und ihm auf Portugiesisch gesagt: ‚Nächstes Jahr gebe ich sie dann dir.'" Er hebt die Karte und verkündet mit sanfter Stimme: „Cristiano Ronaldo."

Cristiano lächelt, erhebt sich, knöpft sein dunkles Jackett zu und steigt auf die Bühne. Er umarmt *O Rei*, „den König", und nimmt den Preis in Empfang. Im Hintergrund läuft ein weiterer Filmclip mit seinen größten Augenblicken, und dann gibt man ihm das Wort. Er tritt einen Schritt von dem Pult weg, auf dem Pelés Umschlag liegt, nimmt das Mikrofon, verschränkt die Arme und wartet geduldig auf eine Frage der Moderatoren. „Das Publikum gehört Ihnen!", sagt man ihm nur.

„Das hier ist ein ganz besonderer Augenblick in meinem Leben, sehr aufregend", sagt er auf Portugiesisch. „Vorweg muss ich mich bei meiner Mutter, meinem Vater, meiner Familie, meinen Freunden und Jorge bedanken. Ich muss sie nicht alle einzeln aufsagen. Sie wissen ja, wer gemeint ist. Ich möchte das hier außerdem meinen Mannschaftskameraden widmen. Ohne sie hätte ich diesen Preis nicht gewinnen können" – er schaut auf die Trophäe hinunter und strahlt. „Ich freue mich sehr. Heute ist einer der glücklichsten Tage in meinem Leben. Ich hoffe, dass ich eines Tages hierher zurückkehren kann. Vielen Dank. Vielen, vielen Dank."

Das Publikum spendet großen Applaus. Moderatorin Sylvie van der Vaart, Ehefrau des ehemaligen Real- und Tottenham-Spielers Rafael, gibt noch bekannt: „Cristiano Ronaldo ist der FIFA-Weltfußballer des Jahres 2008. Er hat gewonnen mit 935 Stimmen. Auf Messi kamen 678, auf Torres 203, auf Kaká 183 und auf Xavi 155." Damit ist er, wie Sylvie sagt, „der beste Fußballspieler der Welt".

Kapitel 14

# Rom

## Das Finale der Champions League 2009

*„Ich will gewinnen und damit Geschichte schreiben."*

„Es ist das Traumfinale", sagt Ryan Giggs. „United und Barcelona sind zwei große Vereine, mit großer Geschichte. Sie spielen herrlichen Fußball und haben so viele fantastische Einzelkönner in ihren Reihen." Der Mann aus Wales kennt sich in Sachen Champions League aus, hat er doch schon zwei Endspiele mit Man United gewonnen – eines gegen Bayern München 1999 und das zweite erst im Jahr zuvor gegen Chelsea. Das Finale gegen den FC Barcelona am 27. Mai 2009 in Rom verspricht ein wahrer Leckerbissen des europäischen Fußballs zu werden, stehen sich doch in bestmöglicher Startaufstellung die beiden Mannschaften gegenüber, die den spektakulärsten Fußball des Kontinents zu bieten haben.

Es ist das Finale zwischen dem spanischen und dem englischen Meister, zwischen dem Sieger der Champions League 2006 und dem des Vorjahres. Überdies ist es mit Sir Alex Ferguson und Pep Guardiola das Duell zweier ganz unterschiedlicher Trainertypen: Ersterer ist Jahrgang 1941 und weist nicht nur reichlich Erfahrung, sondern auch eine überwältigende Erfolgsbilanz auf. Letzterer ist 30 Jahre jünger und der Newcomer der Saison.

Nicht zuletzt ist es der Wettstreit zweier Mannschaften, die vor exzellenten Spielern nur so strotzen. In Barcelonas Startelf stehen Víctor Valdés, Carles Puyol, Yaya Touré, Gerard Piqué, Sylvinho, Sergio Busquets, Andrés Iniesta, Xavi, Lionel Messi, Thierry Henry und Samuel Eto'o. Bei Manchester sind es Edwin van der Sar, John O'Shea, Rio Ferdinand, Nemanja Vidić, Patrice Evra, Anderson, Michael Carrick, Ryan Giggs, Ji-sung Park, Wayne Rooney und Cristiano Ronaldo.

Darüber hinaus wird das Spiel von den Medien als das große Duell zwischen Cristiano Ronaldo und Leo Messi verkauft. Cristiano will davon allerdings nichts wissen. „Messi ist ein super Spieler, aber morgen geht es um Barcelona und Manchester United", lässt er am Abend vor der Begegnung verlauten. Leo ist der gleichen Ansicht und meint, diese Reduzierung auf zwei Spieler sei „respektlos gegenüber zwei fantastischen Mannschaften – den beiden Mannschaften, die momentan den besten Fußball spielen. Zwei Mannschaften, die noch eine Reihe anderer Spieler haben, die entscheidend sein können."

Trotzdem wird die Debatte weiterhin vom Thema Ronaldo versus Messi bestimmt. Selbst Sir Alex Ferguson äußert sich dazu, auch wenn er keine Partei ergreift: „Sie sind beide hervorragende Spieler, die Tore vorbereiten und schießen können. Alle beide. Wenn große Spieler einmal dieses Niveau erreicht haben, können nur noch kleine Details den Unterschied machen. Einer von beiden könnte an dem Abend ja vielleicht nicht gut drauf sein. Aber davon abgesehen, was soll man über so gute Spieler schon sagen?" Die Presse bleibt trotzdem dabei, dass sich in Rom entscheiden wird, wer von den beiden Europas Fußballer des Jahres 2009 wird.

„Wer hier gewinnt, der wird schon eine bessere Chance haben", gibt Ronaldo zu, „aber für mich ist das unwichtig. Was ich wirklich will, ist, die Champions League zu gewinnen." Es wäre der zweite Sieg in Folge für United, und man würde, um es mit Cristianos Worten zu sagen, „in die Geschichte eingehen". Seit der Einführung der Champions League 1992/93 hat es nämlich keine Mannschaft geschafft, diese zweimal hintereinander zu gewinnen.

Cristiano hat eine überdurchschnittliche Saison hinter sich. Er ist in 53 Spielen eingesetzt worden und hat dabei 26 Tore erzielt, davon 18 in der Premier League und vier in der Champions League. Vor dem Abflug nach Rom konnte Manchester United mit vier Punkten Vorsprung den Meistertitel in der englischen Liga verteidigen und holte zudem am 1. März in Wembley im Finale gegen Tottenham den Ligapokal. Lediglich im FA-Pokal ist United im Halbfinale gegen Everton nach Elfmeterschießen vorzeitig ausgeschieden.

Die Saison von Cristiano war zwar nicht ganz so stark wie die davor, aber er ist immer noch Europas amtierender Fußballer des Jahres. Nun will er zeigen, dass er es weiterhin mit Messi aufnehmen kann. Der konnte seinerseits acht Treffer in der Champions League und 23 in der spanischen Meisterschaft verbuchen und spielte überdies eine entscheidende Rolle im spanischen Titelkampf und bei Barças Triumph in der Copa del Rey, dem spanischen Pokal.

Ab 20:46 Uhr rollt im Olympiastadion von Rom der Ball.

*1. Minute.* Yaya Touré fällt Anderson. Erster Freistoß der Partie. Die Entfernung zum Tor von Barça beträgt etwa 25 Meter. Wie üblich nimmt Ronaldo fünf Schritte Anlauf, bevor er schießt. Der Ball dreht sich durch die Luft und prallt von Víctor Valdés' Brust ab, der ihn nicht festhalten kann. Piqué klärt gerade noch vor Park zur Ecke. Ronaldo vergräbt das Gesicht in den Händen.

Man United erhält den Druck aufrecht und drängt weiter in die Hälfte des Gegners. Barcelona kommt noch nicht so recht ins Spiel. Ronaldo ist überragend und die treibende Kraft bei Manchester.

*7. Minute.* Cristiano zieht aus 35 Metern ab, verfehlt jedoch knapp das Tor von Víctor Valdés.

*8. Minute.* Nach gutem Doppelpassspiel zwischen Anderson und Evra hält Ronaldo mit dem linken Fuß drauf. Der Ball geht knapp neben dem rechten Pfosten an Barças Gehäuse vorbei.

Es scheint, als hätte United das Spiel vollkommen unter Kontrolle. Doch der Eindruck trügt. In der zehnten Minute lässt Eto'o Vidić im Strafraum aussteigen. Sein Schuss ist zu platziert für van der Sar. 1:0 für Barça.

*13. Minute.* Ein Fehlpass von Messi leitet einen Konter der Engländer ein. Cristiano bekommt einen langen Ball und rennt in Richtung Tor. Gerard Piqué kann ihn nur mit vollem Körpereinsatz stoppen und handelt sich dafür die Gelbe Karte ein.

*18. Minute.* Pep Guardiola lässt Leo Messi als falschen Neuner spielen. So will er Uniteds Innenverteidigung auseinanderziehen. „Damit haben wir nicht gerechnet, und es hat uns richtig Probleme bereitet", wird Ferguson hinterher sagen. Der Floh zieht vom rechten Flügel aus mit viel Dynamik in die Mitte und hält mit links aus 20 Metern drauf. Der Ball geht knapp drüber.

*20. Minute.* Cristiano muss Abbitte tun. Er ist zwar mit Hilfe seiner Übersteiger an Touré vorbeigezogen, befindet sich nun aber nicht mehr in guter

Position für den Abschluss. Der Winkel ist zu spitz. Die bessere Lösung wäre ein Pass auf Wayne Rooney gewesen.

*22. Minute.* Ecke für United. Giggs zielt auf den langen Pfosten. Cristiano steigt zum Kopfball hoch, aber der Ball geht knapp über die Latte. Es ist sein sechster Torschuss in 22 Minuten. Er scheint bereit und willens, das Spiel notfalls alleine zu entscheiden.

*36. Minute.* Touré stoppt ein Solo von Cristiano.

*41. Minute.* Dieses Mal stoppt Valdés Ronaldo, indem er sein Tor verlässt und wie ein Güterzug auf den Portugiesen zustürmt.

*42. Minute.* Sir Alex lässt Rooney und Ronaldo die Positionen tauschen. Der Portugiese spielt fortan auf dem rechten Flügel, Rooney im Zentrum und Giggs auf der linken Seite. An der Situation ändert das allerdings nicht viel. Barcelona kontrolliert weiterhin die Partie.

*44. Minute.* Großartiger Sololauf von Messi, der in der eigenen Hälfte startet und diverse Spieler von United stehen lässt. Sein kurz hinter der Mittellinie abgefeuerter Schuss bereitet van der Sar einige Probleme.

*46. Minute.* Cristiano geht gemeinsam mit dem gerade eingewechselten Carlos Tévez wieder ins Angriffszentrum.

*55. Minute.* Klasse Zuspiel von Rooney. Ronaldo zielt knapp daneben. Trotzdem bestimmt Barcelona immer noch das Spiel. Ein Freistoß von Xavi kommt dem Kasten gefährlich nahe, prallt aber vom rechten Pfosten ab.

*59. Minute.* Querpass von links von Michael Carrick, aber Ronaldo steht erneut im Abseits.

*65. Minute.* Cristiano vermasselt einen Konter von United, indem er einen Diagonalpass ins Zentrum unsauber spielt.

*68. Minute.* Carricks Pass nach links auf Ronaldo ist zu lang. Der wirkt nun zunehmend verzweifelt.

*70. Minute.* Xavi schnappt sich den Ball nach einer Abwehraktion von United, zieht in Richtung Strafraum, schaut auf und schlägt eine angeschnittene Flanke in die Mitte, geschmeidig und präzise. Im Rücken der Verteidigung schraubt sich Messi hoch in die Luft und köpft den Ball auf den langen Pfosten, entgegen der Laufrichtung des Torhüters. 2:0. Der Kleinste – 1,69 Meter, um genau zu sein – ist nun der Größte.

*72. Minute.* Víctor Valdés kann mit einer Glanzparade einen Schuss Ronaldos aus nächster Nähe abwehren und damit den Anschlusstreffer verhindern.

*73. Minute.* Schiedsrichter Massimo Busacca aus der Schweiz drückt nach einem Frustfoul Cristianos, der Carles Puyol umgesenst hat, noch einmal beide Augen zu.

*78. Minute.* Cristiano zeigt sich zunehmend genervt. Er ist müde und gereizt. Er fetzt sich mit Rooney und handelt sich eine Gelbe Karte ein, nachdem er seinen Arm in Richtung Puyol schwingt, ohne eine Chance auf den Ball zu haben. Ein unnötiges Foul.

*90.+3 Minuten.* Barça feiert den dritten Champions-League-Titel seiner Geschichte. Riesenjubel im Lager der Blau-Roten. Leo Messi fällt Pep Guardiola als Erster um den Hals.

Cristiano Ronaldo hat den geschichtsträchtigen Sieg verpasst, den er so sehr erhofft hatte. Als er seine Medaille aus den Händen von UEFA-Präsident Michel Platini empfängt, ist Pfeifen und Buhen zu hören – Barças Fans betrachten ihn bereits als einen Spieler Real Madrids, das ihn heftig umwirbt. Immer noch schmerzerfüllt wird er hinterher sagen: „Das war kein Spiel zwischen Messi und mir. Aber seine Mannschaft war besser als wir, und er war es auch. Denn er hat ja nun mal getroffen."

Messi umarmt und küsst den Pokal voller Hingabe, trägt ihn auf einer Ehrenrunde um den Platz und feiert mit Mannschaftskollegen, Freunden und Familie. „Ich fühle mich wie der glücklichste Mann der Welt“, sagt er. Etwas später wird Cristiano dann erklären: „An dem Abend war ich am Boden zerstört. Ich stand kurz davor, vor Millionen von Fernsehzuschauern zu heulen. Ich hasse Niederlagen, vor allem in Endspielen wie diesem.“ Es sollte sein letztes Spiel im Trikot von Manchester United gewesen sein.

Kapitel 15

# 94 Millionen Euro

## Der Wechsel zu Real Madrid 2009

*„Mir ist schon klar, dass die Leute reden werden. Aber es macht mich irgendwie stolz, der teuerste Spieler in der Geschichte des Fußballs zu sein."*

„Manchester United hat für Cristiano Ronaldo ein Rekordangebot über 80 Millionen Pfund (94 Millionen Euro) von Real Madrid erhalten. Auf Wunsch Cristianos, der erneut zum Ausdruck gebracht hat, den Klub verlassen zu wollen, und nach Gesprächen mit den Vertretern des Spielers hat United Real Madrid die Erlaubnis gegeben, mit dem Spieler zu sprechen. Es ist davon auszugehen, dass die Angelegenheit bis zum 30. Juni abgeschlossen sein wird. Bis dahin wird der Verein keine weiteren Stellungnahmen dazu abgeben."

Mit dieser Erklärung, die am 11. Juni 2009 um 9:30 Uhr auf der offiziellen Homepage des Vereins veröffentlicht wird, nimmt United Real Madrids Angebot über 94 Millionen Euro gewissermaßen an. Kurz darauf gibt auch Real eine offizielle Erklärung ab und bestätigt, dass man „Manchester United ein Angebot für die Verpflichtung des Spielers Cristiano Ronaldo unterbreitet hat" und dass der Verein „hofft, in den nächsten Tagen zu einer Einigung mit dem Spieler zu kommen".

Cristiano hört die Neuigkeiten um zwei Uhr morgens in Los Angeles, wo er gerade Urlaub macht. Jorge Mendes ruft ihn dort an, um ihn über den Stand der Dinge zu unterrichten. Zu den ersten Dingen, die Ronaldo daraufhin tut, gehört ein Anruf bei seiner Mutter Dolores, um ihr die guten Nachrichten zu überbringen. Kurz darauf gibt er eine erste Erklärung ab. „Ich hatte meine Zeit bei Man United. Jetzt freue ich mich auf Real Madrid und einen neuen Abschnitt in meiner Karriere. Der Transfer wird Geschichte machen. 80 Millionen Pfund sind schon eine Stange Geld."

Es ist mit Sicherheit ein Haufen Geld. Mehr ist nie zuvor für einen Fußballspieler gezahlt worden. Damit befindet sich Cristiano nun an der

Spitze einer illustren Liste (Beträge zur besseren Vergleichbarkeit in Euro gerundet):

- Cristiano Ronaldo: Von Manchester United zu Real Madrid (2009) – 94 Millionen Euro
- Zlatan Ibrahimović: Von Inter Mailand zum FC Barcelona (2009) – 75 Millionen Euro
- Zinedine Zidane: Von Juventus Turin zu Real Madrid (2001) – 75 Millionen Euro
- Kaká: Vom AC Mailand zu Real Madrid (2009) – 63 Millionen Euro
- Luís Figo: Vom FC Barcelona zu Real Madrid (2000) – 61 Millionen Euro
- Fernando Torres: Vom FC Liverpool zum FC Chelsea (2011) – 58 Millionen Euro
- Hernán Crespo: Vom AC Parma zu Lazio Rom (2000) – 56 Millionen Euro
- Gianluigi Buffon: Vom AC Parma zu Juventus Turin (2001) – 54 Millionen Euro
- Gaizka Mendieta: Vom FC Valencia zu Lazio Rom (2001) – 48 Millionen Euro
- Rio Ferdinand: Von Leeds United zu Manchester United (2002) – 47 Millionen Euro
- Andrij Schewtschenko: Vom AC Mailand zum FC Chelsea (2006) – 46 Millionen Euro
- Juan Sebastián Verón: Von Lazio Rom zu Manchester United (2001) – 46 Millionen Euro
- Ronaldo Nazário da Lima (also Brasiliens Ronaldo): Von Inter Mailand zu Real Madrid (2002) – 45 Millionen Euro

Zudem soll Cristiano ein jährliches Nettogehalt von 9,5 Millionen Euro beziehen. Sein Berater Jorge Mendes bekommt eine Provision von zehn Millionen Euro. Jedes Detail des Transfers bricht alle Rekorde und reicht schon für sich genommen, um die Titelseiten der internationalen Presse zu füllen und reihenweise Reaktionen und Kommentare hervorzurufen – manche kritisch, andere eher verblüfft. Großbritanniens Premierminister Gordon Brown erklärt gegenüber der BBC: „Cristiano Ronaldo gehört zu den brillantesten Spielern der Welt. Ich glaube, dass die Leute traurig sein werden, dass er dem englischen Fußball verloren geht. Andererseits kenne ich aber auch Sir Alex Ferguson ganz gut, und ich weiß, dass er schon Pläne haben wird, um sein Team umzubauen und zu erneuern. Ich bin mir sicher, dass Manchester United und der englische Fußball am Ende nicht schwächer, sondern runderneuert hervorgehen und langfristig wahrscheinlich stärker sein werden."

Der Minister für Sport und Tourismus, Gerry Sutcliffe, feiert zwar den einzigartigen Geschäftserfolg von United, lässt aber auch die Transferpolitik von Madrid nicht unkommentiert, in der er eine Bedrohung für den Fußball sieht: „Wir haben ja gerade erst miterlebt, dass Madrid für Kaká 63 Millionen Euro an Milan gezahlt hat, und genau deshalb haben wir auch an die Premier League und die Football Association geschrieben. Wir machen uns Gedanken um die Zukunftsfähigkeit des Fußballs. Es geht um große Deals und viel Geld, aber wir müssen auch sicherstellen, dass das Ganze lebensfähig bleibt. Wir wollen ja nicht, dass die Vereine den Bach runtergehen."

„Diese Transfers sind eine ernsthafte Bedrohung für das Fair Play und das Konzept der Chancengleichheit in den europäischen Klubwettbewerben", erklärt UEFA-Präsident Michel Platini. Aus seiner Sicht ist das Angebot von Real Madrid jenseits aller Verhältnismäßigkeit und „ziemlich fragwürdig in einer Zeit, in der der Fußball vor einigen seiner schwierigsten finanziellen Probleme überhaupt steht".

Im Gegensatz dazu kann FIFA-Präsident Sepp Blatter derartige Deals nur gutheißen: „Das ist ein Beispiel für eine fantastische Investition – selbst wenn es eine weltweite Finanzkrise gibt, ist der Fußball immer noch ein Wachstumsgeschäft." Manchester Citys Manager Mark Hughes äußert sich ähnlich und sagt, dass es den Markt stimuliere. „Im Augenblick ist viel Geld da, und die Summen, die man benötigt, um die besten Spieler der Welt anzulocken, sind gewaltig." Über den neuesten Coup des Rivalen lässt er verlauten: „Manchester United sollte sich richtig freuen, solch einen guten Deal gemacht zu haben. Sir Alex Ferguson trifft wichtige Entscheidungen sehr schnell. Er hat das getan, was er für den Verein für richtig hielt, und wir müssen das respektieren."

Adriano Galliani, Geschäftsführer des AC Mailand, der Kaká an Real verkauft hat, ist sich sicher, dass „die Verpflichtung von Cristiano nur ein weiterer Beweis dafür ist, dass der spanische Fußball dank seiner finanziellen Stärke der beste in Europa geworden ist". In Spanien selbst gibt Barças Vizepräsident und Marketing-Vorstand Jaume Ferrer allerdings zu bedenken, dass „es keinen Spieler der Welt gibt, der 94 Millionen Euro wert ist". Er meint, dass solch eine Zahl „nicht mit dem derzeitigen Markt in Einklang steht. Wenn man so hohe Preise zahlt, dann erlaubt das auch anderen Vereinen, so große Summen zu fordern. Das kann eine steile Inflation auf dem Spielermarkt nach sich ziehen."

Spaniens Sportminister Jaime Lissavetzky wäscht seine Hände in der gesamten Auseinandersetzung in Unschuld. „Die astronomischen Summen, die man für einige der besten Spieler ausgibt, sind Privatsache der Vereine. Das wirkt sich ja nicht auf die öffentlichen Kassen aus", erklärt er.

Es gibt nur einen Mann, der der Debatte ein Ende setzen kann, und das ist Real Madrids Präsident Florentino Pérez: der Mann, der den Markt durch die Transfers von Kaká und Ronaldo – Europas Fußballer der Jahre 2007 und 2008 – so in Aufruhr versetzt hat. Ein paar Tage nach dem Ronaldo-Deal verpflichtet er für 35 Millionen Euro den französischen Angreifer Karim Benzema und nimmt dabei zugleich das letzte Wort in der Sache für sich in Anspruch: „Die vermeintlich teuersten Transfers sind eigentlich die günstigsten."

Was er damit meint? Nun, dem Vereinsvorstand zufolge sind Ronaldo und Kaká – zusammen mit Messi – diejenigen Spieler, die die größten Einnahmen generieren. „Cristiano ist ein unglaublicher Fußballspieler. Wir haben bezahlt, was wir bezahlt haben, weil es die Sache wert ist. Wir werden uns das alles plus Zinsen zurückholen. Das ist ja eine Investition in einen Verein, der in der Unterhaltungsindustrie mitmischt", erklärt Real Madrids Sportdirektor Jorge Valdano. „Wenn Cristiano Ronaldo oder Kaká für uns spielen, holen wir uns damit den weltweiten Markt vor die Haustür. Und in Krisenzeiten garantiert uns das ein wirtschaftliches Potenzial, das wir sonst nicht hätten."

Alle sind sie sich einig: Mit Ronaldo und den anderen Millionenkickern lassen sich Unternehmen leichter überzeugen, in Real Madrid zu investieren. Mithilfe dieser Spieler will Real bessere Werbeverträge mit Coca-Cola, Audi, Adidas, Telefónica und der Brauereigruppe Mahou/San Miguel aushandeln sowie seine VIP-Logen im Bernabéu an den Mann

Bereits mit zwei Jahren ein großer Charmeur: Cristiano Ronaldo im Jahr 1987.

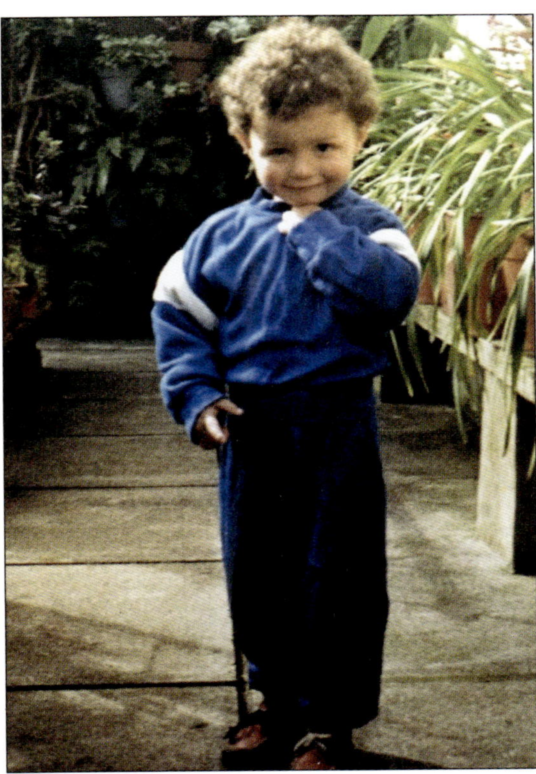

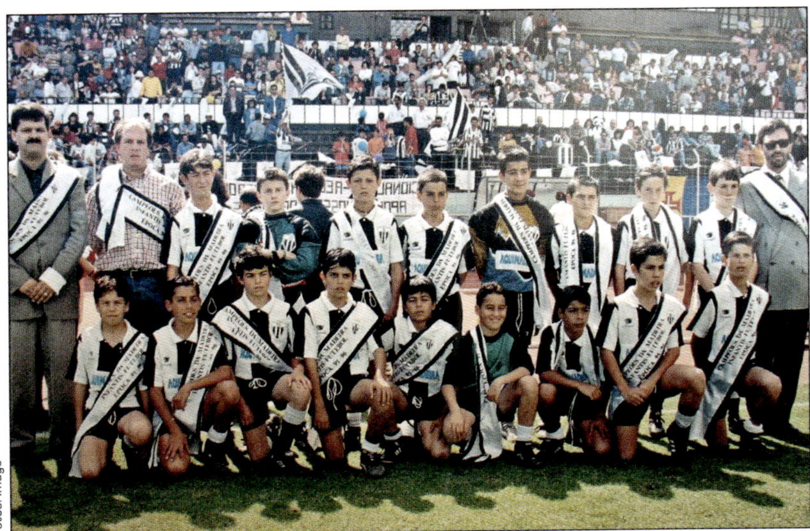

Fotos: Imago

Erste Erfolge: 1995/96 wird Ronaldo (obere Reihe, 5.v.l.) mit Nacional Funchal Jugendmeister von Madeira.

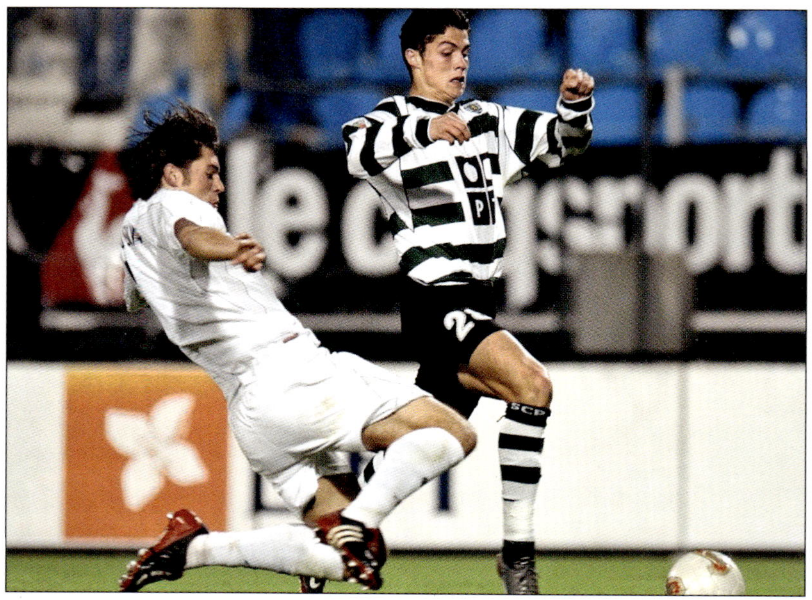

War schon als Jungprofi kaum zu stoppen: Ronaldo im Spiel Sporting Lissabon gegen Vitória Guimarães im November 2002.

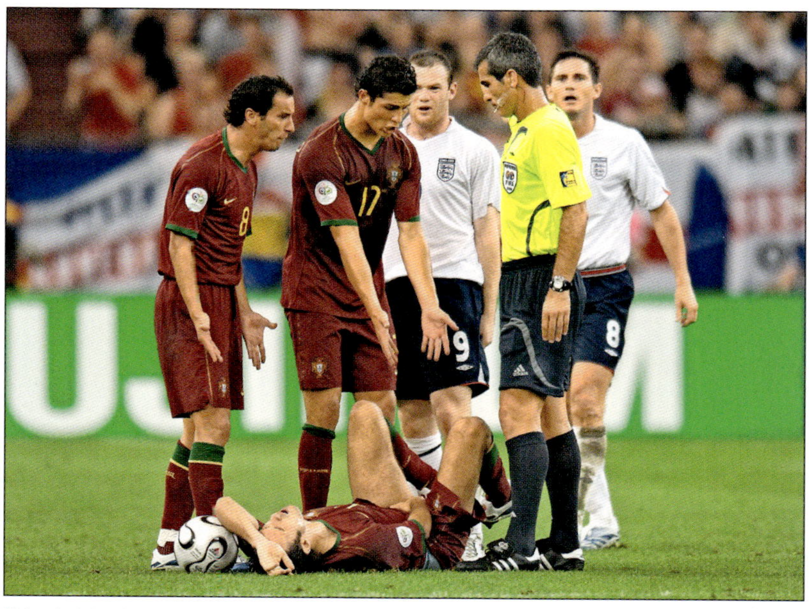

Eklat bei der WM 2006: Im Spiel gegen England soll Ronaldo eine Rote Karte für seinen United-Kollegen Wayne Rooney gefordert haben. Dieser hatte zuvor den am Boden liegenden Portugiesen Ricardo Carvalho getreten.

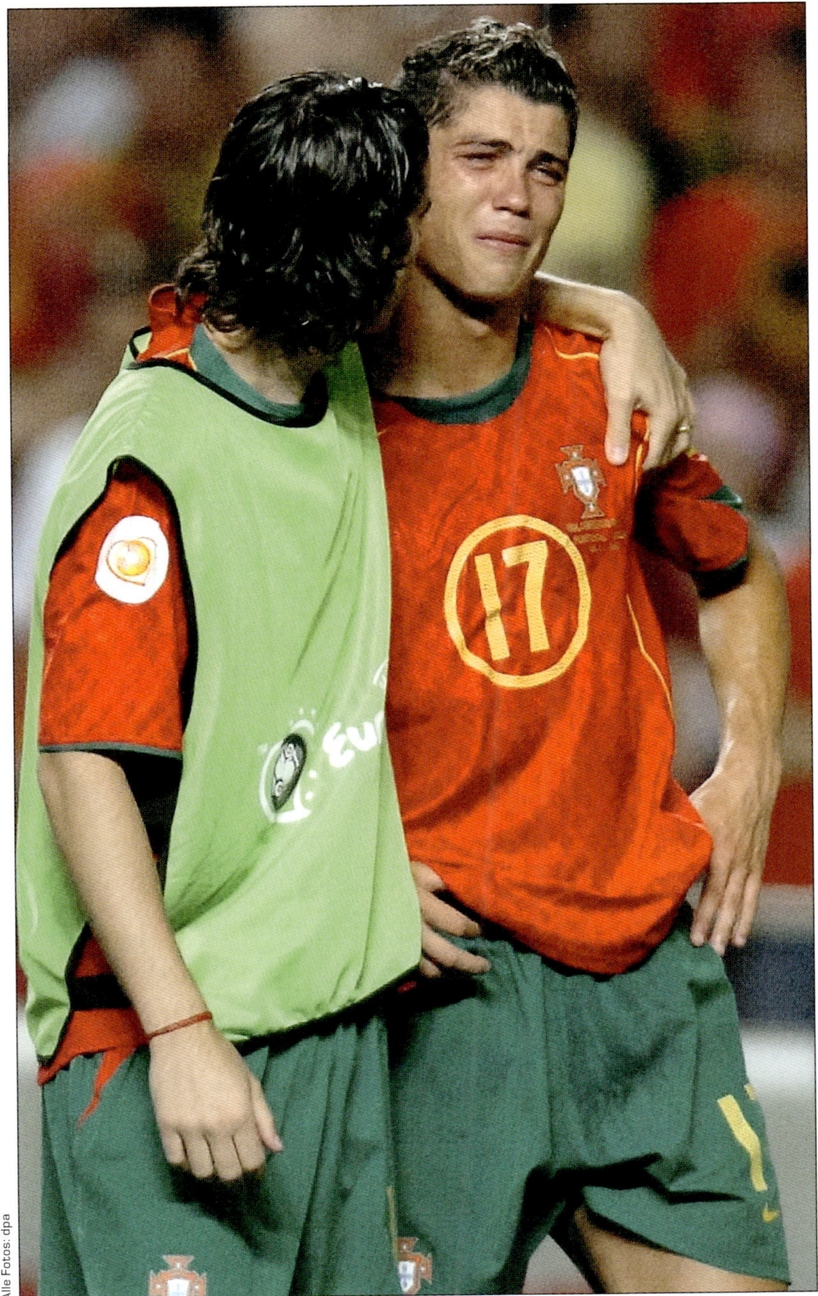

Alle Fotos: dpa

Untröstlich: Ronaldo nach der Niederlage im EM-Finale 2004 gegen Griechenland.

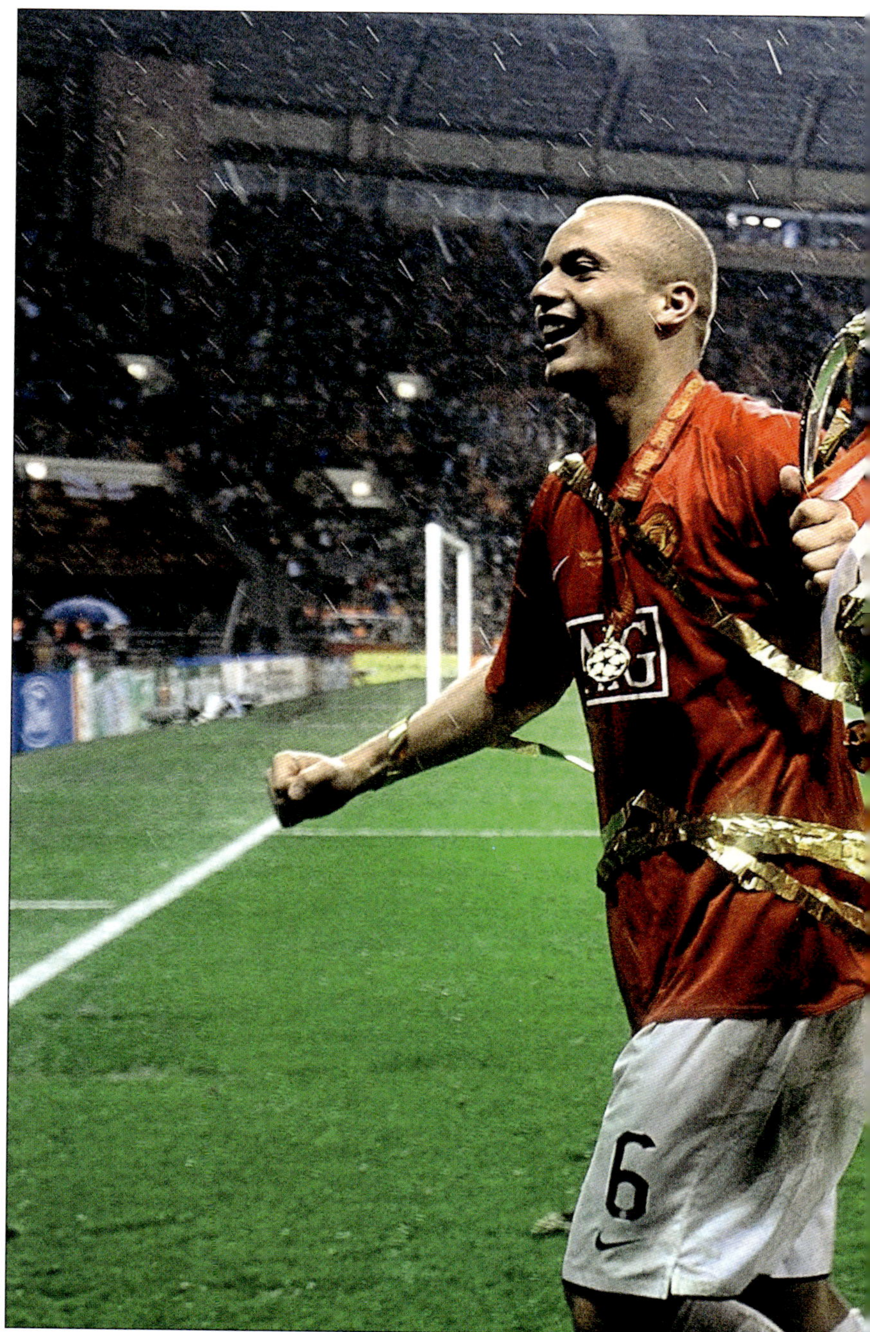

Foto: dpa

Triumph in der Königsklasse: Zusammen mit Mannschaftskollege Wes Brown feiert Ronaldo den Gewinn der Champions League 2007/08.

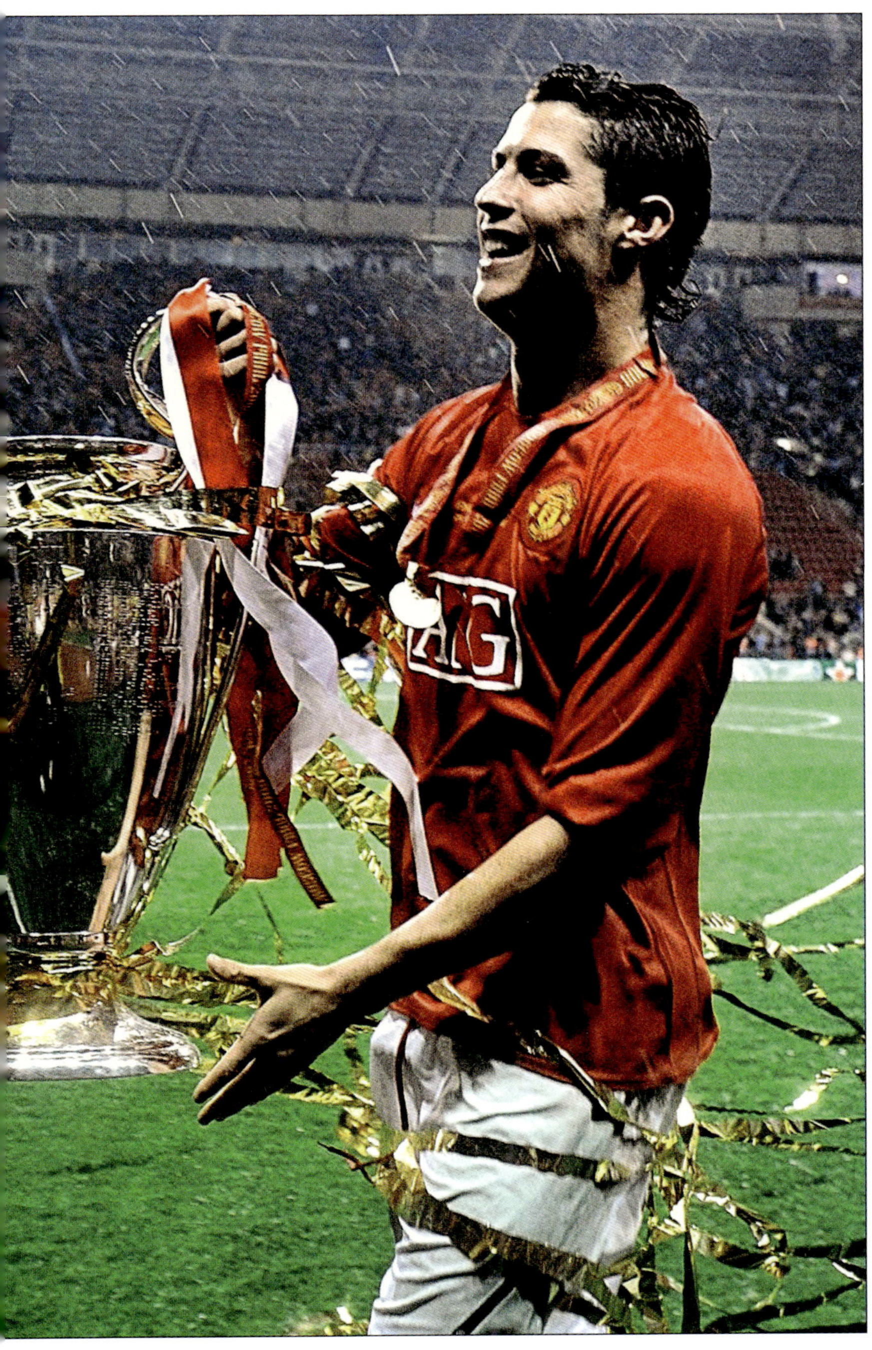
AIG

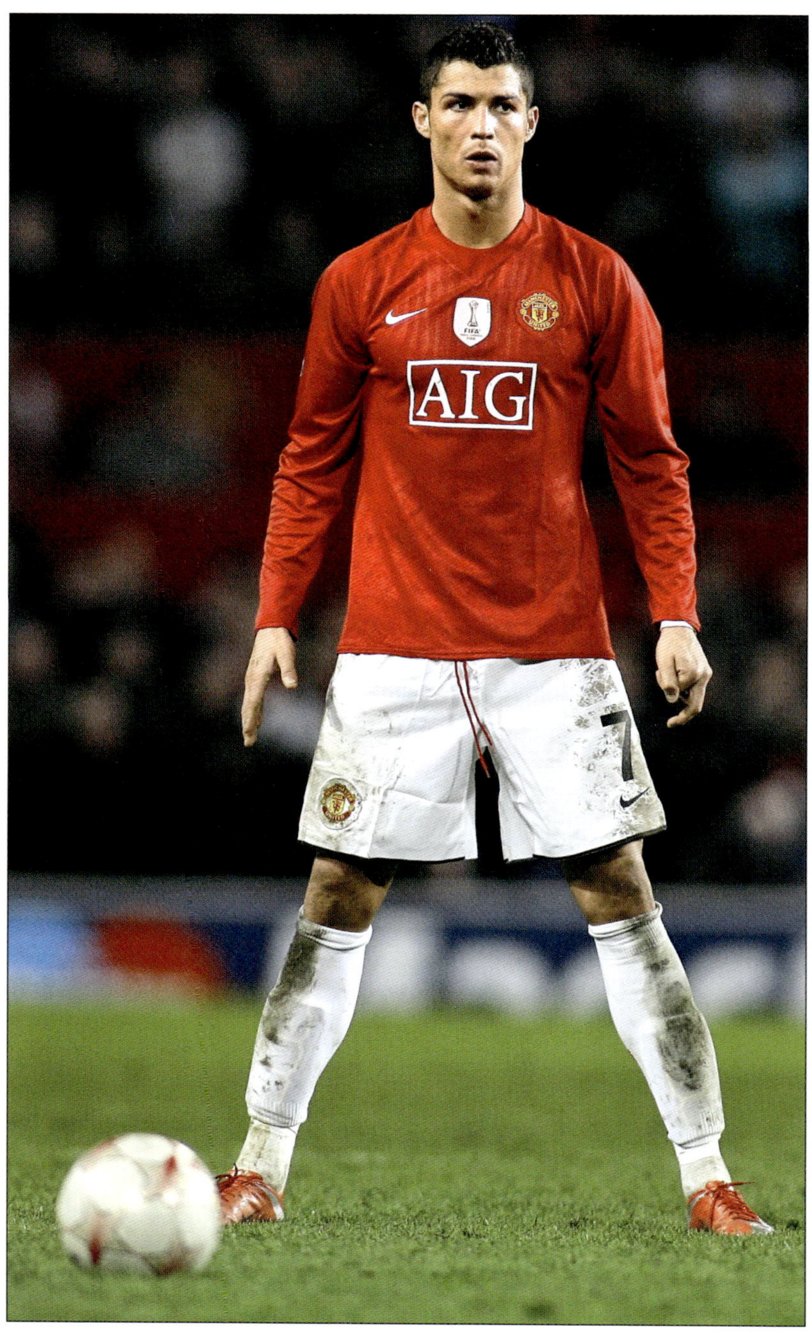


Gefährlich: Ronaldos Freistöße waren schon während seines ersten Engagements in Manchester gefürchtet.

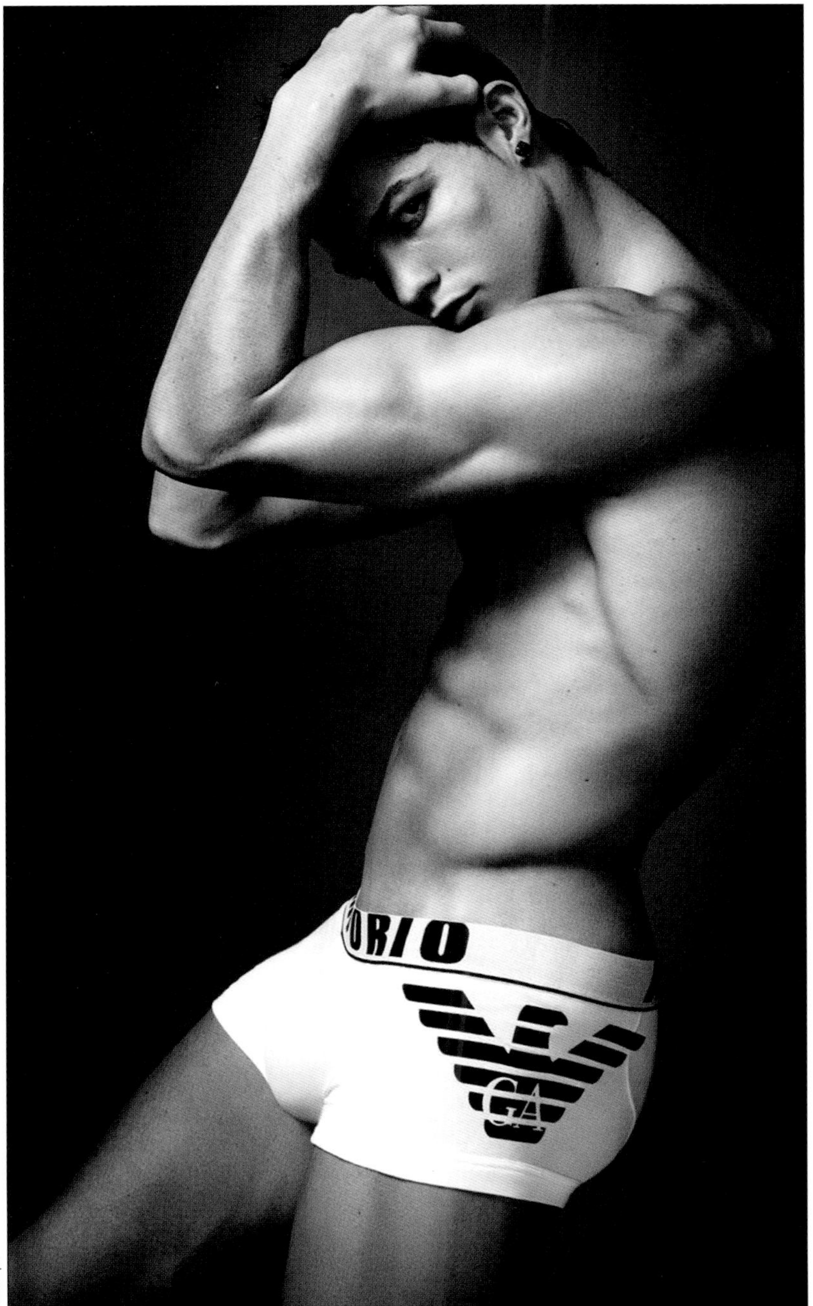

Fotos: dpa

Stilikone CR7: Ronaldo posiert für die Unterwäschelinie „Emporio Armani Underwear".

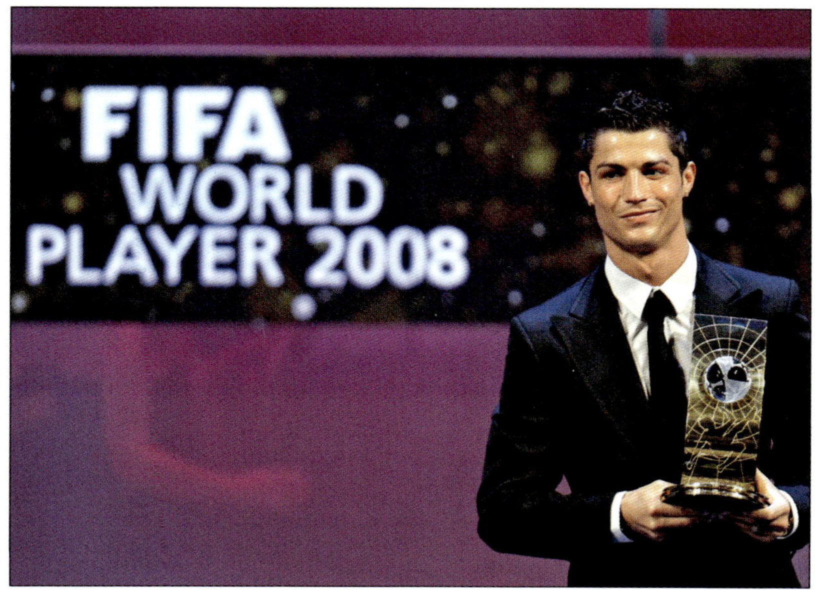


Weltfußballer 2008: Cristiano Ronaldo. Im selben Jahr war er schon als „Europas Fußballer des Jahres“ ausgezeichnet worden.

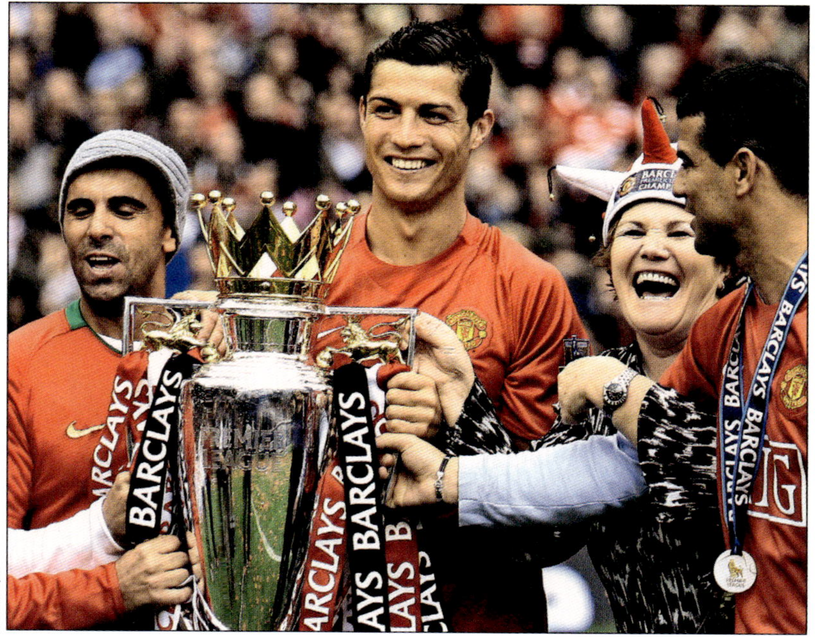


Fotos: dpa

Mai 2009: Ronaldo feiert seine dritte und letzte Meisterschaft mit Manchester United. Rechts neben ihm: seine Mutter Dolores.

bringen. Der Vereinsvorstand ist sich jedenfalls sicher, dass die 94 Millionen Euro für Ronaldo, die hauptsächlich durch Bankkredite finanziert worden sind – wofür die Geldhäuser Caja Madrid und Banco Santander als Sicherheit die Transfer- und die audiovisuellen Rechte erhalten –, eine lukrative Investition sind, die sich in einem ausverkauften Stadion, Sommertourneen, mehr Fernsehgeldern (700 Millionen Euro für die folgenden fünf Jahre) sowie höheren Merchandising- und Sponsoring-Umsätzen auszahlen wird. Und tatsächlich zahlt allein das Online-Wettbüro Bwin über die folgenden drei Jahre 30 Millionen Euro, um sein Logo auf das weiße Jersey drucken lassen zu dürfen.

Die Ausgaben sollen sich in den nächsten sechs Jahren mit jährlich 15 Millionen Euro Einnahmen rechnen, und das ist noch eine vorsichtige Prognose, die von lediglich zwei Prozent Wachstum in sämtlichen Geschäftsfeldern ausgeht. Als Präsident Florentino Pérez im Jahr 2003 David Beckham zu Real holte, wuchs allein das Merchandising um 137 Prozent. Entwickeln sich die Dinge gut, könnte der Klub seinen Jahresumsatz von 400 auf 500 Millionen Euro erhöhen.

Nach einer Studie von Deloitte, einer Firma für Wirtschaftsprüfung und -beratung, macht Real Madrid den höchsten Umsatz aller Vereine auf der Welt, allein 2008 waren es 366 Millionen Euro. Bereits in seiner ersten Amtszeit als Präsident (2000-2006) erhöhte Florentino Pérez die Einnahmen von 100 auf 300 Millionen Euro – dank „galaktischer" Verpflichtungen wie Zidane, Figo, Beckham, Michael Owen und dem „ersten" Ronaldo. Für seine zweite Amtszeit plant „El Gran Florentino" die gleiche Strategie. Aus seiner Sicht gibt es in finanziell schwierigen Zeiten gar keine Alternative zur Verpflichtung von Megastars, die die Massen anziehen – so wie eben Cristiano.

Den wollte bereits Pérez' Vorgänger Ramón Calderón holen. Die 94 Millionen, zahlbar sofort und in bar, sind nichts anderes als Teil eines Vertrages, den die beiden Klubs bereits 2008 unterzeichnet haben. Seinerzeit kamen sie überein, dass United Ronaldo nach dem 1. Juli 2009 verkaufen müsse, wenn das Angebot Reals noch bestünde. Nur deshalb konnte Ronaldo seinen alten Vertrag aufheben und einen neuen bei Manchester unterschreiben. Wenn Pérez den Ronaldo-Transfer also jetzt zum Abschluss bringt, erntet er die Früchte der Arbeit seines Vorgängers und beendet eine Seifenoper, die schon mehrere Jahre zuvor, nach der WM

2006 in Deutschland, ihren Anfang nahm. Nach den Vorfällen im Spiel gegen England, in dem er eine Rote Karte für seinen Vereinskollegen Wayne Rooney gefordert haben soll, war sich Cristiano nämlich nicht sicher, ob er überhaupt nach England zurückkehren wollte. Ernsthaft spielte er mit dem Gedanken, nach Spanien zu Real Madrid zu wechseln. Anfang 2007 wurde die Sache erstmals konkreter. Aber sehen wir uns die Entwicklung dieses Transfers doch einmal genau an:

*4. Januar 2007.* Real will sich in der Transferperiode im Januar die Dienste von Cristiano sichern. Den spanischen Medien wird verkündet, dass sich Ramón Calderón, Sportdirektor Predrag „Peđa“ Mijatović und Trainer Fabio Capello einig seien, den „neuen“ Ronaldo verpflichten zu wollen. Die Bosse von Manchester United wollen dagegen ihren Starspieler nicht abgeben, der im Februar 22 Jahre alt wird und einen geschätzten Marktwert von 70 Millionen Euro hat. Aber Real lässt sich von der Haltung der *Red Devils* nicht abschrecken und gibt bekannt, dass man bereit sei, 40 Millionen Euro locker zu machen.

*27. Januar 2007.* Alex Ferguson reagiert: „Wir verkaufen nur die Spieler, die wir verkaufen wollen, und Cristiano wird uns auf gar keinen Fall verlassen.“

*29. Januar 2007.* Ronaldo meldet sich selbst zu Wort: „Ich weiß, dass Real Madrid Interesse hat, aber ich kann zu der Sache nichts sagen. Ich habe mit Alex Ferguson und Carlos Queiroz darüber geredet, und sie haben mir verboten, mit Real Madrid zu sprechen.“

*16. Februar 2007.* Ferguson versichert, dass er überzeugt davon sei, dass United Ronaldo halten werde.

*19. Februar 2007.* Inter Mailands Präsident Massimo Moratti verkündet, dass auch er Interesse an dem Spieler habe.

*8. März 2007.* Ronaldo erklärt: „Jeder weiß ja, dass ich Spanien liebe. Ich würde nur zu gern eines Tages dort spielen. Aber im Augenblick bin ich glücklich bei Man United. Wenn ich noch zwei, drei, vier, fünf Jahre dort bleibe, bin ich zufrieden. Das ist doch ein toller Verein.“

*13. April 2007.* Ronaldo unterzeichnet einen neuen Vertrag mit fünf Jahren Laufzeit bei Manchester United.

*11. Januar 2008.* Uniteds Geschäftsführer David Gill gibt zu Protokoll: „Den werden wir auf gar keinen Fall verkaufen. Das Geld interessiert uns nicht."

*22. Januar 2008.* Ronaldos Mutter Dolores sagt, dass sie „als glückliche Frau sterben" werde, wenn ihr Sohn irgendwann einmal bei Real Madrid unterschriebe, und lässt sich im Trikot der „Königlichen" ablichten.

*23. Januar 2008.* Mijatović befürchtet, dass „ein Transfer unmöglich ist".

*2. April 2008.* Reals neuer Trainer Bernd Schuster sagt: „Am besten bleibt man in Zeiten wie diesen realistisch. Cristiano Ronaldo ist momentan der beste Spieler der Welt. Aber ich kann mir nicht vorstellen, dass Manchester United ihn verkauft."

*15. April 2008.* „Wir wollen Cristiano zum Aushängeschild von Real Madrid machen", verkündet Mijatović.

*16. Mai 2008.* Wiederum Ronaldo: „Ich habe schon tausendmal gesagt, dass es mein Traum ist, irgendwann in Spanien zu spielen. Manchmal erfüllen sich Träume nicht, aber ich träume trotzdem weiter. Ich bin glücklich bei Man United, aber keiner weiß, was die Zukunft bringt."

*23. Mai 2008.* Ferguson verurteilt die aus seiner Sicht mangelhafte Moral Real Madrids und erinnert in diesem Zusammenhang an die Vergangenheit des Vereins in der Franco-Diktatur.

*25. Mai 2008.* Die spanische Sport-Tageszeitung *Marca* enthüllt ein Angebot Real Madrids, nach dem Cristiano ein Gehalt von 9,5 Millionen Euro netto pro Jahr und Manchester United 80 Millionen Euro Ablöse erhalten soll.

*27. Mai 2008.* Uniteds Bosse drohen, wegen des „vollkommen inakzeptablen" Verhaltens von Real Madrid gegenüber Ronaldo Klage bei der FIFA einzureichen.

*9. Juni 2008.* United zeigt Real Madrid bei der FIFA an.

*19. Juni 2008.* Vertreter von Real Madrid verleihen ihrer Hoffnung Ausdruck, dass Ronaldo selbst mit ihnen Kontakt aufnimmt, damit sie ihrerseits in Verhandlungen mit Manchester United treten können.

*19. Juni 2008.* Nach Portugals Viertelfinal-Aus gegen Deutschland bei der EM 2008 räumt Ronaldo gegenüber den Medien ein, dass die Wahrscheinlichkeit einer Einigung mit Madrid hoch sei. Schließlich bekomme man nur einmal im Leben die Möglichkeit, zu Real zu wechseln, und jeder, einschließlich Manchester United, wisse, was er wolle und wovon seine Familie und er immer geträumt haben.

*20. Juni 2008.* United betont noch einmal, dass Ronaldo unverkäuflich sei. „Immer wieder gibt es Spekulationen, dass Ronaldo im Laufe des Sommers zum spanischen Verein Real Madrid wechsle", heißt es aus Manchester. „Der Klub hat daher beschlossen, seinen Standpunkt in der Angelegenheit noch einmal zu wiederholen: United wird sämtliche Angebote ignorieren."

*4. Juli 2008.* Die neueste Ablösesumme der Madrilenen beläuft sich auf 85 Millionen Euro und ist „das letzte Angebot".

*5. Juli 2008.* Der spanischen Presse zufolge verlangt United 100 Millionen Euro für die Freigabe Cristianos.

*9. Juli 2008.* FIFA-Präsident Sepp Blatter erklärt, dass United Ronaldo gefälligst ziehen lassen solle, und bezeichnet den Umgang mit den Spielern als „Sklaverei". Auch Cristiano wird später von „Sklaverei" sprechen.

*17. Juli 2008.* Die Banco Santander gibt grünes Licht für einen Kredit über mehr als 100 Millionen Euro, damit Real Ronaldo verpflichten kann, was sich nur noch um Tage handeln soll.

*18. Juli 2008.* Ferguson versichert, dass Ronaldo bei United bleiben werde.

*5. August 2008.* Real Madrid holt Rafael van der Vaart und suggeriert damit, dass man den Ronaldo-Transfer ad acta gelegt habe.

*6. August 2008.* „Ich kann bestätigen, dass ich in der kommenden Saison für Manchester United spielen werde", berichtet Ronaldo der portugiesischen Tageszeitung *Público*. „Alex Ferguson hat sich meine Ansichten angehört und ich mir seine. Für mich ist es am besten, in England zu bleiben. Und bevor irgendjemand sagt, dass ich unglücklich bin, möchte ich ein paar Sachen klarstellen. Wer auch immer so etwas sagt oder schreibt, liegt falsch. Ich werde mit ganzem Herzen dabei sein. Ich werde 100 Prozent für Manchester United geben, und ich werde das rote Trikot so in Ehren halten, wie ich es immer getan habe. Es ist richtig, dass ich den ganzen Rummel teils selbst verursacht habe, als ich öffentlich über meinen Wunsch sprach, nach Madrid zu gehen. Und eine Zeit lang hatte ich gehofft, dass United mir grünes Licht für den Wechsel geben würde – ich würde Sie alle und mich selbst ja belügen, wenn ich etwas anderes behaupte. Deshalb trage ich, ohne es gewollt zu haben, auch Verantwortung für den Konflikt zwischen den beiden Vereinen."

*7. August 2008. Marca* enthüllt über die Zukunft von Ronaldo und Madrid: „Zwischen dem Spieler und dem englischen Klub gibt es ein Abkommen, dass er zum 1. Juli 2009 nach Madrid wechseln darf."

*18. Dezember 2008.* Real-Sportdirektor Pedro Trapote sagt, dass der Verein Ronaldo bereits unter Vertrag genommen habe, dies aber aus vertragsrechtlichen Gründen nicht offiziell bekannt geben dürfe.

*2. Januar 2009.* „Ich will hier bleiben. Ich fühle mich hier wie zu Hause. Ich bin hier sehr glücklich", so Cristianos Worte zum neuen Jahr. Aber in den Medien fehlt es nicht an Kritik. „Was die Leute im Augenblick [über einen Vertrag mit Real Madrid] erzählen, ist nicht wahr. Wer auch immer so etwas behauptet, ist ein Lügner. Es gibt doch ständig Spekulationen, und zwar nicht bloß über mich, sondern über die Zukunft von Spielern überall auf der Welt."

*16. Januar 2009.* Real-Präsident Ramón Calderón tritt zurück, nachdem in der spanischen Presse Betrugsvorwürfe gegen ihn laut geworden sind.

*17. Februar 2009.* Interimspräsident Vicente Boluda bestätigt, dass der Verein davon ausgehe, dass Ronaldo bald für Real Madrid spielen werde. Er setzt die Präsidentschaftskandidaten darüber in Kenntnis, dass der Transfer praktisch unter Dach und Fach sei und die Verhandlungen sofort abgeschlossen werden könnten.

*18. April 2009.* Ronaldo unterstreicht seinen Wunsch, Titel mit Manchester United zu holen.

*27. Mai 2009.* Man United verliert im Finale der Champions League gegen Barcelona.

*29. Mai 2009.* In seinem ersten Interview als frischgewählter Vereinspräsident sagt Florentino Pérez, dass es großartig wäre, wenn Cristiano zu Real wechseln würde, und beschreibt ihn als die ideale Verpflichtung.

*11. Juni 2009.* Man United bestätigt, dass man einem Angebot über 80 Millionen Pfund (94 Millionen Euro) von Real Madrid für Ronaldo zugestimmt habe.

*26. Juni 2009.* „Real Madrid CF und Manchester United haben sich endgültig auf einen Vertrag über den Transfer der Rechte an dem Spieler Cristiano Ronaldo zum 1. Juli geeinigt“, heißt es in einer Stellungnahme auf der Homepage der „Königlichen“. „Der Spieler wird einen Sechsjahresvertrag bei Real Madrid unterschreiben und am 6. Juli im Stadion Santiago Bernabéu vorgestellt werden.“

Kapitel 16

# 80.000 im Bernabéu

## Die offizielle Vorstellung

*„Ist heute Abend ein Spiel, oder was?"*

„Einen wunderschönen guten Abend und herzlich willkommen im Stadion Santiago Bernabéu. Vielen Dank, dass ihr zu uns gekommen seid. Ihr, die ihr heute Abend hier seid, steht für den höchsten Geist von Real – die Leidenschaft der Fans, der Eigentümer und der Sympathisanten aus der ganzen Welt. Ihr seid ein unabdingbarer Teil dessen, was diesem Verein so viel Respekt und Bewunderung verschafft."

Real Madrids Präsident Florentino Pérez ist der Großmeister des Zeremoniells. Er beschreitet die Stufen zur Bühne, die am Südende des Stadions aufgebaut worden ist. Begleitet wird er vom „blonden Pfeil" Alfredo di Stéfano, dem Ehrenpräsidenten des Klubs. Die Menge jubelt, als sie die Bühne betreten. Es ist neun Uhr abends. Pérez winkt der Menge zu und deutet di Stéfano an, Platz zu nehmen. In Jackett und blauer Krawatte stellt er sich hinter das Rednerpult, um die dritte Neuvorstellung seit seinem Amtsantritt vorzunehmen.

Heute dreht sich alles um das „Florenteam", jene Mannschaft, die den ewigen Rivalen FC Barcelona von der Weltspitze verdrängen soll. Sie ist eine Maschine, die ein Spektakel bieten, Titel holen und Geld einbringen soll. Und die Erwartungen an den am heutigen Abend präsentierten Neuzugang sind hoch: Cristiano Ronaldo, der teuerste Spieler in der Geschichte des Fußballs.

Man schreibt den 6. Juli 2009. Es ist einer dieser wunderschönen, warmen Sommerabende, die Madrid in dieser Jahreszeit auszeichnen. Viele Fans haben den ganzen Tag lang vor dem Stadion angestanden, um am Abend dabei sein zu können. Um sieben Uhr abends, zwei Stunden vor der Präsentation, öffneten sich die Tore, und eine Stunde später wurden sie schon wieder geschlossen. 5.000 Menschen haben keinen Sitzplatz mehr im Stadion ergattert. Sie können die Vorstellung von Ronaldo auf einer Leinwand verfolgen, die man in letzter Minute im Turm B aufgestellt hat.

Im Stadion selbst ist nur ein Block leer, und auch der nur wegen Renovierungsarbeiten. Auf die restlichen Sitze verteilen sich 80.000 Leute. Dagegen wirken die 40.000 Menschen, die nach Ronaldinhos Wechsel von Barça zum AC Mailand ins San Siro gekommen waren, geradezu lächerlich. Dasselbe gilt für die 50.000, die das Bernabéu am 30. Juni bevölkert haben, um den Brasilianer Kaká willkommen zu heißen, nachdem dieser für die bescheidene Summe von 63 Millionen Euro von Milan zu Real gewechselt war. Ronaldos Fans übertreffen zahlenmäßig sogar den bisherigen Weltrekord vom 5. Juli 1984, als 65.000 Tifosi des SSC Neapel stundenlang in der glühenden Sonne vor dem San Paolo ausgeharrt hatten, um bei der Ankunft von Diego Armando Maradona dabei zu sein.

So etwas gab es in der Geschichte des Fußballs noch nie. Am nächsten Tag wird Ronaldo überall auf der Welt für Schlagzeilen sorgen. Eine kleine Auswahl an Pressestimmen:

- „Madrid liegt ihm zu Füßen … Wahnsinn im Bernabéu wegen Ronaldo … Cristiano inmitten des Fiebers von 80.000 Fans vorgestellt." (*Record*, Portugal)
- „Cristiano wurde unter großer Hysterie im Bernabéu als neuer Spieler von Real Madrid präsentiert." (*The Daily Telegraph*, England)
- „80.000 waren wegen Ronaldo da … Er wird im neuen Verein die Nummer 9 tragen." (*L'Équipe*, Frankreich)
- „Ronaldo schlägt Kaká … 80.000 im Bernabéu." (*La Gazzetta dello Sport*, Italien)
- „Das portugiesische Phänomen … Cristiano Ronaldos Neuvorstellung bricht sogar den Rekord von Kaká." (*Globoesporte*, Brasilien)

Pérez weiß, dass hier gerade etwas Außergewöhnliches vor sich geht, und nutzt dies so gut wie möglich aus. „Was heute Abend hier passiert, setzt neue Maßstäbe. Der unglaubliche Ansturm auf unser Stadion ist Zeugnis für den Geist von Real Madrid. Ich danke euch, dass ihr gekommen seid, um selbst bei diesem einzigartigen Augenblick dabei zu sein, auf dem Höhepunkt unserer Wünsche und Träume. Dank geht auch an Tausende von Anhängern aus Portugal, die unter uns sind, um einen der ihren in unserem Stadion zu begrüßen. Es ist uns eine Ehre, dass ihr heute Abend bei uns seid. Es ist uns auch eine Ehre, einen der besten Spieler aller Zeiten willkommen heißen zu dürfen – bei uns ist heute Abend ein Spieler, der für alle Zeiten zum Symbol des schönsten Fußballs in Portugal und Europa geworden ist. Bitte begrüßt den legendären Eusébio."

Europas Fußballer von 1965, auch bekannt als der Schwarze Panther, tritt in einem beigefarbenen Anzug auf die Bühne. Er grüßt das Publikum, das seinen Namen skandiert, und umarmt dann di Stéfano und Pérez. „Ganz herzlichen Dank", spricht er ins Mikrofon. Weiterer Applaus. Dann fährt Pérez fort: „Viele von euch sind sehr jung, aber ihr sollt wissen, dass wir dank der unglaublichen Beziehungen, die der Fußball schaffen kann, hier auf der Bühne zwei Freunde fürs Leben haben. Gleichzeitig sind sie zwei der besten Spieler, die es je gegeben hat: Eusébio und unser Ehrenpräsident Alfredo di Stéfano. Es gibt nur wenige Auserwählte auf der Welt, die sich auf Augenhöhe mit diesen Giganten des Fußballs befinden. Heute Abend dürfen wir gemeinsam mit diesen beiden solch einen Spieler begrüßen. Heute Abend freut sich Real Madrid ganz außerordentlich, jemanden vorzustellen, der die Hoffnungen und Träume von Millionen von Fans auf der ganzen Welt entfachen kann. Nun ist der Moment gekommen. Begrüßen wir in seiner neuen Heimat – Cristiano Ronaldo!"

Und durch den Spielertunnel erscheint der 94-Millionen-Euro-Superstar im weißen Trikot, mit dem Namen Ronaldo und der Nummer 9 auf dem Rücken. Die legendäre Rückennummer des Klubs war nach dem Abgang des Argentiniers Javier Saviola zu Benfica kurzfristig wieder frei geworden. Bereits di Stéfano trug sie während seiner Zeit bei Real Madrid von 1953 bis 1964, ebenso Santillana, der Mexikaner Hugo Sánchez, der Chilene Iván Zamorano, Fernando Morientes und der Brasilianer Ronaldo. Cristiano reiht sich also ein in eine Tradition außergewöhnlicher Stürmer und kann gar nicht mehr aufhören zu strahlen, als er den grünen Laufsteg entlanggeht und der Menge applaudiert, die ihrerseits seinen Namen skandiert.

Mittlerweile ist es 21:17 Uhr, doch bereits um zehn Uhr morgens holte eine Privatmaschine Cristiano und zwölf seiner Familienmitglieder und Freunde in Lissabon ab. Mit 20 Minuten Verspätung landet man um 12:50 Uhr auf dem Militärflughafen Torrejón de Ardoz. Braungebrannt nach drei Wochen Urlaub, das Haar kurzgeschnitten und nach oben gegelt, entsteigt Cristiano dem Flugzeug. Er trägt einen Diamantenstecker im Ohr, Jeans, eine rote Lederjacke und ein weißes T-Shirt mit dem Logo seines eigenen Sponsors Nike. Bereits hier muss er zum ersten Mal anhalten, um ein Autogramm zu geben und für sein erstes Foto auf spanischem Boden zu posieren.

Zwei Sicherheitsmänner begleiten ihn zum offiziellen Fahrzeug, einem weißen Audi mit getönten Scheiben. Er sitzt zwischen seinem Freund und Berater Jorge Mendes, der ihn nun seit mehr als acht Jahren vertritt, und seinem Freund und Schwager Zé. Die Kameras von *Real Madrid TV* lassen ihn keine Minute aus den Augen. Er wirkt ruhig, lächelt und macht sich über Jorges Spanisch lustig. Er leistet sich sogar ein kleines Nickerchen, als der Wagen auf der Autobahn ist. Aus der Entfernung sieht man vier Türme aus Beton und Glas in den Himmel ragen, wo sich einmal die Ciudad Deportiva del Madrid, der ehemalige Trainingskomplex von Real, befunden hat.

Erste Station ist die Klinik Sanitas de la Moraleja zum medizinischen Check. Nur eine Formalität, weil Ronaldo zehn Tage vorher bereits in Portugal gründlich untersucht worden ist. Die Klinik wird von einem Heer aus Kameras, Mikrofonen und Fans belagert. Eine Achtzehnjährige schwenkt wie wild ein Plakat mit der Aufschrift „Ich liebe dich, Cristiano!". Die Sicherheitsleute bahnen ihm eine Gasse und übergeben ihn dann dem Klinikpersonal und den Ärzten von Real Madrid. Cristiano stoppt kurz vor dem Eingang noch für ein Foto mit der Familie. Drinnen warten Personal und Patienten bereits auf der Treppe, um ihn willkommen zu heißen. Jeder will einen kurzen Blick auf Pérez' galaktischsten aller Transfers erhaschen.

Die Kameras begleiten ihn auf Schritt und Tritt. Derweil lässt er Blut- und Urintests, ein EKG und ein Echokardiogramm, eine MRT, ein Röntgenbild der Brust sowie Untersuchungen an seinen Füßen und Gelenken über sich ergehen. Liegt auf dem Bett, während blaue Elektroden an seinen Körper angeschlossen sind, hebt die Daumen, strahlt und posiert für Bilder mit seiner muskulösen, braungebrannten Brust. Trägt eine weiße Kette mit einem Kruzifix um den Hals, einen Diamantring an der linken Hand und eine riesige Uhr am Handgelenk. Besteht die Tests, die eine halbe Stunde brauchen, mit Auszeichnung.

„Der Spieler befindet sich in ausgezeichneter gesundheitlicher Verfassung", bestätigt Real Madrids Chefmediziner Dr. Carlos Díez. „Er besitzt eine außergewöhnliche Herz- und Lungenkapazität. Wir haben noch mal geprüft, was wir bereits in Portugal gecheckt haben, und einige besondere

Tests durchgeführt. Jetzt werden wir in Zukunft personalisierte Untersuchungen durchführen können und so seine Leistungen weiter verbessern.“ Nachdem Cristiano grünes Licht bekommen hat, ist es Zeit zum Aufbruch. Zunächst muss er aber noch mehr Autogramme geben und für weitere Fotos posieren. Außerdem hat eine kleine Gruppe Jungen den Sicherheitsgürtel durchbrochen und Cristianos Auto umringt. Er winkt ihnen durchs Fenster zu.

Nächster Halt ist das Stadion Santiago Bernabéu. Unterwegs stoppt das Auto an einer roten Ampel, und wie aus dem Nichts tauchen zwei Mädchen auf. „Du bist der Beste!“, kreischen sie und versuchen, ein Bild von ihm zu machen. Cristiano lässt die Scheibe herunter. „Na los, macht das Foto“, meint er zu ihnen. Überglücklich machen sie ihren Schnappschuss und schütteln ihrem Idol die Hand. „Wir kommen zur Vorstellung!“, versprechen sie. Andere versuchen ihr Glück, als das Auto noch fährt, mitten auf dem belebten Paseo de la Castellana, der auf der Westseite des Stadions vorbeiführt. „Hey, bitte ein Foto!“, rufen sie. Wieder öffnet er das Fenster und verabschiedet sich dann winkend mit einem „Ciao!“.

Schließlich biegt der weiße Audi in das Innere des Stadions, und Cristiano fährt mit dem Lift in die Büroräume des Vereins hinauf. Von nun an folgt eine Präsentation auf die nächste. Als Erstes wird er allen spanischen Sportzeitungen vorgestellt – und kommt auf sämtliche Titelseiten. Danach signiert er das erste Trikot mit seinem Namen. In nicht einmal einer Stunde hat der Vereinsshop bereits Tausende Jerseys verkauft. Die galaktische Marketingmaschine läuft bereits auf Hochtouren.

Jorge Valdano, Generaldirektor bei Real Madrid, stellt ihm den Plan für den Tag vor und erklärt ihm den Ablauf der Präsentation. Er zeigt durch die dicken Glasscheiben oberhalb des Platzes und weiht ihn in die Details ein. Unten legen Arbeiter letzte Hand an die Bühne an. Um 14:30 Uhr geht es gemeinsam ins stadioneigene Restaurant Puerta 57. Dort trifft er auf Eusébio, di Stéfano und weitere Klubveteranen, darunter Ignacio Zoco, José Santamaría, Pachín und Amancio, bis auf Eusébio allesamt Real-Größen der sechziger und siebziger Jahre. Cristiano und Valdano nehmen am Kopfende des reservierten Tisches Platz, an dem auch Jorge Mendes, Zé und die Familie des Stars sitzen. Nachdem die Medienvertreter ihre letzten Fotos und Videoaufnahmen gemacht haben, schließen sich die Türen, und der neue Spieler hat endlich seine Ruhe.

Diese Ruhe währt aber nur wenige Stunden. Um sieben Uhr abends geht es weiter im Programm. Nach einem kurzen Nickerchen im Hotel Mirasierra Suites ist Cristiano wieder fit genug, um seinen anstrengenden ersten Tag als Spieler der „Königlichen" fortzusetzen. Er hat sein sportliches Outfit gegen einen beigen Anzug und ein weißes Hemd ohne Krawatte getauscht. Vor den Türen des Hotels warten schon die Fans auf ihn, um ihm einen Empfang zu bereiten, der eines Rockstars würdig wäre. Er schüttelt Hände und schreibt Autogramme, um dann ins Auto Richtung Stadion zu steigen. Als man sich dem Bernabéu nähert, sieht er ungläubig auf die langen Schlangen der Fans, die geduldig für ihre Tickets für das große Event anstehen.

Direkt nach der Ankunft im Stadion hat er einen Termin mit *Real Madrid TV:* Maske, Spotlight und eine mit spanischen und Real-Flaggen ausstaffierte Bühne. Und dann kommt die erste Fragerunde:

„Ich kann mir vorstellen, dass das heute ein unglaublich wichtiger Tag in deiner Karriere ist."

„Natürlich. Heute ist der Tag, an dem ich dem Verein präsentiert werde, und das ist ein sehr denkwürdiger Tag für mich. Ich bin sehr glücklich."

„Mit 24 Jahren geht einer deiner größten Träume in Erfüllung", meint der Interviewer weiter.

„Ja, absolut. Ich habe oft gesagt, dass es mein Traum ist, einmal bei Real zu spielen. Gott sei Dank ist mein Traum, hier zu kicken, in Erfüllung gegangen. Ich will hier viele Titel holen und bin sehr zuversichtlich, dass das klappen wird."

Nach einer Viertelstunde auf Spanisch und einer Viertelstunde auf Englisch, den beiden Sprachen, in denen das Programm des vereinseigenen Senders ausgestrahlt wird, geht es weiter. Der Präsident erwartet ihn. Florentino Pérez empfängt ihn in der Ehrenloge des Stadions. Hinter der Scheibe sehen sie zu, wie sich die Ränge zu füllen beginnen. „Ist heute Abend ein Spiel, oder was, Herr Präsident?", meint Ronaldo lässig. Pérez lächelt. Er ist überglücklich, seiner Sammlung den teuersten aller Fußballspieler hinzugefügt zu haben.

Im Sitzungssaal feiert man schließlich die Unterzeichnung des Vertrags, der Cristiano offiziell an Real bindet. Um den ovalen Tisch herum haben neben Florentino Pérez und Cristiano auch di Stéfano, Eusébio sowie die Vereinsvorstände Platz genommen. Vier Mappen und vier Unterschriften des Präsidenten und des Spielers besiegeln den Kontrakt. Der Deal ist in trockenen Tüchern. Alle Anwesenden im Raum klatschen Beifall, und auch dieser Augenblick wird auf zahlreichen Fotos festgehalten. Pérez überreicht Cristiano den Kugelschreiber, mit dem der Vertrag unterzeichnet wurde, sowie ein Modell des Bernabéu und eine neue Armbanduhr.

Zeit, sich das weiße Trikot überzustreifen. In der Umkleidekabine, an seinem Platz zwischen Kakás Nummer 8 und Wesley Sneijders Nummer 10, legt Cristiano seinen Anzug ab. Das Umkleiden ist eine Art Ritual, wie bei einem Torero vor dem Gang in die Arena. Hosen, Stutzen, Schuhe – erst rechts, dann links – und zum Schluss das Hemd, das seinen Namen trägt. Er rückt es zurecht und schaut in den Spiegel, um sicherzugehen, dass alles richtig sitzt. „Weiß steht dir gut!", meint Pérez.

Nun werden die Fotos für seinen Vereinsausweis und für die PR-Abteilung gemacht. Man lichtet ihn in Trikots mit seinem Namen in Chinesisch, Japanisch und Arabisch ab. Man wirft ihm einen Ball zu, und er vollführt ein paar Kunststückchen damit. Danach posiert er wie ein Topmodel mit einem Schal. Nach getaner PR-Arbeit wärmt sich ein sichtlich ungeduldiger Cristiano noch wie vor einem Spiel auf, bevor es auf die Bühne gehen soll. Er hört die Stadionlautsprecher, die Musik, das offizielle Vereinslied. Man fragt ihn, ob er nervös sei. „Nein, momentan nicht", entgegnet er. Aber die Warterei scheint kein Ende zu nehmen, und die Kameraaufnahmen sprechen eine andere Sprache: Er setzt sich, zieht die Schuhe aus, zieht sie wieder an, steht auf, bringt Ordnung in seine Haare – bis er schließlich Pérez sagen hört: „Begrüßen wir – Cristiano Ronaldo!"

Der Augenblick ist gekommen. Er läuft durch den Tunnel auf den Platz, steigt die Stufen hinauf zu dem grünen Laufsteg, den man extra aufgebaut hat, und bahnt sich seinen Weg durch die Vorstandsmitglieder, die Promis, die Presse, die Fernsehkameras und die Fotografen. Er umarmt Pérez, Eusébio und di Stéfano. Er dreht sich um, er applaudiert und strahlt. „Sí, sí, sí, Cristiano ya está aquí" („Ja, ja, ja, Cristiano ist schon da"), skandieren die 80.000 und feiern seine Ankunft. Der Präsident wendet sich ihm zu: „Mein lieber Cristiano, von heute an sind dies deine Fans. Die gleichen Fans, die Real in seiner gesamten Geschichte geholfen haben, den Gipfel der Fußballwelt zu erstürmen." Über die gigantische Leinwand flimmern Bilder von Cristianos größten Augenblicken: im Trikot von Manchester

United, strahlend, mit dem Champions-League-Pokal, wie er den *Ballon d'Or*, die Auszeichnung für Europas Fußballer des Jahres, küsst.

„Sie werden von dir fordern, dass du dein Bestes gibst, aber im Gegenzug werden sie dir alles geben", fährt Pérez fort. „Deine professionelle Einstellung, deine Hingabe an den Sport und dein unbestreitbares Können haben dir geholfen, einen deiner größten Träume wahr werden zu lassen. Wir freuen uns riesig, dass du dich entschieden hast, für Real Madrid zu spielen. Herzlich willkommen bei deinem Real Madrid."

Nun ist Cristiano an der Reihe. Hinter ihm sind die neun Landesmeister-Pokale aufgereiht, die Madrid gewonnen hat. Er stemmt die Hände in die Hüften und wartet, bis der Lärm der „Ronaldo, Ronaldo" rufenden Fans abebbt. Der Portugiese ist sehr bewegt. Er kann kaum sprechen. „Guten Abend. Ich bin sehr glücklich, hier sein zu dürfen …" Er muss unterbrechen. Das Kreischen ist übermächtig. Die Kameras schwenken über die zahlreichen portugiesischen Fahnen im Publikum. „Heute habe ich mir einen Traum erfüllt, den ich schon als Kind hatte – für Real Madrid zu spielen." Er hält wieder inne. „Ich hätte nie gedacht, dass so viele Leute vorbeikommen würden, nur um mich zu sehen. Das ist überwältigend. Ich danke euch."

Dann erinnert er sich an den Rat eines Journalisten, der ihn vor der Präsentation interviewt hat, und überrascht die Menge: „Und jetzt will ich alle bitten, mit mir zusammen zu sprechen. Ich werde bis drei zählen, und alle sagen mit mir: ‚Hala Madrid! [Auf geht's, Madrid!]' Eins, zwei drei: Hala Madrid!" Das ganze Bernabéu stimmt mit ein. Mit zwei Worten hat der Portugiese den Anhang der „Königlichen" komplett um den Finger gewickelt.

Als Nächstes unterhält er sein Publikum mit ein paar Tricks mit dem Ball, jongliert ihn mit den Füßen und dem Kopf. Er signiert den Ball für einen kleinen Jungen, der sich des Neids der 80.000 Fans sicher sein kann. Einem anderen Jungen überreicht er ein Trikot, und der zieht es sofort an. Die Fans rufen, dass er das Vereinswappen küssen solle. Er posiert entsprechend und läuft dann den grünen Laufsteg entlang, um sein Publikum zu begrüßen. Er geht zur Treppe, schüttelt Hände, signiert Fußbälle, küsst eine Fernsehreporterin und winkt der Menge zu.

Nach der Ehrenrunde kehrt er noch einmal auf die Bühne zurück, damit ein gemeinsames Bild mit den Vorständen gemacht werden kann.

Im Hintergrund erklingt der Radetzky-Marsch von Johann Strauß Vater. Mit einem Mal übertölpeln mehr als tausend Fans die Security, springen über die Absperrungen und stürmen auf die Bühne, um ihr Idol in den Arm zu nehmen. Die Lage gerät ein wenig außer Kontrolle – Ronaldo ist komplett umringt. In Begleitung der Sicherheitsleute von Real Madrid verschwindet er, so schnell er kann.

Aber die Vorstellungsparty ist noch nicht vorbei. Ungeduldig erwartet ihn die Weltpresse im Sitzungssaal, wo er ihr das erste Mal auf spanischem Boden Rede und Antwort stehen wird. Das Podium der Pressekonferenz wird von unzähligen Fotografen und Kameraleuten belagert. Um 22:17 Uhr trifft Cristiano in dem gleichen Anzug ein, den er auch bei der Vertragsunterzeichnung getragen hat. Begleitet wird er von Jorge Valdano und Antonio Galeano, dem PR-Chef des Klubs. Bevor jedoch das erste Wort gesprochen werden kann, muss erst einmal das Blitzlichtgewitter abebben. Cristiano lächelt, setzt sich und wartet Galeanos einleitende Sätze ab, bevor er die folgenden Fragen beantwortet:

*Nach dem Finale in der Champions League hast du dich darüber beschwert, dass du als Stürmer spielen musstest. In seinen ersten Aussagen als Trainer von Real hat Manuel Pellegrini noch einmal betont, dass er dich am liebsten ganz vorne sehen würde. Wird das ein Problem für dich sein?*

„Ich habe ja nie gesagt, dass es mir ganz vorne nicht gefällt. Was ich gesagt habe, war, dass ich mich in diesem Spiel dort nicht so wohl gefühlt habe, weil ich vorher nicht auf der Position gespielt hatte. Wenn ich die Wahl habe, spiele ich lieber auf Außen, aber es ist kein Problem, wenn ich vorne im Zentrum spielen muss. Es geht nur darum, sich damit vertraut zu machen."

*Wenn du alles, was bei deiner Präsentation heute passiert ist, in einem Wort zusammenfassen müsstest – welches wäre das?*

„Überwältigend."

*Was ist dir durch den Kopf gegangen, als du auf den Platz gekommen bist und mehr als 80.000 Leute auf der Tribüne gesehen hast?*

„Das war ein fantastisches Gefühl. Ich habe es echt genossen. Ich hätte mir nie träumen lassen, dass das Stadion so voll sein würde. Es hat sich ein Traum erfüllt, als ich rausgekommen bin und das gesehen habe. Es war beeindruckend. Ich habe auch viel an meine Familie gedacht, an meinen Vater und meine Mutter.“

*Hast du mitbekommen, dass gerade die Bilder, die dich emotional aufgewühlt und verletzlich zeigen, die Leute für dich eingenommen haben – ungeachtet der Tatsache, dass man dich sonst als jemanden mit großem Selbstbewusstsein kennt?*

„Ich kann spüren, dass die Menschen mir viel Liebe entgegenbringen. Ich weiß, dass ich hier noch mehr unter Druck stehen werde als bei Manchester United, aber ich bleibe trotzdem selbstbewusst. Ich will alles dafür tun, um zu zeigen, dass ich von Beginn an 100 Prozent geben kann.“

*Gibt es eine Botschaft, die du an deine ehemaligen Mannschaftskollegen bei Manchester United und an deinen bisherigen Trainer Sir Alex Ferguson richten willst?*

„Ich möchte allen dort im Verein danken. Ich war sechs Jahre lang dort, und ich habe einige sehr gute Freunde und unglaubliche Bekanntschaften zurückgelassen. Ich glaube, dass sie meine Entscheidung verstehen und respektieren. Dass sie wissen, dass mein Ziel und mein Traum war, in Madrid zu spielen. So läuft es im Leben. Ich habe jetzt ein neues Leben, einen neuen Verein, und ich werde ihm 100 Prozent geben.“

*Wie war es, di Stéfano kennenzulernen, eine der größten Spielerlegenden von Real Madrid?*

„Das war ein ganz besonderer Moment für mich, weil er einer der berühmtesten Spieler des Vereins ist. Es war wie damals, als ich Bobby Charlton kennenlernte, nachdem ich zu United gewechselt war. Er hat mir viel Glück gewünscht. Dieser ganze Tag ist einer der schönsten in meinem Leben.“

*Als du als Kind davon geträumt hast, für Real Madrid zu spielen, hast du dir da jemals vorstellen können, dass der Verein so viel Geld in dich investiert?*

„Der Verein, der die besten Spieler haben will, muss dafür etwas auf den Tisch legen. Real Madrid trifft die richtigen Entscheidungen, und ich will meinen Teil dazu tun, das zu beweisen.“

*Als du in deine neue Kabine gekommen bist, hast du da auch daran gedacht, was du alles mitmachen musstest, bis du endlich hier warst?*

„Ja, weil ich immer davon geträumt habe, hier zu spielen, mein ganzes Leben lang. Nach allem, was ich in Manchester erreicht habe, wollte ich mich verändern, und dieser Verein ist in meinen Augen der größte. Deshalb fühlt es sich natürlich irgendwie besonders an, wenn man zum ersten Mal dieses Trikot anzieht und wenn man rausgeht, um es den Fans zu zeigen."

*Wir haben hier das Bild von dir vor neun Europapokalen. Träumst du davon, den Fluch des Achtelfinales zu brechen, der Real Madrid in den letzten Jahren verfolgt hat?*

„Ich spiele ja nicht alleine. Auch wenn ich bei der Vorstellung heute Abend alleine gewesen bin, habe ich im Spiel zehn Mannschaftskollegen und die Leute auf der Bank. Wir haben eine super Mannschaft und einen super Trainer. Wir müssen die Dinge bloß ruhig angehen, hart arbeiten und uns natürlich darauf konzentrieren, die Champions League zu gewinnen."

*Du hast letzte Saison bei United 25 Tore geschossen. Was glaubst du, wie viele du in deiner ersten Saison bei Real schießen wirst?*

„Ich will mich erstmal so schnell wie möglich eingewöhnen, weil die Tore dann ganz von selbst kommen. Ich werde mir keine bestimmten Ziele setzen. Ich will aber so viele Tore wie möglich schießen und so viele Vorlagen wie möglich geben."

*Hast du die ganzen Portugal-Fahnen auf der Tribüne gesehen?*

„Auf der Tribüne waren Portugal-Fahnen und Madeira-Fahnen, und es hat mich sehr stolz gemacht, sie außerhalb meines eigenen Landes zu sehen."

*Hättest du auch unter dem alten Vorstand für Real Madrid gespielt?*

„Das weiß ich nicht. Die Frage stellt sich mir nicht wirklich."

*Dein neuer Trainer ist Manuel Pellegrini. Was weißt du über ihn?*

„Ich habe viel Gutes über ihn gehört, und wenn er hier ist, dann hat er das auch verdient. Ich habe ein paarmal gegen [Pellegrinis ehemalige Mannschaft] Villarreal gespielt, und die haben uns das Leben echt schwer gemacht. Das ist doch der beste Beweis. Es wird ein Vergnügen sein, mit ihm zu arbeiten, um gemeinsam viele Titel zu holen."

*Bist du auf den ganzen Druck vorbereitet, der bei Real auf dir lasten wird? Du weißt ja sicher, dass Madrid eine Stadt mit einem ausgezeichneten Nachtleben ist …*

„Ich arbeite hart für den Erfolg, und danach ist dann auch Zeit für andere Dinge. Was ich bis heute erreicht habe, ist sicherlich nicht nur das Ergebnis von harter Arbeit und sonst nichts. Für alles gibt es eine Zeit – für die Arbeit und für das Vergnügen. Aber am wichtigsten ist die Arbeit und Titel mit dem Verein zu holen."

*Was hältst du von Franck Ribéry, der dein Mannschaftskollege bei Real werden könnte?*

„Er ist ein richtig guter Mann, aber ich kann doch nicht über Leute sprechen, bei denen noch nicht klar ist, ob sie kommen oder nicht. Mein Job ist es, hier zu spielen und gute Leistung zu bringen, sonst nichts."

*Ramón Calderón hat es zwei Jahre lang nicht geschafft, dich zu holen. War Florentino der entscheidende Faktor, dass es dann doch geklappt hat?*

„In der Presse wurde alles Mögliche behauptet. Die schießen halt gerne mal ins Blaue. Manchmal haben sie recht, manchmal nicht. Der Präsident hat ein Angebot gemacht, und wir haben unterschrieben, das war's. Ich bin hier, und ich freue mich."

*Bist du traurig, dass du die Nummer 7 aufgeben musst und die Nummer 9 kriegst – die gleiche Nummer, die Ronaldo getragen hat?*

„Ich wollte eigentlich gerne die 7 haben, aber ich weiß auch, dass die 9 in diesem Verein eine legendäre Nummer ist. Ich will aber vor allem gut spielen, dabei interessiert mich die Nummer nicht. Schließlich spiele ja ich und nicht die Nummer auf meinem Rücken."

*Hattest du schon Gelegenheit, mit deinen Freunden hier zu sprechen, also Gabriel Heinze, Pepe, Valter di Salvo …?*

„Sie haben mich alle begrüßt und sich für mich gefreut. Sie sind ja alte Freunde. Ich hoffe, dass sie hier bleiben, weil sie mir beim Eingewöhnen helfen werden. Ich glaube aber nicht, dass das ein Problem für mich wird. Ich spreche ein bisschen Spanisch und weiß ja, dass ich viele neue Freundschaften schließen werde."

*Gibt es irgendeinen Spieler von Real Madrid, bei dem es dein besonderer Traum war, mal mit ihm zusammenzuspielen?*

„Der Traum war immer, für Real Madrid zu spielen – da spielen ja jedes Jahr großartige Fußballer. Es ist ein Privileg, hier sein zu dürfen und mit denen zu spielen, die schon da sind, und mit denen, die noch kommen werden. Wir haben eine sehr starke Mannschaft und werden hart arbeiten, um Titel zu holen. Pellegrini wird am Ende seine Probleme haben, zu entscheiden, welcher sein Lieblingspokal ist ..."

*Hast du das Gefühl, nach einem schwierigen Jahr zu Real Madrid gekommen zu sein?*

„Nein, weil mein letztes Jahr bei United ein gutes war. Wir haben die Meisterschaft gewonnen und den Ligapokal geholt, und ich glaube, dass die Entscheidung richtig war, erst einmal dort zu bleiben."

*Barcelona hat gerade das Triple gewonnen. Glaubst du, dass auch Real in der Lage ist, alle Titel zu holen?*

„Man muss sich ambitionierte Ziele setzen. Wir werden alles geben, um alle drei zu holen, auch wenn ich mit der Meisterschaft und der Champions League schon glücklich wäre. Wir müssen als organisierte Einheit arbeiten, mit viel Willen und einem starken System. Wenn wir das schaffen, dürfen wir träumen. Wenn wir hart arbeiten, können wir natürlich alle Titel gewinnen."

*Ist Barcelona dir nach dem verlorenen Champions-League-Finale ein besonderer Dorn im Auge?*

„Für mich gibt es so ein Wort wie Rache nicht. Natürlich will ich gegen Barcelona spielen und die auch schlagen. Es wird toll, dabei zu sein – zwei große Mannschaften und großes Spektakel."

*Du hast nach sechs Spielzeiten die Premier League gegen die spanische Liga eingetauscht ...*

„Die spanische Liga ist ganz anders. Das Spiel in der Premier League ist schneller, aber in beiden Wettbewerben gibt es starke Konkurrenz. In Spanien versuchen auch die kleinen Mannschaften immer alles, um richtig schönen Fußball zu spielen. Ich freue mich echt schon, hier zu spielen."

*Und die Schiedsrichter?*

„In England sehr gut, in Spanien herausragend."

*Du hast noch nie im Bernabéu gespielt. Wie hat es sich angefühlt, zum ersten Mal da rauszugehen?*

„So ein Gefühl hatte ich noch nie. Es war ein toller erster Eindruck. Was ich aber wirklich will, ist, weiter hart arbeiten und der ganzen Welt beweisen, dass sich der Aufwand gelohnt hat."

*Kaká und du seid sehr unterschiedliche Menschen mit sehr unterschiedlichen Lebensstilen. Wie wirst du dich mit ihm verstehen?*

„Wir werden gut miteinander klarkommen, ganz sicher. Wir werden richtig gute Freunde werden, und wenn ihr ihn fragt, dann bin ich mir sicher, dass er das Gleiche sagen wird."

*Machst du dir Gedanken wegen des Drucks, den die Presse hier ausübt, und der hartnäckigen Paparazzi?*

„Das ist kein Problem. Während der Saison führe ich ein ruhiges Leben und konzentriere mich sowieso lieber auf den Fußball. Das habe ich auch hier vor, also auf mich zu achten, damit ich beim Training und bei den Spielen gut in Form bin."

*Was hältst du von Karim Benzema, einem deiner neuen Mannschaftskollegen?*

„Er ist ein sehr guter Spieler, ein Top-Transfer. Er ist ein Spieler, von dem viel erwartet wird, weil er bei Lyon so gut war. Und auch er ist neu hier, also können wir uns gemeinsam in die Gruppe integrieren."

*Was würdest du zu einem Kind sagen, das davon träumt, ein Fußballspieler zu werden, wenn es die Wahl zwischen Real Madrid und dem FC Barcelona hätte?*

„Für mich ist Real etwas ganz Besonderes. Barcelona ist ein toller Verein, aber Real ist etwas Besonderes. Einem Kind würde ich aber sagen, dass es seinen Träumen folgen soll, welcher Verein auch immer das sein mag."

*Auf welchen Gegner freust du dich in Spanien am meisten?*

„Ich will gegen alle spielen. Natürlich lieben alle Fußballspieler die großen Spiele. Die Derbys, den Clásico gegen Barcelona, aber ich will gegen alle spielen und gegen alle gewinnen."

*Was ist wichtiger, ein Spektakel für die Fans abzuliefern oder Spiele zu gewinnen?*

„Gewinnen. Punkte zu holen ist am wichtigsten. Wenn wir es hinkriegen, dabei ein Spektakel abzuliefern, umso besser. Aber wir sind hier, um Punkte zu holen."

*Wie schätzt du das Rennen um die Auszeichnungen als Weltfußballer und Europas Fußballer des Jahres dieses Jahr ein?*

„Darüber denke ich gar nicht nach. Ich konzentriere mich nur darauf, eine gute Saison zu spielen. Persönliche Auszeichnungen sind schon wichtig, aber sie sind nicht das Wichtigste."

*Würdest du gerne weiter die Freistöße schießen?*

„Das ist Sache des Trainers, aber ja, ich würde schon gerne."

Um 23:05 Uhr schließlich die letzte Frage:

*Wer ist der Beste auf der Welt: du, Messi oder Kaká?*

„Real Madrid ist am besten." (allgemeine Heiterkeit)

„Vielen Dank an alle. Gute Nacht." Der PR-Chef schließt die erste Pressekonferenz der neuen Nummer 9. Die Neuvorstellung des teuersten Spielers in der Geschichte des Fußballs ist vorbei. Trotzdem folgen ihm die Kameras von *Real Madrid TV* noch bis in die Korridore. „Es war ein unglaublicher Tag", sagt Cristiano. „Ich habe ihn wirklich genossen. Vielen, vielen Dank euch allen." Er winkt noch einmal und ist dann verschwunden.

Kapitel 17

# Alex Ferguson und Ronaldo

## Eine besondere Beziehung

*„Für mich ist Ferguson immer wie ein zweiter Vater gewesen."*

„Cristiano war ein fantastischer Spieler für Manchester United", sagt Sir Alex Ferguson. „In den sechs Jahren bei Manchester United haben wir dabei zusehen können, wie er sich zum besten Spieler der Welt entwickelt hat. Sein Mitwirken war ein entscheidender Faktor bei den Erfolgen des Vereins, und sein Können, sein Unterhaltungstalent und seine einnehmende Persönlichkeit haben Fans auf der ganzen Welt Freude bereitet." Uniteds Trainer hat bei Ronaldos Abschied nur lobende Worte für ihn übrig und wünscht ihm nur das Beste für den nächsten Abschnitt seiner Profikarriere bei Real Madrid.

Zwar wurde immer gesagt, dass Ferguson ein Problem mit Stars habe, die den Verein verlassen, doch Cristianos Abgang ist von sehr positiven Tönen begleitet. Das bestätigt auch Ronaldo bei seiner ersten Pressekonferenz im Bernabéu. „Ich habe kein Problem damit, offen über mein Verhältnis zu ihm zu sprechen. Es war immer gut und wird immer gut bleiben. Ich habe mit ihm darüber geredet, und alles ist in Ordnung. Das Leben muss ja weitergehen."

Das Leben muss weitergehen, natürlich, doch seinen Star vergisst Ferguson dennoch nicht. „Wir wussten, dass wir Ronaldo nie ersetzen können", erklärt er vor Beginn der Saison 2009/10. „Völlig egal, was man über den Jungen sagt, aber für mich ist er der beste Fußballspieler der Welt. Wenn man jemanden gehabt hat, der in dem, was er tut, der Beste ist, dann ist es keine gute Idee, jemanden zu suchen, der die gleiche Aufgabe übernehmen soll. Wenn man weiß, dass man jemanden oder etwas nicht ersetzen kann, muss man sich etwas anderes überlegen." Und weiter: „Wir werden Ronaldos Tore vermissen, das ist doch ganz klar. Aber Berbatow wird dieses Jahr gut drauf sein, und auch Wayne Rooney und Michael Owen sind beide in der Lage, 20 Tore zu schießen. Wir haben ja eine ganze Reihe von Optionen."

Der Trainer weiß, dass Cristiano ein gewaltiger Verlust für den Klub ist und das Spiel ohne den Portugiesen mit der 7 nicht mehr dasselbe sein wird. Trotzdem muss er seine Mannschaft verteidigen. Das ist sein Job, genauso wie es sein Job ist, eine Mannschaft nach dem Abgang eines Schlüsselspielers neu aufzustellen. Nicht anders erging es ihm beim Wechsel von Paul Ince zu Inter Mailand und Mark Hughes zu Chelsea 1995, beim Karriereende von Eric Cantona 1997 oder bei Beckhams Transfer zu Real Madrid 2003.

Dennoch ist es normal, einen gerade verabschiedeten Akteur zu vermissen, besonders dann, wenn es sich dabei um einen Spieler handelt, an dessen Entwicklung vom talentierten Nachwuchsmann zum Weltklasse-Star man maßgeblich beteiligt war. Doch auch längere Zeit nach seinem Weggang hat Sir Alex Ronaldo nicht vergessen. Als es bei Cristiano im März 2010 nicht so läuft wie erhofft, erklärt sein ehemaliger Trainer gegenüber dem *Daily Express*: „Cristiano weiß um den Wert von Manchester United. Das ist es ja. Hier werden die Spieler geschützt. Sie kommen jeden Tag zum Training, ohne dass sie jemand behelligen kann. Ich glaube, dass es nicht leicht ist, für Real Madrid zu spielen. Da hängt ein ziemlicher Zirkus dran. Oft sind da ja wahre Fanhorden und eine Riesenaufmerksamkeit der Medien."

Ja, er scheint Ronaldo sogar die Tür für eine Rückkehr zu öffnen: „Mir gefällt der Gedanke, dass er vielleicht eines Tages zurückkommen könnte. Man weiß ja nie. Ich glaube nicht, dass er sein Leben lang bei Real Madrid bleiben wird. Es gibt noch andere Herausforderungen, und er gehört zu den Spielern, die so etwas mögen. Ich habe ein gutes Verhältnis zu ihm. Er ist ein guter Junge. Ich mag Cristiano."

Und unmittelbar vor dem Hinspiel im Halbfinale der Champions League 2011 zwischen Real und Barça, dem Duell zwischen Cristiano und Messi, lässt Ferguson auf der offiziellen Website des Vereins verlauten: „Ich hatte Ronaldo als Spieler hier, und ich glaube, dass er der beste Fußballer der Welt ist. Er ist beidfüßig, physisch stark, durchsetzungsfähig, mutig, technisch hervorragend und kopfballstark. Aber auch Messi ist ein absolut fantastischer Spieler. Man kann sich kaum zwischen beiden entscheiden."

Und weiter: „Es kommt darauf an, wie man seinen Spieler betrachtet. Dadurch, dass ich Ronaldo so lange bei mir hatte, kenne ich ihn als Fußballer und als Menschen. Ich habe miterlebt, wie er im Training alles dafür gegeben hat, der beste Spieler der Welt zu werden. Aber schau dir Messi an, und du weißt, dass er genauso ernsthaft arbeitet. Er liebt es, Fußball zu spielen. Er ist mutig wie ein Löwe, weil er immer und in jeder Situation zum Ball geht. Sie sind unterschiedliche Spielertypen, aber für mich steht es völlig außer Frage, dass sie beide eine fantastische Leistung abliefern."

Messi oder Cristiano? Nach dem Endspiel in der Copa del Rey 2011, das Real dank eines Kopfballtores von Cristiano für sich entscheiden kann, fragt man Ferguson noch einmal. Ferguson antwortet, dass er Ronaldo immer Messi vorziehen würde, auch wenn beide großartige Spieler seien. „Ich habe ein loyales Verhältnis zu Ronaldo, und ich kenne seine Qualitäten."

Doch woher kommt diese Loyalität des mürrischen Schotten gegenüber dem Portugiesen? Nun, daher, dass er 2003 ein ziemliches Risiko gegangen ist. Dank des tollen Tipps von Carlos Queiroz, seiner damaligen rechten Hand, konnte er all den anderen Vereinen, die an dem Jungen von Madeira interessiert waren, zuvorkommen. Dazu kommt, dass Ronaldo ihm stets gezeigt hat, dass er zu jenen niemals satten Spielern gehört, die jeden Tag noch besser werden wollen, die sich niemals auf ihren Lorbeeren ausruhen. Selbst wenn er einen Titel oder Pokal gewonnen hat, will er immer noch mehr holen. Und genau das hat er Ferguson sechs Jahre lang ununterbrochen gezeigt.

Hart zu arbeiten bedeutet auch, sich in ein Team einzubringen, als Erster auf dem Trainingsplatz zu stehen und als Letzter wieder zu gehen. Ferguson hat immer wieder erzählt, wie Cristiano noch Freistöße, Schüsse und Elfmeter übte oder im Fitnessraum trainierte, als die anderen schon unter der Dusche standen. Er legte an Muskelmasse zu – so steigerte er sein Gewicht von 75 auf 85 Kilo während der sechs Jahre – und lernte vor allem, wie man auf höchstem Niveau Fußball spielt.

Ferguson setzte vom ersten Tag an auf ihn, als er ihm das Trikot mit der Nummer 7 gab. Und dann, so sagte Ferguson einmal auf einer Trainertagung, brachte er seinem neuen Mann nach und nach bei, wie er sein Selbstbewusstsein zum Wohle der Mannschaft kanalisieren konnte. Cristiano zahlte es ihm mit Toren, Titeln und Trophäen zurück. Für Ferguson ist Cristiano „ein besonderer, ja unglaublicher Spieler, der sofort Entscheidungen treffen kann. Er kennt weder Angst noch Druck und tut immer das, was er für das Beste hält."

Ferguson weiß, dass Ronaldo ein Publikum in seinen Bann ziehen und diesen Zauber verbreiten kann, den die Engländer auf dem Fußballplatz so lieben. Das sieht auch Denis Law so, Europas Fußballer des Jahres 1964 und lebende United-Legende. Er sagt, dass Ronaldo genau weiß, wie er die Fans begeistern kann. Bobby Charlton, ebenfalls Vereinslegende und seinerseits Europas Fußballer des Jahres 1966, meint, dass Cristiano die Zuschauer im Old Trafford vom ersten Tag an „verzaubert" habe.

Allerdings war die Beziehung zwischen dem Trainer und Uniteds Nummer 7 nicht zu allen Zeiten so rosig. Wie in jeder Beziehung gab es auch in dieser gute und schwierige Zeiten. Zu den glücklichen Momenten gehörte etwa Ronaldos Auszeichnung als Europas Fußballer des Jahres. Immerhin hatten Sir Alex und die ganze Stadt 40 Jahre lang warten müssen, ehe ein Kicker von United wieder diesen prestigeträchtigen Preis gewann. Und der Champions-League-Sieg 2008 war der Höhepunkt einer unglaublichen Saison, in der Cristiano seinem Trainer zeigen konnte, dass sich nun alles, was er ihm beigebracht hatte, auszahlte.

Eine erste Krise gab es dagegen gleich zu Beginn, als Ferguson Ronaldo auf die Bank setzte. Das war eben seine Art, den Jungen an die neue Umgebung zu gewöhnen. Auf diese Weise wollte er den Druck von ihm fernhalten und ihm in Ruhe die Eingewöhnung und Weiterentwicklung ermöglichen. Doch eine Wut wie die Ronaldos, wenn er ihn auf der Bank ließ oder nicht in die Startelf berief, hatte er bis dahin noch nicht erlebt. Auch nach dem Zwischenfall mit Rooney bei der WM 2006 war die Situation schwierig, und doch konnte der erfahrene Trainer mit Hilfe des Vorstands Ronaldo schließlich überzeugen, zum Verein zurückzukehren. Und als Cristiano im Juni 2008 erklärte, dass er für Real Madrid spielen wolle, war in den britischen Medien gar offen von einem Riss zwischen dem Trainer und seinem Star die Rede. Sie berichteten, Cristiano habe gesagt, dass Ferguson bei der EM 2008 im portugiesischen Lager nicht willkommen sei. Dennoch hat keiner dieser Konflikte Sir Alex' Meinung ändern können. Selbst beim Abschied von Cristiano erklärte er, sich sicher zu sein, dass die besten Jahre seiner Nummer 7 noch bevorstünden.

Was aber hält Ronaldo von seinem ehemaligen Trainer? „Für mich ist er immer wie ein zweiter Vater gewesen", erklärt der Real-Spieler gegenüber *Sky Sports.* Dies sei seit seiner Ankunft bei Manchester United mit 18 Jahren so gewesen und nicht nur, weil er ihn als einen der größten Fußballtrainer der Welt respektiere. Vielmehr empfinde er für Ferguson die gleiche Zuneigung wie ein Sohn für seinen Vater. Zwischen ihnen herrsche eine wesentlich tiefere Beziehung als zwischen Trainer und Spieler.

„Teilweise hat er mit mir über Dinge geredet, die nichts mit Fußball zu tun hatten, und ich hörte ihm immer zu, weil seine Worte mich zu einem besseren Menschen machten", erklärt Cristiano. In Sachen Fußball „spielte er für meine Karriere eine entscheidende Rolle. Er hat mich dazu gebracht, mich weiterzuentwickeln und zu verbessern. Ich habe jeden Tag von ihm lernen können, und er hat mir dabei geholfen, zu dem zu werden, der ich heute bin."

Cristiano erinnert sich, dass Uniteds Trainer ihn stets unterstützt habe. Er habe ihm Mut gemacht und ihm einiges über den Umgang mit Problemen beigebracht. Auf unzählige Arten sei er von ihm motiviert worden, wie etwa durch die Wetten auf seine Trefferzahl vor jeder Saison. „Ich habe gute Erinnerungen an Manchester und vermisse es wirklich sehr, wenn ich mir die Spiele der *Reds* angucke. Es ist nun mal ein Teil von mir, den ich in England zurückgelassen habe", sagt er gegenüber *Sky Sports*. „Nur weil ich in Madrid spiele, werde ich ja nicht plötzlich aufhören, mit meinem alten Trainer zu reden. Nein, wann immer sich die Gelegenheit ergibt, unterhalte ich mich mit Sir Alex Ferguson. Er war so wichtig für mich, als ich dort gespielt habe. Deshalb rede ich einfach gerne mit ihm. Ich werde niemals vergessen, wer mir wirklich geholfen hat."

Kapitel 18

# Null Titel

## Die Saison 2009/10

*„Die Wahrheit ist, dass ich traurig und frustriert darüber bin, dass wir in meiner ersten Saison bei Real Madrid keinen einzigen Titel gewonnen haben."*

Der Wecker klingelt früh. Es ist Freitag, der 10. Juli 2009, und Cristiano hat um 8:30 Uhr einen Termin im nördlichen Stadtteil Valdebebas, wo sich der Trainingskomplex von Real Madrid befindet. Bevor er mit der ersten Trainingseinheit der Saison beginnen kann, muss er noch zum obligatorischen Bluttest. Danach gibt es Frühstück, und dann geht es zum Schneider, damit dieser Maß für seinen offiziellen Mannschaftsanzug von Hugo Boss nehmen kann. Hier noch eine kleine Naht, dort eine Korrektur, und dann ist Cristiano bereit für sein Foto. Das Ganze hat ein bisschen etwas vom ersten Schultag.

Danach bewegt sich der 29-köpfige Kader auf den Platz. Die Mannschaft ist noch nicht komplett, ein paar Spieler fehlen. Dazu gehört auch Kaká, Florentinos zweiter spektakulärer Transfer, der sich noch von seinem Einsatz beim Konföderationen-Pokal in Südafrika erholen muss. Grüner Rasen, weiße Tore in der Mitte des Platzes, tieffliegende Schwalben, leere Ränge, und über den Sitzreihen ist der Schriftzug „Real Madrid" zu erkennen. Am Horizont sieht man expandierende Stadtviertel und die vier Hochhäuser aus Glas und Stahl, die in der Sonne auf dem ehemaligen Trainingsgelände von Real glänzen. Im Presseraum auf der zweiten Ebene der Anlage warten Dutzende von Kameras und Mikrofonen ungeduldig darauf, dass der teuerste Spieler der Welt den Platz betritt. Raúl, Kapitän der „Königlichen", kommt um 9:30 Uhr als Erster auf den Rasen, gefolgt von den anderen. Schließlich erscheint Cristiano in weißem T-Shirt und schwarzen Hosen. Die Kameras klicken wie verrückt.

Die Spieler bilden in der Mitte des Platzes einen Kreis und erhalten die ersten Anweisungen von Manuel Pellegrini und seinem Stab. Nach einem fünfminütigen Lauf stehen Dehn- und Ballübungen auf dem Programm. Cristiano bildet eine Gruppe mit dem brasilianischen Flügelspieler Marcelo, Argentiniens Abwehrmann Gabriel Heinze und dem ebenfalls aus Brasilien stammenden Innenverteidiger Pepe, der seit 2007 portugiesischer Staatsbürger ist. Cristiano kennt Heinze bereits von Man United, wo dieser von 2004 bis 2007 gespielt hat, sowie von seinem Intermezzo 1998/99 bei Sporting Lissabon, als Ronaldo noch Balljunge der 1. Mannschaft war. Nach 15 Minuten werden schließlich die Vorhänge des Presseraums zugezogen und die restliche Trainingseinheit unter Ausschluss der Medien absolviert.

Am 13. Juli, nach drei Tagen Training in Valdebebas, fliegt die Mannschaft nach Dublin. Nach vier Jahren im österreichischen Städtchen Irdning verlegt Real sein Trainingslager nun nach Maynooth, einen kleinen Ort in der irischen Grafschaft Kildare, 22 Kilometer von der Hauptstadt Dublin entfernt. Basislager für die Saisonvorbereitung wird das Carton House Hotel, ein ehemaliger Herrensitz der Herzöge von Leinster, die zugleich Grafen von Kildare waren. Er wurde im 18. Jahrhundert errichtet und im 19. Jahrhundert im viktorianischen Stil umgebaut. In dem Gebäude haben bereits Adlige wie Queen Victoria oder Fürst Rainier von Monaco und Grace Kelly residiert.

Ronaldo steht im Zentrum der Aufmerksamkeit. Die Fans versuchen, auf der Golfanlage einen Blick auf ihn zu erhaschen, und auch die Medien tun ihr Bestes, um ihn abzufangen. Zu Anfang begleitet ihn der Wachdienst des Hotels auf Schritt und Tritt, aber wohl fühlt er sich mit dieser ständigen Beschattung dann doch nicht. Daher entscheidet die Leitung von Real, die Bodyguards wieder abzuziehen.

In den ersten Tagen und Wochen sorgt Cristiano bei seinen Mannschaftskollegen für einige Überraschung. Salgado, Verteidiger aus Galizien, merkt an, dass „Ronaldo schnell wie ein Flugzeug ist“ und „die Mannschaft auf ein neues Niveau bringt in Sachen vertikales Spiel, Tempo und Bewegung“. Der Argentinier Ezequiel Garay, ebenfalls neu im Kader, sagt, dass er ihm unheimlich gerne beim Training zusehe, während Raúl voll des Lobes ist und bestätigt, dass Cristiano ein „bodenständiger, hart arbeitender Junge“ sei. Auch der neue Trainer Pellegrini sieht das so: „Das Image, das er in der Öffentlichkeit von sich aufgebaut hat, ist das eine – als Spieler ist er aber völlig anders: absolut bodenständig und unkompliziert, ohne Starallüren. Er ist immer der Erste beim Training. Er hat sich schnell in die Mannschaft integriert.“

Cristiano bewohnt Zimmer 223 und sitzt im Speisesaal meist mit Raúl, Heinze, Guti, Salgado und Benzema zusammen. Beim Essen wird gerne lang und breit diskutiert – und nicht bloß über Fußball. Bei seiner ersten Pressekonferenz in Irland gesteht der Portugiese: „Ich hatte ja keine Ahnung, dass es so toll sein würde. Das ist eine fantastische Truppe, und ich freue mich riesig, dass mich alle Spieler bei meiner Ankunft so gut aufgenommen haben. So einen Empfang hätte ich nicht erwartet. Ich habe ja die Zeitungen gelesen, und da standen nicht so tolle Sachen drin. Aber jetzt bin ich dabei, und ich bin sehr zufrieden. Wer auch immer gesagt hat, dass in der Kabine von Real Madrid schlechte Stimmung herrscht, lag falsch."

Am 20. Juli findet das erste Freundschaftsspiel statt, gegen die Shamrock Rovers, und das Tallaght Stadium ist ausverkauft. Alle wollen sie sehen, wie Real Madrid gegen die Hoops abschneidet, mit 15 Meisterschaften und 24 Pokalsiegen Irlands erfolgreichster Klub, der in der abgelaufenen Saison zudem Vizemeister geworden ist. Cristiano spielt in der Startelf auf dem rechten Flügel. „Weder er noch irgendein anderer Spieler wird an mir vorbeikommen", tönt Torwart Barry Murphy von den Rovers vor der Partie. Am Ende lässt er tatsächlich kein Tor von Cristiano zu, auch wenn man fairerweise sagen muss, dass der Portugiese beste Chancen erarbeitet und dabei mit Übersteigern, schnellen Antritten und Dribblings überzeugt. Ein hervorragendes Debüt, das dank eines Tors von Benzema mit einem 1:0-Sieg für Real endet.

Die Saisonvorbereitung ist lang und umfasst acht Partien: beim Peace Cup, bei einer Tournee durch die USA und bei der Trofeo Santiago Bernabéu, einem hauseigenen Pokalturnier. Cristiano kommt insgesamt über 603 Minuten zum Einsatz, erzielt drei Tore und damit nur zwei weniger als Raúl und Benzema. Die spanische Sportzeitung *Marca* schreibt trotzdem, dass Cristiano bei Real noch nicht Fuß gefasst habe und der Star aus Portugal am „Zidane-Syndrom" leide – also an Nervosität und Druck wegen der riesigen Erwartungen sowie an Anpassungsschwierigkeiten. Doch mit dem Saisonstart ist das bald vorbei, und seine Leistungen und seine Torquote steigern sich erheblich. Am 29. August, dem ersten Spieltag in der spanischen Liga, erzielt Ronaldo im Bernabéu gegen Deportivo La Coruña sein erstes Pflichtspieltor – ein Strafstoß, durch den Real in Führung geht. Er bejubelt ihn, indem er in Richtung Tribüne läuft, in die Luft springt und die Faust in die Luft reißt.

Nach fünf Spielen hat er schon siebenmal getroffen. Bemerkenswert ist sein Sololauf von der Mittellinie aus gegen Villarreal, bei dem er drei Gegner aussteigen lässt und dann Torhüter Diego López keine Chance lässt. Beim Debüt in der Champions League gegen Zürich trifft er zweimal, jeweils durch direkte Freistöße, wobei der Ball mit einer Geschwindigkeit von über 100 Stundenkilometern durch die Luft fliegt. Ein toller Start, der beste seiner Karriere. So gut hat selten ein neuer Spieler bei Real Madrid von Anfang an eingeschlagen.

Es gibt nur eines, was Cristiano in diesen ersten Wochen verärgert: ausgewechselt zu werden. Einmal hat Pellegrini es schon getan, und gegen CD Teneriffa am 26. September beschließt er, ihn in der 79. Minute wieder vom Feld zu holen. Es ist die erste Partie, in der Cristiano nicht getroffen hat. Er marschiert wütend in Richtung Bank, setzt sich hin, ohne dem Trainer die Hand zu geben, und kickt einen Ball weg, der in seiner Nähe auf dem Boden liegt. Es ist nicht ganz klar, ob sein Frust Pellegrini gilt.

Der Trainer spielt den Vorfall herunter: „Das ist doch alles nicht so wichtig. Keiner wird gerne ausgewechselt. Ich sehe da kein Problem." Angesichts der vielen Spiele, die Real im Lauf der Saison zu absolvieren hat, will der chilenische Trainer seine Mannschaft rotieren lassen, um seine besten Leute zu schonen. Cristiano schmeckt das Durchwechseln allerdings nicht, denn, so Jorge Valdano, „er ist ein ziemlich ehrgeiziger Spieler. Er will in jedem Spiel Tore schießen und Großes vollbringen." Das heißt: Er will so oft wie möglich auf dem Platz stehen und dort eine prominente Rolle spielen.

Vier Tage später, am 30. September, ist es dann keine Auswechslung, sondern Pech, das ihn daran hindert, sein zweites Champions-League-Spiel für Real durchzuspielen. Nachdem er schon einmal gegen Olympique Marseille getroffen hat, wird er im Strafraum von dem gefrusteten Verteidiger Souleymane Diawara mit einem Tritt gegen den Knöchel umgelegt. Ronaldo schreit vor Schmerzen, steht trotzdem auf, merkt dann aber, dass er humpelt, und überlässt Kaká den Elfmeter, den dieser sicher verwandelt. Trotz seiner Verletzung schießt Cristiano noch ein zweites Tor, wird dann aber in der 70. Minute für Gonzalo Higuaín ausgewechselt und sieht sich das restliche Spiel mit einem Eisbeutel am rechten Knöchel an – er wird zwei bis drei Wochen aussetzen müssen.

Cristiano fehlt in der Partie gegen Sevilla, der ersten Saisonniederlage der „Königlichen“, fliegt dann jedoch nach Lissabon zur portugiesischen Nationalmannschaft, die sich auf die beiden Qualifikationsspiele gegen Ungarn und Malta vorbereitet. Obwohl er eigentlich nicht zu 100 Prozent fit ist, sagt er, dass er sich bestens fühle. Er will unbedingt seiner Mannschaft helfen, das bedeutet ihm sehr viel. Doch am 10. Oktober gegen Ungarn spielt er gerade einmal 27 Minuten, als seine Knöchelverletzung wieder aufbricht.

„Wahrscheinlich fällt Cristiano Ronaldo für das Spiel gegen Malta aus“, räumt Trainer Carlos Queiroz ein. „Ich habe mit den Ärzten gesprochen, und es sieht nicht gut aus.“ Der portugiesische Verband erlaubt ihm deshalb auch, das Mannschaftslager zu verlassen, um die Klinik, die seine Verletzung ursprünglich behandelt hat, wieder aufzusuchen. Die Mannschaftsärzte von Real diagnostizieren eine leichte bis mittlere Außenbanddehnung sowie eine Entzündung und Schwellung des Knöchels.

Aufgrund dieser Verletzung wird er voraussichtlich drei bis vier Wochen nicht spielen können. In dieser Zeit verliert sein Klub in der Liga gegen Atlético Madrid und in der Champions League gegen den AC Mailand. „Ich bin schon ziemlich traurig wegen meiner wieder aufgebrochenen Verletzung“, erzählt Ronaldo der portugiesischen Sport-Tageszeitung *O Jogo*. „Ich bin zwar nicht der alleinige Heilsbringer, aber ich würde meinen Mannschaftskollegen bei Real Madrid schon gerne helfen können.“ Am Ende sind es 55 Tage, die er ausfällt – zwei lange Monate, in denen jede Menge passiert: „Pepe el brujo“, „Pepe, der Hexer“, betritt die Bühne, Real scheidet in der Copa del Rey, dem spanischen Pokalwettbewerb, gegen einen Drittligisten aus, dazu kommen eine Reise nach Amsterdam sowie ein Streit zwischen Real Madrid und dem portugiesischen Verband. Aber der Reihe nach.

Mitte September erreicht Florentino Pérez ein Brief, in dem es heißt: „Ich bin kein Anti-Madridista. Ich habe überhaupt nichts gegen diesen tollen Verein. Ich tue dies beruflich und werde sehr ordentlich dafür bezahlt, meine Kräfte einzusetzen. Ich habe den Auftrag angenommen, dafür zu sorgen, dass Cristiano Ronaldo sich verletzt. Es muss nicht unbedingt eine sehr schlimme Verletzung sein, sondern es reicht, wenn er mehr Zeit neben als auf dem Platz verbringt.“

Der Klub wertet den Brief als das Werk eines Spinners. Mit denen müsse man sich bei Real Madrid jeden Tag herumschlagen. Auch im näheren Umfeld des Spielers schenkt man der Sache kaum Beachtung. Doch dann bricht ein paar Tage später Ronaldos Verletzung beim Länderspiel wieder auf. Nun macht „Pepe el brujo", der Verfasser des Briefs, den Betroffenen doch langsam Sorgen. Zumal der 57-Jährige aus Malaga, der nach eigenen Angaben 30.000 Euro für seine Arbeit an Cristiano bekommen hat, in seinen Interviews immer heftigere Drohungen ausspricht.

Im Oktober erklärt der Hexer aus Spanien gegenüber der portugiesischen Boulevardzeitung *Correio da Manhã*, dass Ronaldo nach der aktuellen Verletzung einen weiteren Rückschlag erleiden wird, „durch den er drei oder vier Monate lang aussetzen muss. Danach wird eine weitere Verletzung dafür sorgen, dass er nie wieder spielt." Aber wer auf der Welt bezahlt den Kerl, damit er dem Fußballer Schaden zufügt? „Eine junge Frau, die sich an Cristiano rächen will", behauptet der Schamane aus Spanien. „Sie ist keine Portugiesin, sie spricht kein Spanisch, aber sie ist jünger als 30 Jahre und stammt aus einer mächtigen Familie. Sie hatte eine Beziehung mit ihm und hat ihm ein paar hohe gesellschaftliche Türen geöffnet. Aber dann hat er Schluss gemacht." Die Medien graben daraufhin sofort wieder den Namen Paris Hilton aus, die amerikanische Hotelerbin, mit der Ronaldo im Sommer kurz vor seinem Wechsel nach Madrid ein Techtelmechtel gehabt haben soll. Vom Hexer wird das aber weder bestätigt noch dementiert.

Er behauptet außerdem, dass Cristianos Mutter Fernando Nogueira angeheuert habe, einen portugiesischen Zauberer aus Fafe, der mit weißer Magie arbeitet. Es beginnt ein bizarrer Kampf zwischen Schwarzer und Weißer Magie. Cristiano, der eigentlich nur wieder gesund werden wollte, muss sich nun auch noch Sorgen wegen eines Fluches machen, mit dem er scheinbar belegt worden ist. Fans zünden Kerzen zu seinem Wohle an und bitten die Jungfrau Maria, über Real Madrid zu wachen und den Portugiesen vor böser Hexerei zu schützen.

Als Nächstes folgt das Spiel gegen die AD Alcorcón in der Copa del Rey 2009/10. Alcorcón ist eine Schlafstadt mit 168.000 Einwohnern und liegt etwa 15 Kilometer vom Stadtzentrum Madrids entfernt. Der lokale Fußballverein und heutige Zweitligist, die Agrupación Deportiva Alcorcón, wurde 1971 gegründet und spielte 2009 noch in der Segunda División B, Spaniens dritter Liga. Am 26. Oktober also reist Real zum Hinspiel in der sogenannten Runde der letzten 32 gegen ebendiese AD Alcorcón im Stadion Santo Domingo. Der Unterschied zwischen den beiden Vereinen könnte größer nicht sein. Auf der einen Seite ein Etat von einer Million Euro jährlich, auf der anderen Seite 445 Millionen Euro. Auf der einen Seite verdient der bestbezahlte Spieler 6.000 Euro im Jahr und arbeitet nebenbei als Pizzabäcker, auf der anderen bezieht Ronaldo ein Salär von 13 Millionen Euro jährlich.

Neben dem immer noch verletzungsbedingt fehlenden Ronaldo stehen auch Iker Casillas, Sergio Ramos, Xabi Alonso oder Kaká nicht in der Startelf. Trotzdem ist Pellegrinis Mannschaft für besagtes Spiel mit Dudek, Arbeloa, Albiol, Metzelder, Drenthe, Granero, Guti, Diarra, van der Vaart, Raúl und Benzema immer noch gut aufgestellt. Das Ergebnis ist allerdings schier unglaublich: Alcorcón fegt den Gast mit 4:0 aus dem Stadion.

„Demütigung", „Historische Niederlage", „Peinlichkeit des Jahrhunderts", lauten die Schlagzeilen am nächsten Tag. Auf der Titelseite von *Marca* prangt ein Bild von Pellegrini mit den schlichten Worten: „Hau sofort ab!" Nicht einmal vier Monate ist es her, dass man den Trainer geholt hat, und doch wackelt schon sein Stuhl. Er sagt zwar, dass er nicht an Rücktritt denke, aber es gibt Gerüchte, dass man bereits nach einem Nachfolger suche. Kaum jemand glaubt noch, dass er die Weihnachtszeit überstehen wird.

Bereits nach den Niederlagen gegen Sevilla und den AC Mailand war der Coach heftig kritisiert worden, nun macht man ihm richtig Feuer. In den folgenden zwei Partien hat er jedoch Gelegenheit, sich zu bewähren. In der Liga geht es gegen Getafe, und in der Champions League steht das Rückspiel gegen Milan im San Siro an. Nach einem Sieg gegen den Lokalrivalen Getafe und einem Unentschieden in Mailand kann Pellegrini wieder etwas aufatmen.

Nachdem die Ärzte bestätigt haben, dass die Behandlung seines Knöchels nicht die erwünschten Resultate gebracht hat, fliegt Cristiano am 4. November zu Cornelis van Dijk nach Amsterdam. Der niederländische Mediziner ist Spezialist in Sachen Unfallmedizin und chirurgischer Orthopädie und kennt sich bereits mit Cristianos Knöchelproblemen aus. Er hat ihn schon einmal operiert: am 8. Juli 2008, nach Portugals Ausscheiden bei der EM 2008. Damals konnte Ronaldo vier Monate lang kein

Spiel bestreiten und zwei Monate lang nicht einmal am Mannschaftstraining von Manchester United teilnehmen.

Die ersten Gerüchte geben Grund zur Sorge. Es heißt, dass Cristiano erneut zwei oder drei Monate aussetzen muss. Die düsteren Weissagungen des Hexers Pepe scheinen sich zu bewahrheiten. Doch am Ende kommt es nicht ganz so dick. Nach gerade einmal 20 Tagen steht er im Bernabeú wieder auf dem Rasen. Zuvor kam es jedoch noch zum endgültigen Aus in der Copa del Rey – und zu einer heftigen Meinungsverschiedenheit zwischen Real Madrid und dem portugiesischen Verband.

Carlos Queiroz nämlich beruft Ronaldo für die Qualifikations-Playoffs zur WM 2010 gegen Bosnien-Herzegowina. Pellegrini zeigt durchaus Verständnis: „Natürlich will er dabei sein, und es ist auch nachvollziehbar, dass der Trainer ihn in der Mannschaft haben will. Aber man muss auch die medizinische Seite sehen. Das ist ziemlich blöd, sowohl für Portugal wie auch für den Spieler. Cristiano befindet sich in einer noch nicht abgeschlossenen medizinischen Behandlung." Das Management von Real, das sowieso nie wirklich verstehen konnte, weshalb man Ronaldo gegen Ungarn eingesetzt hat, verfasst einen Brief und drückt darin seine Bedenken aus. Unterschrieben ist er von Cristiano, Jorge Valdano, den Vereinsärzten und Professor van Dijk. Es wird ein harter Kampf, die Reise des Stars nach Lissabon zu verhindern.

Am Ende jedoch gewinnt der Klub: Cristiano bleibt zu Hause und setzt seine Reha fort. Allerdings ist er auch zum Rückspiel gegen Alcorcón am 10. November noch nicht wieder fit. Ohne ihn bringt es die Mannschaft gerade mal auf ein mageres Törchen. Das reicht bei Weitem nicht, die Niederlage aus dem Hinspiel wettzumachen. Damit ist der erste Titeltraum bereits zerplatzt.

Am 25. November schließlich wird Cristiano Ronaldo in der 70. Minute im Bernabéu gegen den FC Zürich für Raúl eingewechselt. Die Zuschauer feiern ihn wie einen Helden aus einem griechischen Epos, der nach langer Reise nach Hause zurückgekehrt ist. Für die Fans ist der verheilte Knöchel des Portugiesen der größte Grund zur Freude in dieser Champions-League-Begegnung, die mit einem 1:0 für Real endet. In den verbleibenden 20 Minuten sorgt Cristiano mit diversen Kabinettsstückchen und einem Schuss, der vom Schweizer Torwart Johnny Leoni nur mit Mühe abgewehrt wird, für einige Unterhaltung. Ronaldo ist definitiv wieder in Form.

Insgesamt hat er zehn Partien verpasst: sechs in der Liga, zwei in der Champions League und die beiden Pokalspiele gegen Alcorcón. Man schätzt, dass seine Auszeit den Verein 1,7 Millionen Euro gekostet hat. Vom Pokal mal abgesehen, ist zu diesem Zeitpunkt aber noch alles drin. Real führt die Tabelle der spanischen Liga mit einem Punkt vor dem FC Barcelona an und hat das Achtelfinale in der Champions League so gut wie sicher. Und bis zum Clásico, dem traditionsreichen Duell mit dem FC Barcelona, sind es nur noch vier Tage.

In Barcelona herrscht Regenwetter. Als Cristiano mit zurückgegeltem Haar zum Aufwärmen auf den Platz läuft, setzen die Zuschauer im Camp Nou zu einem Sprechchor an, den man dort neun Jahre zuvor nach Luís Figos Wechsel von Barça zu Real erdacht hat: „¡Ese portugués, qué hijoputa es!" – „Dieser Portugiese, was für'n Sohn einer Hure!" Diesen Reim wird man den ganzen Abend über hören. Ronaldo allerdings ignoriert die Schmähungen und konzentriert sich lieber auf das anstehende Spiel.

In der ersten Halbzeit spielt Real druckvoll, temporeich, effizient und mit brandgefährlichen Kontern. Eine ganze Zeit lang sieht es so aus, als hätte man die Partie im Griff – dank Kakás effektivem Spiel als zweite Spitze und dank Cristiano, der auf seiner Lieblingsposition agieren darf. Er ist es auch, der in der 30. Minute einen Angriff der „Königlichen" einleitet. „Lauf! Mach dich los!", schreit Pellegrini und springt von der Bank auf. Ronaldo befolgt die Anweisung des Trainers und läuft in eine Lücke zwischen Thierry Henry und Éric Abidal.

Marcelo passt auf Kaká, der sich gegen Dani Alves und Carles Puyol durchsetzt. Vor sich erkennt er eine Lücke und steckt durch auf Cristiano, der vollkommen frei ist – Piqué hat ihn völlig vergessen. Nun muss Cristiano nur noch Victor Valdés überwinden, der aus dem Tor läuft, um den Winkel zu verkürzen. Cristiano schießt mit dem rechten Innenrist und zielt aufs lange Eck, aber wegen seiner gerade überstandenen Verletzung wird es ein unbeholfener Schuss, der weiter in die Mitte geht als beabsichtigt. Barcelonas Torwart kann ihn problemlos entschärfen. Ein allgemeines Raunen der Erleichterung ist im Camp Nou zu hören.

Damit scheitert Ronaldo nun schon zum vierten Mal beim Versuch, einen Treffer gegen den ewigen Rivalen zu erzielen. In den 66 Minuten, die er bis zu seiner Auswechslung für Benzema auf dem Platz steht, stellt er jedoch seine aufsteigende Form unter Beweis. Er scheint kaum müde zu werden und hat keine Probleme, in die Zweikämpfe zu gehen. Doch in der zweiten Halbzeit lassen ihm die Katalanen immer weniger Räume. Nun kontrolliert Barça die Partie: Alves flankt auf den neu verpflichteten Zlatan Ibrahimović (der im Tausch für 45 Millionen Euro plus Samuel Eto'o von Inter Mailand gekommen ist), und der lässt Casillas bei seinem knallharten Schuss zum 1:0 keine Chance. Bei diesem Ergebnis bleibt es bis zum Schluss, und Barcelona erobert die Tabellenspitze mit nun zwei Punkten Vorsprung zurück. Doch vorbei ist damit noch lange nichts. Das Rennen um den Titel bleibt spannend, bis zum bitteren Ende am letzten Spieltag.

Am 6. Dezember folgt der nächste Rückschlag für Cristiano. Dieses Mal wird Lionel Messi zu „Europas Fußballer des Jahres" gewählt, und das mit großem Vorsprung: Er bekommt 473 Punkte, während auf Ronaldo nur 233 entfallen, was den zweiten Platz bedeutet. Ein Ergebnis, das sich am 21. Dezember im Opernhaus zu Zürich bei der Galaveranstaltung zur Verleihung des Titels des FIFA-Weltfußballers 2009 wiederholen soll. 1.073 Punkte erhält der kleine Argentinier, mehr als dreimal so viel wie Ronaldo, der es auf 352 bringt. Niemand kann Messi das Wasser reichen, insbesondere nicht nach Barças Wahnsinnsjahr, in dem die Katalanen sechs Titel holen konnten: die spanische Meisterschaft, die Champions League, die Copa del Rey, den spanischen Supercup, den UEFA-Supercup und die Vereins-Weltmeisterschaft. Im Januar endet die Serie der Katalanen zwar, als sie im Achtelfinale der Copa del Rey gegen den FC Sevilla ausscheiden. Trotzdem bleiben sie in der Liga weiterhin das Maß aller Dinge und bauen ihren Vorsprung vor Real auf fünf Punkte aus.

Cristiano dagegen macht am 25. Januar wieder von sich reden, und das nicht wegen seiner Tore. Real hat im Bernabéu den FC Málaga zu Gast, und der Portugiese glänzt zunächst als Druckmacher. Nach drei Ligaspielen ohne zählbaren Erfolg schießt er zwei spektakuläre Tore, mit denen er den Sieg sicherstellt. Dummerweise lässt er sich dann bei einem Zweikampf mit Patrick Mtiliga, der ihn am Trikot zieht, zu einem Ellbogencheck hinreißen. Resultat: glatt Rot.

Es ist schon seine zweite Rote Karte in dieser Saison. Bereits im Spiel gegen UD Almería kassierte er nach einem Tritt gegen Juanma Ortiz einen Platzverweis. Noch am gleichen Abend bittet er um Entschuldigung: „Das war eine Affekthandlung. Ich stand einfach voll unter Strom.

Ich entschuldige mich bei allen Beteiligten.“ Er wird für ein Spiel gesperrt und fehlt beim Duell gegen Valencia im Mestalla.

Die Ellenbogen-Aktion gegen Mtiliga war für ihn dagegen kein rotwürdiges Foul. Direkt im Anschluss sinkt Ronaldo auf die Knie und will den Zuschauern und dem Schiedsrichter demonstrieren, wie ihn der Gegner am Trikot gezogen hat. Und als Málagas Daniel Toribio ihm sagt: „Komm mit und guck dir an, was du mit meinem Mitspieler gemacht hast“, da entgegnet Ronaldo nur: „Was erzählst du da eigentlich? Du hast doch gar nicht gesehen, wie er mich festgehalten hat.“ Am Ende muss er schließlich trotzdem vom Platz, wenn auch unter Kopfschütteln.

„Ich darf mich ja kaum mal bewegen“, beklagt er sich später in den Medien. „Ich berühre den Gegner nur, und schon gibt es Rot. Aber so etwas ist kein Rot. Man kann das interpretieren, wie man will, aber wer etwas von Fußball versteht, der weiß, dass das kein Platzverweis war. Ich hatte überhaupt nicht vor, meinen Gegenspieler zu verletzen.“ Schiedsrichter Pérez Lasa hält dem entgegen: „Aus meiner Sicht war das eine Rote Karte, weil er den Gegner mit dem Arm im Gesicht getroffen und damit eine Blutung verursacht hat, weshalb er am Ende ausgewechselt werden musste.“ Aber Cristiano überzeugt das nicht. Er glaubt an eine Verschwörung gegen sich. „Ich habe das Gefühl, dass so etwas nur mir passiert, weil ich eben der bin, der ich bin“, meint er.

Nachdem er in der Kabine von Málaga gewesen ist, entschuldigt er sich bei dem Verteidiger und ist ganz geschockt, dass Mtiligas Nase tatsächlich gebrochen ist. Dennoch bleibt er bei seiner Sicht der Dinge. Für die Revolverblätter ist das Ganze natürlich ein gefundenes Fressen. Schnell steht fest, wer hier der Böse ist. Spaniens große Tageszeitung *El País* titelt: „Cristiano außer Kontrolle: Madrider räumen ein, dass der Portugiese kaum zu bändigen ist.“

Valter di Salvio, sein ehemaliger Konditionstrainer bei Manchester United, sieht das so: „Seine Karriere bei Real Madrid wird immer so verlaufen: hin und her zwischen den ganz großen und den ziemlich schwierigen Momenten. Das wird so bleiben, bis er sich irgendwann mal zurücklehnen und abschalten kann von der ganzen Anspannung in seinem Leben. Die ganze Zeit bemüht er sich, der Beste zu sein, weil die Leute genau das von ihm erwarten. Es ist schwierig, jemanden unter Kontrolle zu halten, der immer dermaßen unter Druck steht. In England stand er alle 14 Tage mal groß in der Presse, hier ist er ständig in den Tageszeitungen und hat noch die Zusatzbelastung, sich gegen Benzema und Kaká durchsetzen zu müssen."

Auch Jorge Valdano nimmt seinen Star in Schutz: „Das gehört zu seinem Charakter. Er geht völlig überreizt raus auf den Platz. Dadurch ist er aber auch in der Lage, ein Spiel zu drehen." Allerdings sieht das nicht jeder so. Im Lager von Real gibt es eine Menge Leute, die sein Ego bedenklich finden. Ganz abgesehen von der Tatsache, dass er nach gerade einmal zwölf Spielen in der Liga schon halb so viele Rote Karten wie während seiner fünf Jahre bei Manchester United bekommen hat.

Inmitten all dieser Diskussionen steht am 16. Februar das Achtelfinal-Hinspiel in der Champions League an. Madrid ist schon fünf Jahre lang nicht mehr über diese Runde hinausgekommen, entsprechend wichtig ist dieses Spiel. Obendrein soll das Champions-League-Finale am 22. Mai im Bernabéu ausgetragen werden. Welchen besseren Ort gäbe es, um den zehnten Titel im Landesmeisterwettbewerb zu feiern?

Der Gegner ist Olympique Lyon, der ehemalige Klub von Karim Benzema. Das Hinspiel findet im Stade Gerland statt, wo Real noch nie getroffen hat, dafür aber schon mit 0:2 und 0:3 nach Hause geschickt worden ist. Dieses Mal scheint alles anders zu sein, dank des Starensembles, das Florentino zusammengestellt hat. Doch am Ende steht ein total vergeigter Abend. Real schafft es nicht, sein übliches Spiel aufzuziehen, das in der Liga immer so leichtfüßig aussieht. Es fehlen die Ideen, um Claude Puels Truppe etwas entgegenzusetzen, die den Heimvorteil auf ihrer Seite hat, ein sehr körperbetontes Spiel spielt und dicht steht.

In der ersten Halbzeit bringen die „Königlichen" nur einen Schuss aufs Tor zustande, und der geht auch noch daneben. Beim Tor von Jean Makoun sind sie machtlos. Mit einem solchen Kracher ins linke obere Eck hatte noch nicht einmal Casillas gerechnet. Erst in der letzten Viertelstunde wachen Pellegrinis Männer auf und kommen auch mal gefährlich vor Hugo Lloris' Kasten. Der Franzose kann Cristianos Schuss jedoch mit einer Flugeinlage abwehren, bleibt anschließend auch im direkten Duell mit dem Portugiesen Sieger und wahrt am Ende seine weiße Weste.

Niemand zweifelt daran, dass Real das Ergebnis im Bernabéu noch drehen kann, aber man hat sich trotzdem in eine ziemlich blöde Lage gebracht. Vor dem Rückspiel macht Cristiano eine Ansage: „Wir werden von der ersten Minute bis zum Schlusspfiff alles geben. Wir müssen Lyon zeigen, dass wir im Bernabeú die Macht sind." Zumindest in der ersten Halbzeit klappt das. Real ist in bestechender Form und scheint kaum zu bändigen. Cristiano fegt über den Platz wie ein Wirbelwind, der durch nichts und niemanden aufzuhalten ist. Ja, der gesamte Angriff schafft es immer wieder, Löcher in die Abwehr Lyons zu reißen. Guti erkennt, dass Ronaldo sich zwischen Révellière und Cris Platz verschafft hat und vorstürmen will, ohne ins Abseits zu rennen. Er spielt auf den Portugiesen, der mit links abschließt. Der Ball geht zwischen Lloris' Beinen hindurch und landet im Gehäuse.

Der Treffer in der sechsten Minute ist nur der Auftakt zu einem Dutzend Chancen Reals. Zunächst sieht es so aus, als wenn Lyon mit einem Sack voller Gegentore die Heimreise antreten müsste. Doch es kommt anders. Das Ergebnis ist eine brutale Erinnerung daran, dass Geld allein keine Tore schießt. In der 75. Minute kann Miralem Pjanić ausgleichen, und Real fliegt zum sechsten Mal in Folge im Achtelfinale aus der Champions League. Ein Fiasko, auch wenn es zu der Zeit niemand im Verein zugeben will. Am nächsten Tag nehmen die Madrider Zeitungen kein Blatt vor den Mund. „Katastrophe", klagt *As*, während *Marca* Pellegrini nur mit der lapidaren Überschrift „Raus!" bedenkt. Bei *El País* heißt es: „Fußball kann man nicht kaufen: Lyon bringt das monströse Projekt von Florentino Pérez auf einen neuen Tiefpunkt."

Nun bleibt also nur noch die Liga, und da steht das direkte Duell mit Barça an. Der 31. Spieltag ist der Tag der Wahrheit: In Madrid treffen Real und Barcelona aufeinander. Nach dem Spiel verschwindet Cristiano ganz schnell durch die Mixed Zone und gibt nur einen Kommentar von sich: „Wenn eine Mannschaft gewinnt, dann deshalb, weil sie besser ist. Wir müssen die Kritik annehmen, die wir bekommen haben. Heute war Barcelona besser als wir, von dem Augenblick an, als sie das erste Tor geschossen haben."

Dieses erste Tor erzielt Lionel Messi, 40 Sekunden, nachdem Sergio Ramos ihm auf dem linken Flügel einen Schlag ins Gesicht versetzt hat. Der Argentinier schüttelt sich kurz, animiert Maxwell zu einer schnellen Ausführung des Freistoßes, bekommt den Ball, passt auf Xavi, von dem er den Ball in den Strafraum hinein zurückgespielt bekommt, und überwindet Casillas. Ein derber Rückschlag für die Träume der „Königlichen".

Bis zu seinem Tor war der kleine Argentinier beinahe nicht zu sehen. Er wirkte völlig verloren auf dem Platz und schien überhaupt nicht am Spiel teilzunehmen. Ganz anders Cristiano. Er bekommt unzählige lange Bälle, die er immer zu verarbeiten weiß, er gibt das Tempo vor, sucht die Zweikämpfe, misst sich ein ums andere Mal mit Piqué und treibt das Spiel nach vorn. Der Portugiese ist ständig präsent: mit Energie, Entschlossenheit und dem Willen, in diesem Spiel alles zu zeigen, was er draufhat. Doch dieses Mal zahlt sich das nicht so aus wie sonst, und sein Einsatz reicht nicht, um den Verlauf dieses Clásico entscheidend zu verändern. Das zweite Tor, erzielt von Pedro, entscheidet schließlich das Spiel. Messi und Pep Guardiola haben Ronaldo und Pellegrini geschlagen. Barça erobert die Tabellenspitze zurück und führt sie nun mit drei Punkten Vorsprung (80 zu 77) vor dem Rivalen an.

Doch Real gibt sich noch nicht auf. Am 35. Spieltag schreibt man Geschichte, als man den 29. Ligasieg in einer einzigen Saison einfährt. Das ist vor allem Cristiano zu verdanken, der die Mannschaft zusammenhält, ihr ein ums andere Mal aus der Patsche hilft und seinen Mannschaftskollegen den Druck nimmt. Indem er immer bis Schluss daran glaubt, ein Spiel noch drehen zu können, erinnert er an den legendären Juanito, der von 1977 bis 1987 für Real spielte. Ein gutes Beispiel dafür ist das Spiel gegen CA Osasuna Pamplona am 2. Mai, als Real zweimal einen Rückstand ausgleicht und am Ende noch durch ein Tor von Ronaldo in der 90. Minute gewinnt. Und auf zwei Messi-Dreierpacks in Folge gegen Valencia und Saragossa antwortet er mit einem eigenen Dreierpack gegen RCD Mallorca. Er allein hält den Druck auf Barcelona aufrecht, das gerade gegen José Mourinhos Inter Mailand aus der Champions League geflogen ist.

Vor dem vorletzten Spieltag trennt die beiden Fußballgiganten nur noch ein Punkt, während der drittplatzierte FC Valencia unglaubliche 25 Punkte hinter dem ersten Platz liegt. Erst am letzten Spieltag der Saison, am Sonntag, den 16. Mai, fällt die Entscheidung. Der FC Barcelona fertigt Real Valladolid mit 4:0 ab, während Real Madrid nicht über ein Unentschieden in Málaga hinauskommt. Barça holt damit den Titel und feiert damit sowohl die 20. Meisterschaft als auch den Rekord von 99 Punkten. Reals 96 Punkte sind immerhin neuer Vereinsrekord. Die gesamte Saison war geprägt von dem packenden Duell der beiden stärksten Mannschaften des Landes.

Obwohl er zwei Monate lang verletzungsbedingt pausieren musste, hat Cristiano Ronaldo 33 Treffer erzielt: 26 in der Liga (zum Vergleich: Messi schaffte 34), und sieben in der Champions League (Messi: acht). Insgesamt hat Real mit 102 Treffern sogar vier Tore mehr auf dem Konto als Barcelona. Cristiano hat einen überwältigenden Eindruck bei den Fans im Bernabéu hinterlassen. Außerdem hat er es geschafft, seine Mannschaftskollegen davon zu überzeugen, dass er ein besonderer Spieler ist. Wer im Vorfeld auch immer gedacht haben mag, dass Ronaldo eine selbstverliebte Diva ist, hat stattdessen einen bodenständigen, herzlichen und großzügigen Mann kennengelernt. Einen, der nicht davor zurückscheut, seine Meinung kundzutun, und der vor allem ein geborener Kämpfer ist.

Iker Casillas fasst zusammen, was man in der Umkleidekabine denkt: „Cristiano hat eine Siegermentalität. Man weiß immer, dass er in einer Partie dieses gewisse bisschen Mehr geben wird. Er hat die Gabe, den Gegner aus dem Gleichgewicht zu bringen. Er ist immer voll konzentriert." Kurzum: Er hat einem müde gewordenen Team die dringend benötigte Adrenalinspritze verpasst. Manuel Pellegrini ist ganz besonders beeindruckt. „Ich habe die Mannschaft ermuntert, für ihn zu spielen", sagt er, auch wenn das streng genommen nicht ganz stimmt.

Cristiano hat überdies jene Vereinsvorstände beruhigen können, die sich Sorgen machten, dass er dauernd um die Häuser zieht, ständig irgendwelche skandalösen Frauengeschichten am Laufen hat und jede Woche auf den Titelseiten der Boulevardblätter erscheint. Tatsächlich ist er kaum ausgegangen und hat sich als hundertprozentiger Profi erwiesen, der seine Pflichten gegenüber dem Verein über alles stellt. Hat er allerdings einen Tag frei oder Urlaub, sieht die Sache anders aus. Ja, und natürlich hat Cristiano auch die öffentliche Meinung gespalten. So gibt es die „Anti-Cristianos" und die überzeugten Anhänger, die ihre Ansicht jeweils mit Leidenschaft vertreten.

Am wichtigsten ist jedoch für den Verein, dass der teuerste Spieler in der Geschichte des Fußballs sich dank seines Images, seiner Torjägerqualitäten und guten Marketings als äußerst gewinnbringend erwiesen hat. Ronaldo konnte die beiden anderen „galaktischen" Verpflichtungen Florentinos, Kaká und Benzema, weit hinter sich lassen. Keiner dieser beiden hat die in ihn gesetzten Erwartungen erfüllt. Cristianos Bilanz ist dagegen eindeutig positiv.

Für Cristiano selbst allerdings nicht positiv genug. Er macht keinen Hehl daraus, dass er nicht zufrieden ist. „Ich bin traurig und frustriert, dass ich keinen einzigen Titel geholt habe", sagt er in seinem Saisonrückblick im Interview mit *Público*. „Wer Schuld hat? Wir haben doch alle unseren Teil dazu beigetragen. Aber es überrascht mich nicht, dass man Pellegrini die Schuld gibt. Fußball ist toll, folgt aber seinen ganz eigenen Regeln. Und eine Regel besagt, dass der Coach immer das schwächste Glied im Team ist. Das war immer so und wird immer so bleiben. Mehr kann man dazu eigentlich nicht sagen."

Ronaldo erklärt, dass die neue Mannschaft „noch im Aufbau" sei. „Es gab viele Neuverpflichtungen, und man kann nicht über Nacht ein Team daraus formen. Wir haben den einen oder anderen fantastischen Spieler, das ist unbestritten, aber unsere Mannschaft ist noch nicht so eine komplette Einheit und so eingespielt wie Barcelona." Über den Rivalen meint er dann noch: „Barcelona hat 99 Punkte in der Liga geholt. Es ist ja ganz klar, dass sie verdienter Meister sind. Jeder, der Fußball mag, wird zugeben, dass man ihre Leistung bewundern muss. Barcelona praktiziert sehr attraktiven Fußball, spielerisch sehr gut. Als Fußballbegeisterter würde ich ja lügen, wenn ich sagte, dass ich ihnen nicht gerne beim Spielen zugucke. Ich gucke denen gerne zu, aber ich gucke auch Real Madrid sehr gerne zu. Wir haben noch keine perfekte Mannschaft und sind noch nicht so aus einem Guss wie Barcelona, aber da werden wir noch hinkommen. Wir brauchen lediglich Zeit, um Titel einzufahren, und ich bin überzeugt, dass die kommende Saison vollkommen anders laufen wird."

Doch davor findet erst noch die Weltmeisterschaft in Südafrika statt. Eigentlich eine gute Gelegenheit, den Frust der abgelaufenen Spielzeit hinter sich zu lassen.

Kapitel 19

# Spanien - Portugal

## Die Weltmeisterschaft 2010

*„Ich sehe Spanien als Kandidaten für den Weltmeistertitel. Trotzdem habe ich vor denen keine Angst.“*

Ronaldos Torbilanz in der Qualifikation für die Weltmeisterschaft 2010 ist ernüchternd: Seit 15 Monaten hat er mit der *Selecção* nicht mehr getroffen. Doch das macht ihm keine Sorgen. Denn wie hatte einst Ruud van Nistelrooy bei Real Madrid zu Gonzalo Higuaín gesagt, um ihn etwas aufzurichten: „Tore sind wie Ketchup. Manchmal kommt nichts aus der Flasche, egal, wie sehr man sich auch anstrengt. Und dann kommt alles auf einen Rutsch.“ Auf der Pressekonferenz in Magaliesberg am 13. Juni – der ersten seit seiner Ankunft in Afrika – ist Cristiano, der Kapitän der Portugiesen, ganz entspannt. Lächelnd erklärt er, die Mannschaft sei „gut in Form, super vorbereitet und motiviert. Allen geht es gut, und ich freue mich, Teil dieser Truppe zu sein.“

Was seine eigene Leistung angeht, meint er: „Ich möchte auf dem Platz förmlich explodieren und der beste Spieler des Turniers werden. Damit meine ich nicht, dass ich unbedingt Torschützenkönig oder so werden will. Aber ich will alles geben, um der Beste zu sein. Das will ich immer. Ich will bei dieser WM eine wirklich gute Leistung bringen und glaube auch, dass mir das gelingen kann. Aber wenn ich hier ein gutes Turnier spielen und meine Mannschaft zu Erfolgen führen will, dann nicht, weil ich mich irgendwem noch beweisen müsste.“

In der Gruppe G spielen neben Portugal noch Brasilien, Nordkorea und die Elfenbeinküste. Ein harter Brocken. Für Cristiano die schwerste Gruppe im Turnier. Er glaubt, dass das Spiel gegen die Elfenbeinküste entscheidend ist: „Es ist extrem wichtig, mit einem Sieg in die WM zu starten.“ Übersteht Portugal die Gruppenphase, könnte man auf Spanien treffen. „Das wäre doch toll“, sagt Cristiano, als ihn die spanischen Medien zu dieser Aussicht befragen. „Das würde bedeuten, dass wir die Gruppenphase geschafft haben, und das ist ja unser vorrangiges Ziel.

Danach schauen wir weiter. Spanien gehört zu den Favoriten. Ich sehe Spanien als Kandidaten für den Weltmeistertitel. Die haben eine tolle Mannschaft. Trotzdem habe ich vor denen keine Angst. Sollten wir auf sie treffen, werden wir versuchen, gegen sie zu gewinnen. In der K.o.-Phase ist alles möglich."

In der Tat übersteht Portugal die Gruppenspiele – ungeschlagen und als einziger der 32 WM-Teilnehmer ohne Gegentreffer. Es ist die Fortsetzung einer fantastischen Serie: In elf Spielen hat Portugal gerade einmal ein Gegentor kassiert (in einem Freundschaftsspiel gegen Kamerun) und ist seit 18 Partien ungeschlagen. Carlos Queiroz, Portugals Nationaltrainer, hat eine extrem stabile Verteidigung aufgebaut. Außerdem hat Torwart Eduardo im positiven Sinne überrascht. Er ist kaum zu überwinden.

Zu Buche stehen ein 0:0 gegen die Elfenbeinküste, ein 7:0 gegen Nordkorea und ein 0:0 gegen Brasilien. Mit fünf Punkten auf dem Konto rangiert Portugal als Gruppenzweiter nur hinter dem fünfmaligen Weltmeister Brasilien. Am 29. Juni trifft man im Green Point Stadium in Kapstadt auf Spanien. Die Spanier sind in ihrer Gruppe H trotz einer Niederlage gegen Ottmar Hitzfelds Schweizer im Auftaktmatch Erster geworden. Damit kommt es zu genau dem Duell, das die vielen Experten vor dem Turnier vorausgesagt hatten.

Portugal gegen Spanien ist eine besondere Partie. Das liegt nicht nur daran, dass beide große Mannschaften sind und auch nicht nur an der typischen Rivalität zweier Nachbarländer. Das Duell der iberischen Halbinsel ist „an Intensität vergleichbar mit Argentinien gegen Brasilien", wie Queiroz erklärt. Die beiden Länder sind noch nie zuvor bei einer WM aufeinandergetroffen. Von den 32 Spielen gegeneinander hat Spanien 15 für sich entschieden, Portugal hat fünf gewonnen, und zwölfmal gab es ein Unentschieden. Bei der EM 2004 konnte Portugal die Spanier noch mit einem 1:0 aus dem Turnier schießen. Sechs Jahre später hat Spanien nun Gelegenheit, sich zu revanchieren.

Und dann ist da ja noch Cristiano, der die spanischen Abwehrspieler bereits in der heimischen Liga terrorisiert und Begegnungen im Alleingang entschieden hat. Er ist der Anführer der portugiesischen Mannschaft und gemeinsam mit Messi der Star der Weltmeisterschaft. Es stimmt zwar, dass er in Länderspielen bisher hinter seinen Leistungen im Verein zurückgeblieben ist und den Fans noch nicht hat zeigen können, womit er die spanischen Zuschauer in seinem ersten Jahr bei Real verzückte. Allerdings hat er in Südafrika seine Torflaute im Spiel gegen Nordkorea beenden können und den sechsten der sieben portugiesischen Treffer erzielt, der auch noch großen Unterhaltungswert besitzt: Beim Versuch, den Torwart Ri Myong-Guk an der Strafraumgrenze zu überwinden, springt der Ball von dem Koreaner auf Cristianos Nacken, der ihn von dort im Laufen auf den Kopf rollen lässt, dann auf seinen Fuß legt und schließlich einschiebt. Von der FIFA wird Ronaldo nach jeder der drei Gruppenbegegnungen zum „Spieler des Spiels" ernannt. Im anstehenden Spiel gegen Spanien gilt er als die größte Gefahr für den Gegner.

Spaniens Trainer Vicente del Bosque findet anerkennende Worte für den Star der Portugiesen, sagt aber auch: „Wir werden uns nicht wegen Cristiano verrückt machen. Wir müssen uns auf das gesamte portugiesische Team konzentrieren. Die haben sowohl in der Defensive als auch in der Offensive eine sehr reife Leistung gezeigt. Sie sind in Top-Form zu dieser WM gereist und werden sich nicht die Butter vom Brot nehmen lassen." So sieht das auch Cesc Fàbregas. Er erklärt in einem Interview mit *El País*: „Portugal ist viel mehr als nur Cristiano Ronaldo. Die sind stark, können verdammt gut kontern, und mit ihrer Verteidigung ist nicht zu spaßen. Alves ist Kapitän in Porto, Carvalho hat sich bei Chelsea einen Namen gemacht ..."

Doch für die spanischen Fans ist Portugal in erster Linie Ronaldo. Sie sind unglaublich gespannt darauf, wie sich Ronaldo gegen seine Madrider Mannschaftskollegen Sergio Ramos und Iker Casillas sowie gegen Barças Verteidiger Piqué und Puyol schlagen wird. Mit Letzteren hat er sich bereits mit Manchester United und in der vergangenen Saison mit Real Madrid einige denkwürdige Duelle geliefert. In der spanischen Abwehr wird er von allen gefürchtet.

Álvaro Arbeloa hat während seiner Zeit beim FC Liverpool gegen ihn gespielt: „Es gibt keine Zauberformel, wie man Cristiano ausbremsen könnte. Genau deshalb gehört er ja auch zu den besten Spielern der Welt. Die meisten Leute schaffen es nicht, ihn aufzuhalten. Wenn er in die Nähe des Strafraums kommt, darf man ihm nicht von der Pelle rücken und muss versuchen, ihn am Abschluss zu hindern. Gibt man ihm Raum zum Laufen, wird er einen extrem unter Druck setzen. Gegen seine Sprints ist kein Kraut gewachsen." Der spanische Kapitän und Real-Torwart Iker

Casillas kennt Cristianos Technik und Schussstärke aus dem Effeff und kommt zu einem ähnlichen Schluss wie sein Mannschaftskamerad: „Wenn ein Spieler wie er gut drauf ist, ist es fast unmöglich, ihn aufzuhalten."

Doch nicht nur der Gegner weiß um seine Fähigkeiten. Beim Wettbüro William Hill steht die Quote 1:7, dass er gegen Spanien trifft – die beste Quote aller portugiesischen Spieler und das, obwohl Portugal nicht als Favorit auf den Sieg gilt. Was das angeht, liegen die Quoten der Buchmacher bei 2,62 zu 1,44 zugunsten der Spanier.

„Sie können trotzdem gewinnen, auch ohne Favorit zu sein", sagt Südafrikas Rugby-Kapitän und Weltmeister von 1995 Francois Pienaar. Der Mann, der Clint Eastwood zu seinem Film *Invictus* mit Matt Damon und Morgan Freeman in den Hauptrollen inspiriert hat, besucht die portugiesische Mannschaft am Abend vor dem Spiel, um Cristiano und seine Kollegen noch einmal zu motivieren. Carlos Queiroz hat ihn eingeladen, um mit den Spielern zu sprechen. Für ihn „ist er ein Symbol Südafrikas – der Mann, der das erste gemeinsame Team aus Schwarzen und Weißen anführte. Eine Mannschaft, die Außenseiter war und trotzdem Weltmeister wurde. Er steht für den Gedanken, dass alles möglich ist."

Das iberische Derby findet vor der beeindruckenden Kulisse von 62.955 Zuschauern im Green Point Stadium statt, das landschaftlich reizvoll vor dem imposanten Tafelberg liegt. Als zentraler Stürmer spielt Hugo Almeida, was Ronaldo auf dem Flügel alle Freiheiten lässt. Der Kapitän der Portugiesen hat sich endlich gegen Queiroz durchgesetzt und steht nun auf seiner bevorzugten Position. Nach dem Duell gegen Brasilien, in dem er Mittelstürmer spielte, hatte Cristiano versucht, diplomatisch zu bleiben: „Der Chef weiß ja, dass ich nicht gerne zentral in der Spitze spiele. Das ist einfach nicht meine Lieblingsposition. Aber wichtig ist ja vor allem, dass wir weitergekommen sind", erklärt er. Und der Trainer meint dazu: „Wenn wir Cristiano im Tor gebraucht hätten, wäre er auch ins Tor gegangen." Nichtsdestotrotz lässt er ihn gegen Spanien dort spielen, wo er sich am wohlsten fühlt.

Der spanische Trainer entscheidet sich für dieselbe Startaufstellung wie beim Sieg gegen Chile. Xabi Alonso ist wieder fit, und Vicente del Bosque setzt erneut auf Fernando Torres als Sturmpartner von David Villa. Als die Nationalhymnen erklingen, bleibt Cristiano still. Ein schlechtes Omen, wie sich herausstellen soll. Das Spiel verläuft katastrophal für ihn: Er bringt es auf gerade einmal vier Schüsse, davon zwei aufs Tor. In der 16. Minute landet ein Freistoß sicher in den Armen von Casillas. In der 27. Minute versucht er es auf die gleiche Weise aus knapp 30 Metern noch einmal. Der spanische Kapitän kann den Ball zwar nicht vollständig unter Kontrolle bringen, doch zum Glück für ihn sind die portugiesischen Angreifer außer Reichweite.

Davon abgesehen schlägt Cristiano zwei Flanken in den Strafraum, wird einmal gefoult und setzt zweimal vergeblich zu einem Dribbling an. Viel mehr kommt nicht. Er beginnt auf Rechts, wechselt später auf Links und schließlich ins Zentrum, nachdem Queiroz den bei St. Petersburg spielenden Danny für Almeida gebracht hat. Doch wo auch immer Cristiano spielt, er kann keine Akzente setzen. Capdevila, Sergio Ramos und Puyol melden ihn mit Unterstützung von Villa, Busquets und Xabi Alonso komplett ab. „Sie haben es geschafft, dass Ronaldo kaum aufgefallen ist. Sie haben ihn aus dem Spiel genommen", erklärt del Bosque hinterher. „Das ist aber mehr ein Kompliment an meine Spieler als eine Kritik an Cristiano."

Beim Halbzeitpfiff, Spielstand noch 0:0, macht sich Cristiano als Erster auf in die Kabine. Er ist nicht glücklich mit der Spielweise der Mannschaft: zu konservativ und zu vorsichtig, nicht entschlossen genug und viel zu sehr in der eigenen Hälfte gefangen. Er ist überhaupt nicht zufrieden damit, wie sich die ersten 45 Minuten entwickelt haben.

In der zweiten Halbzeit, nach David Villas Tor in der 67. Minute, sieht man ihn alleine dastehen: die Hände in den Hüften, den Blick Richtung Bank, als würde er um Rat und Hilfe bitten, um den Lauf der Partie noch einmal zu drehen. Doch Carlos Queiroz weiß auch keine Antwort. Beim Schlusspfiff darf sich Spanien über den Einzug ins Viertelfinale freuen. Portugals Torhüter Eduardo, der zwar Wundertaten vollbracht hat, aber bei Villas zweitem Schussversuch machtlos war, sitzt auf dem Boden und weint bitterlich. Iker Casillas nimmt ihn in den Arm.

Cristiano hingegen entfernt sich von seiner geschlagenen, tieftraurigen Mannschaft. Die spanischen Fans und sogar ein paar portugiesische Anhänger buhen ihn aus. Die Kamera verfolgt, wie er mit ausdruckslosem Gesicht Richtung Kabine geht. Mit einem Mal dreht er sich um und spuckt aus – es bleibt ungeklärt, ob auf den Kameramann oder auf den Boden. Auf jeden Fall ist es eine hässliche Geste. Die Zeitungen aus

Barcelona beschäftigen sich ausführlich damit und üben harsche Kritik am Verhalten des Real-Spielers. Auch seine spitze Bemerkung nach dem Spiel sorgt für viel Ärger: „Wie soll ich Portugals Ausscheiden erklären? Fragt doch Carlos Queiroz." Nicht gerade, wie sich ein Kapitän von einer WM verabschieden sollte.

Der Trainer nutzt die Pressekonferenz, um darauf eine Antwort zu geben: „Wenn das Trikot für irgendjemanden zu klein ist, muss er nicht dabei sein. Solange ich die Nationalmannschaft leite, ist hier niemand etwas Besseres." Doch als man ihn fragt, ob er das so wichtige Kapitänsamt vielleicht nicht an Cristiano hätte geben sollen, reagiert er verärgert: „Diese Frage stellt sich nicht. Er ist unser Anführer, unser Kapitän. Ich glaube an ihn." Portugals ehemaliger Kapitän Luís Figo sieht das anders: „Auch im Fall eines Ausscheidens oder Misserfolgs muss sich ein Kapitän stets vor seine Mannschaft stellen. Auch dann, wenn man dadurch selber schlecht dasteht. Er muss dies für seine Mannschaft auf sich nehmen."

José Mourinho, Cristianos neuer Trainer bei Real Madrid, verteidigt hingegen seinen Spieler in einer Erklärung gegenüber der portugiesischen Nachrichtenagentur: „Bei mir wird Cristiano nicht die ganze Verantwortung tragen müssen. In meinen Mannschaften gewinnt man zusammen, und wenn wir verlieren, verliere immer ich. Deshalb kann Ronaldo ganz entspannt sein und seinen Urlaub genießen. Ich werde nicht zulassen, dass man ihm den ganzen Druck auferlegt. Man wird zwar ein Großer, weil man besser ist, aber jeder braucht auch die Unterstützung seiner Mannschaft. Und Portugal hat verloren, weil Spanien besser war."

Auch der allseits geachtete Trainer Jorge Jesus von Benfica Lissabon stellt sich auf Cristianos Seite und erklärt, dass dessen Äußerungen ganz normal seien. „Und es geht nicht nur darum, wie ihn unsere Zeitungen behandeln und ob sie ihn richtig würdigen. Denn in Spanien ist er ein Spieler, der verehrt und respektiert wird. Hier in Portugal nicht ganz so, aber so sind die Portugiesen nun mal."

Doch abgesehen von diesen Fürsprechern, sorgt sein Verhalten für eine Menge Unruhe. Schließlich veröffentlicht Jorge Mendes' Büro im Namen des Spielers eine Erklärung, die an die gesamte Presse geht: „Ich leide, und ich habe das Recht, alleine zu leiden. Als ich gesagt habe, dass die Leute den Trainer fragen sollen, dann deshalb, weil er gerade in der Pressekonferenz saß und ich mich nicht in der Lage sah, Erklärungen abzugeben.

Ich habe meine Verantwortung als Kapitän stets ernst genommen und werde das auch weiterhin tun. In dem Moment allerdings hätte ich nicht mehr als drei oder vier zusammenhängende Sätze rausgebracht. Ich hätte nie gedacht, dass ein solch simpler Kommentar eine solche Reaktion nach sich ziehen würde. Bitte suchen Sie nicht nach Geistern, wo keine sind."

Was den teuersten Spieler der Welt, den Kapitän der Nationalmannschaft, den Superstar, der bei Sporting, Manchester United und Real Madrid 159 Tore erzielte, wirklich verfolgt, ist seine wenig erfreuliche Bilanz bei den Weltmeisterschaften. In Deutschland hatte man ihn von der Kritik noch ausgenommen, weil er erst 21 Jahre alt war und Portugal ohnehin eine gute Leistung ablieferte. Dennoch bestand sein Beitrag damals lediglich aus Strafstoßtoren gegen den Iran und gegen England.

In Südafrika ist er in allen vier Spielen über die gesamte Zeit zum Einsatz gekommen und schoss 21-mal aufs Tor. Damit liegt er hinter Messi und dem Ghanaer Asamoah Gyan auf Platz drei, hat aber trotzdem nur ein Tor erzielt. Von dem grandiosen Fußballspieler, dem Top-Athleten, der niemals aufgibt und stets den Sieg will, war wenig zu sehen. „Hat das Spielsystem Cristiano gehemmt oder konnte er einfach nicht mehr geben?", fragt die Lissaboner Sportzeitung *Record*. Die Frage ist berechtigt. Die Antwort darauf wird vielleicht die EM 2012 bringen.

## Kapitel 20

# Vaterschaft

### Cristiano Junior

*„Natürlich wechsele ich die Windeln meines Sohnes. Klar, Mann, es ist nicht das Schönste, was ich mir vorstellen kann, aber ich mache es.“*

„Mit großer Freude und Ergriffenheit teile ich mit, dass ich vor kurzem Vater eines kleinen Jungen geworden bin. Wie mit der Mutter des Babys vereinbart, die ihre Identität gerne unter Verschluss halten möchte, werde ich das alleinige Sorgerecht für meinen Sohn ausüben. Weitere Informationen in dieser Angelegenheit werden nicht öffentlich gemacht, und ich bitte jeden, mein Recht (und das des Kindes) auf Privatsphäre uneingeschränkt zu respektieren, zumindest in so persönlichen Dingen wie diesen.“

Am 3. Juli 2010 verkündet Cristiano Ronaldo über Facebook und Twitter, dass er Vater geworden ist. Mit seiner Erklärung, die nur wenige Tage nach Portugals Ausscheiden aus der WM in Südafrika kommt, verblüfft er die ganze Welt. Es ist eine absolute Überraschung, weil niemand überhaupt eine Ahnung hatte, dass Ronaldo sich in einer längeren Beziehung befand, geschweige denn, dass ein Kind unterwegs war.

Die letzten Bilder, die den Spieler gemeinsam mit einer Frau zeigen, sind im Mai gemacht worden, als die Paparazzi Ronaldo und Irina Shayk auf einem Luxusschiff vor Korsika vor die Linse bekamen. Allerdings sah Irina nicht schwanger aus, und die Ankunft von Cristianos Nachwuchs scheint sie auch nicht gerade zu beglücken. Am Tag, nachdem die Neuigkeit um die ganze Welt ging, schreibt das Model auf Facebook und Twitter: „Warum hast du das getan? Du hast ein Kind mit einer anderen Frau und mir nichts davon erzählt. Du hast mir das Herz gebrochen. Danke, dass du mich zum Weinen bringst.“

Doch die Nachricht ist eine Fälschung. Die russische Model-Agentur veröffentlicht eine Erklärung, um den Spekulationen ein Ende zu bereiten: „Leider haben es sich gewisse Elemente herausgenommen, falsche Seiten ins Netz zu stellen oder aus irgendeinem Grund falsche Meldungen zu schreiben. Frau Shayk hat ihren Twitter-Account so lange gesperrt, wie solche Gerüchte im Umlauf sind."

Alle Spekulationen beendet schließlich die gegenseitige Zuneigung, die das Paar zeigt und die verdeutlicht, dass die Beziehung intakt ist. Man sieht Ronaldo und Irina gemeinsam in New York, nachdem Ronaldo die Ankunft seines Sohnes öffentlich gemacht hat. Der Fußballstar geht shoppen und entspannt sich, während seine Freundin sich gemeinsam mit einigen anderen Models in das New Yorker Nachtleben stürzt. Man sichtet sie beim Kuscheln am Pool ihres Hotels in Manhattan und beim Abendessen in einem teuren Restaurant. Fotos und Insiderquellen bestätigen, dass sie immer noch zusammen sind und es offenbar keine Geheimnisse oder schlechte Stimmung zwischen den beiden gibt.

Und was ist mit dem Baby? Nun, es befindet sich in Vilamoura an der Algarve und wird von Ronaldos Mutter Dolores gehütet. Seine Schwester Cátia verbringt ihren Sommer ebenfalls dort und verrät: „Cristiano ist sehr, sehr glücklich. Welcher Vater wäre das nicht?" Was das Baby angeht, fügt sie noch hinzu: „Es hat dunkle Augen und braunes Haar, ganz wie Cristiano, und ist ziemlich ruhig. Es isst und schläft einfach nur."

Portugals Fernsehkanal *RTP* gibt bekannt, dass der Sohnemann Cristiano Junior heißt und er bei der Geburt 53 Zentimeter groß und 4.300 Gramm schwer gewesen sei. Zur Welt gekommen ist er am 17. Juni, zwei Tage nach dem Spiel seines Vaters mit der Nationalmannschaft gegen die Elfenbeinküste in Südafrika. Keine Frage, das sind wichtige Informationen, aber was die britischen Revolverblätter, die Promi-Magazine und die portugiesischen Medien eigentlich interessiert, ist die geheimnisvolle Mutter. Wer ist sie? Weshalb hat sie das Sorgerecht für das Kind abgegeben? Ein unglaubliches Gerücht jagt das nächste.

Die portugiesische Tageszeitung *Diário de Notícias* behauptet, dass das Kind einer künstlichen Befruchtung im Jahr zuvor in San Diego entstammt und mithilfe einer amerikanischen Leihmutter ausgetragen wurde – etwa um die Zeit, als der Fußballer im Urlaub in Kalifornien weilte und dabei gesichtet wurde, wie er seinen Transfer zu Real Madrid gemeinsam mit Paris Hilton bei einer Privatparty in Los Angeles feierte. Nach Angaben der Zeitung seien Dolores, Cátia und Cristianos zweite Schwester Elma in die Staaten geflogen und hätten sich um die juristischen Dinge gekümmert, damit das Baby schließlich mit nach Portugal genommen werden konnte.

Die Boulevardzeitung *Correio da Manhã* schreibt, dass Cristiano Ronaldo für das Baby bezahlt habe, während Englands *Sun* behauptet, dass der Spieler nicht weniger als 16 Millionen Euro auf den Tisch gelegt haben soll, um das Schweigen der Mutter zu erkaufen und dafür zu sorgen, dass sie auf das Besuchsrecht für das Kind verzichtet. Andere portugiesische Medien glauben, dass Cristiano Junior das Ergebnis eines One-Night-Stands sei und die junge Mutter nichts mit dem Baby zu tun haben wollte.

Damit ist das Schmierentheater allerdings noch nicht vorbei. Sechs Monate nach der Geburt verkündet Englands Boulevardblatt *Daily Mirror*, dass man die Identität der Frau enthüllt habe, die den Sohn von Ronaldo zur Welt gebracht hat. Der Zeitung zufolge sei sie eine 21-jährige Studentin aus London. Diese Theorie stützt auch Cristianos Ex-Freundin Nereida Gallardo in einem Interview mit einem spanischen Fernsehsender. Das Model aus Mallorca erklärt, dass das Mädchen sie einige Monate vor der Geburt auf Facebook kontaktiert und behauptet habe, dass sie Cristianos Kind erwarte. Nereida zeigt sich wenig überrascht, dass das Baby einem One-Night-Stand entstammen könnte, da Ronaldo angeblich ungern Kondome benutze.

Und sie fügt noch hinzu, dass es wohl einen Vertrag zwischen Cristiano Ronaldo und der jungen Frau gebe, der die Mutter zur Verschwiegenheit bezüglich ihrer Identität verpflichte. Sie dürfe noch nicht einmal ihrer eigenen Familie gegenüber erwähnen, dass sie dem Baby das Leben geschenkt hat. Laut der englischen Boulevardpresse soll der Vertrag außerdem festhalten, dass das Sorgerecht für den Jungen vollständig an den Spieler übergeht und das Mädchen dafür einen großzügigen finanziellen Ausgleich in Höhe von mehr als elf Millionen Euro erhält.

Einige Monate später behauptet die Presse, dass „die Teenagerin“ es bereue, das Sorgerecht für das Kind abgegeben zu haben, und nun darum kämpfen wolle, es zurückzubekommen. Sie würde immer wieder Cristiano anrufen, um ihn umzustimmen, und sie habe ihm auch angeboten, das gesamte Geld zurückzuzahlen, um im Gegenzug ein Besuchsrecht für den Jungen zu bekommen. Dem Mädchen angeblich nahestehende Personen erzählen den Medien: „Sie fühlt sich so, als hätte sie ihre Seele verkauft. Sie lebt wie eine Millionärin, aber sie wird ihren Freunden und ihrer

Familie nie von den wahren Geschehnissen erzählen können. Dadurch fühlt sie sich extrem einsam."

Doch die Sache nimmt erneut eine Wendung. In einem Interview mit der *Sun* erklärt Cristianos Schwester Cátia: „Es gibt keine Frau, die anruft. Es gibt keine Mutter, und es gibt auch keine Anrufe", sagt sie. „Die Mutter ist verstorben. Das Baby hat keine Mutter mehr. Das Kind gehört uns. Ich werde nichts dazu sagen, wie es auf die Welt kam, aber ich kann Ihnen versichern, dass es meines Bruders Sohn ist, mein Neffe, unser Fleisch und Blut. Meine Mutter ist nun seine Mutter – sie kümmert sich 24 Stunden am Tag um ihn."

Die ersten, exklusiv in der portugiesischen Fernsehzeitschrift *TV Mais* veröffentlichten Fotos des kleinen Cristiano zeigen ihn in den Armen seiner Großmutter. Das Gesicht des Babys ist bewusst verpixelt. Trotzdem kann man ein Kind mit dunkler Hautfarbe erkennen, das seinem Vater ähnlich sieht. Großmutter Dolores kümmert sich in Cristianos Haus in Madrid um ihn. Am 8. Dezember 2010 nimmt sie ihn mit ins Bernabéu, damit er zum ersten Mal seinen Vater spielen sehen kann. Ronaldo hat seinem Sohn bereits einige Tore gewidmet. Doch dies ist eine besondere Gelegenheit. Als er in der 50. Minute Reals zweites Tor des Abends gegen AJ Auxerre im Champions-League-Gruppenspiel erzielt, tut er, als würde er an einem Schnuller nuckeln, und winkt in Richtung seiner Privatloge. Die Kameras erhaschen einen kurzen Blick auf den Jungen, und in dem Moment steht auf einmal Cristiano Junior anstelle seines Vaters im Rampenlicht. Alle Augen im Stadion sind auf das Baby gerichtet.

Kurz darauf bricht Cristiano in einem Interview mit *Real Madrid TV* das Schweigen über seine Vaterschaft. Er gesteht, dass seine Rolle als Vater ihn verändert habe: „Es ist eine andere Art von Verantwortung. Ich bin immer noch im Lernprozess. Es ist ein Gefühl, das ich nicht so leicht in Worte fassen kann. Morgens aufzuwachen und jemanden zu sehen, der dein eigenes Fleisch und Blut ist, ist faszinierend. Es ist ein ganz besonderer Abschnitt in meinem Leben. Ich fühle mich sehr wohl, denn ich bin immer besser drauf, wenn alles gut läuft – in meiner Familie, meinem Verein, bei meinen Freunden."

Er plaudert auch aus, dass er kein Problem damit habe, seinen Aufgaben als Vater nachzukommen: „Natürlich wechsele ich die Windeln meines Sohnes. Klar, Mann, es ist nicht das Schönste, was ich mir vorstellen kann, aber ich mache es." Er spricht über die Zukunft, die Aussicht auf vielleicht noch weitere Kinder und was er sich von seinem Sohn erhofft, wenn dieser einmal groß ist: „Ich fände es toll, wenn er Fußball mögen und mein Nachfolger werden würde. Aber warten wir erst mal ab." Und er erzählt noch, dass Cristiano Junior gewöhnlich ohne Probleme einschlafe. Doch einmal habe er vor einem Spiel seines Vaters den ganzen Tag lang geschrien, und man habe ihn nicht beruhigen und zum Einschlafen bringen können, bis er seinen Vater ein Tor habe schießen sehen.

Unmittelbar nach Abschluss der Saison 2010/11 und vor einem Einsatz in der portugiesischen Nationalmannschaft fliegt Cristiano zu einem Kurzurlaub nach Madeira. Zum ersten Mal übernimmt er ganz die Vaterrolle. Ein Beitrag in den portugiesischen Fernsehnachrichten *Jornal da Tarde* zeigt, wie Cristiano, seine Freundin Irina und seine Mutter Dolores am Flughafen von Funchal ankommen. Ronaldo hat den kleinen Jungen auf dem Arm. Kurz darauf, im Auto, hält dann das russische Model den Kleinen. Cristiano Junior hat dunkelbraune Haut und Haare und trägt ein keck nach hinten geschobenes Mützchen sowie ein marineblaues Oberteil. Ein sehr glamouröser Stil, ganz wie der Vater.

Einige Tage darauf, am 17. Juni, dem ersten Geburtstag, wird in der Kirche Capela da Senhora do Ar in Alcochete die Taufe des kleinen Ronaldo gefeiert, gemeinsam mit der seines Cousins Dinis, des Sohns von Cátia. Taufpate von Cristiano Junior ist Jorge Mendes. Beim Gottesdienst und der anschließenden Feier in der Moita, dem Haus der Schwester, ist die gesamte Familie dabei. „Es war ein sehr schöner Augenblick", sagt Cátia, „und die Kinder haben sich ganz fabelhaft verhalten."

## Kapitel 21

# 53 Tore

## Die Saison 2010/11

*„Über 50 Tore zu schießen, ist nicht leicht, und persönlich freue ich mich schon sehr darüber. Aber ich bin nicht rundum zufrieden, weil ich eigentlich mehr Titel holen wollte."*

Er ist kein Mittelstürmer. Mourinho hat ihn nie als solchen betrachtet und ihn so gut wie nie auf dieser Position spielen lassen. Trotzdem bricht Ronaldo diverse Rekorde der spanischen Fußballgeschichte. So schießt er in der Saison 2010/11 insgesamt 53 Tore in der Liga, der Copa del Rey und der Champions League. Er erreicht als erster Spieler in der Geschichte der Primera División die 40-Tore-Marke, sichert sich den Goldenen Schuh der UEFA und festigt seinen Ruf als Tormaschine. Von den Treffern in der spanischen Meisterschaft hat er 28 mit rechts, acht mit links und vier mit dem Kopf erzielt; davon waren sechs Schüsse von außerhalb des Strafraums, acht kamen vom Elfmeterpunkt, und vier resultierten aus direkten Freistößen.

Am 21. Mai, dem letzten Spieltag, braucht er gerade einmal fünf Minuten, um den ersten Treffer gegen UD Almería zu erzielen. In der zweiten Hälfte schießt er ein weiteres Tor und sorgt für ausgelassene Stimmung im Bernabéu. Die Fans skandieren seinen Namen. Ronaldo reißt die Arme in die Höhe und blickt in Richtung der Loge, in der seine Familie und Freunde sitzen. Er hat soeben sein 40. Ligator in 34 Spielen erzielt.

„Manche sagen, es seien 41 Treffer gewesen, andere 40. Pepe kriegt einfach ein Tor ab", scherzt Cristiano nach dem Spiel, Endstand: 8:1. Damit bezieht er sich auf einen seiner Freistöße, der am dritten Spieltag beim Auswärtsspiel gegen Real Sociedad San Sebastián vom Rücken des Real-Verteidigers abgeprallt und im Netz gelandet war. Ein Tor, das die einen Ronaldo zuschlagen, andere wiederum Pepe. Doch das sind eher unwichtige Details. Fakt ist, dass niemand im spanischen Fußball bisher solch eine Leistung vollbracht hat. Cristiano hat die Rekorde von Athletic

Bilbaos Zarra (1950/51: 38 Tore in 30 Ligaeinsätzen) und des Mexikaners Hugo Sánchez von Real Madrid (1989/90: 38 Tore in 35 Ligaeinsätzen) gebrochen. Sánchez hatte damals im Schnitt alle 80 Minuten getroffen, Zarra alle 71,05 Minuten und Ronaldo alle 72 Minuten.

„Cristiano hat eine echte Meisterleistung abgeliefert. Wer 40 Tore schießt, ist eine tödliche Waffe", erklärt Real Madrids Sportdirektor Jorge Valdano daraufhin. „Die Zuschauer sind heute gekommen, um zu sehen, wie er Geschichte schreibt. Er ist ein fantastischer Spieler." Selbst in den letzten vier Ligaspielen, als Barcelona die Meisterschaft bereits sicher hatte, konnte er noch elfmal einnetzen: viermal gegen den FC Sevilla im Sánchez-Pizjuán (Endstand 6:2), dreimal gegen Getafe im Bernabéu (Entstand 4:0), zweimal gegen Villarreal im El Madrigal (Endstand 3:1) und eben zweimal gegen Almería. Wahrhaft eine Tormaschine.

„Dann wollen wir mal sehen, wer diesen Rekord jetzt noch bricht", meint Ronaldo scherzhaft. Er selbst hat auch seine eigenen Rekorde gebrochen. 2007/08 hatte er bei Manchester United insgesamt 42-mal getroffen und es in seiner ersten Spielzeit bei Real Madrid auf sehr ordentliche 33 Treffer gebracht. Außerdem hat Cristiano nicht nur mehr Tore als jeder andere Spieler auf dem Konto, sondern auch mehr als das eine oder andere Team der Primera División 2010/11. Mit seinen 40 Treffern liegt er vor Sporting Gijón (35), Deportivo La Coruña (31), Hércules Alicante (36) und UD Almería (36). Verglichen mit anderen Ligen außerhalb Spaniens, wirken seine Rekorde wie von einem anderen Stern. Der Portugiese hat beispielsweise fast genauso viele Treffer markiert wie die beiden Torschützenkönige der Premier League zusammen: Dimitar Berbatow (Manchester United) und Carlos Tévez (Manchester City) trafen jeweils 21-mal.

„Ja, ich freue mich, dass ich den Pichichi geholt und den spanischen Rekord gebrochen habe", sagt Ronaldo. Die „Trofeo Pichichi" ist die Auszeichnung für den Torschützenkönig der ersten spanischen Liga. „Ich möchte allen danken, die mir dabei geholfen haben: dem Trainer, der an mich geglaubt hat, und meinen Mannschaftskollegen, denn Fußball ist ein Mannschaftssport. Es ist toll, den Pichichi und den Goldenen Schuh zu holen, weil sie beide das Ergebnis der gemeinsamen Anstrengungen meiner Mannschaftskollegen, des Trainerstabs, der Mitarbeiter, der Vereinsführung sowie der Unterstützung durch die Fans sind."

Große Freude herrscht bei ihm auch darüber, dass die Mannschaft in der Liga 102 Tore geschossen hat (148 in allen drei Wettbewerben). Damit ist sie die Mannschaft mit der zweitbesten Torausbeute in der Geschichte der „Königlichen". Die Mannschaft von 1959/60 hatte es auf 158 Treffer in 46 Spielen gebracht. „Ich muss der Mannschaft gratulieren", sagt Cristiano. „Der Trainer hat viele Tore gewollt, um mit einem guten Abschluss im Rücken optimal in die kommende Saison zu starten." Denn trotz aller Rekorde hat die Saison nicht vollständig den Hoffnungen des Portugiesen entsprochen, und restlos zufrieden ist er nicht. Von all seinen Treffern war nur einer von entscheidender Bedeutung – der im Endspiel der Copa del Rey: ein genialer Kopfball in der Verlängerung, mit dem er Barcelonas Torwart José Manuel Pinto, der im Pokal regelmäßig anstelle von Víctor Valdés eingesetzt wird, überwand und Real den einzigen Titel der Saison sicherte.

Das allerdings reicht Cristiano nicht. „Es ist immer das Ziel von Real, alle Titel zu holen. Ich hätte lieber nur die Hälfte meiner Tore erzielt und dafür die Meisterschaft oder die Champions League gewonnen", meint er in einem Interview mit *El partido de las 12* im Radiosender *Cadena COPE.* Seine persönliche Bilanz ist unter dem Strich aber positiv. „Ich habe mich viel wohler gefühlt, das war womöglich meine bisher beste Saison überhaupt." Seiner Leistung und der der Mannschaft gibt er acht oder neun von zehn möglichen Punkten. Und doch haben Real Madrid und Cristiano ein schweres Jahres hinter sich, dank ihrer ewigen Rivalen: Pep Guardiolas FC Barcelona und vor allem: Lionel Messi.

Kapitel 22

# Ronaldo und Mourinho

## Zwei Portugiesen in Spanien

*„Der Trainer ist in erster Linie mein Freund, zweitens mein Coach und drittens ein Mensch, den ich sehr bewundere."*

Bester männlicher Sportler: Cristiano Ronaldo. Bester Trainer: José Mourinho. In der Kategorie Männersport sind sie die Sieger bei der 16. Auflage der *Globos de Ouro*, der portugiesischen Variante der *Golden Globes*. Die Auszeichnungen werden verliehen in den Kategorien Kino, Sport, Mode, Theater, Musik, Entdeckung des Jahres und Lebenswerk. Ins Leben gerufen wurde der Preis auf Initiative der privaten TV-Gruppe *SIC* und der Boulevard-Zeitschrift *Caras*.

Dank seiner Rekord-Torausbeute in der spanischen Liga konnte Ronaldo den Rallye-Weltmeister Armindo Araújo hinter sich lassen. Auf den weiteren Plätzen folgen Fabio Coentrão von Benfica Lissabon, der ebenfalls zu Madrid wechseln wird, und João Pina, der Europameister im Judo. Mourinho hat sich gegen Jorge Jesus von Benfica Lissabon, Domingos Paciência von Sporting Lissabon und Judo-Nationaltrainer Rui Rosa durchgesetzt. Es ist sein zweiter Sieg in Folge, denn ausgezeichnet wurde er bereits 2010 nach dem Gewinn der Champions League mit Inter Mailand.

Die Gala findet am 29. Mai 2011 statt, einem Sonntag. Trotzdem ist keiner der beiden in Lissabons Konzerthalle Coliseu dos Recreios mit dabei. Ronaldo ist mit der Nationalmannschaft unterwegs und bereitet sich auf das anstehende EM-Qualifikationsspiel gegen Norwegen vor. Er wird auf der Gala von seiner Schwester Cátia Aveiro vertreten. Mourinho dagegen ist in Madrid geblieben, um die Planungen für die nächste Saison voranzutreiben. Seit dem Abschied des Sportdirektors Jorge Valdano hat sich seine Machtfülle deutlich vergrößert. Sein Freund João Graça springt auf der Gala für ihn ein. Die *Globos de Ouro* sind nur eine von vielen Auszeichnungen, die Cristiano Ronaldo und José Mourinho bereits bekommen haben. Die beiden sind Idole in Portugal und Kollegen in Madrid. Ihre Beziehung ist eng, mitunter aber auch gespannt.

Im April 2010 schlägt Mourinhos Inter Mailand den FC Barcelona im Halbfinal-Hinspiel der Champions League in San Siro mit 3:1. Zu dieser Zeit fragt ein Journalist bei einer Pressekonferenz von Real Madrid Cristiano, was er über seinen Landsmann denkt. „Ich will ganz ehrlich sein: Ich mag Leute, die eine Siegermentalität haben", entgegnet er. „Aber ich bin zufrieden mit Pellegrinis Leistungen, und damit hat es sich."

Wenige Wochen später machen Gerüchte in Madrid die Runde, dass Mourinho neuer Trainer bei Real wird. *Sky Sports News* berichtet darüber, als wäre der Deal bereits in trockenen Tüchern. „Er ist ein ganz besonderer Trainer", meint Ronaldo dazu. „Er hat gezeigt, dass er zu den besten der Welt gehört. Manche Leute mögen ihn vielleicht nicht wegen seiner Art oder weil er eine etwas spezielle Person ist. Ich kenne ihn ganz gut, und ich schätze, was ich da sehe. Ich kenne seinen Charakter: Er ist ein Sieger."

Auf die Frage, ob er es gerne sähe, dass Mourinho mit Inter die Champions League holt und dann zu Real wechselt, sagt er: „Jetzt ist nicht der Zeitpunkt, um über die Sache zu sprechen. Im Augenblick interessiert mich nur, dass wir mit Portugal eine gute WM spielen, und nicht, welche Transfers stattfinden oder wer in Zukunft Trainer bei Real Madrid sein wird. Ich wünsche ihm nur alles Gute für das Champions-League-Finale. Er ist Portugiese, genau wie ich, und genau deshalb will ich ihn siegen sehen."

Am 22. Mai gewinnt Mourinhos Truppe das Finale der Champions League im Santiago Bernabéu in Madrid mit 2:0 gegen Bayern München. Vier Tage später gibt Florentino Pérez die Entlassung von Manuel Pellegrini bekannt und bestätigt José Mourinho als neuen Trainer auf der Madrider Bank.

Zur gleichen Zeit befindet sich Cristiano mit der Nationalmannschaft in Südafrika. Er freut sich über die Neuigkeiten. „Ich mag Trainer mit Siegeswillen, so wie Mourinho", erklärt er gegenüber der Zeitung *Públicon*. „Die Titel, die Mourinho mit seinen bisherigen Klubs geholt hat, sprechen für sich. Ich hoffe, dass ich mit ihm noch viele weitere holen kann. Der Hunger auf Titel war einer der Gründe, weshalb ich zu Real Madrid gekommen bin. Und ich bin mir ziemlich sicher, dass wir das schaffen können."

José Mourinho singt in einem Interview mit *Marca* ebenfalls Loblieder auf seinen Landsmann. „Cristiano ist ein Phänomen. Niemand sollte rumheulen, wenn er seinen Urlaub mit Paris Hilton verbringt oder sich einen Ferrari kauft. Jemand, der so hart arbeitet wie er, ist ein Profi aus einer anderen Welt. Er schreibt gerade Fußballgeschichte. Um mit Pelé, Maradona oder di Stéfano gleichzuziehen, muss er nur noch mehr Titel holen."

„The Special One" weiß genau, dass Cristiano mit seiner ersten Saison bei Real Madrid nicht glücklich ist. Der Trainer zögert keinen Moment, das auch anzusprechen. „Er hat noch keine Titel geholt", meint er. „Ich glaube nicht, dass er zufrieden ist, wenn er einfach nur eine klasse Saison spielt oder in der Liga 26 Tore schießt."

Ja, Mourinho kennt seinen zukünftigen Spieler sehr gut. Er hat Cristiano bereits beobachten können, als dieser noch bei den Junioren von Sporting Lissabon spielte. „Das war bei einem Spiel gegen União Desportiva de Leiria", erinnert sich Mou. „Wir wollten hinterher trainieren, also sind wir geblieben und haben uns den Kick angeguckt. Ich beugte mich zu meinem Assistenten und sagte: ‚Da läuft van Bastens Sohn.' Er spielte als Stürmer, bewegte sich sehr elegant und hatte technisch enorm was drauf. Er hat mich an den Holländer erinnert. Seltsam, ich kannte nicht mal seinen Namen, aber ich weiß noch, dass er uns allen aufgefallen ist, weil er mehr als jeder andere aus dieser Mannschaft herausstach."

Seit jenem ersten Tag haben sich ihre Wege mehr als nur einmal gekreuzt. Zunächst in der portugiesischen Primeira Liga, wo Mourinho mit dem FC Porto zweimal die Meisterschaft und einmal die Champions League holte. Zur gleichen Zeit sammelte Ronaldo bei den Profis von Sporting Lissabon erste Erfahrungen. Als Nächstes folgte die englische Premier League, wo Mourinho bei Chelsea auf der Bank saß und Cristiano die Nummer 7 bei Manchester United trug. Cristiano kam 2003 nach England und machte sich innerhalb von zwei Jahren einen Namen. Mourinho heuerte 2004 an der Stamford Bridge an und gewann zweimal in Folge die englische Meisterschaft.

Damals wurde Ronaldo gefragt, ob Mou ihm nun nicht die Show als größtem Exil-Portugiesen stehle. „Wir reden hier doch von einem Trainer und einem Spieler, die ganz unterschiedliche Aufgaben haben", entgegnete Ronaldo am Ende der Saison 2005/06 gegenüber portugiesischen Medienvertretern. „Mourinho ist ein fantastischer Coach, er gehört zu den ganz großen Namen in der Premier League. Aber ich habe doch auch meinen Platz. Für Portugal ist es ganz wichtig, zwei Leute zu haben, über die so viel geredet wird, wenn auch aus ganz unterschiedlichen Gründen. Wir sehen uns ja außerdem nur, wenn unsere Mannschaften aufeinander treffen, aber wir sind Freunde."

Ein Jahr später indessen wird auf einmal von einem „Krieg der Worte" zwischen den beiden die Rede sein. Wenn er heute auf die Streitereien zurückblickt, die er mit dem Trainer gehabt hat, meint Cristiano allerdings, das sei Schnee von gestern. Doch seinerzeit sorgte die Geschichte für viel Druckerschwärze.

Es war Sonntag, der 22. April 2007, und Manchester United und der FC Chelsea kämpfen um die Tabellenführung. Die *Blues* haben gerade unentschieden in Newcastle gespielt, wo ihnen der Schiedsrichter einen Strafstoß verwehrte. Einen Tag zuvor war das Glück auf der Seite der *Red Devils*, als ein Foul an einem Spieler von Middlesbrough eigentlich einen Strafstoß hätte nach sich ziehen müssen.

Auf Chelseas Pressekonferenz gibt sich Mourinho frustriert: „Es gibt eine neue Regel im englischen Fußball: keine Strafstöße gegen United und keine Strafstöße für Chelsea." Und weiter: „Ich glaube nicht, dass man mich dafür bestrafen kann, dass ich die Wahrheit sage. Wenn mich dafür jemand bestrafen will, dann soll er mich doch bestrafen. Das würde dann eben das Ende der Demokratie und die Rückkehr in alte Zeiten bedeuten."

Mit diesen Worten nimmt der Krieg zwischen José Mourinho und Manchester United seinen Anfang. Als Erster reagiert darauf Cristiano Ronaldo, der am 22. April gerade erst die Auszeichnung als Spieler des Jahres in Empfang genommen hat. „Ich will Mourinhos Gemecker über die Schiedsrichter eigentlich gar nicht kommentieren. Die ganze Welt weiß ja, wie Mourinho ist", erklärt er. „Er muss immer etwas sagen, um Aufmerksamkeit zu bekommen, ganz besonders dann, wenn die Leistungen seiner Spieler nicht stimmen. Wenn er mal einen Fehler macht, erkennt man ihn nicht wieder."

Mourinho reagiert umgehend. Zwei Tage später sagt er gegenüber dem portugiesischen Fernsehsender *RTP TV*: „Ein Spieler, der der beste der Welt sein will, sollte ehrlich und erwachsen genug sein, um einzusehen, dass man über Fakten nicht streiten kann. Wenn er sagt, es sei eine Lüge, dass Manchester United Elfmeter verursacht hat, die nicht gegeben wurden, dann lügt er. Und wenn er lügt, wird er nie das Niveau erreichen, das er im Fußball zu erreichen gedenkt.“

Sir Alex Ferguson stellt sich auf einer Pressekonferenz vor seinen Star: „Ronaldo hat eine Meinung. Das heißt doch nicht, dass er ein Lügner ist.“ Und dann nimmt er sich Mourinho vor: „Er hat keinen Respekt vor niemandem, außer vor sich selbst. Ich bin überrascht, dass man bis jetzt nichts gegen ihn unternommen hat. Er scheint immer weiter und weiter zu machen. José Mourinho befindet sich anscheinend auf einem persönlichen Kreuzzug für Regeln und Aufrichtigkeit im Fußball. Jeder hat das Recht auf eine eigene Meinung. Mourinho sagt, dass die Regeln im Fußball geändert worden seien. Dann möchte ich aber gerne wissen, von wem. Von uns? Der FA? Der Premier League? Der UEFA? Mein Gott! Immer hat er was zu meckern! Immer feste drauf! Ich finde, dass er ziemlich gut davongekommen ist mit seinen Äußerungen.“

Und weiter: „Ich glaube nicht, dass das unserem Sport gegenüber wirklich fair ist. Wir alle haben es mal mit Fehlentscheidungen zu tun. Ob er sich noch an das Tor erinnert, das man Paul Scholes wegen Abseits aberkannt hat, als wir im Europapokal gegen Porto gespielt haben? Wir waren damit nicht einverstanden und haben uns beschwert. Aber wir haben deswegen keinen Krieg vom Zaun gebrochen.“ Ferguson zeigt sich auch besorgt wegen des Drucks, der damit auf die Schiedsrichter ausgeübt wird: „Er ist ja ein cleverer Kerl. In den Augen von manchen ist er ein Held. Ich weiß nicht, wer hier Held und wer Schurke ist. Aber das Ganze ist schon kalkuliert. Wir haben jetzt noch vier Spiele in der Liga. Wenn wir dabei einen Strafstoß gegen uns kriegen, hat Mourinho den Krieg gewonnen. Das wäre aber falsch.“

Auch Carlos Queiroz, damals noch Fergusons rechte Hand, reagiert auf die Provokationen. „Mourinho hat seine ganz eigene Art. Er versucht immer, die Aufmerksamkeit der Leute auf die Punkte zu lenken, die ihm gut in den Kram passen. Das ist seine Taktik, so ist er eben. Wir sind anders, weil wir anständig genug sind, die Erfolge unserer Rivalen anzuerkennen“, meint der portugiesische Assistenztrainer.

Nach einem 2:2-Unentschieden zu Hause an der Stamford Bridge gegen die Bolton Wanderers hat Chelsea schließlich fünf Punkte Rückstand auf den Tabellenersten United. Auf der Pressekonferenz nach dem Spiel erneuert Mourinho seine Angriffe gegen Cristiano. „Es ist ein Spiel, in dem ein Kind ein paar Aussagen gemacht hat, bei denen es nicht sehr erwachsen gewesen ist und keinen Respekt gezeigt hat. Vielleicht liegt das an einer schwierigen Kindheit ohne Bildung. Sir Alex meinte eben, er müsste seinen Jungen schützen. Das ist ganz normal. Ich habe kein Problem mit Ferguson. Ich habe auch kein Problem mit dem Jungen."

Der United-Trainer ist außer sich: „Das ist einfach unter der Gürtellinie, jetzt auch noch die Klassenzugehörigkeit mit reinzubringen. Ich weiß nicht, warum er das getan ist. Vielleicht will er den Jungen aus dem Konzept bringen. Nur weil man aus einer armen Arbeiterfamilie kommt, heißt das doch nicht, dass man ungebildet ist. Was Ronaldo hat, sind Prinzipien. Andere Leute sind vielleicht gebildet, haben dafür aber keine Prinzipien." Ferguson will, dass dieses Hin und Her ein Ende hat. Aber der Krieg der Worte endet erst, als „The Special One" entgegen seiner Gewohnheit Cristiano um Entschuldigung bittet. „Mourinho hat sich entschuldigt, und ab jetzt habe ich auch kein Problem mehr mit ihm", bestätigt der Spieler. „Für mich ist die Sache damit gegessen."

Später wird Jorge Mendes – der als Berater sowohl Ronaldo als auch Mourinho vertritt – verraten, dass die Entschuldigung bei einem Telefongespräch unmittelbar vor dem Ligaspiel zwischen Chelsea und United erfolgte. Ein paar Wochen später, am 19. Mai, treffen die beiden Vereine im Finale des FA-Pokals erneut aufeinander. Am Vorabend antwortet Mourinho auf die Frage, was er Ronaldo gerne mit auf den Weg geben würde: „Spiele gut und verletz dich nicht, weil ich Verletzungen weder bei meinen eigenen noch bei gegnerischen Spielern mag. Und sei fair zu deinen Gegenspielern."

Am 20. September 2007 verlässt Mourinho schließlich Chelsea, und damit ist der Disput endgültig vorbei. Cristiano vermisst ihn sogar, weil er glaubt, dass die *Blues* eine völlig andere Mannschaft ohne ihn sein werden. Man könne Chelsea zwar in der Premier League nie abschreiben, aber sein Gefühl sage ihm, dass sie keine gute Saison spielen werden, sagt er der Wiener Zeitung *Heute*.

Drei Jahre darauf kreuzen sich die Wege der beiden bei Real Madrid erneut. Ronaldo hat einen hervorragenden Eindruck von seinem neuen Coach, ja er meint, dass Mou als Trainer nahezu fehlerlos sei. „Ein Beweis dafür ist doch schon, wie Inter die Champions League geholt hat. Ich habe in der letzten Saison eine ganze Reihe von Spielen dieser Italiener gesehen, und Mourinho war ein entscheidender Faktor, dass sie die Champions League, die Meisterschaft und den Pokal gewonnen haben." Er vertraue dem neuen Trainer und verspricht, dass „wir dieses Jahr gemeinsam daran arbeiten werden, alle Wettbewerbe zu gewinnen. Mourinho hat schon mit Inter und Porto Erfolge gefeiert. Das kann er hier ja wohl auch hinkriegen."

Im Oktober 2010 besiegt Real Madrid den AC Mailand in der Gruppenphase der Champions League mit 2:0. Der Star, der durch einen traumhaften Freistoß für die Führung gesorgt hatte, bestätigt, dass alle Mann glücklich seien mit Mourinho. „Wenn die Dinge nicht so gut laufen, ist es normal, dass die Leute deprimiert sind. Aber diese Saison läuft wunderbar. Ich danke Gott, dass alles so gut passt. Mourinho ist fantastisch. Ich bin dankbar, dass er zu uns gekommen ist, weil es aufgrund seiner Erfahrung und seiner ganzen Titel einfach Spaß macht, mit ihm zu arbeiten. Ich habe immer gesagt, dass ich gerne mal von Mourinho trainiert werden würde, und jetzt ist es so weit. Und ich bin nicht der Einzige, der sich darüber freut. Meine Mannschaftskollegen sind auch ganz begeistert, für ihn spielen zu dürfen. Ich hoffe, dass wir die Champions League holen."

Mourinho seinerseits hält Cristiano für unantastbar, um seinen Stammplatz muss er sich bei Mou keine Sorgen machen. Der Trainer beschreibt ihn als „bescheidenen und bodenständigen Arbeiter" und merkt ausdrücklich an, dass sein Bild in der Öffentlichkeit nichts mit seiner eigentlichen Person zu tun habe. Er sei ein Musterprofi, der für den Fußball lebe und immer sein Bestes geben wolle. Für Mourinho ist sein Landsmann der beste Spieler der Welt. „Man hat zwei Möglichkeiten: Cristiano oder Messi. Wenn man Cristiano für die Nummer eins hält, ist Messi die Nummer zwei. Wenn man Messi für die Nummer eins hält, ist Cristiano die Nummer zwei. Aber für mich ist ganz klar, dass Cristiano die Nummer eins ist." Er ist sich sicher, dass Ronaldo noch viele Jahre lang ganz oben mitspielen wird und in naher Zukunft kein anderer Fußballer auch nur annähernd sein Niveau erreichen wird.

Am 10. Januar 2011 wird Lionel Messi im Züricher Opernhaus als Weltfußballer 2010 ausgezeichnet, seine beiden Mannschaftskollegen Andrés Iniesta und Xavi Hernández belegen die Plätze zwei und drei. Er hat nun schon zum zweiten Mal in Folge diesen Titel erhalten, während

Cristiano nicht einmal zu den drei Finalisten gehörte. (Im Jahr darauf wird er Zweiter werden und Messi die dritte Auszeichnung nacheinander feiern.)

José Mourinho dagegen darf sich dort den Preis für den besten Trainer abholen. Er hat den spanischen Nationaltrainer Vicente del Bosque und Pep Guardiola vom FC Barcelona auf die Plätze verweisen können. Reals Coach lässt sich auch zur Weltfußballer-Wahl vernehmen: „Für mich sind Messi, Iniesta und Xavi Spieler von einem anderen Stern. Und wenn ein Spieler von einem anderen Stern gewinnt, so wie Messi, sollte man das voll und ganz anerkennen. Natürlich hätte ich mir gewünscht, dass Sneijder gewinnt, nach allem, was er im vergangenen Jahr geleistet hat. Oder Cristiano Ronaldo, weil er zu meinen derzeitigen Spielern gehört, oder Diego Milito, aber ich respektiere das Wahlergebnis so, wie es ist."

Auch jetzt also zögert Mou keine Sekunde, Lobeshymnen auf seinen Star-Schüler anzustimmen. Die ganze Saison über verteidigt er ihn gegen jede Kritik und alle Provokationen. Im September etwa war Cristiano frustriert, weil die Zuschauer im Bernabéu ihn während eines Spiels gegen CA Osasuna bei jedem Ballkontakt auspfiffen. Cristiano forderte die Fans danach auf, ihre Energie lieber darauf zu verwenden, ihn zu unterstützen, anstatt ihn auszupfeifen. Mourinho pflichtete ihm bei: „Der Junge setzt seinen Körper und seine Zukunft aufs Spiel, um für Real aufzulaufen. Er nimmt das Risiko auf sich. Er hat ja nur um ein wenig mehr Verständnis gebeten. Und er hat nett darum gebeten."

Im Februar, nach einer Rangelei zwischen Cristiano Ronaldo und Walter Pandiani direkt vor der Pause im Liga-Rückspiel in Osasuna, gibt Pandiani zu Protokoll, dass Ronaldo eine Schraube locker habe. Daraufhin meint Mou: „Pandiani hatte heute seinen großen Auftritt, als er über Cristiano geredet hat. Eigentlich müsste er für die kostenlose Publicity bezahlen. Werbung zur besten Sendezeit ist teuer. Er ist gewitzt, er hat sie umsonst bekommen und hatte so seine große Sternstunde." Die Antwort von Osasunas uruguayischem Sturmtank ist ähnlich bissig: „Sein Papi musste rauskommen und ihn beschützen. Publicity? Ich? Ich soll also elf Jahre in Spanien gespielt haben, nur um durch die beiden Publicity zu bekommen?"

Wie üblich schimpft Mourinho auch wieder bei diversen Gelegenheiten auf die Schiedsrichter und behauptet, dass dieselben Verteidiger, die bei bestimmten Stars ganz vorsichtig agierten, plötzlich hart gegen Cristiano einsteigen würden. Den gleichen Vorwurf erhebt auch Ronaldo, nachdem er im ersten Spiel der Champions League 2011/12 einen Tritt von Dinamo Zagrebs Mittelfeldmann Jerko Leko abbekommen hat. „Wenn ich spiele, schützen die Schiedsrichter mich nie", behauptet er. „Manche Leute werden wie Stars behandelt – die kriegen ja noch nicht mal eine Berührung ab. Aber auf mich könnten die auch mit einem Knüppel einschlagen, und ihnen würde nichts passieren. Ich kapiere das einfach nicht!" Die Anspielung auf Messi und Barça ist offensichtlich.

Und wo die Rede gerade von Barça ist: Am 27. April 2011, nach dem Hinspiel im Champions-League-Halbfinale gegen die Katalanen, gibt es den ersten größeren Streit zwischen den beiden Portugiesen. „Gefällt dir als Offensivspieler eigentlich die Taktik deiner Mannschaft heute?", fragt man Cristiano nach der Partie, die die „Königlichen" mit 0:2 verloren haben, worauf dieser mit entwaffnender Ehrlichkeit antwortet: „Nein, die gefällt mir nicht. Aber ich muss mich damit abfinden, weil wir nun mal so spielen." Eine knappe, aber klare Antwort, die eine große Debatte in den Medien auslöst und Mourinho ganz und gar nicht gefällt. Zum ersten Mal ist er aus den Reihen der Mannschaft kritisiert worden, und das ausgerechnet von seinem Topstar. „Er kann reden, was er will. Das ist seine Meinung. Ich habe kein Problem damit", erklärt Mou. Thema durch, so scheint es zumindest.

Doch nichts da. Strafe für Cristiano. Er fehlt beim wichtigen Ligaspiel bei Real Saragossa in der Startaufstellung. „Eine strategische Maßnahme", erklärt Mou und behauptet, dass er Ronaldo vor dem nächsten Duell gegen Barcelona im Camp Nou schonen will. Aber das nimmt ihm niemand ab. Denn in der gesamten Saison hat Ronaldo bisher nur ein einziges Mal auf der Bank gesessen, um geschont zu werden – bei einem unwichtigen Spiel gegen UD Levante in der Copa del Rey. Es ist eine Strafe für die Kritik an seinem System, seine Art, dem Spieler zu zeigen, dass er besser die Klappe hält.

Cristiano reagiert sauer auf Mourinhos Strafmaßnahme, und dieser wiederum ist wütend, weil sein Schützling öffentlich seine Taktik infrage gestellt hat. *El País* berichtet: „Während des Abschlusstrainings vor dem Clásico gegen Barcelona trugen der Spieler und Mourinho vor der Mannschaft deutlich ihre Spannungen der letzten Wochen zur Schau. Einer

Quelle zufolge hat Mourinho die Sache sogar vor den anderen erwähnt und gesagt: ‚Cris, gerade du brauchst dich nicht zu beklagen, dass wir defensiv spielen. Du müsstest eigentlich wissen, dass unsere Spielweise deine Schuld ist, weil du ja nicht mitverteidigen willst.'"

Für Mourinho ist sonnenklar, dass Cristiano nur dank seines Systems der effektivste Schütze der Welt ist, denn das Spiel ist voll auf den Angreifer zugeschnitten: Es erlaubt ihm, ohne großen eigenen Aufwand auf den Ball zu warten und seine ganze Energie für Sprints und den Abschluss aufzusparen. Genau deshalb hat er es auch nicht gerne, ausgerechnet von dem Spieler kritisiert zu werden, dem er alle Freiheiten lässt und um den herum er sorgfältig sein System konstruiert hat. Was als kleine Meinungsverschiedenheit begonnen hat, ist nun ein ausgewachsener Streit geworden. Der Presse gefällt es nur allzu gut, die Geschichte auszuschlachten. Man bemüht sogar die englischen Archive, um den berühmten „Krieg der Worte" aus der Zeit der beiden in England wieder hervorzukramen. Einige wollen sogar den Anfang vom Ende erkennen, einen Riss zwischen den beiden Stars der Madrilenen.

Doch so weit kommt es nicht. Bei Saisonende haben sich die Dinge wieder beruhigt. Als ein spanischer Radiosender Cristiano fragt, ob seine Nichtberücksichtigung beim Spiel gegen Saragossa Mourinhos Art gewesen sei, ihn zu strafen, entgegnet dieser: „Weiß ich nicht. Das müsst ihr schon Mourinho fragen. Wenn ihr das nächste Mal ein Interview mit ihm macht, fragt ihn." Und er ist sehr bemüht, seine Kommentare nach dem unrühmlichen Spiel gegen Barça herunterzuspielen: „Dazu ist doch alles gesagt. Ich habe es mit den Kollegen und dem Trainer besprochen. Man muss eben nicht alles sagen, was man denkt. Und manchmal sagt man Dinge, die man lieber nicht sagen sollte. Ich hatte ja keine böse Absicht, sondern war nur frustriert wegen des Spiels und wegen Pepes Platzverweis. Manchmal sage ich Dinge, die nicht ganz der Realität entsprechen. Aber dieses Kapitel ist nun abgeschlossen und alles wieder gut. Niemand ist perfekt."

Er übt Selbstkritik und spart nicht mit Lob für Mourinho: „Für mich war es doch so wichtig, dass er nach Madrid kommt. Nicht nur, weil er ein portugiesischer Trainer ist. Das ist ja gar nicht das Wichtigste. Sondern weil er in allen Ligen, in denen er bisher gewirkt hat, gezeigt hat, dass er der Beste ist. Denn für mich sind diejenigen die Besten, die in mehreren Ligen und nicht nur in einer bewiesen haben, dass sie richtig gut sind. Und das hat er gezeigt. Was man über Spieler sagt, gilt ja auch für Trainer. Wenn man in Portugal gut ist, dann muss man auch erst mal in Spanien oder Italien gut sein. Und für mich ist er der Beste, weil er jede Liga gewonnen hat, in der er als Trainer aktiv war. Er hat einen starken Siegeswillen, ganz stark."

Und weiter: „Ich habe viele Spieler über ihn reden hören, aber nur diejenigen, die mit ihm gearbeitet haben, wissen wirklich, wie Mourinho als Trainer ist. Die Leute haben ja keine Ahnung, was in der Kabine oder beim Training passiert, aber trotzdem haben sie eine Meinung über ihn. Sie lieben oder sie hassen ihn, so wie mich. Für mich ist er ein fantastischer Trainer, herausragend. Ich hoffe, dass er mich noch viele Jahre lang trainieren wird."

Und wer ist nun besser, Mourinho oder Ferguson? „Sie sind ganz unterschiedlich. Man kann ja auch keinen Ferrari mit einem Porsche vergleichen. Entweder gefällt dir der Ferrari besser oder eben der Porsche. Jeder sieht das anders. Für mich sind sie die besten Trainer, mit denen ich je gearbeitet habe. Mourinho hat mich mit seinen Trainingsmethoden total beeindruckt. Das sind die besten, die ich je erlebt habe. Aber man kann die beiden nicht miteinander vergleichen."

Im September 2011 lobt er seinen Trainer in einem Interview mit *Marca* erneut: „Der Trainer ist in erster Linie mein Freund, zweitens mein Coach und drittens ein Mensch, den ich sehr bewundere, mit dem ich total gerne arbeite und von dem ich jeden Tag etwas lernen kann."

Kapitel 23

# Ronaldo und Messi

## Das ewige Duell

*„Ich trete nicht gegen Messi an. Ich trete gegen mich selbst und gegen alle anderen Mannschaften in der Liga an."*

Ronaldo und Messi sitzen auf einem Sofa und plaudern. „Gott hat mich zur Erde gesandt, um die Menschen zu lehren, wie man Fußball spielt", erzählt Cristiano Ronaldo. „So ein Quatsch. Ich habe niemanden zur Erde gesandt", entgegnet Messi.

Ein Witz, der im Netz kursiert und perfekt veranschaulicht, wie die Fans die Rivalität zwischen dem Portugiesen und dem Argentinier sehen. Was den Verlauf ihrer Karrieren und ihren Siegeswillen angeht, sind sich die beiden Superstars durchaus ähnlich. Ansonsten könnten sie aber auf und abseits des Platzes nicht unterschiedlicher sein.

„Cristiano Ronaldo folgt der Theorie des Euklid: Die kürzeste Verbindung zwischen zwei Punkten ist eine Gerade. Und diese Gerade, die ihn und das Tor verbindet, gilt es blitzschnell zu durchlaufen", sinniert der spanische Schriftsteller Manuel Vicent in *El País*. „Leo Messi folgt der Theorie Einsteins: Die kürzeste Verbindung zwischen zwei Punkten ist immer eine Kurve, und zum gegnerischen Tor gelangt man nur, wenn man im Zickzack zwischen allen Hindernissen hindurch rennt. Ronaldo sorgt für Leidenschaft, Messi für Bewunderung." Nur zu verständlich also, dass sie im heutigen Fußball als Fußball-Götter gelten.

Bis zu einem gewissen Grad stimmt es wohl, dass Cristiano vor allem gerne gegen sich selbst antritt. Zu den Vergleichen mit Messi sagt er nur: „Unwichtig. Interessiert mich nicht die Bohne. Meine Persönlichkeit und mein fußballerischer Stil sind völlig anders. Mich interessiert nur mein eigenes Spiel und mit Real Madrid zu gewinnen." Er beharrt zwar darauf, dass er nicht neidisch auf Messi sei, aber Leo ist für Ronaldo zweifellos ein wunder Punkt. Es ist kein Zufall, dass gegnerische Fans von Spanien über Zypern bis Bosnien „Messi, Messi, Messi!" grölen, wenn Ronaldo spielt. Sie wissen genau, dass sie damit einen empfindlichen Nerv treffen.

Seit Jahren ist Messi sein größter Rivale, wenn es darum geht, wer der weltbeste Fußballer ist. Zwar betont der Portugiese immer wieder, nicht eifersüchtig auf Messi zu sein und dessen Tun nicht wirklich zu verfolgen. Trotzdem heißt es, dass die Atmosphäre zwischen Cristiano und „dem Zwerg", wie er ihn nennt, vergiftet sei, seit der Argentinier ihn 2009 als Weltfußballer abgelöst hat.

Von Insidern bei Real Madrid wird berichtet, dass es ein unglaubliches Schauspiel sei, wenn Ronaldo Messi vor dem Fernseher beim Kicken zusieht. Sei sein Berater Jorge Mendes mit dabei, versuche dieser ihn jedes Mal mit den Worten zu beruhigen, dass die Leute eben nichts von Fußball verstünden und Barças Nummer 10 es ganz sicher nicht verdient habe, als weltbester Fußballer bezeichnet zu werden.

Es stimmt natürlich, dass Messi in der Saison 2010/11 neun Tore weniger als Ronaldo in der Liga geschossen hat. Allerdings ging es Messi auch gar nicht darum, Torschützenkönig zu werden. Stattdessen stand für ihn an den letzten Spieltagen der Primera División, an denen Cristiano den großen Abstand ja überhaupt erst hergestellt hat, vor allem die Vorbereitung und Konzentration auf das Champions-League-Finale im Vordergrund.

Cristiano hat also öfter und auch vielseitiger ins Schwarze getroffen und ist außerdem öfter gefoult worden. Dafür ist Messi ihm bei Dribblings und Pässen voraus und außerdem Vorlagenkönig (19, Ronaldo dagegen neun). Alle drei Wettbewerbe zusammengerechnet, liegen die beiden mit 53 Treffern gleichauf. Allerdings hat Messi die spanische Meisterschaft und die Champions League gewonnen – Titel, die der Portugiese so gerne geholt hätte. Und schließlich liefern sich die beiden zum dritten Mal ein Kopf-an-Kopf-Rennen bei der Wahl zum Weltfußballer, jener prestigeträchtigen Auszeichnung, die Cristiano von beiden als Erster einheimsen konnte und die er in den kommenden fünf Jahren mindestens noch zwei weitere Male gewinnen will.

Seit ihr Stern bei Manchester United bzw. dem FC Barcelona aufgegangen ist, werden Ronaldo und Messi ständig miteinander verglichen. Und das betrifft längst nicht mehr nur ihre fußballerische Leistung auf dem Platz. In Universitätsseminaren wird ihre Medienpräsenz analysiert, und auch, welche Marken die beiden bewerben, wird genau beäugt: Ronaldo unterstützt Nike, Messi Adidas; Ronaldo trägt Armani, Messi

Dolce & Gabbana; Ronaldo ziert eine Time Force am Handgelenk, Messi eine Audemars Piguet; der Portugiese benutzt Castrol, der Argentinier lieber Repsol im Motor; die Nummer 7 der „Königlichen" trinkt Soccerade, die 10 der Blau-Roten Gatorade.

Nach einem Bericht von *France Football* von Anfang 2012 liegt Messi bei den Einkünften vorne. Er streicht 33 Millionen Euro pro Jahr ein, Ronaldo dagegen „nur" 29,2 Millionen Euro. In den sozialen Netzwerken führt dagegen Ronaldo: Er hat – Stand Januar 2013 – über 15,5 Millionen Follower auf Twitter und mehr als 53 Millionen Fans auf Facebook. Das sind nur knapp weniger als bei großen Popstars wie Lady Gaga. Messi kommt lediglich auf 41,5 Millionen Facebook-Fans. Allerdings hat Messi seine Facebook-Seite auch erst im Frühjahr 2011 freigeschaltet.

Sämtliche Vergleiche führen natürlich unweigerlich zurück zu der Frage: Wer ist eigentlich der Bessere? Eine tausendfach in Zeitungen, im Radio, im Fernsehen und in Internet-Blogs diskutierte Frage. Längst haben etliche Trainer, Spieler, Experten und langjährige Fans ihren Senf dazugegeben, und natürlich hat jeder seine ganz eigene Meinung.

Johan Cruyff, Barças ehemaliger Trainer und dreimaliger Fußballer Europas, etwa meint, dass Ronaldo ein „athletisch besserer" Spieler sei, Messi dagegen technisch beschlagener. Von daher glaubt Hollands Ex-Nationalspieler, dass es für den Portugiesen schwierig sein werde, in die Sphären von Pelé, Maradona oder di Stéfano vorzustoßen, die allesamt technisch sehr starke Leute waren. Fabio Capello, ehemals Trainer von Real Madrid und der englischen Nationalmannschaft, sagt: „Es lässt sich nur schwer sagen, wer besser ist. Beide sind auf unterschiedliche Art sehr gut. Messi ist unberechenbar und keiner kann, was er kann. Dafür ist Cristiano kraftvoll und unglaublich schnell." Als er gefragt wird, wen er in seine Mannschaft holen würde, entgegnet Capello humorvoll: „Cristiano spricht Englisch, und Messi spricht Fußball."

„Aus meiner Sicht ist Messi der Bessere. Allerdings gehören beide zu den ganz Großen", meint Argentiniens ehemaliger Nationaltrainer Sergio Batista. „Leo hat Wahnsinnsfähigkeiten, er ist unglaublich geschickt und hat einen Linksschuss, um den ihn viele Spieler beneiden. Cristiano hat einen tollen Schuss, Kraft und enorme Geschwindigkeit."

„Beide sind Top-Spieler", meint auch Portugals Trainer Paulo Bento. „Würden sie nicht im gleichen Land spielen, gäbe es überhaupt keine Diskussion darum, wer eigentlich besser ist. Ich bin stolz, einen Spieler wie Cristiano trainieren zu dürfen. Er ist ein Musterprofi.“

Real Madrids Kapitän Iker Casillas ist überzeugt, dass „sie die beiden besten Spieler der Welt sind. Manche Leute mögen die Kraft und Power hinter Cristianos Kopfbällen lieber, andere Lionels Tempo und Ballbehandlung. Ich würde Ronaldo wählen, weil er in meiner Mannschaft spielt.“ Valencias einstiger Abwehrmann Ángel Dealbert zieht ebenfalls Cristiano vor: „Er ist ein kompletterer Spieler als Messi, was seine zwei gleich guten Füße und sein Kopfballspiel angeht. Er kann seine Bewacher abschütteln und ausspielen. Messi ist nicht ganz so gut, wenn Kopfbälle und der rechte Fuß gefragt sind.“

Real Madrids ehemaliger Spieler Guti dagegen glaubt, dass „Cristiano seiner Sache in den richtig wichtigen Spielen teils nicht gewachsen ist. Messi passiert das nie. Die echten Cracks sind aber diejenigen, die auf höchstem Niveau über sich hinauswachsen.“ Brasiliens Wunderkind Neymar vom FC Santos sagt, dass er beide Spieler mag: „Sie sind die Ikonen des Weltfußballs. Im Augenblick ist aber Messi der beste Spieler der Welt.“

Meinungen, Statistiken, Videos und sogar Noten wie in der Schule: Alles wird herangezogen, um ein wenig Licht in die Sache zu bringen. Vor einigen Jahren etwa fragte die englische Tageszeitung *Guardian* Nordirlands ehemaligen Stürmer Gerry Armstrong und Englands ehemaligen Stürmer Trevor Francis (heute beide TV-Kommentatoren), ob aus ihrer Sicht Cristiano besser sei als Messi. Francis antwortete mit Nein, Armstrong mit Ja.

Bei *Marca* aus Madrid wagte man den sportlichen Vergleich mit Noten von eins bis zehn:

*Mannschaftsdienlichkeit:*
Cristiano Ronaldo 7, **Lionel Messi 8**

*Individuelle Technik:*
Cristiano Ronaldo 9, Lionel Messi 9

*Körperliche Fitness:*
**Cristiano Ronaldo 10**, Lionel Messi 7

*Tempo:*
**Cristiano Ronaldo 9**, Lionel Messi 8

*Dribbling:*
Cristiano Ronaldo 8, **Lionel Messi 10**

*Schussstärke:*
**Cristiano Ronaldo 9**, Lionel Messi 8

*Passspiel:*
Cristiano Ronaldo 9, Lionel Messi 9

*Führungsqualitäten:*
**Cristiano Ronaldo 9**, Lionel Messi 7

Viermal liegt Ronaldo vorn, zweimal Messi, zweimal keiner, bei einem Gesamtergebnis von 70:66 für Ronaldo. Das Ergebnis ist also eindeutig. Man muss aber einschränkend hinzufügen, dass *Marca* eine Zeitung ist, die hauptsächlich von Real-Fans gelesen wird und auf Seiten der „Königlichen" steht. Dass Messi dort in einem Vergleich jemals als Sieger abschneidet, ist also ziemlich unwahrscheinlich.

Italiens *La Gazzetta dello Sport* hat ebenfalls eine Benotung nach dem Zehner-System vorgenommen:

*Taktische Fähigkeiten:*
Cristiano Ronaldo 8,5, **Lionel Messi 9**

*Dribbling:*
Cristiano Ronaldo 9, **Lionel Messi 10**

*Tempo:*
Cristiano Ronaldo 9, Lionel Messi 9

*Kopfbälle:*
**Cristiano Ronaldo 7,5**, Lionel Messi 6

*Rechter Fuß:*
**Cristiano Ronaldo 9**, Lionel Messi 8

*Linker Fuß:*
Cristiano Ronaldo 8, **Lionel Messi 10**

Hier gewinnt Messi, mit gerade einmal einem Punkt Vorsprung.

Ronaldo gegen Messi ist ein ewiges Duell. Der Sport lebt von solchen Duellen zwischen Athleten, Mannschaften und Ländern sowie von Vergleichen unterschiedlicher Epochen. Die Erinnerung ist ein nicht wegzudenkender Teil des Sports, und der Vergleich eines Sportlers mit einem anderen sozusagen das tägliche Brot. Er spaltet von jeher die Medien dieser Welt, ob nun wegen der Boxer Muhammad Ali und George Foreman, der Rennfahrer Alain Prost und Ayrton Senna, der italienischen Radprofis Gino Bartali und Fausto Coppi, der Tennisstars Björn Borg und John McEnroe, der Basketballer Magic Johnson und Larry Bird, der Motorradrennfahrer Valentino Rossi und Jorge Rossi oder der Leichtathleten Carl Lewis und Ben Johnson.

Im Fußball kommt es dagegen nur selten vor, dass zwei Spieler gleichzeitig zu den ganz Großen gerechnet werden. Bei Pelé, Cruyff, Maradona und di Stéfano gab es keine zeitliche Überschneidung ihrer jeweils größten Ära. Nun aber gibt es dieses Duell zwischen zwei Überfliegern, das zu einem echten Zweikampf geworden ist, seit auch Ronaldo in der spanischen Liga spielt. Die Saison 2010/11 bot in dieser Hinsicht einiges: Neben fünf Clásicos gab es auch ein Freundschaftsspiel zwischen Portugal und Argentinien.

Der erste der fünf Clásicos findet am 29. November statt, einem Montag. Ein ungewöhnlicher Wochentag für eine Begegnung zwischen dem FC Barcelona und Real Madrid. Er war notwendig geworden, weil am Sonntag Parlamentswahlen in Katalonien stattfinden und man keine Sicherheitsrisiken eingehen wollte. Die Vorberichte zum Spiel sprechen vom engsten Clásico aller Zeiten. Es wird gemutmaßt, Barcelona könne seine Vormachtstellung der letzten Jahre an Madrid verlieren. Und warum? Nun, weil Cristiano besser als Messi sei und Trainer José Mourinho mit seinen Vorgängern Manuel Pellegrini, Bernd Schuster, Juande Ramos und vor allem Fabio Capello nichts gemein habe. Schließlich hat Mourinho erst sechs Monate zuvor als Trainer von Inter Mailand die Blau-Roten im Halbfinale der Champions League besiegt. Reals Präsident hat ihn geholt, damit er dem Zauber der Katalanen ein Ende bereitet. Ungeschlagen und mit einem Punkt mehr als Barça steht er nun an der Tabellenspitze und macht für die Erfolge von Barcelona Schiedsrichter und gegnerische Trainer verantwortlich.

Cristiano belässt es bei der Einschätzung, dass die Blau-Roten „mehr Tiki-Taka spielen und Real einfach nur so schnell wie möglich ein Tor erzielen will“. Der FC Barcelona sei nach wie vor eine Mannschaft, die einem das Spiel schwer mache, auch wenn sie mal nicht sechs Titel in einer Saison geholt habe. „Die sind immer noch die Gleichen wie in den letzten Jahren. Eine sehr starke Mannschaft, besonders zu Hause. Die haben gezeigt, dass sie es mit uns aufnehmen können.“ Messi erwähnt er nicht, sondern betont lieber, wie gut man bei Real gearbeitet habe: „Wir wissen, dass wir gut sind. Deshalb wird es auch ein gutes Spiel werden. Möge der Bessere im Camp Nou gewinnen. Und der Bessere wird Real Madrid sein.“

Doch da irrt sich Cristiano. Am 29. November erteilt Barça seinem Gast eine Lehrstunde in Sachen Zauberfußball. Die „Königlichen“ haben keine Antwort auf das bewegliche Spiel des Gegners und werden völlig auseinandergenommen. Am Ende des kalten, verregneten Abends im Camp Nou stehen fünf Tore für Barcelona zu Buche, und es hätten auch sechs, sieben oder acht Stück sein können, ohne dass irgendeiner Schiebung vermutet hätte. Real Madrid geht unter wie die Titanic. Und Cristiano Ronaldo? Er bleibt beinahe unsichtbar. Vergeblich hofft er im strömenden Regen auf Pässe, die einfach nicht ankommen. Erwähnenswert sind lediglich ein Freistoß aus 40 Metern, der am Tor vorbeifliegt, und ein direktes Duell mit Victor Valdés, das der Torhüter der Blau-Roten mit einer Glanzparade für sich entscheidet.

So viel zum Spiel selbst. Bleibt noch zu vermerken, dass die Hektik der Partie schließlich auf Cristiano übergreift und er sich aus der Ruhe bringen lässt: Ein Pass landet im Aus, direkt vor der Bank der Heimmannschaft. Pep Guardiola nimmt den Ball auf und lässt ihn just in dem Moment wieder fallen, als Cristiano ankommt, um die Kugel einzuwerfen. Der Portugiese quittiert dies mit einem Schubser. Barcelonas Trainer stolpert nach hinten, woraufhin sich Andrés Iniesta und Victor Valdés gezwungen sehen, einzugreifen. Es folgen eine Rangelei und verbale Nettigkeiten. Damit die Lage nicht außer Kontrolle gerät, bekommt Cristiano von Schiedsrichter Iturralde González Gelb. Von der Tribüne ertönt daraufhin ein Pfeifkonzert, das ihn noch mehr auf die Palme bringt.

Ansonsten passiert nichts Bemerkenswertes mehr, abgesehen vielleicht von einem skurrilen Dialog zwischen Cristiano und Mou: Ronaldo läuft zur Bank, um sich Anweisungen zu holen oder vielleicht auch die Zauberformel, mit der Barça beizukommen ist. Doch „The Special One“ ist wie versteinert, verzieht keine Miene, antwortet auch nicht, sondern setzt sich nur auf seinen Platz. Ronaldo muss allein mit seinen Schwierigkeiten auf dem Platz klarkommen. Es bleibt alles beim Alten: Auch in seiner insgesamt sechsten Partie gegen Barça trifft er nicht.

Allerdings trifft auch Messi nicht. Der wiederum hat noch nie gegen eine Mannschaft ein Tor geschossen, die von Mourinho trainiert wird, egal ob es sich dabei um Chelsea, Inter oder Real handelt. Mit diesem Spiel endet zugleich eine Serie von zehn Spielen, in denen Messi jedes Mal unter den Torschützen war. Immerhin legt er mit chirurgischer Präzision die Treffer drei und vier für David Villa auf. Der Floh lässt dabei die Abwehr um Ricardo Carvalho, Lass Diarra, Pepe und Sergio Ramos ziemlich alt aussehen.

Nach einem sinnlosen Foul gegen den Argentinier in der 92. Minute sieht Ramos noch Rot und verabschiedet sich danach mit Schubsern gegen Carles Puyol und Xavi in Richtung Dusche. Ramos’ Kontrollverlust ist keine Überraschung angesichts des Nervenkriegs in diesem Spiel, besonders, da die Spieler wissen, dass Mourinhos Strategie immer noch nicht ganz ausgegoren ist. Seinen Ideen fehlt weiterhin der letzte Schliff, und er weiß immer noch nicht, wie er den ewigen Rivalen in die Knie zwingen soll. Cristiano Ronaldo verlässt kommentarlos das Stadion, auch Kapitän Casillas schweigt.

Es ist das erste Mal, dass eine von Mourinho trainierte Mannschaft mit 0:5 verliert. Bei der anschließenden Pressekonferenz reagiert der Chef ausnahmsweise mal ganz ruhig: „Das ist eine Niederlage, die man leicht verarbeiten kann. Das ist keine Niederlage von der Art, bei der man eigentlich den Sieg verdient hätte oder ständig nur das Aluminium getroffen hat. Eine Mannschaft ist bis an ihre Leistungsgrenzen gegangen, die andere hat sehr schlecht gespielt. Das muss man positiv sehen. Wenn man wichtige Titel holt, hat man jedes Recht, vor Freude zu weinen. Wenn man so verliert wie wir heute, dann hat man kein Recht zu weinen, sondern muss sich an die Arbeit machen. Am liebsten würde ich gleich morgen wieder spielen.“ Doch er wird noch fast fünf Monate auf das nächste Duell mit Barcelona warten müssen. Dann aber wird es einen wahren Clásico-Marathon geben: Nicht weniger als vier werden innerhalb eines knappen Monats über die Bühne gehen.

Doch zunächst begegnen sich Ronaldo und Messi in Genf bei einem Freundschaftsspiel zwischen Portugal und Argentinien. Noch nie haben sie sich mit ihren Nationalmannschaften gegenübergestanden. Das Schweizer Stadion mit seinen 33.000 Plätzen ist innerhalb weniger Minuten ausverkauft. Auf dem Schwarzmarkt werden 600 Euro für ein Ticket geboten, das ursprünglich für 100 zu haben war. Die Erwartungen sind riesig. Die Partie wird auf allen fünf Kontinenten übertragen, außerdem sind 250 Journalisten aus 16 Ländern vor Ort. Die beiden Protagonisten haben sich vor dem Spiel nicht geäußert, während die beiden Trainer immer wieder erfolglos betonten, dass es in dieser Begegnung um Portugal gegen Argentinien und nicht um Ronaldo gegen Messi gehe.

Schiedsrichter Massimo Busacca pfeift an, und der siebenmalige Formel-1-Weltmeister Michael Schumacher darf ehrenhalber den Anstoß ausführen. Nach 19 Spielminuten verzückt Messi das Publikum mit einem seiner Slalomläufe. Er startet noch in der eigenen Hälfte auf der linken Seite, lässt mehrere Gegner aussteigen und spielt dann einen scharfen Pass, der die portugiesische Abwehr aushebelt, auf den Fuß des Madrilenen Ángel di María. Mit einem Diagonalschuss bringt dieser den Ball im Tor von Eduardo unter. 1:0 für Argentinien.

Kurz darauf kann Cristiano eher zufällig ausgleichen. Nani bringt am Strafraumeck zunächst Unordnung in die argentinische Abwehr. Sein Pass auf Almeida kommt zwar nicht richtig an und bleibt vor dem Tor liegen, aber Cristiano schaltet schneller als Sergio Romero und trifft zum 1:1. Nun kann das Spektakel beginnen – mit Messi im blau-weißen und Ronaldo im rot-grünen Trikot als den absoluten Stars der Show. Die übrigen 20 Mann auf dem Platz werden zu Statisten degradiert.

In der 60. Minute wechselt Portugals Trainer Paulo Bento Ronaldo jedoch für Danny aus. Die Portugiesen nehmen offensichtlich an, dass die Sache gelaufen ist, ganz im Gegensatz zu den Argentiniern. Die nämlich sind heiß auf eine Ergebniskorrektur und drängen auf den Sieg. In der letzten Minute verschuldet Coentrão einen Strafstoß. Messi kann so doch noch ein Tor schießen und im Duell mit Cristiano gleichziehen. Nach dem argentinischen Siegtreffer fällt der Vorhang, und man kehrt wieder in den Alltag der spanischen Liga zurück.

Am 16. April 2011 steht das Rückspiel im Clásico an. Seit dem Sieg im Hinspiel führt Barcelona die Tabelle an. Inzwischen haben die Katalanen acht Punkte Vorsprung auf Verfolger Madrid. Mit 16 Siegen in Folge haben die Blau-Roten außerdem den Rekord gebrochen, den Real Madrid einst in der Saison 1960/61 mit Spielern wie Puskás, di Stéfano, Gento und Santamaría aufstellte. Außerdem hat Barcelona mit einem Sieg über Schachtar Donezk das Halbfinale der Champions League erreicht. Dort wartet nun ausgerechnet Real Madrid.

Real hat im Achtelfinale seinen Angstgegner Olympique Lyon aus dem Wettbewerb geworfen und steht damit nach 2.562 Tagen, 74 Spielern, neun Trainern und fünf Präsidenten erstmals wieder in einem Viertelfinale der Champions League. Das war seit der Saison 2003/04 nicht mehr gelungen. Im Viertelfinale wird Tottenham Hotspur mit einem 4:0 zu Hause und einem 1:0 in London ohne größere Probleme abgefertigt.

Die „Königlichen" verspüren wieder Rückenwind. Viele träumen bereits vom zehnten Landesmeister-Pokal. Seit Zidanes herrlichem Volleytreffer im Finale 2002 in Glasgow hat die Trophäe nicht mehr in der Vitrine Reals gestanden. Doch vor dem Finale auf dem berühmten Rasen von Wembley steht erst noch das Halbfinale gegen den schlimmstmöglichen Gegner: Barça. Das Heimspiel findet am 27. April statt, das Rückspiel am 3. Mai im Camp Nou. Und vorher steigt am 20. April noch das

Endspiel im spanischen Pokal, der Copa del Rey, ebenfalls gegen Barcelona.

Doch erst einmal zurück zum 32. Spieltag der spanischen Liga. Es ist die letzte Chance für die Mannen von José Mourinho, den Katalanen den Titel noch streitig zu machen. Acht Punkte Vorsprung klingt zwar nach viel, aber wer weiß: Ein Sieg für Real könnte den Rivalen eventuell demoralisieren und Folgen für die noch verbleibenden Partien haben. Allerdings hat Real Madrid am 3. April gegen Sporting Gijon einen unerwarteten Rückschlag hinnehmen müssen. Es war die erste Heimniederlage Mourinhos in seiner neunjährigen Trainerkarriere. Der Clásico allerdings ist immer eine ganz eigene Geschichte.

Mou bereitet ihn mit einer besonderen Inszenierung vor: Am Abend vor dem Spiel zeigt er sich im Pressesaal in Valdebebas schweigsam. Das Reden erledigt sein Assistent Aitor Karanka für ihn. Mou dagegen ignoriert die Journalisten, die daraufhin aus Protest den Saal verlassen. Guardiola begegnet dem Schweigen des Real-Trainers mit einer Lobeshymne auf das Spiel des Gegners: „Ich habe noch nie eine Mannschaft wie Real Madrid gesehen. In vier oder fünf Sekunden kann der Ball von Casillas bis vor das gegnerische Tor laufen. Sie sind besser als im Hinspiel, schlagkräftiger, mehr auf den Abschluss aus, sie passen öfter, sind stärker im Luftkampf und haben in der Rückrunde viel häufiger gut kombiniert. Sie haben eine Reihe taktischer Varianten, wodurch sie schwieriger auszurechnen sind.“ Und dann fügt er noch hinzu: „Mourinho hat eine Menge drauf. Er kennt eine große Bandbreite verschiedener Taktiken. Wir müssen genau darauf achten, weil das unsere eigene Taktik in Angriff und Verteidigung bestimmt.“

„The Special One“ hat die Atmosphäre ordentlich angeheizt und wird zweifellos der Hauptdarsteller der anstehenden Clásicos *abseits* des Platzes sein. *Auf* dem Platz übernehmen das Leo Messi und Cristiano Ronaldo. Der kleine Zehner kann mit fantastischen Zahlen aufwarten – er hat in 45 Spielen 48 Treffer markiert. Damit ist er der Barça-Spieler mit den meisten Saisontoren überhaupt. Bisher hielt diesen Rekord Ronaldo Luís Nazário de Lima, der brasilianische Ronaldo, mit seinen Treffern aus der Saison 1996/97. Im Rennen um den Pichichi – die Trophäe, die dem Torschützenkönig der spanischen Liga verliehen wird – liegt Messi 13 Treffer vor seinem direkten Konkurrenten Cristiano. Dafür hat der Portugiese in der Champions League im Viertelfinal-Rückspiel an der White Hart Lane gegen Tottenham mit seinem Treffer alles klargemacht.

Im Bernabéu hoffen beide auf das eine Tor, das ihnen noch nie gelungen ist: Cristiano gegen Barça und Leo gegen ein von Mourinho trainiertes Team. Mourinho selbst will eine Demütigung wie im Hinspiel vor Heimpublikum um jeden Preis verhindern. Er lässt Spielmacher Mesut Özil auf der Bank, auf der auch Higuaín, Adebayor, Benzema und Kaká Platz nehmen. Stattdessen stellt er einen Verteidigungsriegel auf mit etlichen Spielern hinter dem Ball und Pepe als zentraler Barrikade. Der Plan ist simpel: das Spiel des Gegners zerstören. Ein Catenaccio nach italienischer Art. Gewonnen werden soll durch ruhende Bälle oder über Konter.

Cristiano hat es nicht leicht in einer solch defensiven Anordnung, zumal seine Mannschaftskollegen sehr tief stehen und lange Wege zum gegnerischen Strafraum haben. In der ersten Halbzeit bringt er nur einen Torschuss zustande. Vorausgegangen ist ein Eckstoß, den Sergio Ramos per Kopf zu ihm verlängert, ja ihm quasi vor die Füße legt, doch Adriano kann gerade noch klären.

Nach der Pause tritt Ronaldo sofort wieder in Aktion, dieses Mal mit einem direkten Freistoßhammer, der vom rechten Pfosten des Tores von Victor Valdés abprallt. Das Spiel nimmt gerade an Fahrt auf, da foult Albiol David Villa direkt vor dem Tor. Die Folge: Rote Karte für Madrids Mittelfeldmann und ein Strafstoß für Barcelona. Den kann Messi mühelos verwandeln. Eine halbe Stunde später bekommt auch Real einen Elfmeter zugesprochen. Cristiano verwandelt ebenfalls und trifft damit zum ersten Mal gegen Barça. 1:1 lautet das Endergebnis nach einem schwachen und hässlichen Spiel.

Durch das Unentschieden ist Barça nur noch einen winzigen Schritt vom 21. spanischen Meistertitel entfernt. Und Madrid hat nun immerhin Selbstvertrauen für die nächsten Spiele getankt. So viel Selbstvertrauen, dass die Fans im Bernabéu das Unentschieden wie einen Sieg feiern. Doch die hektische Partie soll noch ziemliche Kontroversen nach sich ziehen.

Den Anfang dazu macht wie üblich Mourinho. Er attackiert in der Pressekonferenz den Schiedsrichter und zeichnet das düstere Bild eines Netzwerkes verborgener Mächte, die jedes von ihm betreute Team benachteiligen, egal ob Chelsea, Inter oder Real Madrid. „Ich habe es satt, jedes Spiel gegen Barça mit zehn Mann zu Ende zu bringen. Als wir noch zu elft waren, war es ein sehr ausgeglichenes Spiel. Und dann, wie so oft, wird es mit zehn gegen elf praktisch unmöglich, gegen eine Mannschaft zu gewinnen, die bei Ballbesitz die beste der Welt ist. Wieder einmal ist mir besonders aufgefallen, dass die Schiedsrichter mit zweierlei Maß messen."

Neben Mourinhos Äußerungen sorgt eine Szene aus dem Spiel für weitere Diskussionen. Dieses Mal steht Leo Messi im Mittelpunkt. Kurz vor Abpfiff entwischt ihm ein Ball auf der Seitenlinie und ist eigentlich schon im Aus, doch anstatt ihn einfach rollen zu lassen, schießt er ihn noch weg und trifft dabei einige Zuschauer. Der Schiedsrichter zückt kein Gelb, dafür bringen nun die Fans ihren Unmut zum Ausdruck. „Bist du bescheuert?", schreit ihn Pepe an. Viele Fußballfans sind fassungslos und können kaum glauben, was sie gesehen haben. Was ist denn plötzlich los mit dem Jungen aus Rosario? Schließlich verliert er doch so gut wie nie die Selbstbeherrschung auf dem Platz. Warum also eine solch hässliche Aktion?

Der Beschuldigte gibt keine Antwort und scheint sich auch nicht entschuldigen zu wollen. Seine Mannschaftskollegen kommen ihm zu Hilfe. Zu seiner Verteidigung verweisen sie auf die extreme Hektik auf dem Platz und Leos Frustration angesichts der engen Deckung durch Pepe. Außerdem habe Reals Innenverteidiger ihn fünfmal gefoult, ohne sich eine Verwarnung einzuhandeln.

Bald darauf zieht der 20. April herauf, der Tag des Endspiels in der Copa del Rey in Valencia. Es ist der Tag, an dem Cristiano das schönste Tor des Jahres aus Sicht der Fans erzielt – das Tor, das Real den einzigen Titel der Saison bescheren wird. Allerdings muss Cristiano mehr als 100 Minuten auf seinen Treffer warten. Er spielt zunächst als Mittelstürmer, eine Rolle, in der er sich bekanntlich weniger wohlfühlt. Es liegt ihm einfach nicht, den Ball mit dem Rücken zum Tor anzunehmen. Außerdem ist es schwierig, als einzige Anspielstation ganz vorne auf dem Platz zu agieren. Er muss viel laufen und betreibt hohen Kraftaufwand, um auch hinten präsent zu sein. Immerhin kann er gegen Ende der ersten Hälfte einen Ball auf Pepe spielen, der allerdings nur den Pfosten trifft.

Über die gesamte erste Hälfte kann Real das Geschehen auf dem Platz kontrollieren und lässt nicht einen Torschuss von Barça zu. Zugleich wirkt Ronaldo verloren, und als die Katalanen in der zweiten Hälfte endlich zu ihrem Spiel finden, steht er noch isolierter da. Nach intensiven, spielerisch hervorragenden 90 Minuten steht für ihn nur ein Torschuss zu

Buche. Er wird bis zur Verlängerung warten müssen, bis zur 100. Minute, um erneut den Fluch zu brechen, der ihn gegen Barça so lange verfolgt hat.

Di María spielt auf der linken Seite einen Doppelpass mit Marcelo, zieht an Alves vorbei und schlägt von links eine scharfe Flanke in den Strafraum. Cristiano steht bereit, steigt höher als Adriano und zeigt dann seine bei Manchester United erworbene Dominanz in der Luft, indem er den Ball kraftvoll mit dem Kopf in die Maschen setzt. Barça-Torwart Pinto ist absolut machtlos. Mit dem spektakulären Treffer holt sich Real zum ersten Mal seit fast zwei Jahrzehnten wieder die Copa del Rey.

Dieses Mal ist der Rivale nach allen Regeln der Kunst geschlagen worden. Messi hat zwar sein Glück auf den verschiedensten Positionen versucht, doch immer wieder verstrickte er sich im dichten Netz der Real-Verteidigung. Obwohl er oft den Ball bekam, blieb er wirkungslos. Seine Tricks brachten kein zählbares Resultat. Nach dem Seitenwechsel zeigte er sich zwar verbessert und konnte sogar einen ganz hervorragenden Pass in die Tiefe auf Pedro spielen. Das nachfolgende Tor wurde allerdings wegen Abseits nicht gegeben. Keine gute Leistung von Messi und die erste Niederlage in einem Finale für Pep Guardiola.

Sieben Tage darauf findet das Halbfinal-Hinspiel in der Champions League statt. Am Tag vor dem Spiel, bei der Pressekonferenz im Bernabéu, platzt Pep Guardiola der Kragen. Mourinho hatte immer wieder Spitzen in seine Richtung geschickt, was die Schiedsrichterleistung in Valencia anging und die Schiedsrichteransetzung für das anstehende Halbfinale. Nun explodiert Pep. So hat man ihn noch nie erlebt. Mit ruhiger Stimme sagt er: „Erstmal guten Abend allerseits. Da Señor Mourinho mich immer so nett duzt und ‚Pep' zu mir sagt, werde ich nun ‚José' zu ihm sagen. Morgen Abend um 20:45 Uhr steht ein Spiel an. Abseits des Platzes hat er ja schon das ganze Jahr über gewonnen. Ich schenke ihm dafür den Titel als Champion. Den kann er gerne mit nach Hause nehmen. Wir werden spielen und gewinnen oder verlieren. Normalerweise spricht alles dafür, dass er gewinnt. Wir geben uns schon mit unseren winzig kleinen Erfolgen, die auch noch Bewunderung hervorrufen, zufrieden. Im Presseraum ist er der verdammte Boss. Nur er. Er weiß mehr, als die ganze Welt zusammengenommen. Da kann ich nicht mit ihm konkurrieren."

Am darauffolgenden Tag ist Messi der „verdammte Boss". Zwei Tore schießt der Argentinier. Beim ersten verwertet er eine Flanke von Afellay, beim zweiten beendet er einen beeindruckenden Sololauf über den ganzen Platz mit einem Tor. Zwei Aktionen, die ein konservativ spielendes Real Madrid, das sich am eigenen Sechzehner verbarrikadiert hat, zur Strecke bringen. Es ist wieder das gleiche Real Madrid, das man auch beim Clásico in der Liga gesehen hat.

Anders ausgedrückt: Real tut nichts anderes, als das Spiel Barças zu zerstören, ohne selbst aktiv zu werden. Das führt dazu, dass Cristiano, der von Defensivaufgaben befreit ist und den Strafraum des Gegners attackieren soll, nach ungefähr einer Viertelstunde seinen Mannschaftskollegen verzweifelt anzeigt, sich vom eigenen Strafraum zu lösen und ihn zu unterstützen, ihm Bälle zuzuspielen. Am Ende der ersten Halbzeit ist er der Einzige, der durch zwei Fernschüsse überhaupt irgendwelche nennenswerten Chancen für Real zustande gebracht hat. Verglichen mit Messi ist das allerdings nichts.

Nach dem Spiel, bei der Pressekonferenz, ist wiederum Mourinho der „verdammte Boss". Mit seinen Provokationen übertrifft er sich wieder einmal selbst. „Real Madrid ist raus aus der Champions League", sagt er. „Wir werden mit ungebrochenem Stolz ins Camp Nou fahren. Trotzdem packt mich wieder einmal ein wenig der Ekel. Mich ekelt es, in dieser Welt zu leben, aber es ist nun mal unsere Welt. Wir werden ohne Pepe fahren, der nichts getan hat, und ohne Ramos, der auch nichts falsch gemacht hat, und ohne den Trainer, der nicht auf der Bank sitzen darf, und mit einem Hinspielergebnis, das praktisch nicht zu drehen ist."

Und weiter: „Sollten wir aber zufällig trotzdem ein Tor schießen und das Ausscheiden ein klein wenig unwahrscheinlicher machen, dann bin ich mir sicher, dass man uns wieder vernichten wird. Ich frage nur: Warum? Ich verstehe es nicht! Würde ich dem Schiedsrichter und der UEFA meine Sicht der Dinge erzählen, dann wäre meine Karriere sofort vorbei. Keine Ahnung, ob es daran liegt, weil sie UNICEF unterstützen oder weil sie sympathischer sind oder weil Villar [der Präsident des spanischen Fußball-Verbandes und Vizepräsident der UEFA] so starken Einfluss bei der UEFA hat. Tatsache ist aber, dass sie etwas besitzen, gegen das man kaum etwas tun kann – Macht."

„Warum kriegt Pepe einen Platzverweis? Warum gibt es die vier Elfmeter für Chelsea nicht? Warum fliegt van Persie runter? Warum muss Motta gehen? Woher kommt diese Macht? Eigentlich müsste diese Macht einzig durch ihr fußballerisches Können kommen. Denn das haben sie.

Deshalb sollten sie gewinnen. Es muss sich doch total seltsam anfühlen, wenn man so gewinnt wie sie. Man muss wirklich verdorben sein, wenn man sich über solche Erfolge freuen kann. Guardiola ist ein fantastischer Trainer, aber wenn ich die Champions League so gewonnen hätte wie er, würde ich mich dafür schämen. Er hat sie dank eines Skandals an der Stamford Bridge geholt. Und dieses Jahr wird er sie zum zweiten Mal holen – dank eines Skandals im Bernabéu."

Seine Tirade wird ihn einiges kosten. Die Kontroll- und Disziplinarkammer der UEFA wird ihn am 6. Mai mit einer Strafe von 50.000 Euro und einer Sperre für fünf Spiele belegen. Doch dafür hat der Chef nun die Karten auf den Tisch gelegt und Anhängern wie Spielern Real Madrids klargemacht, welche Linie gefahren werden soll.

Cristiano trägt diese Linie mit. „Sie haben ja alle gesehen, was vorgefallen ist. Als wir beide noch zu elft waren, haben wir vielleicht nicht toll gespielt, aber wir hatten die Partie im Griff", sagt er in seiner Analyse des Spiels. „Aber es ist immer das Gleiche gegen Barcelona. Kann das noch Zufall sein? Ein 0:0 wäre kein schlechtes Ergebnis gewesen. Wir hätten im Rückspiel ein Auswärtstor schießen können. Abgesehen davon wollten wir in den letzten 20 Minuten Kaká bringen und stärker auf Angriff setzen. Aber dann ist Pepe vom Platz geflogen. Uns macht das schon betroffen, weil es immer das Gleiche ist gegen diese Mannschaft. Und dem Trainer passiert es sogar immer, wenn er gegen die spielt."

Natürlich kritisiert er auch den deutschen Schiedsrichter Wolfgang Stark: „Mit dem konnte ich nie reden. Mit dem konnte man das ganze Spiel über nicht reden, weil die Karte doch schon vorher abgemachte Sache war." Zu Messi befragt, versucht er, die Leistung des Rivalen herunterzuspielen: „Messi? Na ja, der hat ja gegen zehn Mann gespielt. Das ist immer einfacher. Ich wünschte, ich hätte auch gegen zehn Mann spielen können." Für das Rückspiel macht sich Ronaldo genau wie sein portugiesischer Landsmann keine Illusionen: „Es steht ja schon 0:2, und wir spielen auswärts. Klar kann im Fußball alles passieren, aber wir wissen auch, dass das sehr schwierig wird."

Als am 3. Mai im Camp Nou das Rückspiel im Champions-League-Halbfinale stattfindet, sitzt Mourinho noch nicht einmal auf der Tribüne. Er sieht sich das Spiel auf seinem Hotelzimmer im Fernsehen an. Und er sieht, dass sein Team mehr riskiert und mutiger auftritt als in den übrigen

Clásicos. Sie drängen Barça in die eigene Hälfte zurück und erlauben ihnen in der ersten Viertelstunde nur selten, überhaupt die Mittellinie zu überschreiten. Doch allmählich beginnen die Blau-Roten, ihr übliches Spiel aufzuziehen. Messi liefert sich ein Privatduell mit Casillas, der mit drei Glanztaten innerhalb von fünf Minuten ein Gegentor verhindert und seine Mannschaft im Spiel hält.

Nach der Pause kommen die „Königlichen" mit frischer Energie und Entschlossenheit zurück aufs Feld. Bis zu diesem Zeitpunkt hatte Cristiano nicht einen Ball in aussichtsreicher Position bekommen und nur einige brotlose Dribblings gezeigt. Nun aber steht er im Fokus der umstrittensten Szene des Abends. Von Piqué bei einem Abspiel zu Higuaín zum Stolpern gebracht, stürzt er und bringt dabei Mascherano zu Fall. Higuaín trifft zwar ins Tor, aber das Tor wird auf Zeichen des Linienrichters nicht anerkannt. Dieser hatte nur den zweiten Teil der Szene gesehen und entscheidet auf Foul von Cristiano, von dem ja der entscheidende Pass kam.

Diese Situation ist ein Weckruf für Barça, das danach wieder in Gang kommt. Nach einem Spielzug von Valdés über Iniesta bricht Pedro durch und bringt die Blau-Roten im Eins-zu-eins gegen Casillas in Führung. Real steckt trotzdem nicht auf. Di María schießt, trifft den Pfosten, erobert sich den Abpraller und passt auf Marcelo, der den Ausgleich erzielen kann. Die verbleibenden 20 Minuten sind intensiv, nur Tore fallen keine mehr. Barça hat die Partie wieder fest im Griff.

Messi hat zwar nicht getroffen, dafür ist er etwa acht Kilometer gelaufen und hat mit dazu beigetragen, den Druck aufrechtzuerhalten. Außerdem provoziert er eine Verwarnung für Carvalho sowie Gelbe Karten für Xabi Alonso, Marcelo und Adebayor. Er wird zwölfmal gefoult und sieht beim Abpfiff ziemlich mitgenommen aus. Auch ohne Tor war Messi der Schlüsselspieler in einem 1:1, das Barcelona die Türen zum Finale in Wembley öffnet. Am 28. Mai werden sie dort Manchester United mit 3:1 schlagen und ihren vierten Landesmeister-Pokal holen. Für den Moment genießt Leo aber einfach nur die Atmosphäre im Camp Nou, während die Mannschaft den Einzug ins Finale und den Abschluss eines anstrengenden Monats mit vier Clásicos feiert. Als die Stimmung den Höhepunkt erreicht, bekommt er von Pep Guardiola eine stürmische Umarmung.

Unterdessen beeilt man sich bei Real, erneut über parteiische Schiedsrichter und finstere Mächte zu klagen, die wieder einmal zu Gunsten des

Rivalen gearbeitet hätten. Von Assistenztrainer Aitor Karanka bis Torwart Iker Casillas scheinen sie Mourinhos Tiraden allesamt auswendig gelernt zu haben. „Wir wussten ja, dass etwas in der Art passieren würde, und wieder einmal hat sich das als richtig erwiesen", meint Cristiano. „Higuaíns Tor war regulär. Und es gab noch viele andere Dinge. Man braucht ja nur an die Vorkommnisse im Bernabéu zurückzudenken, als Alves geschauspielert hat [und Pepe danach vom Platz flog], und an das, was heute passiert ist. Barça ist eine fantastische Mannschaft, aber das allein ist es nicht. Ich will hier nicht von einer dunklen Macht sprechen, aber irgendetwas steckt dahinter." Ronaldo zögert auch nicht, Mascherano Schauspielerei zu unterstellen. „So ist er bei Liverpool nie gewesen. Diese Tricks kann er nur bei Barcelona gelernt haben."

Vier Wochen später allerdings hat sich der Pulverdampf verzogen. Zurück in Portugal räumt Cristiano ein: „Wir können uns nicht die ganze Zeit selbst bemitleiden. Wir hatten die Chance auf den Sieg, und wir haben sie nicht genutzt. Es lag ja nicht nur an den Schiris. Klar ist dieses Jahr eine Menge vorgefallen in der Liga und der Champions League, aber ich will nicht mehr darauf herumreiten."

Was Barcelona angeht, meint er noch: „Die haben besser gespielt und nicht zufällig gewonnen. Die haben gewonnen, weil sie besser waren." Sein Ziel ist es nun, sie zu schlagen: „Keine Mannschaft ist unbesiegbar. Barça hat eine großartige Mannschaft und einen guten Trainer, aber wir werden sie einholen. Hart erarbeitete Erfolge schmecken außerdem besser." Vielleicht so hart erarbeitete Erfolge wie ein Sieg gegen Leo Messi? In der Saison 2010/11 lag der Argentinier mit 2:1 vorne. Doch das Duell geht weiter. Wer gewinnt, wird die Zukunft zeigen.

Kapitel 24

# Wie von einem anderen Stern

## Die Saison 2011/12

*„Wie ungerecht!"*

Zwei Elfmeterschießen, die das Ende aller Träume von internationalen Titeln besiegeln. Ein Tor im Camp Nou, das die Vorentscheidung im Kampf um die Meisterschaft bedeutet. Auf Kosten von Lionel Messi und Barcelona. Beginnen wir mit ebendiesem Tor: dem wichtigsten Tor, seit er bei Real Madrid spielt. Ein Donnerschlag, der den „Königlichen" den Titel sichern wird.

34. Spieltag, 21. April 2012, Camp Nou, 20 Uhr, Barcelona gegen Real Madrid. Die Männer von Mourinho haben vier Punkte Vorsprung vor dem Guardiola-Team (85 zu 81). Bei einem Sieg auf des Gegners Platz wäre die Meisterschaft so gut wie entschieden und der Siegeszug einer unglaublichen Mannschaft gestoppt, die zuletzt dreimal hintereinander spanischer Meister wurde. Für Barça ist es die letzte Chance im Kampf um den Meistertitel. Es ist der Clásico Nummer 184. Die Gesamtbilanz dieses Duells ist ausgeglichen: 86 Siege für Barça, 86 für Madrid, zwölf Unentschieden.

Unangefochtene Protagonisten sind, wie könnte es anders sein, Cristiano Ronaldo und Lionel Messi. So schreibt das Magazin *Sport* in seinem Aufmacher: „Die Meisterschaft wird nicht mehr von zwei Mannschaften ausgefochten, sondern von zwei Spielern." Warum, ist schnell erklärt: Ronaldo und Messi entscheiden mit ihren Toren fast im Alleingang die Spiele ihrer Klubs. In der bisherigen Saison hat jeder 41-mal getroffen. Damit haben beide den Rekord von Cristiano Ronaldo aus der Spielzeit 2010/11 eingestellt. Der Argentinier hat bisher fünf Hattricks und sechs Doppelpacks erzielt. Der Portugiese kommt mit sieben Hattricks und fünf Doppelpacks im Gepäck. „Nie hat man Vergleichbares gesehen", resümiert *Sport*, „nie zuvor hatte die spanische Liga zwei Phänomene dieser Größenordnung zu bieten." Zwei Phänomene, die an diesem Abend beide um die Meisterschaft spielen und die beide bester Torschütze nicht nur der spanischen Liga, sondern von ganz Europa werden wollen – und natürlich geht es ihnen auch um die Auszeichnung als Weltfußballer.

Cristiano Ronaldo hat, mit Ausnahme des Finales der Copa del Rey 2011, stets den Zweikampf mit Messi verloren, mit Manchester United ebenso wie mit Real Madrid. Und er hat auch den letzten Liga-Clásico am 10. Dezember 2011 im Bernabéu verloren. Da erholte sich Barça schnell von Karim Benzemas Blitz-Tor in der 22. Sekunde und machte dem weißen Ballett spielerisch den Garaus (Endstand 1:3). Messi traf damals nicht selbst, war jedoch an den Toren beteiligt. Ronaldo hingegen ließ zwei glasklare Torchancen nach Kontern ungenutzt.

Am 21. April 2012 geht die Sache dank Cristiano Ronaldo anders aus. Er erzielt den Treffer zum 2:1-Endstand und sichert dadurch Real sieben Punkten Vorsprung auf Barcelona. Das Tor fällt in der 72. Minute, kurz nach dem Ausgleichstreffer von Alexis Sánchez. Mesut Özil nimmt den Ball von di María rechts außen knapp über der Mittellinie an und spielt einen langen Pass zu Cristiano. Die Nummer 7 überläuft Mascherano und taucht alleine vor Víctor Valdés auf. Er legt den Ball rechts vorbei und schaltet den Barça-Torhüter, der ihm schon am kurzen Pfosten entgegenkommt, durch einen Schuss knapp links neben den Pfosten aus. Ein Bilderbuchtor, das Cristiano wie seinerzeit Raúl feiert, indem er signalisiert: „Immer mit der Ruhe, ich bin doch hier!" Er unterlässt auf dem Feld demonstrativ den Jubel, wohl wissend, was das Tor bedeutet. Nach dem Spiel wird er den Medien sagen: „Es war ein wichtiges Tor, aber das Allerbeste ist der Sieg der ganzen Mannschaft."

Cristiano trifft endlich auch im Camp Nou, er ist erneut die Schlüsselfigur und beendet zugleich die dreijährige Dürrephase der „Königlichen". Tags darauf schreiben die Zeitungen der Hauptstadt, er habe Messi entthront. Und es stimmt, der Argentinier war diesmal nicht wiederzuerkennen. Da trifft er an jedem der letzten zehn Spieltage, und gegen Real bringt er es nicht einmal zu einem Torschuss. Für ihn absolut außergewöhnlich. Zwar hat er den Spielverlauf beeinflusst: Der Spielzug, der zu Alexis Sánchez' Tor führte, ging von ihm aus, aber die Begegnung hat er entgegen allen Erwartungen nicht wesentlich geprägt. Die Taktik von Mou hat ihn ausgeschaltet.

Die Meisterschaft so gut wie in der Tasche, gibt es vier Tage später, am 25. April, eine weitere große Herausforderung zu bestehen: das Halbfinal-Rückspiel der Champions League gegen Bayern München. Der vorletzte Schritt, um jenen zehnten Landesmeisterpokal zu holen, von dem die gesamte Anhängerschaft der „Königlichen" träumt – eine Trophäe, die Real Madrid schon seit einem Jahrzehnt nicht mehr gewonnen hat, seit jenem Wundertor von Zinédine Zidane gegen Bayer Leverkusen am 15. Mai 2002 im Hampden Park in Glasgow.

Die Männer von Mourinho wissen bereits, dass sie im Finale in der Münchener Allianz Arena der FC Chelsea erwartet. Die *Blues* von Roberto Di Matteo haben, allen Prognosen zum Trotz, den Titelverteidiger Barcelona in einer unglaublichen Partie aus dem Wettbewerb geworfen. Nachdem John Terry in der 37. Minute mit Rot vom Platz geflogen war und Iniesta in der 43. Minute zum 2:0 getroffen hatte, schien alles gelaufen, die 0:1-Niederlage im Hinspiel wettgemacht. Aber vom Traum zum Albtraum ist es nur ein kleiner Schritt.

Kurz vor der Halbzeitpause erzielt Ramires per Lupfer von der Strafraumkante den Anschlusstreffer für Chelsea, bevor Fernando Torres im direkten Duell mit Barça-Keeper Valdés in der 91. Minute sogar noch den Ausgleich zum 2:2 erzielt. Umsonst ist Barcelonas Ballbesitz von 81 Prozent, umsonst auch die insgesamt 47 Torschüsse in Hin- und Rückspiel. Der FC Chelsea erzielt mit vier Torschüssen drei Tore und steht dank eines Catenaccios englischer Art im Finale von München.

Und Messi? Er verschießt in der 49. Minute einen Strafstoß, der das Spiel hätte entscheiden können, und setzt noch einen Schuss krachend an den Pfosten. Ganz ohne Zweifel sein schlechtestes Spiel seit langem. Am nächsten Tag prangt auf Seite eins von *Marca* groß die Bitte: „Schieß du nicht daneben!" Das Ganze ist eingerahmt von den Konterfeis zweier Fußballer: links ein fassungsloser Messi, rechts Cristiano beim Torjubel. Deutlich kleiner, aber rot hervorgehoben steht darunter: „Das Bernabéu empfiehlt sich heute seinem Anführer, CR7, um nach dem unglaublichen Aus von Barcelona das Finale zu erreichen."

Ein schlechter Aufmacher – denn die Geschichte wiederholt sich. Auch Cristiano verfehlt aus elf Metern, nachdem er zuvor 27 Strafstöße in Folge sicher verwandelt hat. Es ist der zweite Elfmeter im Elfmeterschießen. Der Kapitän der „Königlichen" schießt ihn dem Bayern-Torhüter Manuel Neuer direkt an die Hand. Und Neuer hält. Auch Kaká und Ramos zielen daneben, einzig Xabi Alonso trifft. Da nützt es auch nichts, dass Iker Casillas zwei Elfmeter pariert. Der zehnte Gewinn der Champions League muss verschoben werden.

Aber auch wenn Cristiano ausgerechnet auf dem Höhepunkt des Elfmeterschießens versagt: Im Unterschied zu Messi entspricht er 120 Minuten lang voll und ganz den Erwartungen seiner Fans. Bereits in der 6. Minute erzielt er das 1:0 per Handelfmeter – ein Ergebnis, mit dem Real Madrid bereits für das Finale qualifiziert wäre. Nach seinem Treffer zum 2:0 nur acht Minuten später ziehen sich die „Königlichen" aber in ihre Hälfte zurück. Sie scheinen nur noch auf einen Fehler der Bayern zu warten, um dann zu kontern, und versuchen ansonsten, das Ergebnis zu verwalten. Diese Taktik Mourinhos scheitert letztlich aber trotz eines herausragenden Iker Casillas: Robben erzielt ebenfalls per Elfmeter den Anschlusstreffer, es folgen Verlängerung, Elfmeterschießen und der Abschied aus der Champions League.

Bleibt noch die Meisterschaft, die rechnerisch noch gesichert werden muss. Keine schwierige Aufgabe: Am 2. Mai werden im Stadion San Mamés die Siegesgesänge angestimmt, nachdem die „Königlichen" das Athletic Bilbao von Stürmerstar Fernando Llorente und Trainer Marcelo Bielsa förmlich demontiert haben. Cristiano köpft nach einem Eckstoß zum 3:0-Endstand. Schade bloß, dass seine erste Geste nach dem Schlusspfiff ein „Fuck you" in Richtung von Javi Martínez ist. Der spanische Nationalspieler war mit Gelb-Rot vom Platz gestellt worden und befindet sich nach Spielschluss in der Nähe des Portugiesen. Er sagt etwas zu ihm, worauf Ronaldo mit einer beleidigenden Geste reagiert. „Man muss das einfach ignorieren", meint Bielsa, der Trainer von Bilbao, „Champion bleibt Champion. Sie sind einfach Champions und müssen ihren Sieg feiern."

Sie feiern die 32. Meisterschaft in der Geschichte des Klubs aus dem Madrider Viertel Chamartín. Mourinho ist mit diesem Titel das Kunststück gelungen, in vier verschiedenen Ländern Meister zu werden, nämlich in Portugal, England, Italien und Spanien. Für Cristiano ist es der erste Gewinn der spanischen Meisterschaft. Tags darauf huldigt er um 19 Uhr auf dem Cibeles-Platz vor Abertausenden von Fans dem Denkmal der mythischen Göttin, die dem Platz seinen Namen gibt. Inmitten des Jubels beantwortet er die Fragen des Fernsehsenders von Real Madrid. „Das ist deine erste Meisterschaft mit Real, was fühlt man da?" – „Ein Glücksgefühl, ich bin einfach glücklich. Die Fans haben die Meisterschaft verdient. Die Saison war spektakulär, die Mannschaft war phänomenal, wir spielen sehr gut, wir haben diesen Titel verdient. Wir haben noch zwei Spieltage vor uns, aber das Ziel haben wir erreicht."

Zwei Spiele mehr, in denen Cristiano noch zwei weitere Tore schießt, so dass er insgesamt auf 46 Tore in der Liga kommt, was einen Schnitt von einem Tor alle 75 Minuten bedeutet. Dazu kommen noch zehn Treffer in der Champions League, drei in der Copa del Rey und einer im spanischen Supercup, also insgesamt 60 Tore in der Saison 2011/12. Damit übertrifft er seine persönliche Bestmarke von 53 Toren, die er erst im Vorjahr aufgestellt hat. Seit seiner ersten Saison in Spanien mit 33 Treffern hat er sich kontinuierlich gesteigert. Nie zuvor in der Geschichte der Madrilenen hat ein Spieler eine solche Serie von Bestleistungen hingelegt.

Ronaldo toppt Zahlen, die bisher einem Puskás, di Stéfano und Hugo Sánchez vorbehalten waren. In seinen drei Jahren bei Real hat er in 144 Spielen 146-mal getroffen. Im Durchschnitt hat er also 1,02 Treffer pro Spiel erzielt. Kein Real-Spieler hat die 100-Tore-Marke in weniger Spielen erreicht. Er hat als einziger Liga-Spieler in einer einzigen Saison mindestens einen Treffer gegen alle 19 gegnerischen Mannschaften erzielt. In 110 Jahren Klubgeschichte gab es bisher keinen wie ihn.

Aber was ihn von den anderen Real-Legenden vor allem unterscheidet, ist, wie aktiv er auf dem Platz ist: 161-mal schoss er aufs Tor, also alle 13 Minuten, und kam damit auf 46 Tore. Eine beeindruckende Zahl, wenn auch nicht genug, um zum zweiten Mal hintereinander Torschützenkönig zu werden. Messi hat öfter getroffen: Er kommt auf 50 Tore in der Liga. In allen Wettbewerben zusammen traf der Argentinier in dieser Saison 71-mal – ein Rekord in der Geschichte des Weltfußballs. Aber, so betont Mourinho pragmatisch wie immer, all diese Tore führten nicht zu einem einzigen Titel. Ronaldo dagegen ist Meister geworden und inzwischen auch Kapitän von Real Madrid.

In Sturm und Defensive hat er für die Mannschaft gearbeitet und war mit seinen Toren und zwölf Vorlagen der Hauptverantwortliche für die 121 Tore, die Real Madrid den Meistertitel einbrachten. Er hat es vom ersten Spieltag an verstanden, die Mannschaft zu führen. Er ist in allen wichtigen Spielen aufgelaufen und ist zum rettenden Engel von Real geworden, als es am nötigsten war, wie zum Beispiel gegen Sporting oder im Vicente-Calderón-Stadion gegen Atlético Madrid. Er hat Tore aller Art geliefert: von rechts, links, mit dem Kopf und im Vallecas-Stadion gegen Rayo Vallecano auch mit der Hacke. Ein Wunder.

Ronaldo hat die erfolgreichste Saison seit seiner Ankunft in der spanischen Hauptstadt im Juli 2009 absolviert und auf dem Weg zum Meistertitel sogar das scheinbar unbesiegbare Barcelona bezwungen. José Mourinho hat keine Albträume mehr von Pep Guardiola, Ronaldo träumt nicht mehr schlecht von Messi und die Fans der „Königlichen" nicht mehr vom Anhang der Blau-Roten. Ganz allmählich hat sich Ronaldo auch die Gunst des heimischen Publikums im Bernabéu erworben. Aus den Pfiffen der Vorjahre ist Applaus, aus der Kritik der Real-Fans sind Sprechchöre geworden, die seinen Namen feiern. Jetzt ist der Moment gekommen, um es auch seinem Heimatland zu beweisen.

Am 8. Juni beginnt in Polen und der Ukraine die Europameisterschaft 2012. Kein einziges Mal in ihrer langen Geschichte hat die portugiesische Nationalmannschaft einen Titel geholt. Trotz so herausragender Spieler wie Mário Coluna, Eusébio, Fernando Chalana, Paulo Futre, Luís Figo oder Rui Costa ist die portugiesische Elf immer knapp am großen Ruhm vorbeigeschrammt. So zum Beispiel bei der Weltmeisterschaft 1966: Eusébio beendet das Turnier zwar als Torschützenkönig, aber für Portugal ist im Halbfinale gegen Bobby Charltons England Endstation. Oder bei der Europameisterschaft 2004, als gegen alle Voraussagen Otto Rehhagels Griechen in Lissabon den Gastgeber um den Finalsieg bringen. Oder auch bei der Weltmeisterschaft 2006: Diesmal ist es Zinédine Zidane, der im Halbfinale per Elfmeter der Mannschaft von Figo den Einzug ins Finale vereitelt. Das ist die Geschichte der *Selecção*: Zweite, Dritte, Vierte, niemals Erste.

Und dieses Mal sieht es gar nicht gut aus für die Portugiesen. Selbst die portugiesischen Medien müssen feststellen, dass die Mannschaft trotz eines fünftes Platzes im FIFA-Ranking, trotz eines Cristiano Ronaldo weniger Substanz hat als einst unter der Führung von Figo mit Rui Costa und später Deco als Vize-Kapitänen. Noch dazu hat es die Portugiesen in die sogenannte Todesgruppe B verschlagen, wo sie auf die Niederlande, den Vizeweltmeister, Deutschland, einen der großen Favoriten des Turniers, und Dänemark, das immer für eine Überraschung gut ist, treffen werden.

Was erhoffen die Portugiesen in dieser Situation von Ronaldo? Ganz einfach: dass er so spielt wie bei Real Madrid, dass er ein Tor nach dem anderen schießt – was er im Trikot der portugiesischen Nationalmannschaft bisher nicht getan hat. In 90 Länderspielen traf er 32-mal, was einen Schnitt von 0,36 Toren pro Spiel bedeutet. Bei den großen Turnieren hat er insgesamt nur fünf Tore geschossen: drei bei den Europameisterschaften 2004 und 2008 und zwei bei den Weltmeisterschaften 2006 und 2010. Jetzt hoffen die Portugiesen, dass er seine Führungsqualitäten auch in der *Selecção* entfaltet. Kurz gesagt: Sie träumen von einem Cristiano, der wie Maradona bei der WM 1986 in Mexiko die Mannschaft zum Titel führt.

Aber in den beiden ersten Spielen kann Ronaldo diese hohen Erwartungen nicht erfüllen. Am 9. Juni geht Cristiano gegen die überaus spielstarke Mannschaft von Jogi Löw mit Spielmacher Mesut Özil beinahe unter. Er spielt auf der linken Seite, bewacht von Boateng. Der Ball kommt einfach nicht bis zu ihm durch, er bekommt kaum Gelegenheit, seine Schnelligkeit und Schusskraft auszuspielen. Mario Gómez hingegen, der Gigant von Bayern München, bekommt die Chance und nutzt sie. Sein Kopfballtor bricht eine ängstliche portugiesische Mannschaft, die sich nur in den letzten zehn Minuten, mit dem Rückstand vor Augen, traut, anzugreifen. Fast gelingt Varela in der letzten Minute noch der Ausgleich. Als alles vorbei ist, meint Cristiano: „Wir haben einfach Pech gehabt. Noch ist nichts verloren. Auch 2004 haben wir anfangs verloren und dann doch das Finale erreicht."

Die zweite Begegnung gegen Dänemark findet am 13. Juni in der Arena von Lwiw statt. Vor 28.000 Zuschauern erlebt Ronaldo einen Abend zum Vergessen. Den Ball berührt er kaum, seine Schüsse sind kraftlos, als hätte man die Luft aus ihm herausgelassen, und er lässt beste Möglichkeiten ungenutzt. Es scheint, als habe er all seine Ballmagie verloren, er bolzt wie ein Amateur im Ruhestand und macht in der Defensive eine noch schlechtere Figur, wie im Falle des ersten Tors für die Dänen. Er hat zwei klare Torchancen und vergibt beide Male kläglich. Eine katastrophale Leistung, mit Sicherheit die schlechteste im Trikot der *Selecção*. Zum Glück gelingt Silvestre Varela drei Minuten vor dem Schlusspfiff noch der siegbringende Treffer zum 3:2.

Portugal kann zwar noch immer darauf hoffen, in die nächste Runde einzuziehen, aber das Schicksal hat es bisher nicht gut gemeint mit Cristiano. Von seinen bisher 13 Torschüssen im Turnier landete kein einziger im Netz, und auch seine Dribblings waren eher erfolglos. Das ist das fünfte

Länderspiel in Folge ohne Tor – eine solche Serie ist ihm in der ganzen Zeit bei Real Madrid nicht passiert. Eine Schmach für einen torbesessenen Spieler wie Cristiano Ronaldo, der sich von seinem Land und der ganzen Fußballwelt beobachtet und beurteilt weiß.

Er ist so wütend auf sich selbst und das Publikum, das den Namen Messis skandiert, dass er nach dem Schlusspfiff blafft: „Wisst ihr, was Messi letztes Jahr zur selben Zeit gemacht hat? Er ist im Viertelfinale der Copa América ausgeschieden!“ Eine Äußerung, die überhaupt nichts zur Sache tut, dafür aber zeigt, wie sehr ihn die ewigen Vergleiche mit seinem größten Konkurrenten belasten. Wie sehr er unter Druck steht.

Aus Portugal hagelt es Kritik, und zwar nicht nur an seiner Leistung, sondern auch an seinen Aussprüchen und seinem Auftreten auf dem Spielfeld, wo er seine Mitspieler zusammenstaucht, wenn etwas nicht glückt. Er wird des Egoismus beschuldigt, es heißt, er denke zu sehr an sich und die bevorstehende Weltfußballer-Wahl und zu wenig an die Mannschaft. „Ihm fehlt die Reife. Ihn zum Kapitän machen, war unverantwortlich von Scolari. Nun kann niemand seinem Ego Schranken setzen, und das schadet der Mannschaft und Cristiano selbst“, sagt der ehemalige portugiesische Nationalspieler António Simões in einem Interview mit der Tageszeitung *Diário de Notícias*.

Seine Mannschaftskollegen verteidigen ihn allerdings vehement. Varela lässt verlautbaren: „Mit Cristiano ist alles in Ordnung. Er ist unser Kapitän und steht für die gesamte Mannschaft ein. Er ruft uns jeden Tag zur Mannschaftsversammlung zusammen und opfert sich für Portugal auf.“ Pepe, sein Kamerad bei Real, rechtfertigt seine ausbleibenden Torerfolge so: „Die Besten können auch mal schwach sein.“ Das Blatt wendet sich am 17. Juni beim entscheidenden Spiel gegen die Niederlande. Endlich zeigt Cristiano, was in ihm steckt: Er bezwingt die *Oranje*-Defensive quasi im Alleingang und verhilft der *Selecção* mit zwei Toren zum Einzug ins Viertelfinale.

Seine Vorstellung ist dieses Mal eine wahre Meisterleistung: Er gibt zwölf Torschüsse ab (Bestmarke in der Geschichte der Europameisterschaft), legt 10,14 Kilometer zurück, spielt variabel, ist kopfballstark, weicht auf die Außen aus und bringt den Ball auch zur Mitte, läuft sich immer wieder frei, glänzt als Vorlagengeber, kommt selbst zum Abschluss und trifft. Das erste Mal in der 28. Minute. Nach einem tollen Pass von João Pereira kontrolliert er den Ball mit dem Außenrist und schiebt ihn rechts neben dem herauseilenden Stekelenburg ins Netz. Der Ausgleich, nachdem van der Vaart zuvor das 1:0 für die Niederländer erzielt hatte.

Das zweite Tor fällt in der 74. Minute. Moutinho erobert den Ball am eigenen Strafraum, mit vier schnellen Pässen wird das Feld in nur acht Sekunden überbrückt, und nach einem 50-Meter-Sprint nimmt Ronaldo in aller Ruhe den Ball von Nani an, lässt den gegnerischen Verteidiger van der Wiel aussteigen und versenkt den Ball im Netz, ohne dass der holländische Torwart auch nur die geringste Chance hätte. Ein bei Real Madrid häufig gesehener Spielzug, den Cristiano immer erfolgreich abgeschlossen hat. Fast gelingt dem portugiesischen Kapitän in der Schlussminute noch ein drittes Tor, doch sein Schuss landet am Pfosten. Egal: Endlich ist bei Ronaldo der Knoten geplatzt.

Nachdem er die Niederlande ausgeschaltet hat, wirft Cristiano vier Tage später auch die Tschechen aus dem Turnier. Noch elf Minuten verbleiben in der regulären Spielzeit, und noch immer steht es 0:0. Cristiano hat schon zweimal auf den Kasten von Petr Čech geschossen, das erste Mal vor der Pause: ein Schuss mit rechts, der voll gegen den linken Pfosten knallt. Das zweite Mal nach der Halbzeitpause: ein direkter Freistoß, der erneut nur den Pfosten trifft. In der 79. Minute dann endlich das Tor: Von Rechtsaußen flankt Moutinho, in der Mitte entkommt Cristiano auf Höhe des Elfmeterpunkts Gebre Selassie, und mit einem kraftvollen Kopfballaufsetzer überwindet er Čech, den Torhüter des Jahres in Diensten des FC Chelsea, an dem in der Champions League schon Messi und auch Bayern München gescheitert waren.

Es ist ein Tor, das Portugal das Ticket ins Halbfinale löst. Und es ist ein verdienter Sieg: 20-mal haben die Portugiesen auf den tschechischen Kasten geschossen, davon achtmal allein Cristiano, der im Mittelpunkt des Geschehens stand. „Das ist der Triumph der Mannschaft. Wir haben gewonnen, weil wir auf dem Platz als Einheit aufgetreten sind. Wir haben ein sehr ordentliches Spiel mit vielen Chancen hingelegt. Die Tschechen dagegen hatten keine einzige klare Chance. Jetzt hoffen wir auf eine große Mannschaft im Halbfinale“, verkündet Ronaldo nach dem Spiel.

Tags darauf bejubelt nicht nur die portugiesische Presse Ronaldo, auch die internationalen Medien sowie der Gegner und die Mitspieler sind voll des Lobes. „Der Beste der Welt“, titelt *Record* auf der ersten Seite. „Nicht zu stoppen!“, heißt es bei *A Bola*. „Das ist schon Gold wert“, schreibt *O Jogo*.

„Messi ist übertrumpft worden", verkündet *La Gazzetta dello Sport*. „Ein Cristiano aus Gold", urteilt *The Guardian*.

„Cristianos Torabschluss ist einfach erstaunlich", kommentiert Michal Bílek, Trainer der tschechischen Mannschaft. „Es ist nicht leicht, ihn aufzuhalten. Bei seinem Tor war ich absolut machtlos", meint Čech. „Habt ihr ihn gesehen? Er spielt auf einem wahnsinnigen Niveau. Er ist zweifelsohne der Beste der Welt", versichert Fábio Coentrão. Und Pepe fügt dem hinzu: „Er ist nicht der Beste der Welt, er ist von einem anderen Stern." Monate später wird Mourinho sich ganz ähnlich äußern: „Cristiano wurde nicht auf Madeira geboren, sondern auf dem Mars. Er stammt also gar nicht von der Erde, was wiederum bedeutet: Er ist der Beste des Universums."

27. Juni 2012, Donezk, Portugal gegen Spanien, Halbfinale der Europameisterschaft. „Mir ist ganz egal, gegen wen wir antreten, weil wir uns von Spiel zu Spiel steigern und unser Ziel das Finale ist", hatte Cristiano gesagt. Aber wahrscheinlich hätte er das Nachbarschaftsduell gegen Spanien lieber vermieden. Schließlich hat die Truppe von Vicente del Bosque Portugal bereits im Achtelfinale der Weltmeisterschaft 2010 in Südafrika geschlagen. Und dann wird er auf dem Spielfeld auch noch auf Arbeloa, Alonso, Ramos und Casillas treffen, vier Mannschaftskollegen von Real, die ihn sehr gut kennen und versuchen werden, ihn zu bremsen. Álvaro Arbeloa, mit dem sich Ronaldo schon große Duelle in England geliefert hat, erklärt vor dem Spiel: „Cristiano verlangt einem geistig und physisch besonders viel ab. Und du weißt, dass es während der 90 Minuten Aktionen geben wird, da wirst du ihn nicht stoppen können."

Im Hinblick auf die Begegnung in Kapstadt, als Spanien dank eines 1:0-Erfolgs gegen Portugal ins WM-Viertelfinale einzog, meint Vicente del Bosque: „Das war damals nicht der Cristiano, wie man ihn kennt." Er erinnert an die letzte Begegnung, das Freundschaftsspiel in Lissabon 2010, als Portugal Spanien mit 4:0 besiegte: „Da haben sie sehr überlegen gespielt." Paulo Bento, der portugiesische Trainer, ist sich sicher, „dass es im Spiel Momente geben wird, in denen wir dominieren werden. Wir wollen den Ball haben, wollen Mut haben, um sie anzugreifen, und Geduld, um gefasst zu bleiben, wenn sie im Ballbesitz sind. Unser Ziel ist nicht, das Spiel in der Defensive zu überstehen, und wir werden ihnen ein paar riesige Probleme bereiten." Bento soll recht behalten: Portugal begegnet dem Weltmeister auf Augenhöhe. Die Mannschaft schenkt auf dem Spielfeld keinen Zentimeter her, spielt taktisch stark und lässt das Spiel der müden und ideenlosen Spanier nicht zur Entfaltung kommen. Doch ihr größter Trumpf, Cristiano Ronaldo, sticht nicht. Der Kapitän tritt wenig in Erscheinung und sorgt nur ab und an für Unruhe in der spanischen Abwehr. Seine seltenen Ausflüge auf den Außenbahnen werden gestoppt durch Arbeloa und Sergio Ramos, der die Gelbe Karte sieht, als er ihn mit der Brust auflaufen lässt.

Ronaldo bekommt drei direkte Freistöße, die er mit dem üblichen Ritual vorbereitet, aber der Ball landet weit über dem Tor. Die beste Chance hat er kurz vor dem Ende der regulären Spielzeit. Nach einem Freistoß nach einem Foul an Nani starten Cristiano und Meireles einen Konter, mit dem sie die spanische Defensive überraschen. Plötzlich heißt es drei gegen drei. Meireles spielt den Ball quer, Cristiano Ronaldo ist jetzt links außen ganz frei. Ob im Stadion oder vor dem Fernseher: Alles hält den Atem an in dem Glauben, dass Ronaldo mit seinem vierten Tor bei dieser Europameisterschaft Portugal gleich ins Finale schießt. Doch Cristiano verzieht, schießt übers Tor – vielleicht, weil Piqué ihn zu einem überhasteten Schuss zwingt, vielleicht, weil er das Leder nicht richtig trifft.

Verlängerung: Riesenchance für Spaniens Iniesta, während Ronaldo oft allein gelassen wird und vergeblich den Ball fordert. Die 120. Minute verstreicht, ohne dass der Mann aus Madeira getroffen hätte. Er kommt auf nur sieben Torschüsse: Fünf gingen am Kasten vorbei, zwei klärte die spanische Defensive. Jetzt heißt es Elfmeterschießen. Cristiano Ronaldo hofft darauf, den fünften Elfer schießen zu dürfen. Doch dazu kommt es nicht mehr. Cesc Fàbregas verwandelt den entscheidenden Elfmeter für Spanien, nachdem Portugals Bruno Alves zuvor nur die Unterkante der Latte getroffen hat.

„Wie ungerecht!", murmelt der Kapitän in die Kameras. Später behauptet er: „Das Schicksal war auf Spaniens Seite, und dazu meine Glückwünsche. Ich bin traurig, weil ich dieses Jahr schon zwei Halbfinals verloren habe, und beide im Elfmeterschießen. Aber wir dürfen stolz sein: Wir haben das Spiel sehr ausgeglichen gestaltet, so dass die Entscheidung erst im Elfmeterschießen fiel. Und da kommt es nun mal auf das Glück an." Auf die Frage: „Wer hat entschieden, dass sie als Letzter schießen sollten?", gibt er zur Antwort: „Das war eine Entscheidung des Trainers, der Mannschaft, aller. Ich habe mein Bestes gegeben."

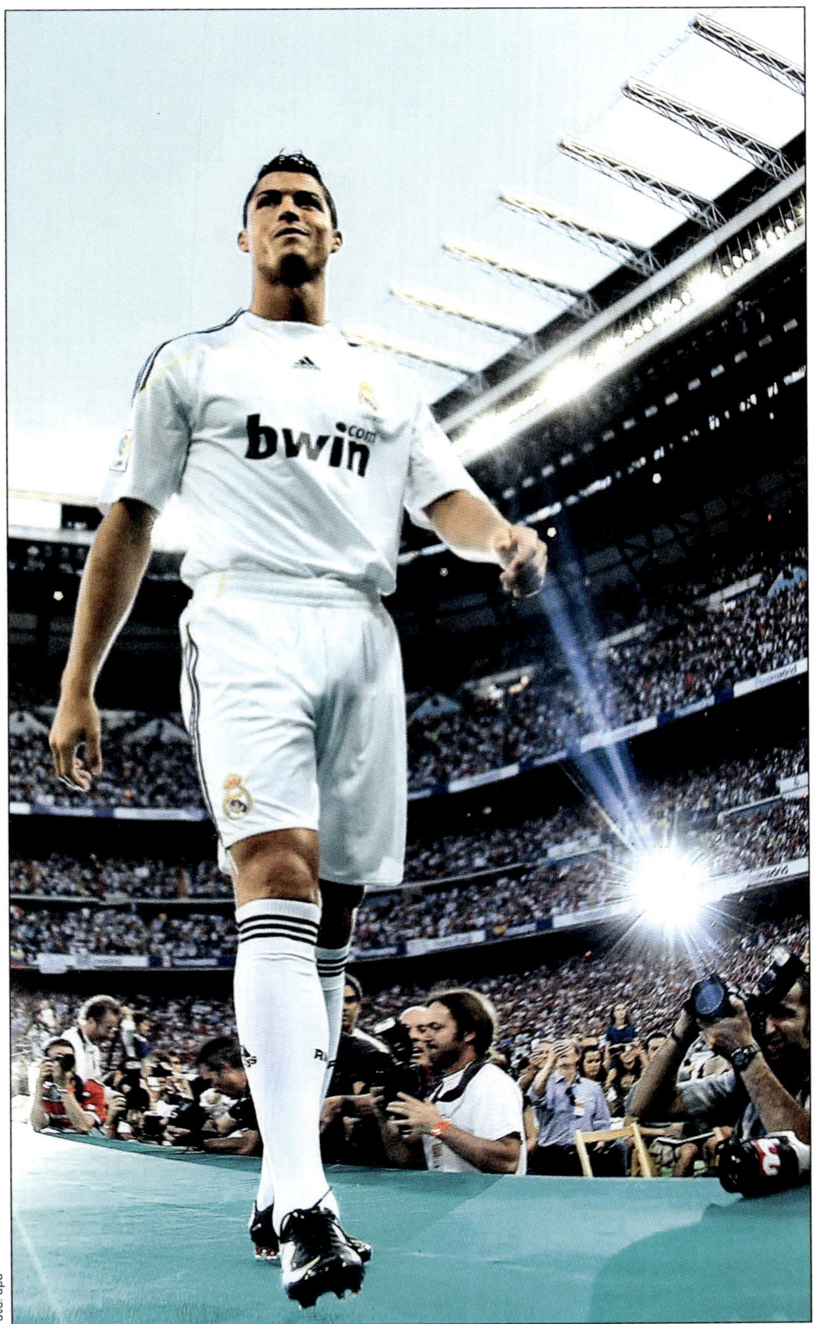


Foto: dpa

Triumphaler Empfang im Bernabéu: Ronaldo bei seiner offiziellen Vorstellung als neuer Spieler von Real Madrid im Sommer 2009.

Ewiges Duell: Lionel Messi vs. Cristiano Ronaldo. Im spanischen Supercup 2012 hatte der Portugiese die Nase vorn. Er traf sowohl im Hin- als auch im Rückspiel und sicherte so Real Madrid den Pokal.

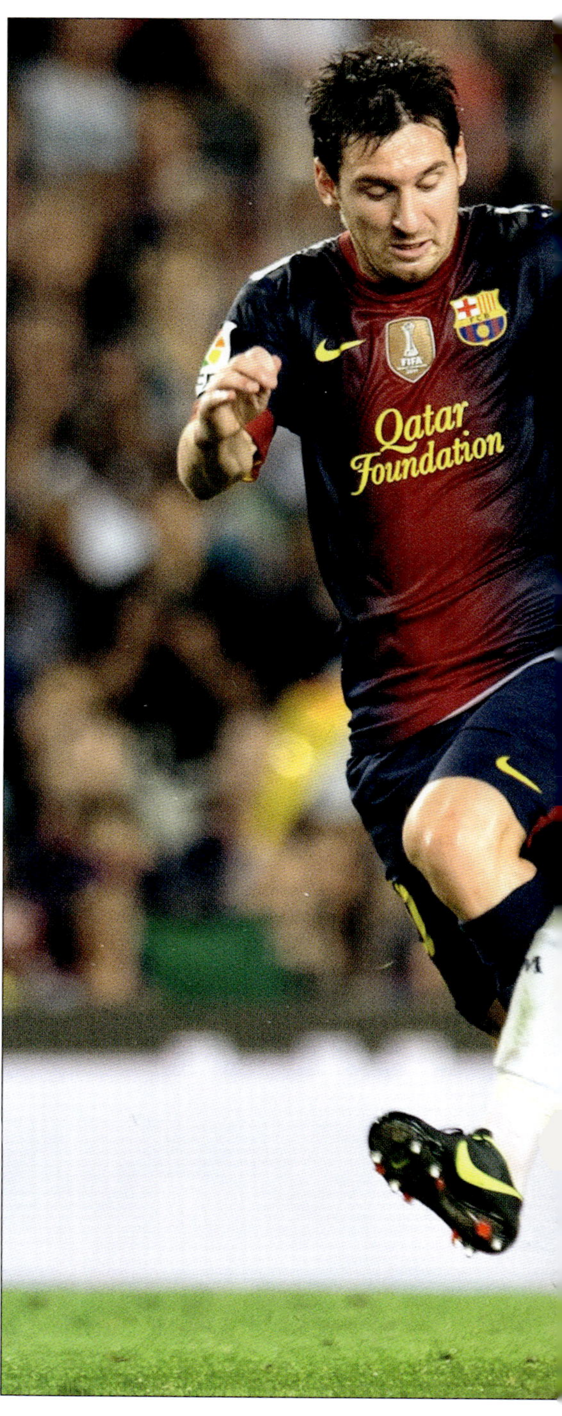


Foto: dpa

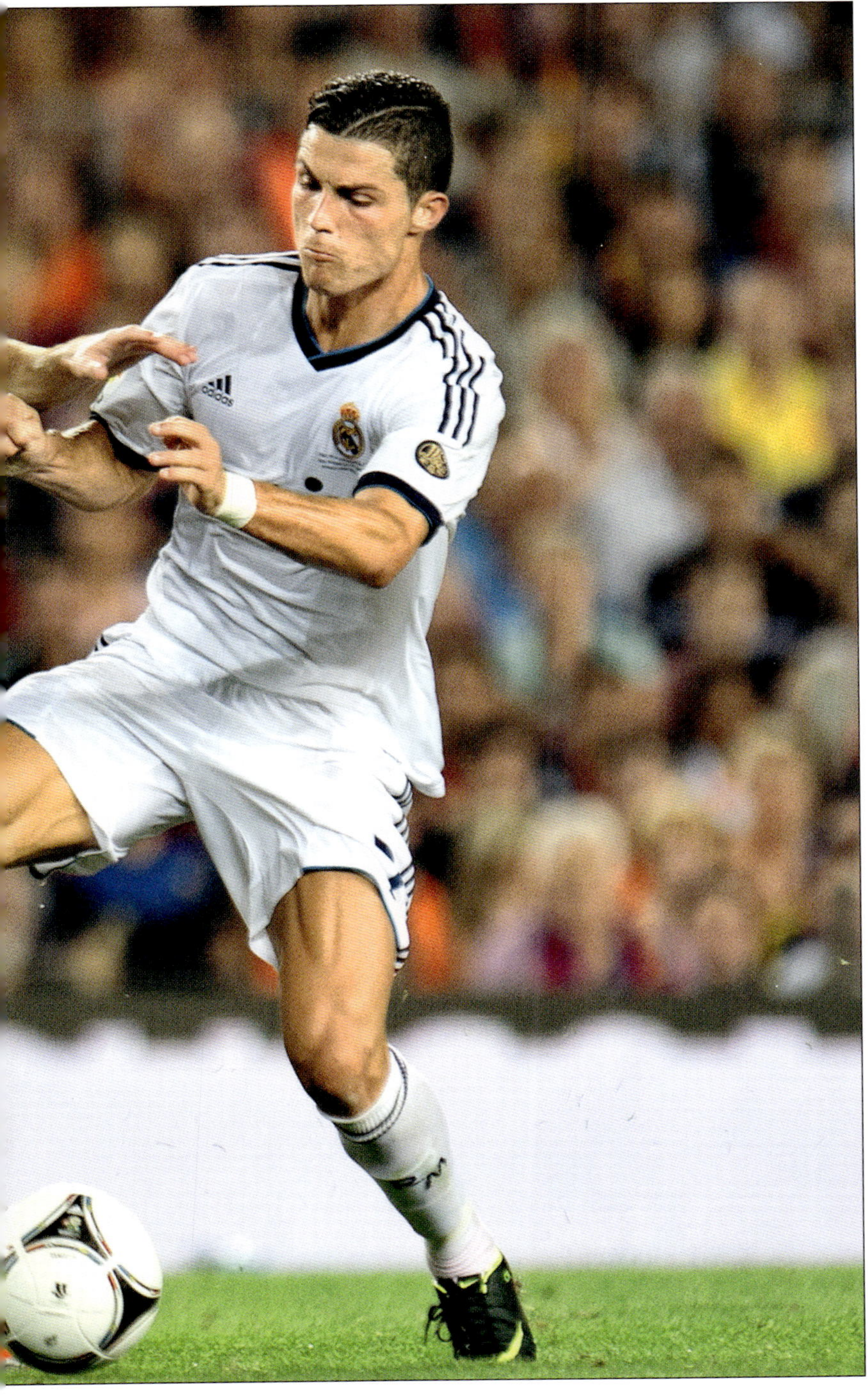
adidas

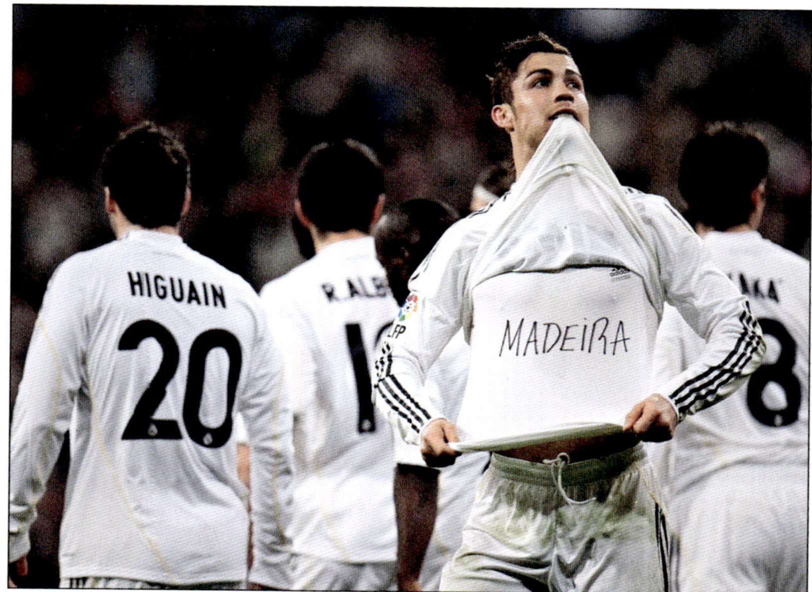


Februar 2010: Nach seinem Treffer im Spiel gegen Villarreal bekundet Ronaldo seine Solidarität mit den Opfern des Unwetters, das seine Heimatinsel Madeira kurz zuvor heimgesucht hatte.

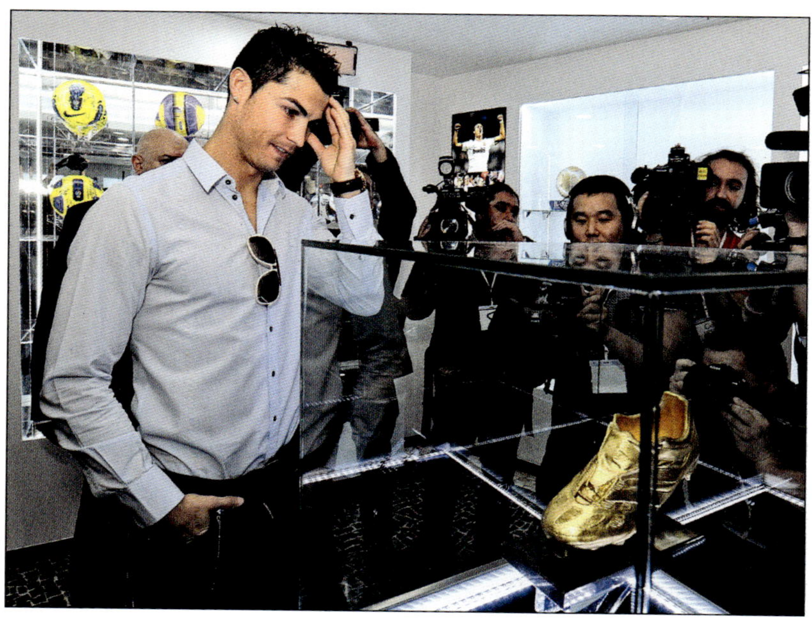

Dezember 2013: Ronaldo bei der Eröffnung seines eigenen Museums CR7 in seiner Heimatstadt Funchal.

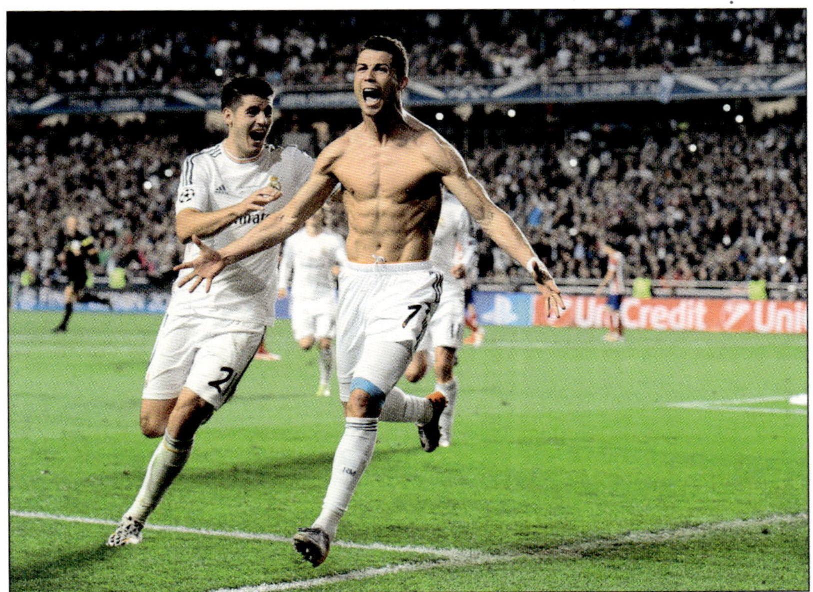


Allen Grund zur Freude: Ronaldos Tor zum 4:1-Endstand im Champions-League-Finale im Mai 2014 ist sein 17. Treffer im laufenden Wettbewerb – und ein neuer Rekord.

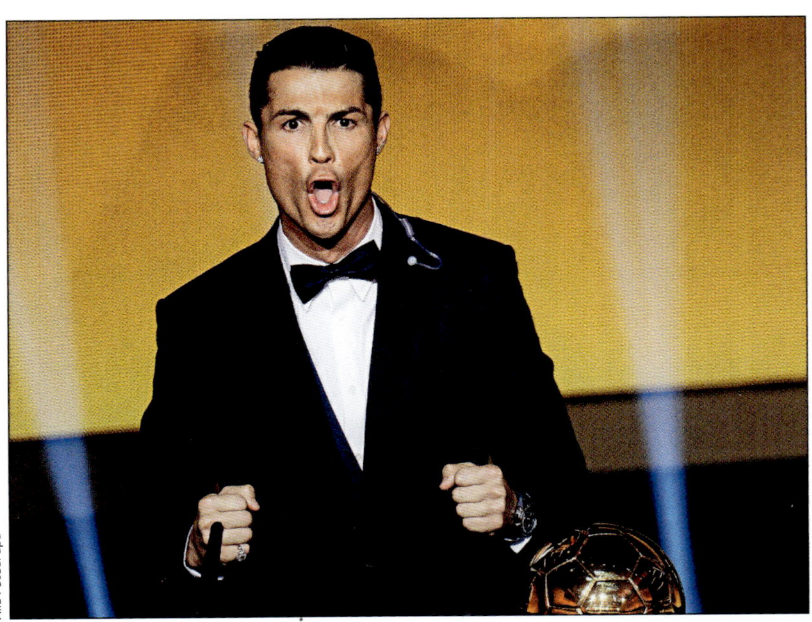

Alle Fotos: dpa

Schon wieder Weltfußballer! Am 12. Januar 2015 erhält Ronaldo zum dritten Mal die begehrte Auszeichnung.

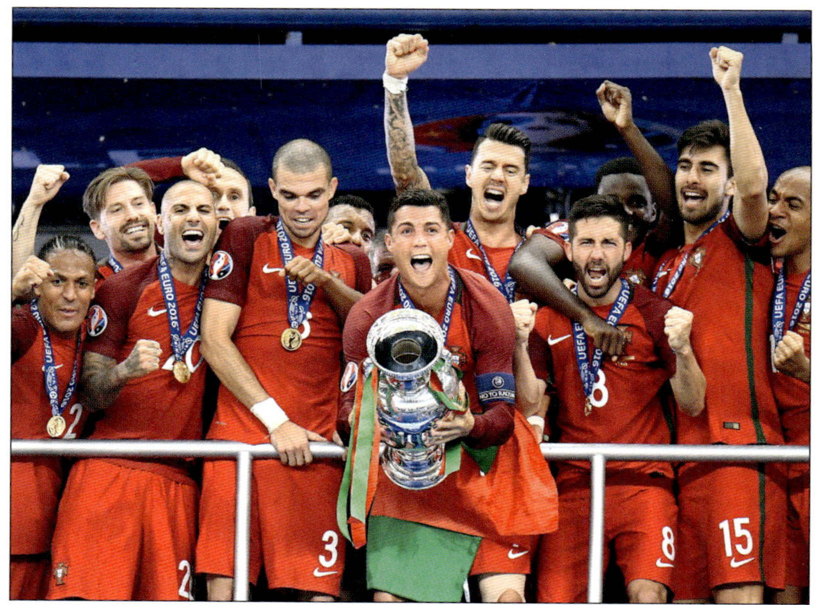


Überglücklich: Cristiano mit dem EM-Pokal 2016 nach dem 1:0 n.V. im Finale gegen Frankreich.

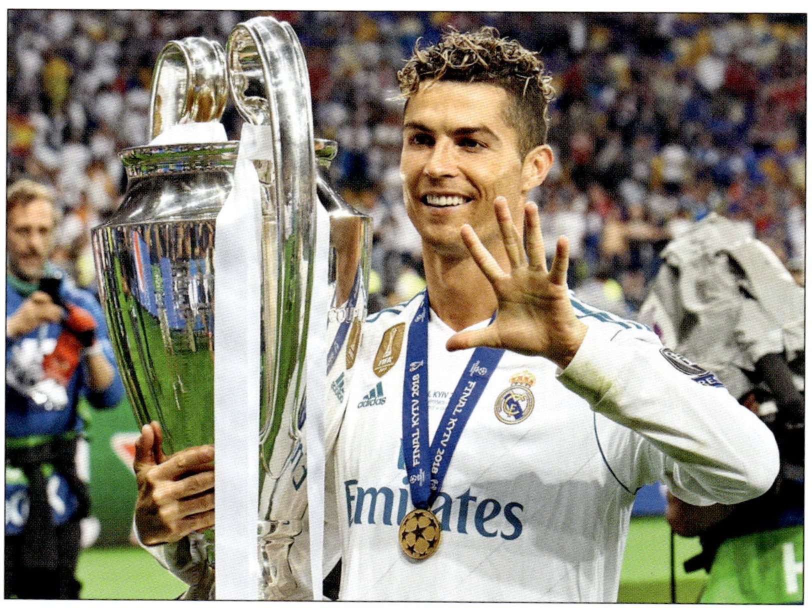


Richtig gezählt: Am 26. Mai 2018 gewinnt Ronaldo zum fünften Mal die Champions League nach einem 3:1 im Finale gegen den FC Liverpool.

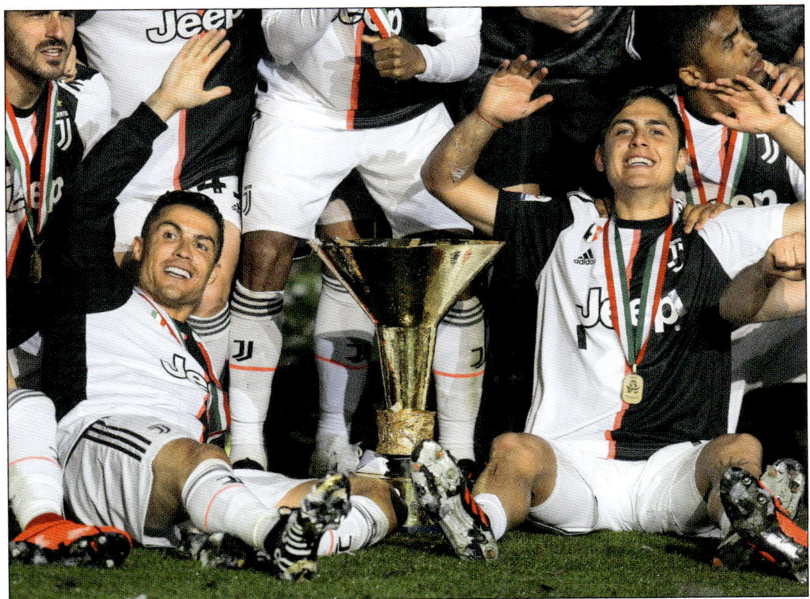

Jetzt auch noch italienischer Meister! Ronaldo feiert 2019 mit Paulo Dybala (r.) den ersten von zwei Meistertiteln, die er in Italien erringen konnte.

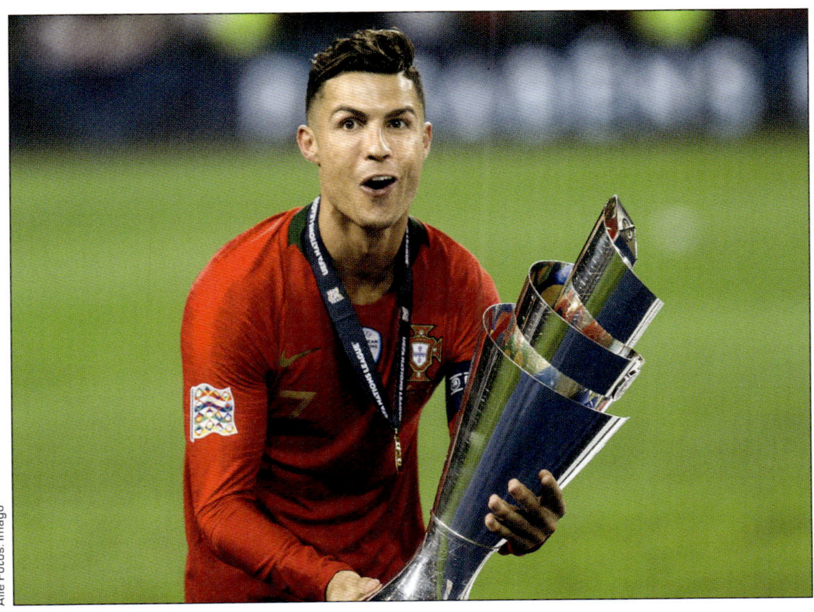



Und noch ein Pokal! Im Juni 2019 gewinnt Ronaldo mit Portugal die erstmals ausgespielte UEFA Nations League.

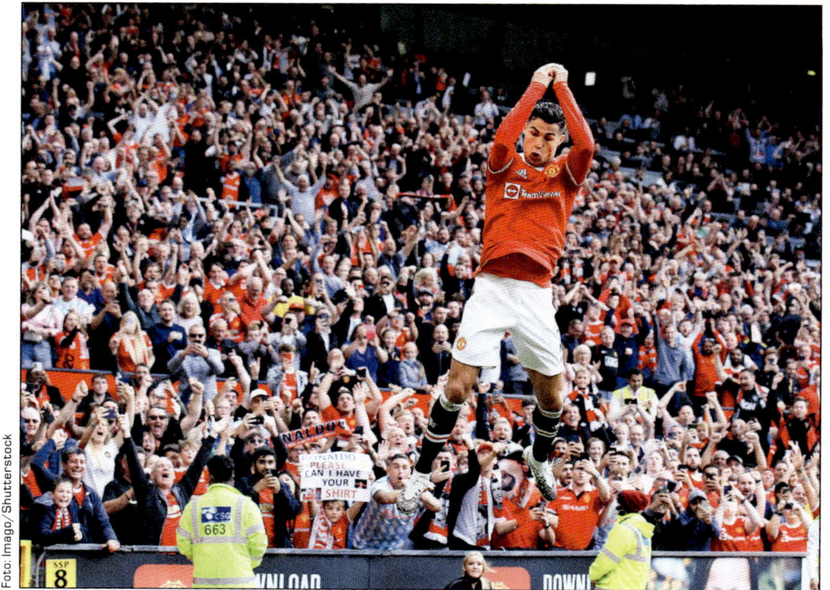


Foto: Imago/Shutterstock

11. September 2021: Gleich in seinem ersten Premier-League-Spiel für Manchester nach der Rückkehr trifft Ronaldo im Old Trafford gegen Newcastle.

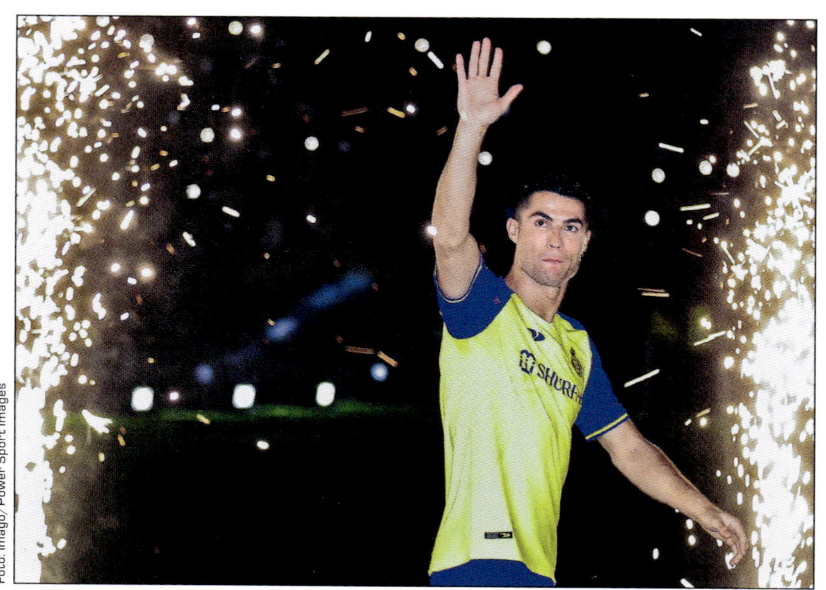

Foto: Imago/Power Sport Images

1. Januar 2023: Mit der Unterschrift unter den Vertrag beim saudi-arabischen Klub Al-Nassr wird Cristiano zum bestbezahlten Fußballer der Geschichte. Sein Jahresgehalt soll bei rund 200 Mio. Euro liegen.

Kapitel 25

# Ein Anführer

## Die Saison 2012/13

*„Für mich sind nur Madrid und ich selbst wichtig."*

„Vielleicht bin ich etwas traurig. Ich feiere die Tore nicht, weil ich nicht glücklich bin."
„Warum bist du traurig?"
„Die Leute wissen schon, warum."
„Bist du enttäuscht, weil du nicht zum besten Fußballer Europas gewählt wurdest?"
„Nein, nicht deshalb, das ist nicht wichtig. Es gibt viel wichtigere Dinge."
„Ist es eine persönliche oder eine berufliche Angelegenheit?"
„Eine berufliche. ... Ich sage gar nichts mehr dazu. Die Leute im Verein wissen schon, warum."

Es ist Sonntag, der 2. September 2012, dritter Spieltag in der Primera División. Im Stadion Santiago Bernabéu hat Cristiano Ronaldo gerade zwei Tore gegen Granada geschossen und damit die 150 für Real Madrid vollgemacht. Anschließend lässt er sich auswechseln, er hat Schmerzen im linken Bein. Er geht in die Umkleidekabine, während das Spiel noch läuft. Das dritte Tor für Real feiert er nicht mit. Auch über seine eigenen hat er sich nicht gefreut.

Später steht er den Journalisten in der Mixed Zone Rede und Antwort und verursacht dabei eine Menge Aufregung. Die Aussagen über seine Traurigkeit sorgen am folgenden Tag für Schlagzeilen in allen Zeitungen sowie für stundenlange Talkshows in Funk und Fernsehen. Ganz Madrid und die Fans rätseln: Warum ist er traurig? Einige fragen sich, ob ein so reicher, schöner und berühmter Fußballer überhaupt das Recht dazu hat, der Welt von seiner Traurigkeit zu erzählen.

In sportlicher Hinsicht hat die Saison für Cristiano gut angefangen. Da war zum Beispiel der spanische Supercup mit einem weiteren Clásico zwischen Real Madrid und Barcelona. Das Hinspiel am 23. August im Camp Nou endet 3:2 für die Blau-Roten. Cristiano Ronaldo erzielt das erste Tor mit einem Kopfball. Pedro, Messi per Elfmeter und Xavi treffen für Barça. In der 85. Minute, als alles schon nach einem 3:1 aussieht, führt ein grandioser Torwartfehler von Valdés zum 2:3 durch di María. Damit ist alles wieder offen.

Die Entscheidung fällt beim Rückspiel am 29. August im Bernabéu. Bereits in der elften Minute schießt Real das erste Tor. Ein langer Pass von Pepe, Mascherano kommt zu spät, und Higuaín überwindet Valdés mit einem Schuss durch die Beine. Das zweite Tor macht Cristiano Ronaldo. Wieder ein Abwehrfehler von Barça, dieses Mal von Piqué, wieder sieht Valdés den Ball durch seine Beine rollen.

Kurz vor der Halbzeit hat Messi, der bis dahin kaum in Erscheinung getreten ist, seinen Auftritt. Mit einem Abseitstor gestaltet er die Partie wieder offen. Barça, das nach der Roten Karte für Adriano mit einem Mann weniger auf dem Platz ist, spielt nicht wie sonst, wirkt anfällig, voller Selbstzweifel. Aber es kommt zu Chancen. Madrid steht unter Druck, rettet sich aber dank Casillas. Cristiano Ronaldo und die „Königlichen" triumphieren über Messi und Barça und holen sich so den ersten Titel der Saison.

Am darauffolgenden Tag, dem 30. August, fliegt Ronaldo zur UEFA-Gala nach Monaco. Dort wird der beste Spieler in Europa der Saison 2011/12 ausgezeichnet. Der portugiesische Stürmer gilt dank des Gewinns der spanischen Meisterschaft und des guten Abschneidens der Portugiesen bei der EM als einer der Favoriten. Aber der Preis geht an Andrés Iniesta. Er erhält 19 Stimmen, Messi und Cristiano je 17.

Als das Ergebnis verkündet wird, verzieht Ronaldo das Gesicht. Doch die Wahl ist nicht, wie Ronaldo beteuert, der Grund für seine Traurigkeit. Ist er vielleicht unzufrieden, weil die Saison so schlecht begonnen hat (Madrid hat das erste Ligaspiel gegen Valencia unentschieden gespielt und das zweite gegen Getafe verloren)? Nein, auch das ist nicht der Grund, warum es dem Star schlecht geht. Sicher ist nur, dass der Verein schon Bescheid weiß ... Am Samstag vor dem Spiel gegen Granada hat Cristiano mit Präsident Florentino Pérez gesprochen und ihm gesagt, dass er nicht glücklich ist und weg möchte.

Seine Mannschaftskameraden sehen ihn schwermütig, und in seinem Umfeld heißt es, er sei deprimiert und unmotiviert. Aber warum? Alle Welt diskutiert über seine Traurigkeit, es kursieren Witze darüber, aber auch Experten äußern sich. Jeder hat eine eigene Erklärung. Manche sagen, Ronaldo wolle einen besseren Vertrag, mit einem Gehalt wie Zlatan Ibrahimović und Samuel Eto'o, die bei Paris Saint-Germain bzw. Anschi Machatschkala mehr verdienen als er. Angeblich habe er selbst bereits ein Angebot von Paris Saint-Germain bekommen, das die Real-Bosse nervös mache.

Wieder andere meinen, er mache es nur wie sein Landsmann José Mourinho, um vom Verein mehr Rückendeckung einzufordern, von den Mitspielern, dass sie seine Leistung und seine Führungsposition anerkennen, und von allen Fans, dass sie ihn lieb haben und ihm zujubeln. Einige sind trotz anderslautender Versicherungen Cristianos überzeugt, dass seine Traurigkeit in persönlichen Problemen begründet liegt, über die der Portugiese nicht sprechen will.

Dann gibt es noch diejenigen, die nach einer psychologischen Erklärung suchen und Theorien über das verletzte Ego des Stars verbreiten: Cristiano fühle sich womöglich allein gelassen und zu wenig geschätzt von seinem Trainer, den Vereinsoberen, den Medien und vom Publikum. Kurz, ihm fehlten Zuneigung, Zuwendung und Aufmerksamkeit. Und er sei neidisch auf die Neuzugänge, denen das öffentliche Interesse gelte.

Auch Mannschaftskameraden und Spieler anderer Klubs beteiligen sich an der Diskussion. „Jeder hat das Recht, auch mal traurig zu sein, selbst Cristiano", sagt Reals Rechtsverteidiger Álvaro Arbeloa. „Wir können nicht 365 Tage im Jahr rund um die Uhr glücklich sein. Er ist ein Mensch wie du und ich, der bessere und schlechtere Momente hat. Offensichtlich hat er nicht dieselben Probleme wie die meisten Spanier, aber er hat das Recht, unglücklich zu sein." „Wenn Cristiano die Hilfe seiner Mitspieler braucht, dann bekommt er sie natürlich. Wenn er Unterstützung vom Klub braucht, kriegt er auch die. Und wenn es um die Zuneigung der Fans geht, dann bin ich sicher, dass er auch die bekommt." Lionel Messi tut das Thema lapidar ab: „Wenn Cristiano etwas sagt, dann fragt dazu nicht mich. Ich habe nichts damit zu schaffen."

Zu den möglichen Gründen seiner Traurigkeit äußert sich der Star via Twitter und Facebook aus dem Trainingslager der portugiesischen Nationalmannschaft in Óbidos: „Dass ich mich traurig fühle und darüber gesprochen habe, hat großen Aufruhr verursacht. Man wirft mir vor, dass ich mehr Geld haben will, aber eines Tages wird man sehen, dass es mir nicht darum geht." Es ist also keine Frage des Geldes, stellt Cristiano klar. Und er erklärt weiter, dass seine Motivation, seine Hingabe, sein Pflichtgefühl und sein Wunsch, alle Wettbewerbe zu gewinnen, nicht vorgetäuscht sind. „Ich habe zu viel Respekt", schreibt er, „vor mir und vor Real Madrid, als dass ich für den Verein weniger leisten würde, als ich zu geben vermag."

Doch die Frage nach dem Warum bleibt unbeantwortet. Allmählich tritt das Thema in den Hintergrund und verschwindet schließlich ganz von der Agenda der Journalisten und der Fußballstammtische. Erst am Ende der Saison äußert sich Florentino Pérez dazu. Der Präsident von Real sagt in einem Interview mit dem Radiosender *Cadena SER*: „Cristiano hat mir gesagt, dass er traurig ist, und ich habe gesagt, dass wir alles tun werden, was in unserer Macht steht, damit er wieder glücklich ist, denn er ist der beste Spieler der Welt. Ich weiß nicht, ob er ein Angebot von Paris Saint-Germain hatte. Er hatte eine schlechte Phase, aber die hat er überwunden, nichts Schlimmes ist passiert. Nach dieser Sache hat er wieder außergewöhnliche Leistungen gebracht."

Dem kann man nicht widersprechen, Cristiano spielt tatsächlich eine großartige Saison. Er schießt sage und schreibe 55 Tore in 55 Spielen: 34 Tore in 34 Ligaspielen, sieben im Pokalwettbewerb, zwei beim Supercup und zwölf – im Schnitt eines pro Spiel – in der Champions League. Insgesamt bringt er es nun auf 201 Treffer in 199 Pflichtspielen, seit er 2009 bei Madrid unterschrieb. Er ist damit der sechstbeste Torschütze in der Geschichte Reals und hat in nur vier Saisons so großartige Spieler wie Amancio Amaro, Emilio Butragueño, Pirri oder Paco Gento hinter sich gelassen. Mit 52 Toren ist er gleichzeitig zu dem portugiesischen Spieler avanciert, der am häufigsten in den europäischen Wettbewerben getroffen hat. Damit hat er den bisherigen Rekord des „Schwarzen Panthers" Eusébio und nebenbei auch die Marke der Real-Legende Alfredo di Stéfano geknackt.

In der Saison 2012/13 schießt Cristiano 35,6 Prozent der Tore von Real Madrid und liegt somit meilenwert vor den anderen Stürmern der „Königlichen": vor Karim Benzema mit 20 und Gonzalo Higuaín mit 17 Treffern – ein wahnsinniger Vorsprung. Aber das ist nicht alles: Cristiano ist auch der Motor von Real Madrid, der strahlende Held vieler Spiele, der entscheidende Mann wegen seiner Ausstrahlung, seines Enthusiasmus, seiner Treffer. Kurz, ein Anführer mit Autorität auf dem Spielfeld und in der Kabine. Jedes Mal, wenn es gilt, einen Rückstand aufzuholen, ein Spiel zu drehen und zu gewinnen, ist Cristiano zur Stelle.

Nach dem Supercup-Finale kommt es am 7. Oktober 2012 zu einem weiteren Clásico im Camp Nou. Es ist ein richtungweisendes Ligaspiel, obwohl die Saison noch jung ist. Es geht schon um die Meisterschaft, denn an diesem siebten Spieltag hat Barça als Tabellenführer bereits acht Punkte Vorsprung vor Real. Mourinhos Schützlinge müssen unbedingt gewinnen, um den Abstand zu verkürzen. Eine Niederlage wäre verheerend.

Cristiano tritt mit zwölf Saisontoren im Gepäck an, acht davon hat er in den letzten vier Spielen geschossen, darunter zwei Dreierpacks: einen gegen Ajax in der Champions League und einen gegen Deportivo La Coruña in der Liga. Lionel Messi, sein großer Rivale, hat es auf zehn Treffer gebracht, in den letzten drei Partien aber nicht getroffen.

Dieses Mal treffen beide gleich oft. Ronaldo und Messi sind die Protagonisten in einer großartigen, spannenden und sehr intensiven Partie, die die 400 Millionen Fernsehzuschauer in keinem Moment enttäuscht. Der Portugiese überwindet Valdés in der 23. Minute mit einem scharfen Schuss gegen den linken Innenpfosten. Die Antwort des Argentiniers erfolgt in der 31. Minute: Pepe kann nicht gegen Pedro klären, der Ball bleibt liegen, und die Nummer 10 der Blau-Roten lässt Casillas keine Chance.

In der zweiten Halbzeit treffen beide noch einmal. Xabi Alonso foult den „Floh" an der Strafraumgrenze, der Schiedsrichter gibt Freistoß. Messi legt sich den Ball zurecht und hämmert den Ball mit links über die Mauer ins linke Toreck. Es dauert nur fünf Minuten, bis Ronaldo das Camp Nou wieder verstummen lässt. Ein Pass von Özil, Cristiano läuft sich frei und schließt vor dem herauslaufenden Valdés ab. „Wie von einem anderen Planeten", titelt *Marca* am nächsten Tag. Und weiter heißt es: „Messi und CR7 beweisen mit ihren Doppelpacks, warum sie die Besten der Welt sind." Durch das 2:2 bleibt die Liga spannend.

Allerdings nur für kurze Zeit. Am 16. Dezember schwächelt Madrid erneut: Während Real nur unentschieden gegen Espanyol spielt, gewinnt Barça durch ein tolles Tor von Adriano und zwei weitere von Messi gegen Atlético Madrid und führt die Tabelle nun mit 13 Punkten Vorsprung vor Real an. José Mourinho erklärt den Titel für verloren, hofft aber gleichwohl auf bessere Leistungen in der Liga: „Das würde uns im Pokal und in der Champions League helfen, wo wir bessere Chancen haben."

Die „Königlichen“ verspielen den Titel schließlich endgültig am späten Abend des 11. Mai 2013. Im Cornella-Stadion reicht es nur zu einem Unentschieden gegen Espanyol, die Blau-Roten können vier Spieltage vor Saisonschluss den Titelgewinn feiern. Kaum jemanden interessiert noch, dass Real im Bernabéu 2:1 gegen Barça gewinnt. Die Jungs von Tito Vilanova können von ihrem großen Vorsprung aus der Vorrunde (18 Siege und nur ein Unentschieden, 55 von 57 möglichen Punkten) zehren und haben am Ende 100 Punkte auf ihrem Konto – bei Real sind es nur 85. Nein, mit dieser Liga-Saison ohne Titel für ihn und die Mannschaft kann Cristiano nicht zufrieden sein.

Zürich, 7. Januar 2013, FIFA-Gala anlässlich der Wahl des Weltfußballers des Jahres. Nominiert sind Cristiano Ronaldo, Lionel Messi und Andrés Iniesta. Im November hat Cristiano in einem langen Interview mit *France Football* über die Saison und über die prestigeträchtigste Auszeichnung für einen Fußballer gesprochen. Auf die Frage, ob er diese denn verdiene, antwortet er: „Ich weiß nicht. Das hängt nicht von mir ab, sondern von den Leuten, die wählen, den Nationaltrainern und Kapitänen. Ich habe darauf keinen Einfluss. Wir werden sehen, wie die Abstimmung ausgeht.“ Als der Reporter nachfragt, ob Ronaldo denn sich selbst wählen würde, lautet die Antwort: „Wenn ich könnte, würde ich mit Sicherheit mich selbst wählen.“

An diesem entscheidenden Tag landet Cristiano als Letzter in Zürich, zusammen mit der Delegation aus Madrid und in Begleitung seiner Freundin Irina, die in ihrem atemberaubenden schwarzen Kleid eine der auffälligsten Erscheinungen der Gala ist. Bei der gemeinsamen Pressekonferenz mit Messi und Iniesta trägt Cristiano eine Baseballkappe der New York Yankees, eine blaue Regenjacke und ein graues Hemd. Von den dreien redet er am meisten. „Bei dieser Auszeichnung geht es nicht um Leben und Tod“, sagt der Portugiese. „Das Leben geht danach weiter. Ich habe ein ruhiges Gewissen, der Auftrag ist erfüllt, wir haben die Meisterschaft und den Supercup gewonnen.“ Mit Blick auf Messi sagt er: „Es ist kein persönliches Duell, jeder von uns versucht, seinen Job zu machen und so gut wie möglich zu sein.“

Das sieht auch Messi so. „Er hat recht. Wir konkurrieren nicht gegeneinander, es geht nur um Fußball. Wir versuchen, so gut wie möglich zu spielen, damit unsere Mannschaften gewinnen.“ Die Situation ist nur einmal etwas angespannt, als der Portugiese gefragt wird, wen er gewählt hat. „Ich habe nicht gewählt. Ich war beim Treffen der Nationalmannschaft, aber wegen einer Verletzung haben sie mich nach Hause geschickt." Für wen er denn gestimmt hätte? Das bleibe geheim. Messi antwortet auf dieselbe Frage: „Ob ich Cristiano wählen könnte? Ja, klar, denn er ist ein großartiger Spieler. Aber ich habe für meine Mannschaftskameraden gestimmt, für Agüero, Xavi und Iniesta."

Um 19:55 Uhr wird das Wahlergebnis bekannt gegeben. Fabio Cannavaro, 2006 selbst Weltfußballer, öffnet den Umschlag. Alle Kameras richten sich auf die drei Finalisten Ronaldo, Iniesta und Messi. Nach einem kurzen Moment der Spannung nennt der frühere Kapitän der italienischen Nationalmannschaft den Gewinner: Lionel Messi. Andrés Iniesta geht zu seinem Mannschaftskameraden, um ihn zu beglückwünschen, während Cristiano Ronaldo in seinem schwarzen Smoking verärgert wirkt.

Messi ist der erste Spieler in der Geschichte des Fußballs, der viermal als „Weltfußballer des Jahres" ausgezeichnet wurde. Er übertrifft damit Legenden wie Johan Cruyff, Marco van Basten und Michel Platini, die jeweils dreimal zum Weltfußballer gewählt wurden. Die Nummer 10 von Barcelona gewinnt mit 41,6 Prozent der Stimmen vor Cristiano Ronaldo mit 23,68 und Iniesta mit 10,91 Prozent. Die 91 in einem Jahr erzielten Tore von Messi hatten mehr Gewicht als Cristianos Gewinn der Meisterschaft und des Supercups sowie Andrés Iniestas EM-Sieg mit Spanien. Eine weitere Enttäuschung für den Portugiesen.

30. April 2013, Halbfinal-Rückspiel in der Champions League im Santiago Bernabéu. Real beschwört seine Geschichte, seine historischen Siege und Aufholjagden in den europäischen Wettbewerben. Denn im Hinspiel hat Jürgen Klopps Dortmunder Borussia und vor allem Robert Lewandowski Real wie ein Dampfwalze überrollt. Mit 4:1. Das einzige Tor, das Real eine winzige Chance lässt, hat Cristiano erzielt. Er hat sich als einziger der Wucht der Deutschen entgegen gestemmt, ihren 40-minütigen Sturmlauf kurz vor der Pause unterbrochen und nach einem Zuspiel von Higuaín und einem Fehler von Hummels das Tor zum zwischenzeitlichen 1:1 geschossen. In der zweiten Halbzeit konnte aber auch er nicht mehr verhindern, dass Madrid regelrecht gedemütigt wurde.

Angesichts des großen Rückstands setzen nun alle ihre Hoffnungen auf Ronaldo, obwohl er nicht hundertprozentig fit ist. Sein Talent, seine

Klasse und sein Kämpferherz hat er mit seinen zwölf Toren in den bisherigen elf Begegnungen des Wettbewerbs bereits unter Beweis gestellt, selbst in den schwierigsten Situationen, wie in den Achtelfinals gegen seinen früheren Klub Manchester United oder im Viertelfinal-Rückspiel gegen Galatasaray.

Am 13. Februar, beim Heimspiel gegen die *Red Devils* aus Manchester, trifft er in der 30. Minute zum Ausgleich. Di María schlägt eine Flanke auf den langen Pfosten. Der Ball kommt hoch, Evra schätzt die Flugbahn falsch ein, während Cristiano sie genau vorhersieht und zu einem fantastischen Sprung ansetzt. Sein großartiger Kopfball landet am linken Innenpfosten des Tores von de Gea. Ein Traumtor, für das er sich hinterher bei den englischen Fans entschuldigt. „Ich war viele Jahre in Manchester zu Hause", sagt Ronaldo. „Der Verein hat mich aufgenommen, als ich noch ein Kind war, ich hänge sehr an ihm."

Sir Alex Ferguson, der seinen ehemaligen Spieler nach Ende der Partie im Pressesaal in den Arm genommen hat, meint: „Ich bin stolz auf Cristiano, ich weiß gar nicht, wie ich sein Tor beschreiben soll, aber ich muss auf jeden Fall mit Evra reden. Man konnte sehen, dass das Knie von Cristiano auf dem Kopf von Evra war. Er hat im Champions-League-Finale von Moskau schon einmal so ein Tor geschossen, mit demselben Sprung, er hat unglaubliche Kraft in seinem Kopfballspiel. Nur Messi könnte auch noch so etwas."

Zwei Wochen später im Old Trafford ist Cristiano erneut der Hauptdarsteller. Er läuft Rafael auf und davon und schießt das zweite Tor für Madrid, den Siegtreffer zum 2:1. Beim 3:0 im Viertelfinale gegen die türkische Mannschaft von Trainer Fatih Terim erzielt er den ersten Treffer. Und beim Rückspiel im Hexenkessel der Türk Telekom Arena in Istanbul besiegelt er mit seinen zwei Toren zum 2:3 den Einzug ins Halbfinale.

Angesichts des bisherigen Wettbewerbsverlaufs überrascht es also nicht, dass viele Ronaldo ein Wunder zutrauen, wie es einst Juanito in vielen Europapokal-Spielen der Achtziger für Real vollbrachte. Die Fans hoffen, so doch noch den Sprung ins Champions-League-Finale in Wembley zu schaffen. Aber dieses Mal sieht es nur kurz nach einem Wunder aus. Nach einem furiosen Start mit drei großen Torchancen und einem famosen Schlussspurt ist Borussia Dortmund fast am Boden. Doch Reals 2:0-Sieg reicht nicht, es sind schließlich die Deutschen, die feiern. Cristiano ist enttäuscht, weil er seiner Mannschaft nicht mit einem Tor helfen konnte. Er bittet die Fans um Entschuldigung, dass Real wieder nicht das Finale erreicht hat, gleichzeitig beglückwünscht er die Borussia zu ihrem Erfolg: „Real wird noch die Chance bekommen, zum zehnten Mal den Europapokal zu gewinnen. Dieses Jahr hat es nicht gereicht, ich hoffe, es reicht im nächsten Jahr.“ Und dann sagt er: „Nicht nur jetzt, sondern schon seit Beginn der Saison geht es mir gut, fühle ich mich wohl. Die Fans sind gut zu mir, mir geht es gut.“ Die Traurigkeit ist schließlich doch vergangen.

Am 17. Mai spielt Real Madrid im Santiago Bernabéu im Finale der Copa del Rey gegen Atlético Madrid. Der Pokal ist der einzige Titel, den Real in dieser Saison noch holen kann. Im Halbfinale haben die Jungs von „Mou“ den ewigen Rivalen Barcelona ausgeschaltet. Wieder hat ein großartiger Cristiano Ronaldo das Duell entschieden. Nach dem 1:1 im Hinspiel ist er im Rückspiel am 26. Februar im Camp Nou der überragende Mann. Vor 95.000 Zuschauern besiegt er quasi im Alleingang die Blau-Roten, die ohne Ordnung und Leidenschaft spielen. Er verbreitet Furcht und Schrecken unter den gegnerischen Verteidigern, die keine Mittel finden, ihn zu stoppen, und auch beim Publikum, das ihn ununterbrochen auspfeift. Und er gewinnt das persönliche Duell mit Messi, an dem das Spiel völlig vorbeigeht.

Cristiano ist überall zu finden, er rennt den Platz rauf und runter, bringt es auf neun Abschlüsse, fünf kommen aufs Tor, zweimal trifft er. Einmal per Elfmeter nach einem klaren Foul von Piqué, einmal aus dem Spiel heraus: ein präziser Pass von Xabi Alonso, ein Sprint von di María, Cristiano ist zur Stelle und überwindet Pinto. Es ist sein achter Treffer in den sechs letzten Spielen im Camp Nou, eine Quote, auf die es noch nicht einmal Alfredo di Stéfano in den goldenen Jahren von Real Madrid gebracht hat. Cristiano ist zum Albtraum der Barça-Fans geworden.

Nachdem der gefährlichste Gegner ausgeschaltet wurde, geht es nun also gegen Atlético Madrid. Die Rot-Weißen haben seit 14 Jahren kein Derby mehr gegen den Stadtrivalen gewonnen. Die beiden Ligaspiele verliefen unspektakulär, sie endeten 2:0 und 2:1, beim Rückspiel hatte Real schon Borussia Dortmund im Kopf. Sicher, die Mannschaft von Diego Simeone brachte in den europäischen Wettbewerben der vergangenen Jahre gute Leistungen. Aber Real Madrid ist der Favorit auf einen Titel, der ohnehin nur der Trostpreis einer schlechten Saison sein kann. Atlético hofft seinerseits darauf, die verflixte Serie zu beenden.

Es läuft die 14. Minute, als Cristiano Ronaldo die Anhänger von Atlético verstummen lässt. Luka Modrić tritt eine Ecke, der Ball kommt zwischen Elfmeterpunkt und Fünfmeterraum herunter, Ronaldo steigt höher als Godin und wuchtet den Ball mit dem Kopf ins lange Eck, wo ihn Courtois nicht mehr erreicht. Cristiano markiert damit seinen neunten Treffer im neunten Spiel gegen Atlético. Sein Tor bleibt das einzige von Real in den ersten 45 Minuten. Wie so oft ziehen sich die „Königlichen“ nach einer Führung auf Anweisung von „Mou“ weit an den eigenen Strafraum zurück, verteidigen eng gestaffelt und warten auf eine Konterchance, um so das Spiel zu entscheiden.

Aber der Todesstoß erfolgt nicht. Im Gegenteil: In der 35. Minute gleicht Atlético durch Diego Costa nach schönem Zuspiel von Radamel Falcao aus. Nach der Pause kommt Mourinhos Team mit einer anderen Taktik aus der Kabine, nun soll der Sieg mit offensivem Spiel erzwungen werden. Dreimal prallen Schüsse der „Königlichen“ vom Pfosten ab. Cristiano hadert und schlägt die Hände zusammen, nachdem sein Schuss gegen das Gestänge gekracht ist.

Das Spiel wird hitziger. Der Schiedsrichter Clos Gómez schickt Mourinho nach 77 Minuten auf die Tribüne. Cristiano bleibt auch in der Verlängerung auf dem Platz. Er klagt über die enge Manndeckung durch die Spieler von Atlético, verzweifelt und verliert schließlich die Nerven. Zunächst foult er Juanfran und Gabi, beschwert sich, wird verwarnt. Dann tritt er Gabi, den Kapitän der Rot-Weißen, gegen die Nase und fliegt dafür vom Platz. Mit gesenktem Kopf verlässt er das Spielfeld. Es ist die 113. Minute. Von der Ersatzbank muntert ihn Iker Casillas auf. Atlético gewinnt 2:1 durch einen Kopfball von Miranda und holt sich die Copa del Rey. Cristiano steigt nicht mit auf die Tribüne, um aus der Hand von König Juan Carlos die Verlierermedaille entgegenzunehmen. Er verschwindet im Bau des Bernabéu.

Die 113 Minuten im Finale sind die letzten für Cristiano Ronaldo in der Saison 2012/13. Wegen Rückenproblemen spielt er danach nicht mehr. Am 1. Juni, dem letzten Ligaspieltag, erscheint er aber auf dem Rasen des Bernabéu in weißem Hemd und blauen Jeans. Vor der Partie gegen Osasuna erhält er die Auszeichnung als bester Spieler von Real Madrid. Am selben Tag, begleitet von Applaus und Pfiffen, verabschiedet sich José Mourinho. Er verlässt Real nach drei Jahren als Cheftrainer. Die Premier League und Chelsea warten auf ihn.

Damit endet eine Spielzeit, die laut Mourinho die schlechteste seiner Karriere war. Es war eine Saison geprägt von Polemik und Streit mit dem Verein, mit anderen Trainern, Schiedsrichtern und mit seinen Spielern, von Iker Casillas über Pepe bis zu Cristiano. Cristiano hat „Mou", ohne es ausdrücklich zu sagen, seine Traurigkeit vorgeworfen, die die ganze Liga beschäftigt hat. Er hat sich von Mourinho distanziert, den er zunächst als Freund und Lehrer ansah. Die Beziehung der beiden war am Schluss so kaputt, dass Cristiano nach dem Ausscheiden in der Champions League sagte, es sei ihm egal, ob Mourinho weiter Trainer bleibe oder nicht: „Ich rede nicht über andere. Mich interessiert, was mit Madrid ist und mit mir." Mourinho geht, Cristiano bleibt. Sein Vertrag läuft noch zwei Jahre. Und Florentino Pérez stellt klar: „Ich verkaufe ihn nicht für eine Milliarde."

Kapitel 26

# Fünf Jahre danach

## Weltfußballer 2013

*„Ich wollte nicht weinen, aber ich bin nicht aus Stein."*

„Guten Abend. Mir fehlen die Worte, um diesen Moment zu beschreiben ..." Sichtlich bewegt unterbricht Cristiano Ronaldo seine Rede. Er weint. Tränen verschleiern seinen Blick, seine Kehle ist wie zugeschnürt. Er kann nicht weiter sprechen. Ein langer, herzlicher Applaus macht ihm Mut und gibt ihm die nötige Zeit, die Stimme wiederzuerlangen und die Tränen zu trocknen.

„Ich danke allen meinen Freunden in Madrid und in der Nationalmannschaft. Und meiner Familie, die hierher gekommen ist ..." Ein weiteres Mal überwältigen ihn die Gefühle. Er macht eine Pause und fährt dann fort: „Es ist eine große Ehre. Alle, die mich kennen, wissen, wie schwierig es für mich gewesen ist, diese Auszeichnung zu gewinnen. Ich möchte mich bei meinem Berater und bei meinem Präsidenten bedanken, bei allen, die hier sind. Und ich möchte auch an Eusébio und Madiba [Nelson Mandela, Anm. d. Verf.] erinnern, die sehr wichtig für mich gewesen sind. Meine Freundin ist hier, meine Mutter und mein Sohn sind auch hier. Mein Junge sieht zum ersten Mal, dass sein Vater den ‚Goldenen Ball' gewinnt ... Ich bitte um Entschuldigung, es ist ein sehr bewegender Moment für mich, und ich schaffe es nicht, weiterzusprechen. Danke an alle." Die Tränen hindern ihn am Weiterreden. Beifall und Musik beschließen das Ereignis.

13. Januar 2014, Kongresspalast Zürich. Es ist 19:50 Uhr, als Fernanda Lima, die Moderatorin der FIFA-Gala zur Wahl des Weltfußballers des Jahres 2013, gemeinsam mit dem ehemaligen Spieler Ruud Gullit den Herausgeber von *France Football*, François Morinière, den UEFA-Präsidenten Michel Platini und Pelé auf die Bühne bittet. Pelé hat die Aufgabe, den Umschlag mit dem Namen des Gewinners zu öffnen. Die Kameras richten sich auf die drei Finalisten: Cristiano Ronaldo im schimmernd schwarzen Smoking, Lionel Messi in einem alles andere als diskreten, granatroten

Smoking von Dolce & Gabbana und Franck Ribéry im schwarzen Smoking mit Fliege. Alle drei blicken aufs Podium.

Pelé macht es spannend, lächelt, zeigt dann die Karte und verkündet: „The winner of this edition is Cristiano Ronaldo." Die Nummer 7 von Real Madrid und der portugiesischen Nationalmannschaft senkt den Kopf. Ronaldo küsst seine Freundin Irina Shayk, die neben ihm sitzt, und erhebt sich dann. Er steigt auf die Bühne, umarmt Pelé, begrüßt Platini und den Chef von *France Football*.

Sein Sohn, Cristiano Ronaldo junior, eilt vom Parkett aus ebenfalls auf die Bühne. Pelé schließt den Kleinen in die Arme, während sein Vater den *Ballon d'Or* aus den Händen von FIFA-Präsident Sepp Blatter entgegennimmt. Stockend beginnt Ronaldo zu sprechen, doch dann versagt seine Stimme und die Tränen schießen ihm in die Augen. „Sie waren echt, authentisch, ehrlich", wird der Portugiese später sagen. „Als mein Sohn in meine Arme kam, war ich sehr gerührt und fing an zu weinen. Und ich musste noch mehr weinen, als ich die Tränen bei meiner Familie sah. Ich wollte nicht weinen, aber ich bin nicht aus Stein."

Nach fünf Jahren ist Ronaldo also erneut zum Weltfußballer gewählt worden. Nach fünf Jahren erobert Cristiano die Trophäe zurück, die er 2008 schon einmal gewann. Damals war er 24 Jahre alt und schien keinen Rivalen als weltbester Fußballer fürchten zu müssen. Doch der unaufhaltsame Aufstieg von Lionel Messi in den folgenden Monaten und Jahren zeigte Ronaldo seine eigenen Grenzen auf. Vier „Goldene Bälle" hintereinander für Messi bedeuteten eine lange Leidenszeit für Cristiano. Es waren Jahre des Kampfes, Jahre der Tore (403 für Verein und Nationalmannschaft, allein 69 im Jahr 2013), Jahre voller Rekorde, bis er schließlich die Auszeichnung vom ewigen Rivalen zurückerobern kann, nach einer der am meisten umkämpften Abstimmungen in der Geschichte des *Ballon d'Or*.

Cristiano gewinnt mit 1.365 Punkten (27,9 Prozent) vor dem mit 1.205 Punkten (24,7 Prozent) zweitplatzierten Messi, während Ribéry mit 1.127 Punkten (23,3 Prozent) auf Platz drei landet. Abstimmungsberechtigt waren 209 Nationaltrainer, 209 Nationalmannschaftskapitäne und Journalisten aus 209 Ländern. Sie alle anerkannten Ronaldos Beharrlichkeit, seine Glaubwürdigkeit, seinen eisernen Willen und seine Fähigkeit, sich weiter zu steigern. Seine individuelle Klasse machte den Unterschied, dadurch kompensierte er fehlende Titelgewinne. Dabei ist er nicht der einzige Weltfußballer ohne Mannschaftstitel. Das schafften zuvor bereits Stanley Matthews (1956), Denis Law (1964), Gerd Müller (1970), Kevin Keegan (1978) und Luís Figo (2000).

Gegner und Freunde gleichermaßen zollen Cristianos Leistung Respekt. „Cristiano hatte ein großartiges Jahr und verdient den Preis. Mehr habe ich dazu nicht zu sagen, und ich beschwere mich auch nicht“, sagt Messi nach der Preisverleihung. „Glückwünsche an Cristiano für seinen zweiten *Ballon d'Or* und an Messi und Ribéry für ihr unglaubliches Jahr 2013“, twittert Gerard Piqué.

„Man hat ihm Gerechtigkeit widerfahren lassen. Aufgrund seiner Begabung, seines Erfolgshungers, seiner Einsatzfreude und seiner Hingabe ist es absolut verdient, dass Cristiano gewonnen hat. Für mich und alle ‚Madridistas' ist es eine Ehre, dass man einen großartigen Fußballspieler gewählt hat, der alles daran setzt, noch besser zu werden. Er ist ein Vorbild für alle, insbesondere für alle Kinder“, erklärt Florentino Pérez, der Präsident von Real Madrid. „Es war bewegend. Für uns alle war es wie eine Befreiung, als sie Cristianos Namen nannten“, meint Sergio Ramos. Und der portugiesische Nationaltrainer Paulo Bento sagt: „Es ist die gerechte Belohnung für ein außergewöhnliches Jahr eines außergewöhnlichen Fußballspielers. Cristiano ist ein äußerst begabter Spieler und ein großartiger Profi.“

Pedro Passos Coelho, der portugiesische Ministerpräsident, versichert: „Ronaldo verleiht unserer Nationalmannschaft und unserem Land großes Ansehen.“ Und Staatspräsident Aníbal Cavaco Silva beglückwünscht Cristiano im Namen des ganzen portugiesischen Volkes: „Du bist der erste Portugiese, der auf diese Weise ausgezeichnet wird. Der Preis ist eine Anerkennung deiner außergewöhnlichen sportlichen Leistung, deiner Unerschrockenheit und deiner fußballerischen Entwicklung“, schreibt der Präsident.

Ja, es stimmt: Ronaldo ist der erste Portugiese, der zum zweiten Mal als Weltfußballer ausgezeichnet wird. Und der dritte, dem die Ehrung überhaupt widerfährt – nach Eusébio im Jahr 1965 und Figo im Jahr 2000. Der Preis ist also alles andere als selbstverständlich, wie Ronaldo in seiner Rede auch bemerkt. Gegen Ende des Sommers hatten ihn die Buchmacher noch nicht als Favoriten gesehen. Da setzten die meisten noch auf Franck Ribéry.

Der Franzose, die Nummer 7 bei Bayern München, gewann alle Titel, die es zu gewinnen gibt: die Deutsche Meisterschaft, den DFB-Pokal, die Champions League, den europäischen Supercup und schließlich auch noch die Klub-Weltmeisterschaft der FIFA. Dazu kam Ende August die Auszeichnung der UEFA als „Europas Fußballer des Jahres". Lionel Messi holte mit Barcelona die spanische Meisterschaft und schoss in 45 Spielen 42 Tore. Er ist nicht nur Spaniens Torschützenkönig, sondern aller europäischen Ligen.

Anders als seine Konkurrenten hat Cristiano nichts geholt. Keinen Titel. Er und Real Madrid haben das Ende der Ära Mourinho teuer bezahlt. Aber eine Saison ist kein ganzes Jahr, und in den letzten vier Monaten des Jahres 2013 konnte Ronaldo die Verletzungen von Messi ausnutzen und ihn auf dem Weg zum Weltfußballer-Titel überholen. Dank starker Auftritte erschütterte er zudem die Vorhersagen der Buchmacher, die Ribéry lange ganz vorne sahen.

Vielleicht begann alles am 15. September 2013 auf der Ehrentribüne des Stadions Santiago Bernabéu in Madrid, als Cristiano einen Vertrag unterzeichnet, der ihn bis 2018 an Real bindet. Mit einem Gehalt von angeblich 21 Millionen Euro netto pro Spielzeit wird er zum bestbezahlten Fußballspieler der Welt. Die Vertragsverlängerung mit Madrid war eine komplizierte Angelegenheit, es wurde viel geredet und spekuliert: über Traumangebote anderer Verein und großes Interesse von Manchester United.

Gar nicht lustig fand Cristiano nicht nur die Verpflichtung von Gareth Bale und die Ablösesumme für den Waliser, die nach Angaben von Real bei 91 Millionen Euro lag, laut Tottenham aber mehr als 100 Millionen Euro betrug. Besonders störte ihn Bales Gehalt in Höhe von elf Millionen Euro netto. Für Cristiano kommen die finanziellen Dinge mit dem neuen Vertrag wieder in Ordnung. Der Vertrag anerkennt Ronaldos Wert und Bedeutung für die Mannschaft, er klärt seine Zukunft und markiert schließlich das Ende seines Unbehagens, jener Traurigkeit, an der er Anfang September 2012 die ganze Welt teilhaben ließ.

Vielleicht aufgrund des neuen Vertrags, vielleicht aber auch, weil er als Mensch und Fußballer gereift ist, setzt Cristiano ab September zu einem regelrechten Höhenflug an. Am 17. September, zwei Tage nach der Vertragsverlängerung, steuert er im Stadion von Galatasaray Istanbul drei

Tore zu Reals 6:1-Kantersieg gegen die Türken bei. Zehn Tage zuvor, am 6. September, besiegte er mit einem Hattrick innerhalb einer Viertelstunde Nordirland quasi im Alleingang und ebnete so der portugiesischen Nationalmannschaft den Weg zur Weltmeisterschaft in Brasilien. Insgesamt bringt er es nun auf 43 Treffer im Nationaldress. Damit zieht er an Eusébio vorbei und liegt nur noch vier Tore hinter dem führenden Pauleta.

Am 25. Oktober vergleicht FIFA-Präsident Sepp Blatter in einer Rede vor der Oxford Union Society Messi mit Cristiano Ronaldo. „Leo ist ein guter Junge. Jeder Vater und jede Mutter hätte ihn gern im Haus. Er ist ein guter Mann. Sehr schnell. Er spielt sehr gut, so, als ob er tanzt. Der andere [Cristiano Ronaldo, Anm. d. Verf.] ist wie ein Kommandeur auf dem Spielfeld." Blatter steht gestikulierend auf und macht einen Soldaten nach, das Publikum lacht. „Einer der beiden gibt mehr Geld für den Friseur aus als der andere, aber ich vermag nicht zu sagen, welcher von beiden der Bessere ist. Die Liste für den *Ballon d'Or* wird am nächsten Dienstag veröffentlicht. Die Wähler müssen dann entscheiden. Ich freue mich, die Wahl zu leiten." Blatter schließt mit den Worten: „Ich ziehe Messi vor." Worte, die um die Welt gehen und bei Ronaldo nicht gut ankommen.

Ronaldo antwortet auf dem Fußballplatz mit drei Treffern gegen Sevilla. Sein erstes Tor feiert er mit einem militärischen Gruß. Die Geste gefällt allen, denen der Tonfall des FIFA-Präsidenten nicht gepasst hat. Cristiano hat einen Lauf. Zwischen dem 1. September und dem 19. November erzielt er in allen Wettbewerben sage und schreibe 34 Tore, darunter fünf Dreierpacks.

Besonders denkwürdig ist sein Auftritt am 19. November. In Solna spielen Schweden und Portugal gegeneinander: Es ist das Rückspiel in der Play-off-Runde zur Qualifikation für die Weltmeisterschaft in Brasilien. Im Hinspiel in Lissabon hat man keinen Cristiano in Topform gesehen, obwohl er mit einem Kopfball für den 1:0-Sieg gesorgt hat. In Schweden dagegen legt er einen unglaublichen Auftritt hin. Mit drei Toren schießt er Portugal zur WM und entscheidet nebenbei das Duell gegen Zlatan Ibrahimović für sich. Er beweist, dass er nicht nur ein unerbittlicher, gieriger Torjäger ist, sondern auch ein gereifter, vielseitiger Fußballer, der das Spiel perfekt zu interpretieren vermag.

Drei Sprints über 30 Meter, drei schnelle Antritte vor dem Tor von Andreas Isaksson, drei Schüsse (zwei mit links, einer mit rechts), die den Gegner in die Knie zwingen: drei Wirkungstreffer. Der erste zum 1:0, weil

Schweden nun drei Tore schießen muss, um den Rückstand aufzuholen. Der zweite zum 2:2, weil er das Publikum im modernen Stadion von Solna zum Verstummen bringt – die beiden Treffer von Ibrahimović hatten die Zuschauer zwischenzeitlich an ein Wunder glauben lassen. Der dritte zum 3:2 schließlich, weil er die schwedischen Hoffnungen endgültig zunichte macht. Es ist ein Auftritt, der auch diejenigen portugiesischen Fans überzeugt, die Ronaldo vorgeworfen hatten, in den entscheidenden Momenten zu versagen, und die von ihm dieselben Leistungen wie bei Real Madrid eingefordert hatten.

Mit diesen drei Toren zieht Ronaldo mit Pauleta als bestem Torschützen der Nationalmannschaft gleich, und zweifellos ist er nun der neue Held in Portugal. Dabei ist dieses fabelhafte Vierteljahr noch gar nicht zu Ende. Am 10. Dezember markiert er in der Champions League im letzten Spiel der Gruppe B im Parken-Stadion gegen Kopenhagen seinen neunten Treffer und führt damit die Torschützenliste in der Champions League an. Fast schafft er sogar noch ein zehntes Tor, aber Johan Wiland, der schwedische Torhüter von Kopenhagen, pariert seinen Elfmeter.

Ronaldo beendet das Jahr 2013 mit insgesamt 69 Treffern in 59 Spielen. Das ist ein Schnitt von 1,16 Toren pro Partie – außerirdische Zahlen und gleichzeitig ein persönlicher Rekord. 38 Tore hat er in der Liga erzielt, 15 in der Champions League, sechs in der Copa del Rey und zehn für Portugal. Nun wird Ronaldo an den Stammtischen als Favorit für die Wahl zum Weltfußballer gehandelt, und auch bei den Buchmachern schießt sein Kurs rasant in die Höhe. Die FIFA hat die Abstimmungsfrist bis zum 29. November verlängert. Seine Auftritte in der Nationalmannschaft können die Entscheidung der Jury also noch beeinflussen.

In den Umfragen der großen europäischen Sportzeitungen liegt Cristiano jetzt vorn. Es sieht so aus, als könne er dieses Mal die Vorherrschaft von Messi beenden – und damit auch endlich verwinden, in den vergangenen vier Jahren nicht gewonnen zu haben. 2012 verriet sein damaliger Trainer José Mourinho nach dem Champions-League-Aus im Halbfinale, als er Ronaldo äußerst niedergeschlagen erlebte: „Cristiano denkt nur an den *Ballon d'Or*, und das beeinträchtigt seine Konzentration.“ Doch dieses Mal ist der *Ballon d'Or* in Reichweite.

Wie es das Schicksal so will, erleiden Ronaldo und ganz Portugal wenige Tage vor der Gala in Zürich einen riesigen Verlust. Am 5. Januar um drei

Uhr morgens stirbt Eusébio da Silva Ferreira im Alter von 71 Jahren in Lissabon an einem Herzstillstand. Der „Schwarze Panther" ist ein Held des portugiesischen Fußballs und feierte in den 1960er Jahren mit Benfica Lissabon und der Nationalmannschaft große Erfolge. Die portugiesische Regierung ordnet eine dreitägige Staatstrauer an.

„Für immer und in Ewigkeit, ruhe in Frieden, Eusébio", twittert Ronaldo. Er veröffentlicht auch ein Foto, das ihn zusammen mit dem legendären Torjäger zeigt. Ja, Eusébio ist eine wichtige Figur im Leben von Ronaldo. Er stand ihm in den Schlüsselmomenten seiner Laufbahn mit Ratschlägen zur Seite: als er den Vertrag mit Manchester United unterschrieb, beim Tod seines Vaters oder bei seiner offiziellen Vorstellung im Bernabéu-Stadion 2009.

Der „Schwarze Panther" war ohne Zweifel ein Vorbild für Cristiano. Deswegen widmet er ihm auch seine beiden Treffer am 6. Januar im Ligaspiel gegen Celta Vigo. „Ich widme dir diese beiden Tore, Eusébio, aber in Wahrheit warst du es, der sie erzielt hat. Du bleibst immer in meinem Herzen", schreibt er bei Twitter. Und er bedankt sich für die Zuneigung, die auch der spanische Fußball seinem Landsmann entgegenbringt: „Es ist ein besonderer Tag, an dem ich allen danken möchte, besonders ganz Spanien, für die Ehrung von Eusébio. Für uns Portugiesen ist es sehr wichtig, diese Zuneigung der Spanier zu spüren. Eusébio war eine wichtige Person für mein Land. Er hat mir in der Zeit, als ich gerade Nationalspieler wurde, sehr geholfen, und er war ein Vorbild für alle Spieler."

Auch am 13. Januar 2014, dem Tag seiner Krönung als Weltfußballer und dem Tag der Tränen, gedenkt er Eusébio. Es ist der Tag, an dem sich Cristianos Image in der Öffentlichkeit ändert. Seine Emotionen und seine Tränen verwandeln den über den Wolken thronenden, hochmütigen, launenhaften und arroganten Gott in einen Menschen. In einen irdischen und sterblichen Gott. Er schlüpft aus seiner egoistischen, prahlerischen, narzisstischen, egozentrischen, gefühlskalten, unkamerdschaftlichen, geldgierigen Rolle – mit all diesen Attributen ist er in seiner Karriere belegt worden – und präsentiert eine andere, eine glaubwürdige Seite. Die Seite eines Jungen aus Madeira, der während seiner ersten Jahre im Internat von Sporting Lissabon fast den ganzen Tag lang weinte. Die Seite eines Mannes, der so oft gesagt hat: „Ich weine häufig vor Glück oder weil ich traurig bin. Es ist gut zu weinen. Weinen ist ein Teil des Lebens."

Und wer würde auch nicht weinen, wenn der Sohn zu einem auf die Bühne steigt? Wer würde nicht weinen, wenn er die eigene Mutter tränenüberströmt in der Züricher Parterreloge sitzen sieht? Keine Frage: In Zürich hat es Ronaldo geschafft, im entscheidenden Moment auf der Höhe zu sein. Genauso wie früher Eusébio. Er hat sein Herz geöffnet und so die Liebe von ganz Portugal und noch vielen mehr gewonnen. Und ist die Liebe eines Volkes nicht etwas viel Wichtigeres als ein Ball aus Gold? Alle, das ganze Land, haben den Wandel des Fußballers Ronaldo bemerkt. Alle, angefangen bei den Menschen, die nach der Bekanntgabe des Wahlergebnisses freudig auf die Hupen ihrer Autos drückten, bis hin zu den Zeitungskommentatoren, die ihre Hochachtung für den Star formulierten.

„Cristiano Ronaldo ist ein gutes Vorbild für die portugiesische Gesellschaft. Er ist ein Mensch, der Ziele hat und niemals aufgibt. Er glaubt immer daran, dass er gewinnen kann", schreibt etwa *Diário de Notícias*. Eine weitere Bestätigung erfährt Ronaldo genau sieben Tage nach dem Termin in Zürich. Am 20. Januar verleiht ihm der portugiesische Staatschef Aníbal Cavaco Silva im Präsidentenpalast von Lissabon „wegen seines Beitrags zum Ansehen Portugals in der Welt" den Orden des Infanten Dom Henrique, einen Zivilverdienstorden, der seit 1960 an In- und Ausländer sowie an Institutionen verliehen wird.

Diese Ehrung war eigentlich schon für den 7. Januar vorgesehen, wurde wegen des Todes von Eusébio aber verschoben. Es ist ein Ereignis mit größerer Medienpräsenz als der Besuch von US-Präsident Barack Obama in Portugal im November 2010. Die Fernsehsender übertragen direkt, im Internet gibt es Live-Streams, 220 Journalisten sind akkreditiert. Cristiano wird begleitet von Fernando Gomes, dem Präsidenten des portugiesischen Fußballverbandes, sowie von Nationaltrainer Paulo Bento. Real-Präsident Florentino Pérez und Emilio Butragueño sind aus Madrid gekommen, und auch Aurélio Pereira, einer seiner ersten Trainer, und sein Berater Jorge Mendes sind anwesend.

Zwar fehlt Ronaldos Familie – die Angehörigen sind aus privaten oder beruflichen Gründen verhindert. Aber der *Ballon d'Or* fehlt nicht. Ronaldo widmet ihn symbolisch allen Portugiesen. Und dem Fernsehsender RTP sagt er: „Diese Auszeichnung erfüllt mich mit Stolz, und sie motiviert mich, noch mehr zu arbeiten und Portugal im Ausland würdig zu vertreten. Sie ermutigt mich, meinen Beruf mit noch mehr Entschiedenheit auszuüben. Ich hoffe auf viele weitere Erfolge, persönlich und mit meinen Mannschaften. Was ich am liebsten mag, ist Fußball zu spielen. Ich möchte weiter Spaß daran haben und versuchen, Geschichte zu schreiben. Ohne den Wert der bisher gewonnenen Trophäen zu schmälern, ist es mein Traum, mit Portugal Weltmeister zu werden. Es ist eine schwierige Aufgabe, weil ja alle Mannschaften gewinnen wollen. Aber hoffentlich geht dieser Traum in Erfüllung."

Kapitel 27

# La Décima

## Der Gewinn der Champions League 2014

*„Seit ich hierhergekommen bin, war ich bereit, diesen Titel zu holen. Der Druck hat mich besser gemacht.“*

Breitbeinig steht er auf dem Rasen des Estádio da Luz von Lissabon. Mit nacktem Oberkörper, die Hände in die Hüften gestemmt, schreit er wie Hulk, der Superheld aus den gleichnamigen Marvel-Comics. Gleichzeitig spannt er seine Muskeln an. Vom Bizeps bis zum Bauch und der Brust heben sie sich gut definiert hervor. Cristiano Ronaldo hat soeben das letzte Tor im Finale der Champions League 2013/14 geschossen. Ein Elfmeter: Der arme Thibaut Courtois, die Nummer eins von Atlético Madrid, wirft sich nach links, der Ball fliegt ins rechte Eck. Ein Tor, das wenig Bedeutung hat, da mittlerweile die 120. Minute läuft und es bereits 3:1 für Real Madrid steht. Und dennoch feiert es Ronaldo, indem er das Trikot auszieht und sich für Fernsehen, Fotografen, Zuschauer und Fans auf der ganzen Welt in die Bodybuilder-Pose wirft. Er feiert es, als wäre es das wichtigste Tor seiner Karriere, ähnlich bedeutend wie der Treffer des Uruguayers Alcides Ghiggia im entscheidenden WM-Spiel 1950 gegen Brasilien.

Ein klein wenig übertrieben ist das schon, denn der Gegner war ohnehin schon besiegt, geschlagen und gedemütigt. Übertrieben ist es auch deshalb, weil Cristiano wegen seiner Knieprobleme, die nun schon seit Monaten andauern, eher unauffällig gespielt hatte. Der Held des Finales ist nicht er, sondern Sergio Ramos, der in der 93. Minute, als der Stadtrivale den Pokal bereits in den Händen zu halten schien, nach Ecke von Modrić ein Kopfballtor schießt, das die Verlängerung und schließlich den Sieg bedeutet. Ronaldos verwandelter Elfmeter spielt also keine große Rolle mehr, dennoch spart er nicht mit beeindruckendem Muskelspiel. Warum dieser Auftritt? Tatsächlich ist diese Pose durchdacht und geplant und zwar für seinen Film *Cristiano Ronaldo – The movie*, ein abendfüllender Spielfilm, produziert von Paramount. Die verlockende Gelegenheit, das Angenehme mit dem Nützlichen zu verbinden, lässt sich Ronaldo nicht entgehen.

Wahrhaftiger, spontaner und, wenn man will, kindlicher, ist jedoch der Jubel, den der junge Mann aus Madeira im Halbfinale in der Allianz-Arena von Bayern München zeigt. Nach seinem Treffer zum 3:0 für Real macht er eine Geste, die man von Erstklässlern kennt, welche gerade das Zählen gelernt haben: Mit seinen Fingern zeigt er die Zahl 15 an, die für seine Tore in der Champions League steht. Er hat soeben den Rekord von Lionel Messi und José Altafini, Milan-Stürmer in den sechziger Jahren, gebrochen. Er freut sich wie ein Kind, dem der Weihnachtsmann das lang ersehnte Geschenk unter den Baum gelegt hat.

Doch zurück zum Finale von Lissabon. Nach dem Schlusspfiff weint Ronaldo vor Freude über die Eroberung der *Décima*, jenes zehnten Landesmeister-Pokals, vom dem alle Real-Fans seit zwölf Jahren träumen. Genauer: seit dem 15. Mai 2002, als im Hampden Park von Glasgow Real Madrid dank Zinédine Zidanes magischem Volleyschuss Bayer Leverkusen besiegte. Und nun hebt Ronaldo den Henkelpott zum zweiten Mal in die Luft, sechs Jahre nach dem Finalsieg im Moskauer Luschniki-Stadion am 21. Mai 2008, als er noch das rote Trikot von Manchester United trug. Im weißen Trikot von Madrid triumphiert der Portugiese jetzt in Lissabon, der Stadt, in der er einen großen Teil seiner Jugend verbrachte. In dem Stadion, wo er vor zehn Jahren vor Wut und Trauer weinte, nachdem Portugal das EM-Finale gegen Griechenland verloren hatte.

Insgesamt schießt Ronaldo in der Saison 2013/14 17 Tore in der Champions League – ein neuer Rekord! Dabei bestreitet er nur elf von 13 Spielen. Alles in allem hat er nun 67 Tore in der Königsklasse erzielt und liegt damit dicht hinter Raúl, der mit 71 Treffern bis heute Torschützenkönig der Champions League ist. Ronaldos Torhunger ist einer der Schlüssel zum Erfolg von Real Madrid.

Auf dem Weg zum Titel überrollt Real Madrid seine Gegner förmlich. Zu Buche stehen elf Siege, ein Unentschieden gegen Juventus und eine einzige Niederlage gegen Borussia Dortmund im Signal-Iduna-Park. Insgesamt schießt Real 41 Tore, fast zweimal so viel wie Finalgegner Atlético Madrid, der nur auf 26 Treffer kommt. Real zeigt der Bundesliga ihre Grenzen auf, indem es Schalke 04 mit 6:1 demontiert (mit demselben Ergebnis hatte man bereits Galatasaray Istanbul in der Gruppenphase besiegt) und Borussia Dortmund im Viertelfinale sowie Bayern München im Halbfinale besiegt. Bei Letzteren handelt es sich wohlgemerkt um die beiden Finalisten der Champions League 2012/13! Und in Lissabon triumphiert Real über die Mannschaft von Atlético Madrid, die gerade spanischer Meister geworden ist. Ein schlichtweg perfekter Lauf.

Das schönste Spiel mit dem überraschendsten Ergebnis ist sicherlich das Halbfinalrückspiel bei Bayern München am 29. April 2014. Die Königlichen haben das Hinspiel im Bernabéu mit 1:0 gewonnen, doch alle erwarten, dass Pep Guardiola und die Bayern, die sich die Deutsche Meisterschaft schon Ende März gesichert haben, eine harte Nuss werden. Die Ängste sind mehr als gerechtfertigt, da Real nie unbeschadet aus der Allianz-Arena gegangen ist. Und niemand in den madrilenischen Reihen hat die Niederlage im Champions-League-Halbfinale 2012 vergessen, als die Bayern im Elfmeterschießen triumphierten. Auch Sergio Ramos, der den entscheidenden Elfmeter in den Himmel von Madrid schoss, erinnert sich noch gut daran.

Umso schöner ist es für den andalusischen Verteidiger, dass gerade er innerhalb von vier Minuten, zwischen der 16. und der 20., eine Ecke von Modrić und einen Freistoß von Di María durch zwei spektakuläre Kopfballtore vollendet. Es ist Ramos, der Neuer besiegt und die Bayern in die Knie zwingt. Eine Mannschaft, die in keinem Moment der Partie wirklich da zu sein scheint, keine Schwierigkeiten macht und überhaupt nicht so spielt, wie es alle erwartet haben. Die Bayern werden absolut beherrscht von den Königlichen, deren Verteidigung unüberwindbar und deren Angriff tödlich ist. Man muss sich nur den Konter von „BBC" – Benzema, Bale und Cristiano – anschauen, der in der 34. Minute alles klarmacht. Benzema flankt zu Bale, der losgaloppiert und im Strafraum angekommen den Ball an Cristiano abgibt, der auf dem linken Flügel freistehend vor Neuer ganz locker das 3:0 markiert, sein 15. Tor im laufenden Wettbewerb.

In der 90. Minute trifft Ronaldo dann zum 16. Mal, und zwar ganz im Stile Ronaldinhos. Die Mauer springt hoch, während der Ball flach seelenruhig dorthin kugelt, wo ihn niemand, einschließlich Neuer, erwartet hat. Für Cristiano ist es das 250. Tor für Real Madrid. Es würde zu lange dauern, diese Trefferzahl mit nur zehn Fingern anzuzeigen. Für den Philosophen Guardiola und die Bayern ist es eine Schmach, für die Spanier die reine Freude. Ein „kaiserliches Madrid" sei das gewesen, meint *El País* am nächsten Tag. Ein Real, das in Lissabon am 24. Mai in einem rein madrilenischen Finale eine weitere Trophäe für seine Vitrinen erringt, nachdem es am 16. April im Mestalla-Stadion von Valencia schon das Pokalfinale gegen den FC Barcelona gewonnen hatte.

Carlo Ancelotti, der italienische Trainer, hatte schon kurz nach seiner Ankunft bei Real verkündet, dass der Gewinn der Champions League das oberste Ziel sei. Nun hat er es tatsächlich geschafft. Es ist sein fünfter Landesmeisterpokal, nachdem er diesen bereits als Mittelstürmer mit Milan (1989 und 1990) und später als Trainer der Mailänder (2003 und 2007) gewonnen hat. In der spanischen Meisterschaft hat Ancelotti hingegen versagt. In der Liga streicht Real die Segel, als noch alles möglich ist, und muss zusehen, wie sich Barcelona und Atlético Madrid am letzten Spieltag, dem 17. Mai 2014, erbittert um den Titel streiten. Im Camp Nou besiegelt ein Kopfball des Uruguayers Diego Godín zum 1:1 das Unentschieden, welches die Männer von Trainer Diego Simeone so dringend zum ersten spanischen Meistertitel nach 18 Jahren benötigten.

Cristiano Ronaldo beschließt die Liga zum zweiten Mal als Torschützenkönig, mit 31 Toren in 30 Spielen. In 47 Pflichtspielen trifft er insgesamt 51-mal und gewinnt damit als bester Torjäger Europas den Goldenen Schuh der UEFA, zusammen mit Luis Suárez, der Nummer 7 von Liverpool, der seit der Saison 2014/15 beim FC Barcelona spielt. Ronaldo hätte den Uruguayer im 38. und letzten Spiel der Meisterschaft überholen können, aber gegen Espanyol läuft er nicht auf. Beim Aufwärmen fühlt er eine leichte Verspannung und entscheidet, nichts zu riskieren.

Seit Anfang April sendet sein Körper Warnsignale aus. Die untersuchenden Ärzte haben im linken Knie eine Sehnenentzündung sowie schwere Entzündungen der Muskulatur diagnostiziert. Sie empfehlen Ruhe, denn sie fürchten, dass die Probleme sich verschlimmern könnten und er die wichtigen Finalspiele verpasst. Sein Körper sei am Limit, betonen sie. Ronaldo beachtet die Empfehlungen des medizinischen Personals von Real Madrid nur halbherzig. Er spielt mit Unterbrechungen. So pausiert er für drei Ligaspiele (gegen Real Sociedad, Almería und Celta Vigo) und verzichtet widerwillig auf das Finale in der Copa del Rey, wo er in Anzug und Krawatte Lionel Messi nach der Niederlage tröstet. Er zwingt sich, gegen Dortmund zu spielen, aber am Ende muss er auf die Bank. Man sieht, dass er nicht voll leistungsfähig ist.

Unter Schmerzen bestreitet er die Meisterschaftsspiele gegen Valencia und Osasuna und dann das Halbfinale der Champions League, ohne dass die Entzündung auskuriert wäre. Zum ersten Mal versagt die brillante Maschine, die sein Körper ist. Er ist überrascht, besorgt und fühlt sich auf dem Platz nicht wohl, weil er ständig befürchten muss, dass im nächsten Moment etwas passiert. Dass sein Körper ein für alle Mal aufgibt. Doch er zwingt sich, mit Schmerzen und gegen ärztlichen und physiotherapeutischen Rat aufzulaufen. Denn eines ist klar: Cristiano will spielen, gewinnen und Tore erzielen, und das auch bei der Weltmeisterschaft in Brasilien – eine Verabredung, die er auf keinen Fall absagen kann.

Kapitel 28

# Ein einziges Tor

## Die Weltmeisterschaft 2014

*„Wir gehen erhobenen Hauptes."*

Da ist wohl nichts zu machen – der Traum vom Gewinn der Weltmeisterschaft wird einfach nicht Wirklichkeit. Er entschwindet. Und das einzige WM-Tor von Cristiano Ronaldo ist sicherlich das traurigste einer ansonsten fantastischen Saison. Man sagt, dies sei der Fluch des *Ballon d'Or*: Viele große Spieler, die mit der höchsten fußballerischen Auszeichnung von *France Football* geehrt wurden, haben bei der darauffolgenden WM nicht geglänzt, haben dort verloren oder sind noch nicht einmal dahin gelangt.

Es fängt schon mit Alfredo Di Stéfano an, der 1958 in Schweden nicht dabei ist: Spanien hatte sich nicht qualifiziert. 1962 in Chile muss dann Omar Sívori, der die italienische Staatsbürgerschaft angenommen hatte, nach der Vorrunde nach Hause fahren. Zuvor hatte Italien die „Schlacht von Santiago", das brutale Spiel gegen Chile, 0:2 verloren. 1966 fährt Eusébio, der „Schwarze Panther", mit dem großen WM-Favoriten Portugal nach England. Zwar wird er dort mit neun Treffern Torschützenkönig, doch die Portugiesen müssen sich mit dem dritten Platz begnügen.

1970 gewinnt Gianni Rivera den *Ballon d'Or* vor Gigi Riva, aber im WM-Finale im Aztekenstadion von Mexiko-Stadt holt Brasilien mit Pelé, Carlos Alberto und Jairzinho den Jules-Rimet-Pokal. 1974 gewinnt Johan Cruyff zum zweiten Mal in Folge die goldene Kugel. Der niederländische Fußball scheint die Welt zu dominieren, aber bei der Weltmeisterschaft scheitert er an der deutschen Nationalelf um Kaiser Franz Beckenbauer. Auch Karl-Heinz Rummenigge steht auf der Liste der vom *Ballon d'Or* Verfluchten: 1982 in Spanien verliert Deutschland im Stadion Bernabéu das WM-Finale gegen Italien, das mit Paolo Rossi auch den Torschützenkönig stellt.

Es gibt noch viele weitere Beispiele: Michel Platini bei der WM 1986 in Mexiko und Marco van Basten in Italien 1990 sowie Roberto Baggio, das

„göttliche Zöpfchen", der bei der WM 1994 in den USA mit fünf Toren seinem Spitznamen völlig gerecht wird, aber im Finale gegen die brasilianische Mannschaft um Romário und Bebeto in der Elfmeterlotterie den entscheidenden Elfmeter verschießt. Oder Ronaldo, das Phänomen, der sich 1998 im Finale von Paris nicht gut fühlt und den Triumph dem Franzosen Zinédine Zidane überlässt, dann der blutjunge Michael Owen in Korea und Japan 2002 und nicht zuletzt Lionel Messi, der 2010 unter dem Kommando von Diego Armando Maradona in Südafrika fünf Spiele ohne ein einziges Tor bestreitet und nach einer 0:4-Niederlage im Viertelfinale gegen Deutschland nach Hause fahren muss.

An Beispielen mangelt es nicht, aber der Fluch ist natürlich nur eine Legende. Die Gründe für Ronaldos Scheitern liegen vielmehr in seinem angeschlagenen linken Knie, den Muskelrissen, der Überbeanspruchung in der Meisterschaft und einem aufreibenden Terminkalender. Noch am Vorabend der Weltmeisterschaft wird bezweifelt, ob er überhaupt daran teilnehmen kann. Selbst Paulo Bento, der portugiesische Nationaltrainer, gibt zu: „Wir haben keinen neuen Termin für Ronaldos Rückkehr ins Training." Der Trainer meint, man solle ihn „in Frieden lassen". Dabei sind es nur noch gut zwei Wochen bis zum Eröffnungsspiel gegen Deutschland. Ronaldo wird António Gaspar anvertraut, dem Magier unter den Physiotherapeuten. Er soll Ronaldo wieder auf die Beine bringen.

Cristianos muskuläre Probleme bereiten seinen Mannschaftskollegen, dem Personal, den Fans, ja dem ganzen Land große Sorgen. Die Nationalelf kann sich in Salvador da Bahia nicht ohne ihren Kapitän präsentieren, ohne ihr Flaggschiff, ihren Torzauberer, der in 110 Länderspielen 49 Treffer erzielte. Die WM in Brasilien kann nicht ohne ihn auskommen. Zusammen mit Lionel Messi und Neymar ist er einer der Stars, die mit größter Spannung erwartet werden. Am 15. Juni zerstreut Cristiano Ronaldo jeden Zweifel in der Pressekonferenz vor dem Spiel gegen die Mannen von Joachim Löw.

Er sagt, dass er gern 110 Prozent geben würde, aber nur 100 Prozent zur Verfügung hat. Als man ihn fragt, wie er auf die Stimmen reagiert habe, die behaupten, dass er nicht in der Verfassung sei, um die Weltmeisterschaft zu bestreiten, antwortet er genervt: „Ich bin an diese unseligen Äußerungen der Leute gewöhnt. Wenn es mir nicht gut geht, bin ich der Erste, der seinem Trainer sagt, dass er nicht spielen kann. Wenn ich

Schwierigkeiten bekomme, was ich nicht glaube, werde ich meine Karriere nicht in Gefahr bringen. Erst komme ich, dann der Fußball. Es geht mir gut. Seit ich spiele, kann ich mich nicht an ein einziges schmerzfreies Spiel erinnern. Ich hätte gern schmerzfrei gespielt, aber das ist unmöglich. Das ist Teil des Berufs."

Ronaldo ist davon überzeugt, dass dies die beste Phase seiner Karriere ist. Er ist motiviert und will einem großartigen Jahr noch das Sahnehäubchen aufsetzen. Er glaubt, dass man bei der WM niemandem mehr etwas beweisen muss. Doch das ist nicht ganz richtig. Wenn er eine Legende wie Eusébio werden will, muss er alle überstrahlen und der Mannschaft helfen, an die Weltspitze zu gelangen. Ronaldo glaubt daran. Er denkt, dies könnte Portugals Jahr werden, schließlich spürt er gute Schwingungen in der Nationalelf. Dass dies so bleibt, dafür will er alles tun. Auf Fragen zum deutschen Rivalen erklärt er, dass er einer der Titelfavoriten sei. Doch er ist optimistisch, dass die seit 14 Jahren andauernde Negativserie gegen Deutschland am 16. Juni 2014 enden wird.

Hoffnung machen ihm die jüngsten Ereignisse in der Champions League. Lange war Bayern der Angstgegner von Real Madrid. Doch 2014 behielten die „Königlichen" auf beeindruckende Art und Weise die Oberhand. Seit Jahren hatte Real auf den zehnten Gewinn des Landesmeisterpokals gewartet. Nun hatten sie endlich geschafft. Er hofft, dass all dies Zeichen des Schicksals sind. Aber das Schicksal ist den Portugiesen nicht hold.

In Salvador jubelt nach 90 Minuten schließlich die rotbejackte Angela Merkel. Anschließend steigt sie in die Kabine hinab, um die Mannschaft zu begrüßen und sich mit den Spielern ablichten zu lassen. Merkel ist froh, nach Brasilien geflogen zu sein und diesen ersten, beeindruckenden Sieg der deutschen Mannschaft erlebt zu haben. In der portugiesischen Kabine herrscht dagegen Grabesstimmung. Portugal hat vier Tore von den Deutschen kassiert: einen Dreierpack von Thomas Müller und einen Kopfballtreffer von Mats Hummels. Nach 45 Minuten liegen die Portugiesen schon mit 0:3 zurück, so dass die Deutschen in der zweiten Halbzeit das Spiel seelenruhig verwalten und einige Schlüsselspieler auswechseln können.

Dabei deutete in den ersten Spielminuten nichts auf ein solches Debakel für Cristiano & Co. hin. Im Gegenteil, es scheint zunächst ein ausgeglichenes Spiel zu werden, und Portugal macht mit Veloso, Meireles, Moutinho und Ronaldo einen gefährlichen Eindruck. Nach einem Fehler von Lahm landet der Ball bei Ronaldo, der von links aufs Tor zielt. Neuer versperrt den spitzen Winkel und schießt den Ball weg. Es ist die erste Gelegenheit für die Portugiesen. Vielversprechend. Aber da fällt nach einer Kombination zwischen Özil, Müller und Götze auf der rechten Seite das erste deutsche Tor. Als Götze nach vorn stürmt, fällt João Pereira nichts Besseres ein, als ihn festzuhalten und nach unten zu ziehen. Die Folge: Elfmeter. Müller verwandelt sicher mit einem Rechtsschuss ins linke untere Eck.

Die portugiesische Mannschaft offenbart nun mehrere undichte Stellen. Nach einer guten halben Stunde überwindet Hummels Pepe und verwandelt die großartige Ecke von Kroos mittels Kopfball zum 2:0. Dann wehrt Pepe, den die Verteidigungsfehler sichtlich nervös gemacht haben, den angreifenden Müller ab: Seine Hand schnellt nach oben, und der Deutsche liegt am Boden. Der Verteidiger von Real Madrid schimpft, dass Müller nur Theater spiele, und gibt ihm dies durch einen Kopfstoß zu verstehen. Der Schiedsrichter wertet Pepes Aktion als Tätlichkeit und honoriert sie mit der Roten Karte. Portugal ist nun in Unterzahl, und Deutschland schießt noch vor der Pause das dritte Tor.

In der zweiten Halbzeit geht es dann nur noch um Schadensbegrenzung. Anschließend feiern die deutschen Fans den Sieg und hoffen auf ein glorreiches Turnier. Die Portugiesen sehen sich dagegen nicht nur mit Pepes Platzverweis konfrontiert, sondern auch mit den Verletzungen von Hugo Almeida und Coentrão. Über Cristiano sagt Paulo Bento nur, dass es ihm körperlich und gesundheitlich gut gehe, aber man ja wisse, dass die Sehnenentzündung ihn einschränke. Er spielt unter Schmerzen. Joachim Löw erklärt überglücklich, dass es der Schlüssel zum Erfolg gewesen sei, die Räume im Rücken der Flügelspieler auszunutzen. Cristiano und Nani haben zwar angegriffen, sind aber nicht zum Verteidigen mit nach hinten gegangen.

Im Spiel gegen die USA, die im ersten Spiel Ghana mit 2:1 geschlagen haben, geht es für Portugal schon um alles. Gespielt wird am 22. Juni in Manaus. Es ist unerträglich schwül, so dass Néstor Pitana, der argentinische Schiedsrichter, nach einer guten halben Stunde eine kurze Trinkpause gewährt. Cristiano läuft mit einem neuen Haarschnitt auf. Ein einrasiertes Z à la Zorro ziert die linke Seite seines Kopfs, sozusagen als Kriegssignal für das entscheidende Spiel. Ein Look, der in den sozialen Netzwerken für Furore sorgt, aber Jürgen Klinsmanns Männer nicht einschüchtert. Auch das Publikum auf den Tribünen lässt sich nicht beirren und pfeift die portugiesische Nummer 7 während des gesamten Spiels aus.

Cristiano ist körperlich nicht auf der Höhe, seine Kondition ist nicht die beste. Folglich gibt er nicht einen Torschuss ab. In der letzten Minute aber wechselt er auf die rechte Seite und flankt auf Varela vom FC Porto, der per Flugkopfball zum 2:2 vollendet. Es ist die Rettung für Portugal in der 95. Minute. Doch die Chancen auf ein Weiterkommen sind auch nach diesem einen Punkt äußerst gering. Im letzten Spiel trifft Portugal auf Ghana, aber bei einem gleichzeitigen Unentschieden zwischen Deutschland und den USA könnte selbst ein Sieg nutzlos sein. Kein Wunder also, dass vor dem letzten Spieltag der Gruppe G über eine stillschweigende Übereinkunft zwischen Deutschen und Amerikanern spekuliert wird. Am Ende kommen die Deutschen aber ihrer Pflicht nach und besiegen Bradley & Co., wenn auch knapp, mit 1:0.

Bei den Black Stars, die für ihr hervorragendes Spiel gegen Deutschland von der Presse gepriesen wurden, herrscht vor dem Spiel gegen Portugal Chaos. Weil die versprochene WM-Prämie noch nicht gezahlt ist, boykottieren die Spieler das Training. Doch dann hält ein gepanzerter Lieferwagen vor dem Quartier der Ghanaer, und jeder Spieler erhält 225.000 Dollar in Scheinen. Die afrikanischen Turbulenzen sind damit aber noch nicht zu Ende: Muntari und Kevin-Prince Boateng werden aus dem Kader gestrichen. Der Milan-Spieler soll mit Fäusten auf ein Mitglied der ghanaischen Delegation eingeschlagen haben, und der Schalker soll den Trainer James Kwesi Appiah beleidigt haben.

Trotz allem haben die Afrikaner am 26. Juni im Stadion Nacional de Brasília die besseren Karten. Ihr Torverhältnis ist nicht so schlecht wie das der Portugiesen. Und als es gut zehn Minuten vor Schluss 1:1 steht, ist es nur ein kleiner Schritt bis zum Achtelfinale. Ein Tor, und es wäre geschafft. Da erscheint – zum Glück für die USA und zum Leidwesen Ghanas – Cristiano Ronaldo. Dreimal ist er einem Tor schon ganz nahe gewesen: Ein Querschuss von rechts streifte die Latte, einen Kopfball bugiserte er direkt auf Torwart Dauda, und nach einem Ellbogencheck von Boye im Strafraum verweigerte ihm der Schiedsrichter den Elfmeter. In der 80. Minute findet er dann endlich den Weg zum Tor. Einen desaströsen Abwehrschuss von Boye wischt Dauda vollkommen unnötig gerade nach vorne. Ein echtes Geschenk für Cristiano, der aus wenigen Metern seelenruhig einschiebt. Es ist das 2:1. Der Kapitän schießt ein Tor, aber er jubelt nicht. Er schaut auf die Uhr. Ist da noch Zeit für die drei weiteren Treffer, die nötig sind, um sich von der Last der vier zentnerschweren deutschen Tore zu befreien?

Die Chancen kommen, und sie kommen wieder zu Ronaldo. Drei, um genau zu sein. Normalerweise hätte er sie nicht vergeben, aber dieses Mal will der Ball einfach nicht ins Tor. Es endet mit dem 2:1 für Portugal und folglich mit dem Ausscheiden der zwei Kontrahenten. Deutschland und die USA kommen weiter. Zuvor musste noch Beto, der portugiesische Torwart, kurz vor Schluss das Spielfeld verletzungsbedingt unter Tränen verlassen. Ronaldo wird zum „Man of the Match" gewählt. Doch das zählt nicht, weil der WM-Traum geplatzt ist. „Wir gehen erhobenen Hauptes. Wir haben versucht, unser Bestes zu geben, aber so ist nun mal Fußball", sagt Ronaldo im Presseraum nach dem Spiel, ohne die Fragen der Journalisten abzuwarten. Seine Mannschaftskollegen machen ihm keine Vorwürfe, so wie es die portugiesische Presse nach dem ersten Spiel getan hat. Sie übernehmen die Verantwortung. Nani erklärt stellvertretend für alle: „Es ist nicht die Schuld Ronaldos, sondern der gesamten Mannschaft. Wir haben eine große Gelegenheit verpasst."

In der Nacht des 26. Juni kehrt die *Selecção* nach Lissabon zurück. Zum ersten Mal seit 2002 hat sie nicht die Gruppenphase überstanden. Cristiano Ronaldo fährt zum dritten Mal nach einer WM unzufrieden nach Hause. An drei Weltmeisterschaften hat er teilgenommen: 2006 in Deutschland, 2010 in Südafrika und 2014 in Brasilien. Er hat insgesamt 1.202 Minuten gespielt, 13 Spiele absolviert und nur drei Tore geschossen. Wenig für einen so großen Star, wenig für den Weltfußballer des Jahres 2013. Bei der nächsten WM, 2018 in Russland, wird er 33 Jahre alt sein.

Kapitel 29

# Nicht zu stoppen

## Weltfußballer 2014

*„Ich möchte so gut sein wie Messi. Er hat meine Träume nicht durchkreuzt, sondern mich beflügelt.“*

„SÍÍÍÍÍÍÍÍÍÍÍÍÍÍÍÍÍÍÍÍÍÍÍÍÍÍÍÍÍÍÍÍÍÍÍÍÍ!!“, brüllt Cristiano Ronaldo seine Freude heraus. Gerade ist er in Zürich zum dritten Mal als Weltfußballer des Jahres ausgezeichnet worden, und er feiert, als hätte er ein entscheidendes Tor geschossen. Das Gebrüll macht er seinen Teamkollegen zuliebe – es ist sein Schlachtruf. Er hat ihn schon oft losgelassen, im Training und in so manchem Spiel, aber heute Abend kommt es einem vor, als wäre es das erste Mal, und natürlich ist es in den sozialen Medien ein großes Thema.

Es ist der 12. Januar 2015, und nichts könnte Cristiano den Abend verderben – nicht einmal die Tatsache, dass er weder Sepp Blatters noch Michel Platinis Wunschkandidat für die Trophäe war. Er war auch nicht die erste Wahl von Moderator Thierry Henry, der seinen Namen ziemlich teilnahmslos verliest. Den Präsidenten von FIFA und UEFA wäre Torwart Manuel Neuer von Bayern München, der Deutschland zum WM-Titel geführt hatte, lieber gewesen. Henry dagegen drückte seinem alten Barça-Kollegen Messi die Daumen. Aber auch ohne ihre Fürsprache hat Ronaldo 37,66 Prozent der Stimmen erhalten, mehr als seine beiden Konkurrenten zusammen. Messi kommt auf 15,76 Prozent, Neuer auf 15,72.

Anders als im Vorjahr kann Cristiano die Tränen diesmal zurückhalten. Trotzdem ist er sehr bewegt und muss sich sammeln, bevor er spricht. „Ich widme diese Auszeichnung meinem Sohn, meiner Familie, meiner Mutter“, sagt er schließlich. Er fährt fort, der Mannschaft und dem Stab von Real Madrid zu danken, allen voran Carlo Ancelotti. „Es war eine unglaubliche Erfahrung, mit diesem Trainer zu arbeiten“, schwärmt er. „Er hat alles gewonnen. Was kann man über ihn noch groß sagen? Er ist auf einem anderen Level. Er ist ein außergewöhnlicher Mann und verdient jede Anerkennung.“ Später ergänzt er noch: „Ich möchte nicht auf der Stelle treten, ich möchte so gut sein wie Messi. Er hat meine Träume nicht durchkreuzt, sondern mich beflügelt." Messi ist sein Bezugspunkt, an ihm misst er seine eigenen Erfolge. Selbst sein viereinhalbjähriger Sohn bewundert den großen Rivalen des Papas. „Er sieht sich deine Spiele an und redet ständig über dich", verrät Cristiano dem Barça-Star, als sie sich vor der Verleihung über den Weg laufen – eine Begegnung, bei der es Cristiano Junior die Sprache verschlägt.

Junior und seine Großmutter haben Cristiano nach Zürich begleitet, seine Partnerin Irina ist hingegen nicht dabei. Seit fünf Jahren sind sie zusammen, und normalerweise ist sie bei solchen Gelegenheiten immer an seiner Seite. In der Presse wird sofort über eine Trennung spekuliert, aber das Paar hüllt sich in Schweigen.

An diesem Abend gibt es keinen Grund für falsche Bescheidenheit. Unverhohlen gibt er zu, dass er sich in die Geschichtsbücher einschreiben möchte. Er hat bereits drei *Ballons d'Or* gewonnen, so viele wie Johan Cruyff, Michel Platini und Marco van Basten. Aber er will Messis Rekord von vier Titeln einstellen, ja seinem Berater zufolge möchte er sogar noch mindestens zwei weitere holen. „Cristiano ist die perfekte Maschine", erklärt Jorge Mendes am Ende der Feierlichkeiten.

Im Moment sprechen die Zahlen für ihn. Real Madrid gewann 2014 vier Titel (Champions League, Copa del Rey, UEFA Super Cup und FIFA Klub-WM), und er erzielte 61 Tore in 60 Spielen (38 Treffer in 28 Liga-Partien, 13 in zwölf Spielen der Champions League sowie fünf in neun Länderspielen). Was die Zahlen allerdings nicht verraten: Der Portugiese hat seinem Körper über viele Jahre alles abverlangt. Er wird bald 30 und muss jeden Tag hart dafür arbeiten, in Topform zu bleiben.

Tatsächlich hatte CR7 zu Beginn der Saison 2014/15 mit Verletzungen zu kämpfen. Eine Entzündung der Patellasehne hatte ihm schon gegen Ende der Vorsaison und bei der WM zu schaffen gemacht. Nun musste er ein strenges Trainingsprogramm absolvieren, um fit für die neue Saison zu werden. Der Trainer hatte sogar überlegt, ihn am 12. August in Cardiff beim Super Cup gegen Sevilla noch zu schonen, doch Cristiano dachte gar nicht daran, sich dieses Spiel entgegen zu lassen. Er bekam nicht nur seinen Willen, sondern erzielte auch zwei Tore und verhalf seiner Mannschaft zum ersten Titel der Saison. Es war zugleich der zweite UEFA Super Cup in der Geschichte des Vereins.

Als Nächstes stand am 19. August im Santiago Bernabéu der spanische Supercup gegen Atlético Madrid an. Es war fast zwei Monaten her, dass sich die beiden Mannschaften im Finale der Champions League begegnet waren, und das Team von Diego Simeone sann auf Vergeltung. Real ging in der 81. Minute durch ein Tor von James Rodríguez in Führung, aber Raúl García gelang in den letzten Sekunden des Spiels noch der Ausgleich. Die Gäste hatten einen guten Eindruck hinterlassen. Die Königlichen hingegen wirkten verunsichert. Das Rückspiel im Calderón musste die Entscheidung bringen, aber würde Cristiano spielen können? Der Portugiese hatte sich einen Muskel im linken Oberschenkel gezerrt und war im Hinspiel zur Halbzeit ausgewechselt worden. Langsam erinnerte alles fatal an die Saison 2013/14.

Am 22. August stand er nicht in der Startelf, als die Stadtrivalen um den Titel kämpften. Es waren kaum zwei Minuten gespielt und Ronaldo machte es sich gerade auf der Bank bequem, als Atlético schon in Führung ging. Es blieb der einzige Treffer der Partie. Ancelotti brachte Cristiano zwar noch in der zweiten Hälfte für Toni Kroos ins Spiel, aber er konnte nichts mehr ausrichten, und Atlético holte den Pokal.

Alle waren sich einig: Real Madrid hatte nicht überzeugt. Ganz offensichtlich waren weder die Mannschaft noch ihr Star in Bestform. Aber das hielt Cristiano nicht davon ab, in den folgenden Wochen weitere Trophäen zu sammeln. Am 28. August nahm er von Platini die Auszeichnung als „UEFA Best Player in Europe" der Saison 2013/14 entgegen. Dank seiner Torgefährlichkeit hatte er von der Jury, die aus europäischen Journalisten bestand, 24 Punkte erhalten, fünf mehr als Manuel Neuer und 15 mehr als der Holländer Arjen Robben. Der Portugiese war seit der Einführung der Auszeichnung 2011 immer unter den Finalisten gewesen, hatte sie aber nie gewonnen. Nun gesellte er sich zum Klub der Sieger, zu dem auch Messi, Andrés Iniesta und Franck Ribéry gehörten. „Ein ganz großer Dank an meine Mitspieler", sagte er bei der Verleihung. „Ohne sie hätte ich diese Auszeichnung nicht bekommen – ein wichtiger persönlicher Erfolg. Sie fehlte noch in meiner Sammlung, und jetzt bin ich sehr glücklich."

Es war ein goldenes Jahr für Cristiano gewesen, zumindest was die Anerkennung betraf. Er hatte seine Position in der Mannschaft gefestigt, nicht nur aufgrund seiner Tore, sondern auch wegen seiner veränderten Einstellung. So hatte er seine individualistische Spielweise abgelegt und eine größere Führungsrolle in der Mannschaft übernommen, obwohl er nicht Kapitän war. Aber er war noch immer nicht zu 100 Prozent fit und konnte mehrere Wochen nicht spielen. Zunächst verpasste er das Qualifikationsspiel für die EM 2016 gegen Albanien, in dem Portugal mit 0:1 unterlag. Dann das Aufeinandertreffen mit Real Sociedad im Anoeta, das Real Madrid trotz zweier Tore in der Anfangsviertelstunde mit 2:4 verlor. Dieses Fiasko, dazu die Abgänge von Xabi Alonso zu Bayern und Ángel Di María zu Manchester United, sorgten für einige Unruhe bei den Königlichen.

Und auch Cristiano schaltete sich in die Debatte ein. „Ich habe eine sehr klare Meinung dazu, aber ich kann nicht immer sagen, was ich denke, weil es sonst morgen auf den Titelseiten steht, und das will ich nicht", sagte er am 1. September 2014. „Wäre ich derjenige, der die Entscheidungen fällt, hätte ich manches vielleicht anders gemacht, aber jeder hat seine eigene Meinung, und es steht jedem frei, sie zu äußern. Wenn der Präsident meint, dass es besser war, bestimmte Spieler zu verpflichten und andere gehen zu lassen, dann müssen wir seine Entscheidungen respektieren." Dieses Statement gab er am Rande eines Werbeauftritts an der Seite von Jenson Button an der Rennstrecke von Jarama ab. Nachdem er ein paar Runden mit dem Formel-1-Weltmeister von 2009 gedreht hatte, gestand er, angesichts der kitzligen Manöver bei irrsinnigem Tempo eine „Scheißangst" gehabt zu haben. Aber zurück zum Fußball: Vor allem der Abschied seines engen Freundes Di María hatte CR7 hart getroffen. Den Medien zufolge hatte er bis zum Schluss versucht, ihn zum Bleiben zu überreden, aber vergebens. Der Argentinier wiederum gab an, dass Ronaldo „immer für mich dagewesen" sei.

Cristianos Äußerungen schlugen hohe Wellen, die er in den folgenden Tagen per Twitter zu glätten versuchte. „Meine Aussagen sind fehlinterpretiert worden. Mein Präsident hat mir gestern seinen Standpunkt dargelegt, und ich stehe zu 100 Prozent hinter ihm." Um auch die letzten Zweifel auszuräumen, pries er anschließend überschwänglich die jüngsten Verpflichtungen der Königlichen, darunter der Kolumbianer James Rodríguez und Toni Kroos vom FC Bayern München. „Unsere neuen Spieler sind fantastisch! Wir haben eine unglaubliche Mannschaft! Packen wir's an! Auf geht's, Real!"

Damit war das Thema erledigt – zumindest vorerst. Aber CR7 äußerte sich noch zu einer anderen spannenden Frage, die nichts mit Fußball zu tun hatte. Seit Jahren hatte er sich darüber in Schweigen gehüllt, wer die Mutter von Cristiano Junior war. Nun ließ er unvermutet durchblicken: Sie war Portugiesin und nicht wie zuvor gemunkelt Amerikanerin. Weiter wollte er sich nicht dazu äußern, aber inzwischen weiß man, dass es seine Mutter Dolores war, die ihren neugeborenen Enkel 2010 aus einer Klinik in Florida holte, während Ronaldo bei der WM in Südafrika weilte. Von der Geburt erfuhr die Patriarchin der Familie Aveiro offenbar durch einen Anruf Cristianos, der ihr angeblich mitteilte: „Ich habe einen Sohn, und ich möchte, dass du mir hilfst, ihn großzuziehen, und dich so um ihn kümmerst, wie du dich immer um mich und meine Geschwister gekümmert hast. Niemand wird je erfahren, wer seine Mutter ist." Weitere Einzelheiten würde es zu dem Thema nicht geben.

Dann endlich, am 13. September, fast einen Monat nach dem UEFA Super Cup, stand Ronaldo wieder auf dem Platz – wie es der Zufall wollte, gleich im nächsten Derby gegen Atlético Madrid. Er traf, aber die Königlichen unterlagen dennoch 1:2. Die Fans machten ihrem Ärger Luft, und ein gellendes Pfeifkonzert schallte durchs Bernabéu. Aber der Fußball ist bekanntlich schnelllebig, und nach drei siegreichen Spielen in Folge war die Real-Welt wieder in Ordnung. Den ersten Sieg gab es im Champions-League-Spiel gegen den FC Basel. Die Hausherren gewannen nach Treffern von Bale, Ronaldo, James, Benzema und einem Eigentor von Suchý mit 5:1. Der zweite Sieg folgte am 20. September bei Deportivo La Coruña in einem historischen Match. Cristiano eröffnete den Torreigen mit einem Kopfballtreffer aus mehr als zwölf Metern Entfernung. Er blieb auf dem Rasen sitzen und nahm die Glückwünsche seiner Kollegen entgegen. Es war sein erster Treffer überhaupt im Riazor, und er strahlte übers ganze Gesicht. Real spielte sich in einen Rausch, Cristiano traf noch zwei weitere Male und stellte mit seinem Dreierpack eindrucksvoll unter Beweis, was die Mannschaftsärzte ihm längst bescheinigt hatten: Seine Leidenszeit war vorbei. Das Endergebnis lautete 8:2 – der höchste Auswärtssieg der Königlichen überhaupt in der spanischen Liga.

Ein paar Tage später war Ronaldo erneut nicht zu stoppen, diesmal vor eigenem Publikum. Beim 5:1 gegen Elche traf er viermal und katapultierte sich zurück an die Spitze der Torjägerliste. Zunächst war Bale der Ausgleich gelungen, nachdem er den Elfmeter verursacht hatte, der den Gästen die Führung brachte. Danach hatte Cristiano das Spiel an sich gerissen. Sein erstes Tor erzielte er aus zwölf Metern, sein zweites mit dem Kopf, sein drittes per Elfmeter und das vierte nach einem schnellen Konter. Es waren keine spektakulären Tore, aber es bestand kein Zweifel, dass er der König der Liga war. Niemand konnte sich auch nur annähernd mit ihm messen.

„Die Versuche, Cristiano zu stoppen, erinnern an die NBA-Spieler, die damals versuchten, Michael Jordan aufzuhalten, während er trotzdem in jedem Spiel 30 Punkte machte“, sagte Elches Trainer Fran Escribá nach der Partie. Ancelotti versuchte gar nicht erst, seinen Stolz zu verbergen: „Er hat einen einzigartigen Bewegungssinn – er ist immer in perfekter Position.“ Und das, obwohl er, wie Reals Trainer betonte, gegen Elche als echte 9 gespielt hatte. „Er mag das nicht, weil er dann mit dem Rücken zum Tor steht“, erläuterte Ancelotti. „Er spielt lieber auf dem Flügel, so dass er das Tor im Blick hat.“

Der Portugiese hatte acht Tore in drei Spielen erzielt. Vielleicht nicht gegen die ganz großen Gegner, aber die nächsten Spiele zeigten, dass er nicht nur einfach eine Glückssträhne hatte. Am 27. September traf Real auf Villarreal. Die Königlichen gewannen 2:0 durch Tore von Modrić und Cristiano, aber der denkwürdigste Moment spielte sich nicht auf dem Rasen, sondern am Himmel ab: Ein Flugzeug kreiste über dem Stadion und zog ein Banner hinter sich her, auf dem „Come home Ronaldo“ stand – eine Aktion, die offenbar eine Gruppe von Manchester-United-Fans namens „United Reel“ ausgeheckt hatte. In manchen Kreisen wurde indes gemunkelt, dass Ronaldos Berater Jorge Mendes dahintersteckte, um einen Wechsel seines Schützlings zurück auf die Insel zu forcieren, wo er von 2003 bis 2009 gespielt hatte. Doch an der Geschichte war nichts dran. Nach ein paar Tagen kehrte wieder Ruhe ein, aber die Gerüchteküche brodelt weiter, und die Geschichte wird in Zukunft sicher erneut aufgekocht werden.

Einstweilen deutete nichts darauf hin, dass Cristiano Real Madrid verlassen wollte. Noch weniger wollte Real seinen Star ziehen lassen. In fast jeder Pressekonferenz bekräftigte der Trainer, wie froh er sei, ihn in der Mannschaft zu haben. „Er ist der beste Spieler, mit dem ich in meiner Karriere gearbeitet habe“, betonte Ancelotti. Zuvor war vor allem über sein Ego gesprochen worden, aber das änderte sich allmählich. CR7 zeigte vollen Einsatz für seine Mitspieler und seinen Klub. In der Presse war sogar von den Geschenken die Rede, die er den Angestellten jedes Jahr machte, wie z. B. auf der Amerika-Tournee im Rahmen der Saisonvorbereitung, als er sämtliche Physiotherapeuten und Betreuer mit einem iPhone 5S überraschte. Im Jahr davor war es ein iPad gewesen, davor ein Laptop. Und als Real den zehnten Champions-League-Titel holte, kaufte er jedem der drei Physios, die ihn für das Finale fitgemacht hatten, ein neues Auto. Aber das größte Geschenk ging an jemanden außerhalb des Klubs. Im März 2014 hatte Cristiano die Geschichte des zehn Monate alten Erik gehört, der an einer Gehirnerkrankung litt, wegen der er jeden Tag bis zu 30 epileptische Anfälle bekam. Tief bewegt bezahlte er daraufhin die rund 70.000 Euro für die Operation des kleinen Real-Fans.

Cristianos Image hatte sich dermaßen gewandelt, dass er sogar mit einer kleinen „Ras Tas Tas"-Tanzeinlage durchkam, als er am 5. Oktober im Bernabéu das erste Tor gegen Athletic Bilbao erzielte. Sein Tänzchen, das James Rodríguez bei der WM populär gemacht hatte, dauerte nur ein paar Sekunden, aber früher wäre Ronaldo für eine solche Nummer gewiss gescholten worden – so wie Barça-Star Neymar, der sich in der gleichen Woche einiges anhören musste, nachdem er gegen Rayo Vallecano ein paar Moves gezeigt hatte. Doch solche Kontroversen waren nebensächlich, das Wichtigste war das Endergebnis: ein 5:0 für Real Madrid, zu dem Cristiano einen weiteren Dreierpack beigesteuert hatte.

Anschließend galt seine Aufmerksamkeit wieder der Nationalmannschaft. Als er im Freundschaftsspiel gegen Frankreich in der zweiten Halbzeit ausgewechselt wurde, fingen die Kameras ein, wie er einen Eisbeutel auf sein Knie legte. Sofort wurde das Schlimmste befürchtet, doch es war falscher Alarm. Ein paar Tage später gelang Portugals Kapitän gegen Dänemark der entscheidende Treffer, mit dem er seiner Mannschaft drei wichtige Punkte auf dem Weg zur EM 2016 sicherte.

Und so ging es weiter: Er traf und traf und traf. Am 18. Oktober setzte Real Madrid seine Siegesserie in der Liga fort, diesmal gegen Levante, das mit 0:5 unter die Räder kam. Ronaldo schoss zwei Tore, und Ancelotti gingen allmählich die Adjektive aus, um seinen Star zu beschreiben. „Mehr kann man von Cristiano nicht verlangen", sagte er bei der Pressekonferenz. Ein paar Tage später traf die Nummer 7 schon wieder, beim 3:0 in der Champions League gegen den FC Liverpool. Dann stand am 25. Oktober im Bernabéu der nächste Clásico an …

Im Vorfeld scheute der Sportartikelriese Nike keine Kosten und Mühen, um von dem Hype rund um das Duell der Giganten zu profitieren, indem er einen neuen Werbespot lancierte: Ein Meteor in Form eines Fußballs fällt irgendwo auf die Erde. Cristiano bekommt einen Anruf: „Die Schuhe sind da." Er schlüpft in sie hinein und verwandelt sich in einen Superhelden. Er ist schnell wie der Blitz und kann wie Spiderman von Gebäude zu Gebäude springen. Die Stadt liegt ihm zu Füßen. Nach ein paar Runden um den Globus landet er auf dem Rasen im Bernabéu. Würden die neuen Schuhe dem Portugiesen in der Partie gegen Barça und in seinem persönlichen Duell gegen Messi tatsächlich Glück bringen?

Dem Ergebnis nach zu urteilen schon – obwohl Neymar die Gäste bereits nach vier Minuten in Front gebracht hatte. Aber die Blau-Roten konnten sich nur eine halbe Stunde lang über ihre Führung freuen. Kurz vor der Pause glich Cristiano nach einem Handspiel von Gerard Piqué per Elfmeter aus. Die Königlichen kamen mit neuem Schwung aus der Kabine und brachten den Sieg schließlich mit zwei weiteren Toren unter Dach und Fach. In der Tabelle waren sie nun bis auf einen Punkt an den ewigen Rivalen herangerückt.

Drei Tage später stand die Preisverleihung für die besten Leistungen in der Primera División 2013/14 an. Cristiano wurde dreimal ausgezeichnet: als bester Spieler, als bester Stürmer und für das beste Tor. Anfang November erhielt er dann von European Sports Media zum dritten Mal den Goldenen Schuh als bester Torschütze Europas. Er kam ebenso wie Luis Suárez vom FC Liverpool auf 31 Tore, brauchte dafür aber drei Spiele weniger.

Und für den Fall, dass noch jemand Zweifel hatte, stellte Ronaldo bei der Preisverleihung unmissverständlich klar, wie wohl er sich in Madrid fühlte: „Wir müssen mit Florentino Pérez darüber reden, den Vertrag um ein paar Jahre zu verlängern. Ich bin rundum glücklich, ebenso wie meine Familie. Alles, was ich will, ist gewinnen, und ich hoffe, meinen Vertrag bei Real Madrid zu erfüllen. Dann bin ich 33, man wird sehen, ob der Präsident mich dann noch haben will."

Pérez stellte klar, dass er über die laufende Zusammenarbeit nicht weniger glücklich war: „Wir haben eine außergewöhnliche Mannschaft mit einem fantastischen Trainer. Und wir haben einen würdigen Nachfolger von Alfredo di Stéfano: Cristiano Ronaldo, der aktuelle Weltfußballer, der außerdem bereits seinen dritten Goldenen Schuh gewonnen hat und längst eine Real-Legende ist."

Eine Woche später konnte Cristiano noch zwei weitere Trophäen in die Vitrine stellen: Von der Sportzeitung *Marca* wurde er als Torschützenkönig der Liga sowie als bester Spieler ausgezeichnet. Doch Anerkennung bekam er nicht nur in Form von Trophäen. Forbes zufolge war er inzwischen der zweitbestbezahlte Sportler der Welt. Binnen nur eines Jahres war er mit seinem Einkommen von rund 80 Millionen Dollar vom neunten auf den zweiten Platz vorgerückt. Nur der amerikanische Boxer Floyd Mayweather hatte mit 105 Millionen Dollar noch mehr verdient. Leo Messi rangierte zwei Plätze und 13 Millionen Dollar hinter Cristiano.

Am 18. November standen sich die beiden Rivalen beim Freundschaftsspiel zwischen Portugal und Argentinien im Old Trafford erneut gegenüber. Cristiano war vor kurzem mit insgesamt 23 Treffern, inklusive Qualifikation und Endrunde, der erfolgreichste Torschütze der EM-Geschichte geworden. Mit seinem Kopfball beim 1:0-Sieg gegen Armenien hatte er am 14. November den Dänen Jon Dahl Tomasson abgelöst. Ohnehin schon Portugals Rekordschütze, kam Ronaldo inzwischen auf 52 Tore in 117 Spielen für sein Land.

Aber weder CR7 noch Messi erwischten in Manchester ihren besten Tag, und beide spielten nur in der ersten Halbzeit. Cristianos Fans schien das nicht zu stören: Er erhielt viel Beifall von den Zuschauern, die ihn sechs Jahre lang im Old Trafford hatten spielen sehen. Um auch die letzten Zweifel an ihrer Loyalität zu beseitigen, gab es sogar den einen oder anderen Buhruf in Richtung des Argentiniers. Das Spiel endete 1:0 für Portugal durch ein Tor von Raphaël Guerreiro.

Daheim in Madrid traf Cristiano weiter wie am Fließband: zweimal gegen Eibar, einmal gegen Basel, dreimal gegen Celta Vigo, einmal gegen Ludogorez und zweimal gegen Almería. Die Königlichen hatten nun seit dem 16. September, dem Hinspiel gegen Basel, jedes ihrer Spiele gewonnen und verzeichneten insgesamt 20 Siege in Folge: zwölf in der Liga, sechs in der Champions League und zwei in der Copa del Rey. Bei diesen Siegen hatten sie 74 Tore erzielt – im Schnitt fast vier pro Partie – und nur zehn zugelassen. 25 Tore davon hatte Cristiano geschossen.

Vor diesem Hintergrund reiste Real Madrid zur Klub-WM nach Marokko. Am 16. Dezember traf die Mannschaft im Halbfinale auf den mexikanischen Vertreter Cruz Azul. Die Spanier hatten relativ leichtes Spiel und gewannen mit 4:0, wobei Ronaldo allerdings leer ausging. Vier Tage später trafen die Königlichen im Finale auf San Lorenzo aus Argentinien. Es war keine schöne Partie, aber letztlich behielt Real trotz der unerbittlich defensiven Spielweise und rauen Gangart der Argentinier souverän die Oberhand. Die Tore beim 2:0 erzielten Sergio Ramos und Gareth Bale. Der Sieg bedeutete den vierten Titel für Real im Jahr 2014, gleichzeitig war es der erste Gewinn der Klub-WM in der Vereinsgeschichte. Von Cristiano aber war nun schon im zweiten Spiel in Folge nur wenig zu sehen. San Lorenzos Defensive hatte ihm keinen Raum gelassen, sein gewohntes Spiel aufzuziehen.

Seinen wohl bemerkenswertesten Auftritt hatte er nach dem Spiel bei der Pokalübergabe. Die Gratulanten waren Sepp Blatter, Florentino Pérez, Marokkos Kronprinz Moulay Hassan – und UEFA-Präsident Michel Platini. Der hatte ein paar Wochen zuvor erklärt, der *Ballon d'Or* 2015 solle an einen „Weltmeister" gehen. Mit anderen Worten: Ginge es nach ihm, würde Manuel Neuer die Trophäe erhalten. Seine Äußerungen hatten in Madrid und insbesondere bei Ronaldo für Verstimmung gesorgt. Als nun bei der Siegerehrung vor ihm Ancelotti einen Moment innehielt, um ein paar Worte mit Platini zu wechseln, nutzte der Portugiese die Gunst der Stunde: Er schlich sich vorbei und schüttelte den anderen Würdenträgern die Hände. Der Chef des europäischen Fußballverbands bemerkte es und wirkte etwas verdutzt, aber CR7 ließ sich nicht beirren und würdigte ihn keines Blickes.

Die Klub-WM war der letzte Termin vor der Weihnachtspause. Zu Beginn des Urlaubs reiste Ronaldo direkt nach Madeira, um der Enthüllung einer Statue beizuwohnen, die ihm zu Ehren errichtet worden war. Mehr als drei Meter hoch und aus 800 Kilogramm Bronze gefertigt, sah sie dem Spieler nicht unbedingt ähnlich, aber das war nicht das Auffälligste an der Plastik. Was vor allem ins Auge fiel, war die ziemlich unverhältnismäßige Größe des „besten Stücks", die der Künstler seinem Werk verpasst hatte. CR7 ließ sich nicht aus der Fassung bringen und bemerkte lediglich: „Die Statue ist schöner als ich. Sie ist sehr gut. Ich finde sie toll."

Von Madeira aus reiste er mit Cristiano Junior und Irina weiter nach Dubai und postete Fotos von den luxuriösen Ferien. Auffallend war, dass Mutter und Geschwister des Spielers fehlten. Angesichts der sonst so engen Familienbande fing es sofort an, in der Gerüchteküche zu brodeln. Was ging vor im Aveiro-Clan? Gab es etwa Streit zwischen dem Model und der Mutter? Fragen über Fragen.

Dubai war für Cristiano mehr als nur Urlaub. Bei den dortigen Globe Soccer Awards heimste er noch mehr Trophäen ein, und zwar als Spieler des Jahres sowie als Lieblingsspieler der *Marca*-Leser. Tatsächlich geriet die Veranstaltung zu einer Ehrengala für Real Madrid. Die Spieler räumten Preise ab, und der Verein wurde zum Klub des Jahres gekürt. Alles, was im Fußball Rang und Namen hatte, war vor Ort, so dass es nicht zu vermeiden war, dass CR7 auch Platini begegnete. Man sah sie auf der Bühne ein paar Worte wechseln, aber außer Hörweite von allen anderen. Vielleicht begruben sie das Kriegsbeil?

Wenig später folgte Cristiano eine Kamera von *Real Madrid TV* in den Backstagebereich. Voller Freude feierte er seine neuesten Trophäen wie immer mit einem triumphierenden Gebrüll. „Es wäre ein Traum, würde 2015 so gut werden wie 2014 oder sogar noch besser“, sagte er anschließend. Aber am nächsten Tag verlor Real Madrid in Dubai gegen den AC Mailand das erste Spiel seit drei Monaten. Ronaldo traf zwar, doch die Italiener siegten mit 4:2. Es war nur ein Freundschaftsspiel, doch es erwies sich als böses Omen für die Königlichen.

Kapitel 30

# Höhen und Tiefen

## Die Saison 2014/15

*„Es geht im Leben nicht nur um Tore. Immer zu 100 Prozent fit zu sein, ist unmöglich. Ich bin kein Superheld."*

Der Traum ist ausgeträumt. Innerhalb von fünf Tagen ist alles schiefgegangen, was nur schiefgehen kann. Am Sonntag, den 17. Mai, um 20:45 Uhr, schleicht Cristiano Ronaldo mit verletztem Stolz in die Kabine. Real hat bei Espanyol auch dank seines Dreierpacks klar mit 4:1 gewonnen. Aber der Erfolg ist nichts wert. Die Königlichen brauchten neben einem Sieg auch einen Ausrutscher Barças gegen Atlético, um im Titelrennen zu bleiben. Real hat seinen Teil erledigt ... aber Messi seinen leider auch. Der Argentinier hat im Calderón ein unglaubliches Tor geschossen und seinem Team damit die vorzeitige Meisterschaft gesichert. Die Spiele enden zeitgleich, und während die Blau-Roten mit den Feierlichkeiten beginnen, müssen die Königlichen ihre Wunden lecken.

Es ist die zweite bittere Enttäuschung binnen einer Woche. Die erste gab es am Mittwoch im Halbfinale der Champions League gegen Juventus Turin. Im Hinspiel am 5. Mai hatte Real dem Druck nicht standhalten können und 1:2 verloren. Cristiano erzielte den einzigen Treffer der Gäste, ein Kopfball nach Flanke von Dani Carvajal. Damit verpassten die Königlichen übrigens auch die Chance, Geschichte zu schreiben: Erst ein einziges Mal hatte Real bei Juventus gewinnen können, und das war 53 Jahre her. Acht Tage später, am 13. Mai, werfen Ancelottis Mannen im Rückspiel alles in die Waagschale und sind 57 Minuten lang ganz klar auf Finalkurs. Sie haben deutlich mehr Ballbesitz und gehen in der 23. Minute durch ein Tor von Cristiano in Führung, ein Elfmeter nach Foul an James Rodríguez. Im Bernabéu brandet Jubel auf. Allein in den Minuten danach erspielen sich „BBC" – also Bale, Benzema und Cristiano – mehr Chancen als im ganzen Hinspiel. Doch kurz nach dem Beginn der zweiten Hälfte trifft der frühere Real-Stürmer Álvaro Morata zum 1:1 und seinem Ex-Klub damit mitten ins Herz. Die Königlichen rennen weiter an, doch ein Tor will nicht fallen. Real Madrid ist ausgeschieden. Zu allem Überfluss erreicht Barça das Finale am 6. Juni in Berlin und holt seinen fünften Landesmeisterpokal. Es hätte Reals elfter Triumph werden können, doch im entscheidenden Moment waren sie einfach nicht gut genug.

Keine Meisterschaft, keine Champions League, keine Copa del Rey. Es war eine bittersüße Saison für Cristiano. Seine individuellen Erfolge, wie der *Ballon d'Or,* können nicht über die Enttäuschung hinwegtrösten, mit der Mannschaft keinen Titel geholt zu haben. Real Madrid bleibt nur der UEFA Super Cup und die Klub-WM, die sie in den ersten fünf Monaten der Saison geholt haben.

Im Januar begannen die Dinge dann, sich in die falsche Richtung zu entwickeln. Es war eine schwierige Zeit für Cristiano, sowohl auf als auch neben dem Platz. In den ersten Wochen des Jahres 2015 spricht nach der Trennung von Irina Shayk alle Welt über das Privatleben des Spielers. Es war Liebe auf den ersten Blick gewesen, als die beiden sich bei einem Fototermin für Armani kennenlernten. Gerüchte über eine Trennung hatten sie aber während ihrer gesamten Beziehung begleitet. Nun war klar, warum sie bei der Weltfußballer-Gala nicht bei ihm gewesen war und warum er sie in seiner Dankesrede nicht erwähnt hatte.

Die Trennung nach fünf Jahren beherrschte nicht nur die Titelseiten der Klatschpresse. Auch die Sportzeitungen beschäftigten sich ausgiebig mit dem Ende einer der prominentesten – und profitabelsten – Verbindungen der Welt. Die portugiesische Tageszeitung *Correio da Manhã* berichtete, CR7 habe die Beziehung beendet, weil sich die beiden so gut wie nie sahen und er angeblich „eine Frau will, die immer an meiner Seite ist". Wieder gab es Gerede über das vermeintlich schwierige Verhältnis von Irina Shayk zu Cristianos Mutter und Schwestern. Es hieß sogar, Shayks Widerwillen, beim 60. Geburtstag ihrer Schwiegermutter zu erscheinen, sei Auslöser der Trennung gewesen.

„Dolores Aveiro ist überzeugt davon, dass Irina nicht die richtige Partnerin für ihren Sohn war", behauptete *Correio*. „Sie hätte lieber jemanden, der bereit ist, in Zukunft die Rolle der Mutter des kleinen Cristiano zu übernehmen, aber das hatte für Irina keine Priorität." Und natürlich gab es allerlei Klatsch über Cristianos mutmaßliche Untreue. Er hüllte sich zu dem Thema in Schweigen und beließ es dabei, am 20. Januar in einem offiziellen Statement gegenüber Associated Press die Trennung zu bestätigen: „Nach fünf Jahren ist meine Beziehung mit Irina Shayk beendet. Wir befanden, dass es für uns beide das Beste ist, diesen Schritt zu unternehmen. Ich wünsche Irina alles Glück der Welt." Weder zu diesem Thema noch zu den angeblichen neuen Liebschaften, über die in den Medien bereits gemunkelt wurde, wollte er sich weiter äußern.

Zunächst hielt es seine Ex ganz genauso und äußerte sich ausschließlich über ihren Agenten: „All die hässlichen Gerüchte über Irina und Ronaldos Familie sind an den Haaren herbeigezogen und haben rein gar nichts mit der Trennung zu tun." Aber am 11. Februar ließ Irina durchblicken, dass die Sache wohl nicht ganz so einvernehmlich vonstattengegangen war, wie zuvor gedacht. „Ich wünsche mir einen Mann, der ehrlich und treu ist", sagte sie auf *E! News*. Es war nicht ganz klar, ob das ein Seitenhieb auf CR7 war. Ein paar Wochen später wurde sie in einem Exklusivinterview für *¡Hola!* noch deutlicher. Darin sagte sie, sie habe sich an Cristianos Seite „hässlich und unsicher" gefühlt. Erneut betonte sie, wie wichtig ihr Treue sei, und hielt abschließend fest, sie habe gedacht, „den idealen Mann gefunden zu haben – aber von wegen". Die englische Boulevardzeitung *Sun* glaubte, den Hintergrund von Irinas Aussagen ganz genau zu kennen. Sie behauptete, der Portugiese habe Irina mit mindestens zwölf Frauen betrogen. Weiter hieß es, Irina habe auf seinem Handy Nachrichten an mehrere Frauen in verschiedenen Ländern entdeckt, worauf er alles abgestritten habe. Sie habe daher beschlossen, die Beziehung zu beenden.

Da sich keine der beiden Seiten weiter dazu äußern wollte, hätte die Sache damit erledigt sein können. Doch da war das Problem, dass Portugals größer Spieler aller Zeiten – im Januar war er von seinem Landesverband dazu gekürt worden – auf dem Platz einfach nicht er selbst zu sein schien. Plötzlich und ohne Vorwarnung fiel er mitten in der Saison in ein Leistungstief und mit ihm seine Mannschaft. Und so begann das Jahr für Real Madrid mit einer eine Reihe von Rückschlägen und Enttäuschungen. Erst unterlagen die Königlichen in Valencia mit 1:2, dann scheiterten sie im Achtelfinale der Copa del Rey, wie schon im spanischen Supercup, ausgerechnet gegen Atlético. Cristiano saß im Hinspiel im Calderón aufgrund muskulärer Probleme nur auf der Bank. Real verlor 0:2.

Wenige Minuten vor dem Anstoß zum Rückspiel präsentierte Ronaldo den Zuschauern im Bernabéu unter ohrenbetäubendem Applaus seinen dritten *Ballon d'Or*. Zu ihm gesellten sich James Rodríguez, der den FIFA

Puskás-Preis für das schönste Tor des Jahres 2015 erhalten hatte, sowie Sergio Ramos und Toni Kroos, die in die FIFA/FIFPro World XI gewählt worden waren. Doch das Spiel endete 2:2, und nach dem Ausscheiden war Cristiano das Lachen vergangen. „Danke an die Fans, bei denen ich mich im Namen der Mannschaft entschuldigen möchte", sagte er im Pressebereich. Er bemühte sich, die Bedeutung der Partie herunterzuspielen. „Wir hatten Pech. Die Copa del Rey war der unwichtigste Wettbewerb. Die Meisterschaft und Champions League sind dieses Jahr wichtiger. Manchmal muss man einen Schritt zurückgehen, um zwei Schritte nach vorn machen zu können", erklärte er, zuversichtlich, dass es nur ein Ausrutscher war. Dann sprach er über seine Fitness, die in Zweifel gezogen worden war – obwohl er Reals zweiten Treffer gegen Atlético besorgt hatte. „Es geht im Leben nicht nur um Tore. Immer zu 100 Prozent fit zu sein, ist unmöglich. Ich bin kein Superheld."

CR7 mag auch nur ein Mensch sein, aber er gibt jeden Tag sein Bestes, etwas anderes zu vermitteln. „Dass ich in der Lage bin, jedes Jahr mehr als 60 Spiele zu absolvieren, liegt daran, dass ich auf mich achtgebe. Ich schlafe gut, ich esse gut. Selbst in diesen Bereichen strebe ich nach Perfektion. Ansonsten ist es nicht möglich, auf diesem Niveau zu bestehen", sagte er gegenüber *France Football*. „Im Moment arbeite ich daran, meinen linken Fuß, meinen Antritt und meine Freistöße zu verbessern. Das ist ein Bereich, in dem ich zuletzt nicht mehr so erfolgreich war. Ich weiß, dass ich wieder dahinkommen werde. Ich muss mir nur darüber im Klaren sein, dass es ohne viel Training nicht funktionieren wird. Ich muss hart dafür arbeiten." Das Interview, veröffentlicht am 21. Januar, enthüllte eine intimere und persönlichere Seite des Spielers. Er betonte, dass der Begriff „Leader" nicht zum Ausdruck brachte, wer er wirklich war. „Ich glaube, dass jeder Spieler, der auf dem Platz steht, auf seine Weise ein Leader ist, jeder hat seine eigene Rolle", sagte er.

Und natürlich war auch wieder von Messi die Rede. Cristiano bestätigte, dass der Argentinier ihn motiviere, „so wie alle anderen Spieler, die dich anspornen, noch eine Schippe draufzulegen, weil du besser sein willst als sie. Jede Konkurrenz ist ein Ansporn." Und er ist sich sicher, dass diese Konkurrenz auch den Floh beflügelt. „Sie ist gut für ihn, gut für mich und für alle Spieler, die sich verbessern wollen. Messi hat vier *Ballons d'Or*, ich habe drei. Dies alles ist gut für die Fußballwelt." Er sagte, dass er im

Augenblick ganz gelassen sei und sich noch nicht damit befasse, „was das nächste Jahr bringen wird". Und natürlich unterstrich er noch einmal, bei Real Madrid rundum glücklich zu sein. Er sei dort Teil „der besten Mannschaft", die er in seiner Karriere erlebt habe.

Für den Fall, dass es noch Zweifel an seiner Loyalität zum Verein gab, bekräftigte sein Berater ein paar Tage später, dass sein Klient „ziemlich sicher seine Karriere bei Real Madrid beenden werde". Und das sei noch lange hin, denn Jorge Mendes ist überzeugt, dass Cristiano spielen wird, bis er 38 oder 39 ist. Aber nicht jeder ließ sich von der Zuversicht des Beraters anstecken. Manche fragten sich, ob er seit seiner Trennung von Irina nicht ein wenig niedergeschlagen sei und ob das Beziehungsende sein Spiel beeinträchtigte.

Dolores stritt dies kategorisch ab. „Mein Sohn ist glücklich", beharrte sie. Aber ein paar Tage später war klar, dass in CR7 etwas rumorte. Am 20. Spieltag der Saison traf Real auf Córdoba. Nachdem die Königlichen sich über weite Strecken des Spiels ziemlich schwer getan hatten, setzten sie sich knapp mit 2:1 gegen die Hausherren durch, doch es war trotz allem eine magere Vorstellung. Schlimmer noch, von Cristiano war so gut wie nichts zu sehen. Nichts wollte ihm gelingen, bis ihm in der 83. Minute schließlich der Kragen platzte. Als er einen Pass von Toni Kroos nicht zu einem Tor verwerten konnte, ließ er seinem Frust freien Lauf. Nachdem er zuvor schon José Ángel Crespo im Kampf um den Ball nach einer Ecke einen Hieb versetzt hatte, trat er den Brasilianer Edimar und langte anschließend mit der Faust zu. Dann schlug er auch noch Deivid Rodríguez und erneut Crespo, als die beiden heranstürmten, um ihm den Marsch zu blasen.

Klarer Fall für den Schiedsrichter: glatt Rot. Ronaldo hielt sich nicht damit auf, gegen die Entscheidung zu protestieren, sondern ging direkt Richtung Spielertunnel. Begleitet von einem gellenden Pfeifkonzert verließ er den Platz. Dabei tätschelte er das Vereinslogo auf seinem Trikot, was manche als eine letzte Trotzreaktion werteten. Aber nur wenige Minuten später entschuldigte er sich über die sozialen Medien. „Ich entschuldige mich bei allen, insbesondere bei Edimar, für meine unbedachten Taten." In Córdoba hatte Ronaldo sich von seiner hässlichsten Seite gezeigt. Zwar ist es nicht häufig passiert, aber in seiner Karriere hat er sich immer mal wieder zu Dummheiten hinreißen lassen. In seiner ersten Saison bei Real

Madrid sah er die Rote Karte nach einem Ellenbogenschlag gegen Málagas Patrick Mtiliga, der eine gebrochene Nase davontrug. Im Finale der Copa del Rey 2013 trat er Atléticos Gabi Fernández ins Gesicht, und in der Saison 2013/14 sah er Rot, nachdem er mit Ander Iturraspe von Athletic Bilbao aneinandergeraten war.

Sein Ausraster in Córdoba brachte ihm eine Sperre von zwei Spielen ein. In der Presse war zunächst von einer Strafe von bis zu zwölf Spielen die Rede, aber es gab zwei Dinge, die für den Portugiesen sprachen: Er hatte sich bisher selten etwas zuschulden kommen lassen und sich außerdem unmittelbar nach dem Vorfall entschuldigt. „Schon in dem Moment, als er in Córdoba des Feldes verwiesen wurde, zeigte er sich sofort reumütig. Das ist für Cristiano nicht einfach", sagte Mannschaftskollege Iker Casillas. „Er steht im Rampenlicht, und alle Welt schaut auf ihn. Es ist richtig, dass er diesen Fehler wieder gutmacht, und dabei unterstützen wir ihn. Wir können ein solches Verhalten nicht gutheißen, wir sind Vorbilder für Millionen von Zuschauern. Lasst uns aber nicht vergessen, was für ein positiver, ehrgeiziger Spieler Cristiano ist."

Ronaldo fehlte der Mannschaft in den Spielen gegen Real Sociedad am 31. Januar und Sevilla am 4. Februar, die die Königlichen beide gewannen. Am 5. Februar, dem Tag, nachdem seine Sperre ablief, feierte er seinen 30. Geburtstag. Er verbrachte einen geruhsamen Tag mit seinem Sohn, verzichtete auf große Feierlichkeiten und konzentrierte sich stattdessen auf seine Rückkehr auf den Platz. Die große Party würde bis nach dem mit Spannung erwarteten Derby gegen Atlético Madrid warten müssen. In den Medien indes war sein Geburtstag großes Thema. Es gab Sonderausgaben und Radiobeiträge, die seine bisherigen Erfolge würdigten – und sich mit den bevorstehenden Aufgaben beschäftigten. Man analysierte seine Entwicklung hin zu einem echten Torjäger, eher zu einer Nummer 9 als einer Nummer 7. Man pries seinen Torhunger und seine Statistiken, die jedes Jahr besser wurden. Man vermerkte aber auch seine Verletzungsprobleme, die ihm – verschärft noch durch das Pensum der letzten Jahre – zu schaffen machten, die der Klub aber beharrlich als nicht weiter dramatisch bezeichnete.

Am 7. Februar stand er im Vicente Calderón endlich wieder auf dem Platz, wo Real aber von Atlético der Wind aus den Segeln genommen wurde. Cristiano brachte im ganzen Spiel nur einen Torschuss zustande.

90 Minuten lang musste er Hohn und Spott von den Rängen ertragen, wo die gegnerischen Fans unablässig seinen Freudenschrei bei der Verleihung des *Ballon d'Or* nachäfften. Cristiano zeigte sich zunehmend genervt und geriet sogar mit einem Balljungen aneinander, der ihm den Ball nicht geben wollte. Das Endergebnis sprach Bände: 0:4. Die höchste Niederlage der damals noch von Mourinho betreuten Galaktischen seit dem 0:5 gegen Guardiolas Barça im November 2010. Zudem war es die sechste Niederlage in Folge gegen Atlético.

„Das war das schlechteste Spiel meiner Amtszeit", gestand Ancelotti. Auch CR7 machte keinen Hehl aus seiner Enttäuschung: „Es war ein Scheißtag, aber wir müssen positiv denken, denn wir sind immer noch Erster." Woran hakte es seiner Meinung nach? „An allem. Wir hatten keinen Schwung, es mangelte uns an der richtigen Einstellung. Uns fehlte die Frische, mental wie körperlich. Wir haben richtig schlecht gespielt, auf jeder Position, von vorne bis hinten. Wir müssen das jetzt so schnell wie möglich abhaken, denn Real darf gegen kein Team der Welt 0:4 verlieren. Es ist aber passiert, und jetzt müssen wir uns aufrappeln und weitermachen, es sind noch viele Partien zu spielen." Er räumte ein, dass viele Spieler vom Pensum der letzten Zeit erschöpft seien, wollte dies aber nicht als Ausrede gelten lassen. „Meiner Meinung nach sind wir viel besser als Atlético, aber wir müssen auf dem Platz den Beweis antreten. Wir werden definitiv wieder die Meisterschaft gewinnen", versprach er zuversichtlich.

Der Schmerz über die Demütigung im Calderón saß tief bei den Real-Fans. Aus diesem Grund konnten sie auch nicht einfach über Cristianos größten Fehltritt seit seiner Ankunft in Madrid hinwegsehen. Nur wenige Stunden nach der Klatsche machte er sich auf den Weg zu seiner großen Geburtstagsparty in einem der edelsten Restaurants der Stadt. Die Party war schon lange geplant gewesen, und kurzfristig absagen mochte er sie nicht. Dummerweise gerieten Bilder an die Öffentlichkeit, die ihn und viele seiner Kollegen gut gelaunt beim Karaoke auf der Bühne zeigten – zu gut gelaunt, wie die Fans befanden. Verantwortlich für die Indiskretion war der kolumbianische Musiker Kevin Roldan, ein Freund von James Rodríguez, der mit seinen Posts vor der Party bereits Öl ins Feuer gegossen hatte: „Danke, dass du mich für deinen 30. Geburtstag gebucht hast. Ich fühle mich geehrt, dass dir meine Musik gefällt. Es wird ein ganz besonderer Abend, ich hoffe, du genießt die Show. Heute Abend lassen wir es in Madrid krachen." Nach der Veranstaltung stellte er Video und Fotos online, die den Spieler mit einem großen Karnevalshut zeigten.

Auf Twitter war der Teufel los, und „Die Party der Schande" war unter dem Hashtag #LaFiestaDeLaDeshonra den ganzen nächsten Tag über ein heißes Thema. Der Klub konnte sich nicht erklären, warum Cristiano – der sonst sehr auf seine Privatsphäre achtete – sich nicht mehr darum bemüht hatte, die Einzelheiten seiner zeitlich unpassenden Party unter Verschluss zu halten. Selbst Casillas, Sergio Ramos und Ancelotti blieben der Party fern, vermutlich, weil sie wussten, welchen Eindruck ein solches Spektakel hinterlassen würde. Jorge Mendes bemühte sich in einem Radiointerview, die Wogen zu glätten, und gab an, der Spieler sei „bestürzt gewesen über die Niederlage", und bei der Party hätten alle versucht, ihn aufzumuntern. Er betonte weiterhin, dass die Feier bereits seit mehr als einem Monat geplant gewesen sei und nicht abgesagt werden konnte und Cristiano außerdem „den Gästen gegenüber, die gekommen waren, nicht unhöflich sein wollte". Abschließend sagte er, CR7 ziehe in Erwägung, Kevin Roldan zu verklagen, die einzige Person, die von dem Skandal profitiert zu haben schien. „So etwas wie schlechte Publicity gibt es nicht", erklärte der Musiker. „Die Kontroverse hat mir neue Follower und mehr Downloads auf meiner Seite gebracht. Alles ist ein Geschenk Gottes."

In der Kabine war die Luft zum Schneiden gespannt. Der Presse zufolge war Cristiano sauer auf Casillas und Ramos. Angeblich fand er, die beiden hätten die Debatte mit ihren öffentlichen Missfallensbekundungen noch angeheizt. Er könne, so hieß es, ihren Standpunkt nicht nachvollziehen, da sie selbst nach der Niederlage ausgegangen seien. Der Torwart hatte am gleichen Abend den Geburtstag seiner Freundin gefeiert – wenn auch in etwas diskreterem Rahmen. Aber viel bedenklicher für den Klub war die Freundschaft, die Ronaldo mit Alberto Garrido geschlossen hatte, dem Veranstalter seiner großen Feier. Der PR-Guru trat seit der Trennung von Irina immer häufiger in Erscheinung. CR7 ging öfter aus, und Garrido sorgte dafür, dass er inkognito in einige der besten Clubs der Stadt gehen konnte. Die beiden und James Rodríguez schienen unzertrennlich zu sein. Es war das erste Mal, dass das gesundheitsbewusste Image des Spielers angezweifelt wurde.

Und während die Presse sich überschlug, beschloss Florentino Pérez einzuschreiten. Der Real-Präsident unterbrach die erste Trainingseinheit der Mannschaft nach der Pleite gegen Atlético und erinnerte die Spieler in einer zweistündigen Ansprache daran, was sie repräsentierten und was von ihnen erwartet wurde. Doch es ging ihm eher darum, sie zu motivieren statt zu kritisieren, und er beschwor Teamgeist und Einsatzwillen. Der Leistung am 14. Februar im Bernabéu nach zu urteilen, hatten seine Worte Wirkung gezeigt, denn die Mannschaft bezwang Deportivo La Coruña mit 2:0. Es war keine überragende Vorstellung, aber dennoch ein souveräner Sieg. Für Cristiano war das Spiel eine Art Feuerprobe. Er bot eine insgesamt unauffällige Leistung, bereitete aber immerhin den zweiten Treffer vor. Wichtiger war jedoch, dass die Fans ihn bei seinem ersten Auftritt nach der unseligen Party anfeuerten wie zuvor und weitgehend hinter ihrem Star standen.

Vier Tage später erzielte er eins der beiden Tore beim Sieg gegen Schalke 04 in der Champions League. „Cristiano ist wieder da“, verkündete der Trainer und fügte hinzu: „Es war nie ein Problem, wenn er mal in zwei Spielen nicht traf. Er entwickelt sich immer weiter, ebenso wie die ganze Mannschaft.“ Der nächste Test war das Ligaspiel gegen Elche am 22. Februar, in dem Cristiano erneut eins der beiden Tore seiner Elf schoss. Die Königlichen standen mit vier Punkten Vorsprung vor Barça an der Tabellenspitze – aber dieses Polster war bald dahin. Am 1. März kamen sie gegen Villarreal nicht über ein 1:1 hinaus (Ronaldo war der einzige Torschütze seiner Mannschaft), dann unterlagen sie Athletic Bilbao mit 0:1 und gaben die Tabellenführung an Barcelona ab. Man war sich einig: Sowohl Real als auch Ronaldo blieben weit unter ihren Möglichkeiten.

Immerhin löste man am 10. März das Ticket für das Viertelfinale der Champions League, wenn es auch ein unerwartet hartes Stück Arbeit war (dem 2:0 auf Schalke folgte ein 3:4 im Bernabéu, womit Real als erste Mannschaft in der Geschichte des Wettbewerbs trotz vier Gegentoren im eigenen Stadion die nächste Runde erreichte). Aber Cristiano verlor angesichts der Unmutsäußerungen von den Rängen über die durchwachsene Darbietung die Nerven. Selbst der leiseste Misston brachte ihn aus der Fassung. Diesmal bot er keine Entschuldigung an, sondern beschloss stattdessen, sich bis zum Ende der Saison nicht mehr öffentlich zu äußern.

Vor diesem angespannten Hintergrund reiste Real Madrid zum letzten Clásico der Saison am 22. März im Camp Nou. Wie immer war die Stimmung schon im Vorfeld durch Äußerungen von beiden Seiten kräftig aufgeheizt worden. Der frühere Barça-Star Christo Stoitschkow ließ keinen Zweifel daran, wen er im Duell der beiden großen Stars vorne sah: „Man kann eine Legende nicht mit einem Spieler am Ende seiner Karriere vergleichen", sagte er und prophezeite, dass „Barcelona die Meisterschaft im Falle eines Siegs nicht mehr zu nehmen sein wird". Damit sollte er recht behalten.

In der ersten Halbzeit des Spiels hatten die Gäste deutlich mehr Ballbesitz, das erste Tor aber erzielte Barcelona durch Mathieu in der 19. Minute. CR7 hatte danach einige Chancen, konnte aber nur eine nutzen. Es war ein großartiges Tor, nach einem wunderbaren Pass von Benzema. Auch nach der Pause übten die Königlichen weiter Druck aus, brachten aber keinen weiteren Treffer zustande, während Barça immer stärker wurde. Luis Suárez nutzte schließlich ein Zuspiel von Dani Alves zum 2:1. Diesmal hatte Real ehrenvoll verloren, Cristiano aber war auf dem Platz erneut unangenehm aufgefallen, als er sich nach einer Verwarnung in den Schritt griff. Fairerweise muss man sagen, dass er mal wieder allerlei Hohn und Spott wegen seines inzwischen berüchtigten Schreis über sich hatte ergehen lassen müssen. Der neueste Schmähgesang der Fans lautete: „Cristiano trinkt kein Wasser" und löste das frühere „Cristiano ist ein Säufer" ab, das nach seiner Party angestimmt worden und inzwischen als diffamierend gewertet und vom Verband verboten worden war.

Der Rest der Saison geriet für Real zu einer letztlich vergeblichen Aufholjagd. Für Ronaldo persönlich ging es darum, Messi in der Torjägerliste zu überholen, was nach dem 5. April zumindest machbar erschien. Real Madrid deklassierte Granada mit 9:1, der Portugiese erzielte fünf Tore, die ersten drei davon binnen acht Minuten. Er jubelte mit neuer Energie und konnte nach dem Schlusspfiff wieder lächeln. Es war das erste Mal, dass ihm fünf Tore in einem Spiel gelungen waren; die Presse würdigte die Leistung, indem sie ihm den Spitznamen „Kannibale" verpasste. Er wusste, dass er etwas geschafft hatte, was nur den Größten vergönnt ist. Also schnappte er sich den Spielball und ließ sämtliche Mitspieler darauf unterschreiben. Fünf Tore in einem Spiel waren vor ihm nur sechs Spielern in der Vereinsgeschichte gelungen: Alday, Alsúa, Muñoz, Pepillo, Puskás und Morientes. In der ewigen Torjägerliste der Liga lag er inzwischen mit 214 Treffern auf Rang acht. Drei Tage später schoss er beim 2:0 gegen Rayo Vallecano sein 300. Tor im Trikot der Königlichen. Eine erstaunliche Zahl, für Ronaldo aber vor allem eine Motivation, immer weiterzumachen.

Am 23. Mai enthüllte das französische Magazin *So Foot*, dass er 7 Millionen Euro für die Opfer des Erdbebens in Nepal gespendet habe. Cristiano wurde mit 48 Toren nicht nur Torschützenkönig in der Liga, sondern auch Toptorjäger Europas. Zwei individuelle Titel, die ihn aber nicht zufriedenstellten. Die nächste Saison würde neue Herausforderungen unter einem neuen Trainer bringen: Rafa Benítez. Der frühere Boss von Liverpool und Neapel war als Nachfolger von Ancelotti vorgestellt worden, dem Mann, der Ronaldo in diesem Jahr voller Höhen und Tiefen stets zur Seite gestanden hatte.

Kapitel 31

# Von Mailand nach Paris

## Erst Champions-League-Sieger, dann Europameister

*„Das ist einer der glücklichsten Momente meines Lebens. Ich habe seit 2004 dafür gebetet, dass ich noch eine Chance bekomme."*

„Ich hatte eine Vision. Ich wusste, dass ich das Siegtor schießen würde, also sagte ich zu Zizou: ‚Lass mich im Elfmeterschießen als Letzter antreten, denn ich werde den entscheidenden Versuch verwandeln.' Und genauso ist es gekommen."

Typisch Cristiano, der Bescheidenheit noch nie für eine Zier hielt. Er ist voller Euphorie, strahlt über beide Ohren. Da spielt es kaum eine Rolle, dass im Spiel ansonsten nicht viel von ihm zu sehen war. CR7 hat seinen dritten Champions-League-Titel geholt, es ist der elfte für Real Madrid. Es war ein langes und hartes Stück Arbeit für die Königlichen im San Siro, und am Ende mussten sie ihr Heil im Russischen Roulette vom Elfmeterpunkt suchen. Aber das Glück ist heute, am 28. Mai 2016, auf ihrer Seite. Das Opfer: Atlético Madrid, wie schon 2014. Ein Derby, das damit endete, dass Ronaldo sich das Trikot vom Leib riss, um seine Muskeln zur Schau zu stellen – so wie es die Buchmacher gewiss prognostiziert und die Sponsoren befürchtet hatten –, bevor er vor der Fankurve unter seinen Teamkollegen begraben wurde.

Cristiano bildet den Mittelpunkt der Feierlichkeiten, er ist der Held des Tages, wenn auch eher zufällig: Er trat zu Reals letztem Elfmeter an, als Atléticos Schütze Juanfran gerade vergeben hatte; mit seinem Treffer besiegelte er das Match und machte seine Mannschaft zum Sieger. Atléticos Trainer Diego Simeone stellt hinterher fest: „Niemand erinnert sich an den Zweitplatzierten", und auch deshalb wird Cristianos Tor zur am häufigsten gezeigten Szene des gesamten Spiels. Real Madrid hat gewonnen, Ronaldo hat das Spiel für seine Mannschaft entschieden. Nach dem Wie und Warum fragt hinterher keiner mehr.

Kaum zu glauben, dass der Portugiese noch wenige Minuten vor dem Elfmeterschießen – als es darum ging, wer antreten würde – seinen Mitspielern vorjammerte, wie fertig er nach 120 Minuten Fußball sei. „Ich bin tot. Meine Beine machen nicht mehr mit. Ich fühle mich nicht gut“, soll er den Zeitungen zufolge gesagt haben. Es wurde gar behauptet, er habe mit einer Verletzung gespielt. „Cristiano Ronaldo war nicht zu 100 Prozent fit, er musste angeschlagen pausieren und hat dann vor dem Spiel ein letztes Training absolviert. Wie nun bestätigt wurde, hat er mit einer Verletzung gespielt, und das war seiner Leistung auch anzumerken. Der portugiesische Verband machte sich sogar Sorgen, er könnte die Sache ausgerechnet vor der EM noch verschlimmern, aber letztlich war alles okay“, behauptete Joseba Larrañaga in seiner Radiosendung *El Partido de las 12.*

Verletzung hin oder her, es ist definitiv nicht das beste Spiel der Nummer 7. Aber das scheint niemanden zu kümmern, am wenigsten den Trainer. „Du bist der Beste“, sagt Zinédine Zidane inmitten der Feierlichkeiten auf dem Rasen im San Siro. Und das ist er auch, zumindest was die Zahl der Tore im Wettbewerb angeht. Er bringt es auf 16, fast doppelt so viele wie Bayerns Robert Lewandowski, der mit neun Treffern Platz zwei belegt. Torschützenkönig der Liga und Gewinner des Goldenen Schuhs ist diesmal Barças Luis Suárez, aber in der Königsklasse reicht niemand an Cristiano heran. Und soweit es ihn betrifft, ist das der Wettbewerb, auf den es ankommt.

„Barças Meisterschaft und Pokalsieg sind mir egal, weil ich weiß, dass ein Sieg in der Champions League viel mehr wert ist als jedes Double“, sagte er ein paar Tage vor dem Finale. „Es gibt Weltklassespieler, die sie nie gewonnen haben. Diesen Wettbewerb zu gewinnen ist ein Traum, das meine ich von ganzem Herzen.“

Der Triumph in Mailand rettet eine der turbulentesten Spielzeiten der letzten Jahre, was vielleicht mit ein Grund dafür ist, warum bei den Feierlichkeiten im Santiago Bernabéu am nächsten Tag eine besonders ausgelassene Stimmung herrscht. Die Spieler präsentieren sich mehr denn je als Einheit, und Cristiano tritt wie ein echter Leader auf. Er achtet sogar darauf, sich bei den Fotos mit dem Pokal nicht in den Vordergrund zu drängen. Aber sobald er ein Mikrofon in der Hand hat, ist er nicht mehr zu stoppen. „Ich möchte gerne etwas sagen … Ich danke euch allen dafür, an uns geglaubt zu haben. Ohne eure Unterstützung hätten wir diese wunderschöne Trophäe niemals gewonnen. Ich bin ungemein stolz darauf, dieses weiße Trikot tragen zu dürfen … das mir so gut steht“, verkündet er den Tausenden Fans im Stadion, die unablässig seinen Namen skandieren.

Er redet immer weiter, fängt zwischendurch gar an zu singen und stimmt natürlich auch sein typisches „Síííííííííí!!!“ an – ein Schlachtruf, der in der Mannschaft inzwischen Tradition hat und den seine Rivalen gerne nachäffen, um ihn zu verhöhnen – so wie Barça-Verteidiger Gerard Piqué am 18. Mai im Rahmen der Meisterschaftsfeierlichkeiten seines Teams. Der Portugiese versichert, dass ihm das egal sei. „Wenn mich jemand nachmacht, erinnert er damit alle anderen an Cristiano Ronaldo. Ich bin überall. Ist doch eine tolle Sache – so oder so wird über Cristiano geredet. Ich hätte auch kein Problem damit, wieder mit Piqué zu spielen.“ Er fügt hinzu: „Mein Jubel ist ein großer Erfolg. Er ist der Schlachtruf in unserer Kabine. Und ich liebe es, wenn die Kinder ihn rufen.“

Der Portugiese ist sich sehr wohl bewusst, dass seine exzentrischen Äußerungen und Eigenarten nicht unbedingt jedermanns Sache sind, doch er hat nicht vor, sich zu ändern. „Es gibt Menschen, die mich lieben, und welche, die mich hassen, die meinen, ich sei arrogant und eitel und so weiter und so fort. Das gehört zu meinem Erfolg. Ich wurde geboren, um der Beste zu sein. Wenn ich nun mal so bin – wenn ich in meiner Karriere das alles erreicht habe, weil ich eben so bin –, dann kann ich das für niemanden ändern. Wenn jemand von mir fordert, noch besser zu sein, dann kann ich das akzeptieren. Aber sich vollkommen zu verändern, das ist etwas ganz anderes“, sagt er in einem Interview mit dem Magazin *Papel*. „Jeder kann denken, was er will. Ich gehe jeden Abend mit reinem Gewissen zu Bett, und ich schlafe gut. Wir können uns nicht ständig den Kopf darüber zerbrechen, was andere über uns denken. Würden wir es tun, könnten wir unser Leben nicht leben.“

Und trotz aller Kritik, die er wegen seiner Einstellung und seinem mutmaßlichen Mangel an Bescheidenheit einstecken muss, wird er von ESPN zum Sportler des Jahres 2016 gekürt, vor Basketballstar LeBron James und Leo Messi. Die Auszeichnung erhält er während einer der schwierigsten Spielzeiten seiner Karriere, schwieriger noch als das Ende der Mourinho-Ära.

Mit Rafa Benítez als neuem Cheftrainer geht es in die Saison 2015/16. Der Nachfolger von Carlo Ancelotti ist ein waschechter „Madridista“ und hat sich seine ersten Sporen als Spieler und auch als Trainer in der Jugend von Real verdient. Jetzt ist er zurück, nachdem er mit Valencia zwei spanische Meisterschaften gewonnen hat, mit Liverpool die Champions League, den FA Cup und den Community Shield, mit Chelsea die Europa League, mit Inter Mailand den italienischen Supercup und die Klub-WM sowie mit dem SSC Neapel den italienischen Pokal und den italienischen Supercup. Seine Referenzen sprechen für sich, aber bei Real ist trotzdem schnell Sand im Getriebe. Es gibt Differenzen zwischen Benítez und seinen Spielern. Wie es heißt, versucht er sie an der kurzen Leine zu halten, um ein hohes Maß an Disziplin durchzusetzen und so die volle Kontrolle zu bewahren. Aber bei einem Kader, der mit millionenschweren Weltstars gespickt ist, die es gewohnt sind, mehr oder weniger das zu tun, worauf sie Lust haben, ist das ein aussichtsloses Unterfangen. Der erste Ärger lässt nicht lange auf sich warten, und natürlich ist CR7 mittendrin.

Liest man in einem Interview, das der Portugiese nach dem Abschluss der Saison und dem Abschied von Benítez zu Newcastle United gibt, zwischen den Zeilen, scheint der größte Stein des Anstoßes gewesen zu sein, dass der Trainer CR7 beibringen wollte, wie man Freistöße schießt. Etwas gezwungen lachend, sagt er: „Es gibt ein paar Dinge, die man mit jemandem, der eine ganz andere Meinung hat als man selbst, einfach nicht diskutieren kann. Da kann man nur danke sagen und weitermachen. Man kann von jedem Trainer etwas lernen, aber es gibt auch Dinge, die kann einem niemand beibringen – man hat es einfach drauf oder eben nicht. Er arbeitete mit mir an den Freistößen, wollte mir aber auch erzählen, wie ich den Ball genau zu treten und wie ich zu dribbeln hätte." Derlei Ratschläge kamen bei Cristiano offenbar nicht besonders gut an.

Die ersten Spiele der Saison täuschen noch darüber hinweg, dass sich am Horizont ein Unwetter zusammenbraut: 5:0 gegen Betis, 4:0 gegen Schachtar Donezk, 6:0 gegen Espanyol. Gegen Espanyol gelingen CR7 zum zweiten Mal in seiner Karriere fünf Tore in einem Spiel, wobei er für die ersten drei Treffer – sein 20. Dreierpack! – gerade mal 19 Minuten braucht. Mit 231 Toren ist er längst Reals erfolgreichster Torschütze in der Geschichte der Liga, vereinsübergreifend ist er Vierter hinter Hugo Sánchez (234), Telmo Zarra (251) und Leo Messi (286).

Aber Benítez ist nicht der Typ, der Lobeshymnen auf seinen Star anstimmt. Seit seiner Ankunft ist er mehrfach gefragt worden, was er vom Portugiesen hält, hat aber stets etwas ausweichend geantwortet – das erste

Mal während der Vorbereitung in Australien: „Ich musste leider mehrfach gegen ihn antreten, als ich in Liverpool war – er war stets ein spielentscheidender Faktor. Inzwischen ist er wesentlich reifer, vielseitiger und erfahrener. Es reicht wohl zu sagen, dass er einer der besten Spieler der Welt ist." Als er einige Wochen später erneut gefragt wird, äußert er sich etwas überschwänglicher, aber immer noch zurückhaltend: „Ich denke, dass er ein hervorragender Spieler ist, einer der besten, die ich je trainiert habe. Ich kann nicht sagen, dass er der Beste ist, denn ich habe mit vielen guten Spielern gearbeitet. Aber im Moment ist er unser Spieler und der Beste der Welt."

„Warum können Sie nicht einfach sagen, dass Cristiano der Beste ist?", fragt ein Journalist am 16. September nach dem Spiel gegen Schachtar. „Es wundert mich, dass ihr euch alle so sehr dafür interessiert, was eine einzelne Person denkt, statt für das, was auf dem Platz passiert", antwortet Benítez und versucht gar nicht erst, seinen Unwillen zu verbergen, das Thema weiter zu vertiefen. „Cristiano ist der beste Spieler der Welt, ich bin mir seiner Fähigkeiten bewusst, er stellt sie in jedem Spiel und in jeder Trainingseinheit unter Beweis. Er ist der Beste der Welt. Von jetzt an werde ich einfach nur ja sagen, wenn ihr mich danach fragt, und dann können wir uns wieder darauf konzentrieren, was er tatsächlich auf dem Platz macht." Damit hat er der Presse die Schlagzeilen auf dem Silbertablett serviert. Doch bei Real geht es bald abwärts, denn auch wenn die Ergebnisse stimmen, lassen die Leistungen insgesamt zu wünschen übrig.

Am 30. September trifft Ronaldo im Spiel gegen den schwedischen Klub Malmö zweimal und ist damit Reals neuer Rekordtorschütze (wettbewerbsübergreifend). Mit 324 Treffern in 308 Partien kommt er auf eine Quote von 1,05 pro Spiel. Das ist ein Tor mehr in 433 weniger Einsätzen als der bisherige Rekordhalter Raúl, der ihm sofort seine Glückwünsche übermittelt. Auch Teamkollege Álvaro Arbeloa rühmt den Star: „Wir freuen uns wahnsinnig für Cristiano. Er ist schon jetzt eine Real-Legende. Für ihn gibt es keine Grenzen." Worauf CR7 entgegnet: „Ich bin sehr glücklich. Ich wollte diesen Rekord wirklich unbedingt brechen, und ich möchte weiterhin Rekorde brechen mit Real Madrid." „Er verlangt von sich, das Unmögliche zu erreichen. Das ist Cristiano Ronaldo", würdigt Vereinspräsident Florentino Pérez die Leistung seines Stars. Und auch Reals früherer Mittelfeldspieler David Beckham ist während eines Besuchs in Madrid voll des Lobes für ihn: „Es ist spannend zu sehen, was Cristiano leistet, wie er spielt und mit welcher Leidenschaft er tagtäglich zu Werke geht. Es ist erstaunlich, wie schnell er meinen Kumpel Raúl übertroffen hat, denn Raúl ist wie ein Gott für mich."

Keine zwei Wochen später erhält Cristiano den Goldenen Schuh der UEFA als erfolgreichster Torschütze Europas in der Saison 2014/15. Es ist bereits das vierte Mal, dass er die Auszeichnung gewinnt, diesmal mit 48 Toren. Portugal hat sich außerdem für die EM 2016 qualifiziert, womit er erneut die Chance bekommt, einen längst überfälligen Titel mit der Nationalmannschaft zu holen. Zwischen diesen positiven Lichtblicken gibt es aber auch unangenehme Episoden, die insbesondere sein Privatleben betreffen. Seit seiner Trennung von Irina vor fast zwölf Monaten hat Cristiano ein relativ zurückgezogenes Leben geführt. Jetzt aber sorgen neue Eskapaden des Junggesellen für Schlagzeilen. Die Presse interessiert sich vor allem für seine häufigen Ausflüge nach Marrakesch, erst recht, als er im Internet einige Fotos von sich an der Seite des marokkanischen Kickboxers und Kampfsportlers Badr Hari postet. Die Bilder werden bis ins kleinste Detail analysiert: Die beiden Männer, wie sie sich in den Armen liegen ... Eine Aufnahme zeigt, wie Hari den Fußballer trägt, dazu der scherzhafte Untertitel „Frisch verheiratet". Auf weiteren Fotos sieht man sie im Kreise ausschließlich männlicher Freunde – im Pool, beim Sonnenbaden, beim Abendessen, im Privatjet, den Cristiano eigens für diese kurzen Ausflüge für 19 Millionen Euro gebraucht gekauft hat.

Diejenigen, die diese Bilder nicht romantisch deuten, weisen stattdessen darauf hin, dass Hari ein schlechter Einfluss für jemanden sein könnte, der ein ansonsten blitzsauberes Privatleben führe. Der 31 Jahre alte Marokkaner, der zuvor mit einer Nichte der Fußballlegende und Barça-Ikone Johan Cruyff liiert war, ist für seine heftigen Ausbrüche bekannt, die ihm den Spitznamen „Badr Boy" eingebracht haben. Das Strafregister des gebürtigen Amsterdamers umfasst u. a. eine Anklage wegen versuchten Totschlags, mehrere Fälle von Körperverletzung und eine 2012 verhängte zweijährige Haftstrafe für seinen Übergriff auf den holländischen Millionär Koen Everink bei einer Party. Abseits solcher Vergehen haben die beiden Männer durchaus Gemeinsamkeiten: Sie zählen zu den reichsten Sportlern der Welt, haben beide eine Vorliebe für Autos und teure Kleidung, haben gemeinsame Freunde wie z.B. Karim Benzema, und über beide sind Dokumentarfilme gedreht worden.

Als würde die neue Männerfreundschaft den Real-Verantwortlichen nicht schon genug Kopfzerbrechen bereiten, wird Cristiano außerdem im Interview mit dem *Kicker* mit einigen dubiosen Aussagen hinsichtlich seiner Zukunft zitiert. „Madrid verlassen? Warum nicht?", sagt er. Präsident Pérez ist alles andere als begeistert. Sich offenbar der Mikrofone nicht bewusst, die in der Nähe sind, fordert er seinen Star auf, sich zu erklären: „Wir müssen reden", hört man ihn zu Cristiano sagen. „Worüber? Was habe ich getan?", antwortet CR7, bevor er genervt hinzufügt: „Ich habe das nie gesagt. Ich habe was anderes gesagt." Damit hätte das Thema erledigt sein können, würde Paris Saint-Germain nicht gerade massiv um den Star buhlen und es nicht zum ersten Mal seit der Ankunft des Portugiesen in Madrid Stimmen geben, die fordern, den Spieler zu verkaufen, solange der Preis noch stimmt. Cristiano für seinen Teil betont weiterhin, dass er bleiben und seinen Vertrag erfüllen wolle.

Es gibt einen triftigen Grund für das ganze Gerede: Die Leistungen und Resultate von Real blieben zuletzt weit hinter den Erwartungen zurück. Cristiano ist nicht er selbst und ebenso wenig das Team. Am 21. November steht der erste echte Härtetest an, der erste Clásico der Saison gegen Barcelona im Bernabéu: Die Katalanen deklassieren die Königlichen mit 4:0 – eine solche Demütigung haben sie seit Mai 2009 nicht mehr erlebt, als es ein 2:6 setzte. Aber schwerer als angeschlagene Egos und drei verlorene Punkte wiegen die öffentlich geäußerten Behauptungen, die Spieler würden sich absichtlich zurückhalten, um den neuen Trainer zu demontieren. Ausgerechnet Cristiano stellt sich hinter seinen Boss: „Rafael Benítez macht einen sehr guten Job. Wir müssen ihm Zeit geben. Bei diesem Klub hagelt es immer Kritik von allen Seiten, wenn es mal nicht so läuft. Das sind wir nicht anders gewohnt."

Barças Dani Alves, der inzwischen bei Juventus Turin spielt, erklärt, warum alle Welt so besessen davon ist, was CR7 gerade treibt. „Cristiano ist ein herausragender Spieler. Doch wenn man ein so großer Star ist, ist das Problem, dass man praktisch immer im Rampenlicht steht. Das kann gleich in doppelter Hinsicht problematisch sein: Wenn du gewinnst, wird die ganze Zeit über dich geredet, aber wenn du verlierst, musst du dir erst recht viel anhören." Der Brasilianer weiß, wovon er spricht, hat er doch den Barcelona-Fans in den letzten Jahren so viel Gesprächsstoff geliefert wie kaum ein anderer Spieler.

Die folgenden Wochen tragen nur wenig dazu bei, die Wogen zu glätten, wenngleich es ein paar klare Siege gegen kleinere Gegner gibt: 4:1 gegen Getafe (ein Tor von Ronaldo), 8:0 gegen Malmö (der höchste Sieg der Madrilenen in der Champions League seit 1990, dank fantastischer Tore von Cristiano und Benzema), 10:2 gegen Rayo Vallecano mit einem Doppelpack von Ronaldo und schließlich ein 3:1 gegen San Sebastián, bei dem CR7 zweimal trifft, aber auch einen Elfmeter verschießt – sein sechster Fehlschuss in der Liga. Allerdings verlieren sie auch 0:1 gegen Villarreal.

„Wir sind keine Übermenschen. Jeder hat mal einen schlechten Tag, nicht nur Fußballer", sagt Ronaldo im Anschluss an die Niederlage. „Ich bin nicht gut in die Saison gekommen, ich hatte mit ein paar Dingen zu kämpfen. Es war kein persönliches Problem, sondern ein körperliches, aber ich suche nicht nach Ausreden. Ich möchte darauf nicht weiter eingehen, die Sache ist abgehakt", sagt er kryptisch, bevor er hinzufügt: „Wir haben alle unsere Höhen und Tiefen, ich möchte mich aber unbedingt von Spiel zu Spiel weiter verbessern und einen guten Endspurt hinlegen, um mit Real weitere Titel zu holen." Die ständige Kritik, die er über sich ergehen lassen muss, scheint er eher locker zu sehen. „Ich bin 30, ich spiele seit vielen Jahren Fußball, ich bin das gewohnt – das macht mir nicht weiter zu schaffen. Was mir zu schaffen macht, sind körperliche oder persönliche Probleme. Ich tue mein Bestes, diese auf dem Platz auszublenden, das ist aber nicht immer so einfach, denn wir sind alle nur Menschen", sagt er im Interview mit *SportsCenter* auf ESPN.

Nach der Weihnachtspause überschlagen sich die Ereignisse. Am 3. Januar kommt Real gegen Valencia nicht über ein 2:2 hinaus, drei Tage später wird Benítez von Zinédine Zidane abgelöst. Vielleicht, weil er weiß, welch heikle Aufgabe dem Franzosen bevorsteht, widmet Carlo Ancelotti, der frühere Trainer der Königlichen, auf der chinesischen Website *Sina Sports* eine ganze Kolumne der Frage, wie man am besten mit dem portugiesischen Star umgeht. „Cristiano Ronaldo ist einer der besten Spieler der Welt und der beste Stürmer in der Geschichte des Sports. Ich habe nie einen besseren als ihn trainiert", schreibt der Italiener, der zu den Trainern gehört, die ein ausgesprochen gutes Verhältnis zu CR7 pflegten. „Es gibt eine Position im Angriff, die ihm nicht liegt: die 9 als zentraler Mittelstürmer. Er mag es nicht, mit dem Rücken zum Tor zu stehen, er zieht es vor, mit viel Platz auf dem Flügel Richtung Tor zu ziehen. Mit seiner Art, sich zu bewegen, gelingt es ihm stets, sich Räume zu verschaffen. Er braucht das Gefühl, sich auf dem Platz jederzeit frei bewegen zu können. Diese Bewegungsfreiheit ist ein großes Plus, wenn es um Cristiano geht, denn dann ist er am schwersten auszurechnen."

Cristiano selbst räumt ein, Ancelotti für arrogant und einen harten Hund gehalten zu haben, bevor er ihn persönlich kennenlernte. In Wahrheit sei er „das genaue Gegenteil. Er ist wie ein großer Bär, ein toller Kerl, sehr sensibel. Erst vor ein paar Tagen hat er mit uns geplaudert, nicht nur mit mir, mit allen Spielern. Wir verstehen uns alle sehr gut. Er ist ein herausragender Mensch." Das klingt ganz anders als seine Äußerungen zu Benítez, und als dessen Entlassung bekanntgegeben wird, versucht er gar nicht erst, seine Genugtuung zu verbergen: „Wir haben mit dieser Sache eine Menge Zeit vergeudet", sagt er gegenüber der Internet-Zeitung *El Confidencial.*

Unterdessen genießt er die Weltfußballer-Gala in Zürich am 11. Januar 2016 in vollen Zügen. Obwohl er nicht der Favorit für die Auszeichnung ist, wirkt er gut gelaunt und entspannt. Nachdem er die Trophäe zweimal in Folge gewonnen hat, scheint er sich damit abzufinden, dass Messi in diesem Jahr die meisten Stimmen auf sich vereinen wird. „Ich bin nicht überrascht, hier zu sein, aber Leo hat den Vorteil, dass er mit seinem Team alle Titel gewonnen hat", räumt er bei der Pressekonferenz vor der Verleihung ein. Seit der Gala im letzten Jahr hat sich das Verhältnis zwischen den beiden sichtlich verbessert. Von den Spannungen früherer Jahre ist nichts mehr zu spüren. Und als CR7 gefragt wird, welche der Fähigkeiten des Argentiniers er sich gern zu eigen machen würde, wenn er die Wahl hätte, scherzt er: „Sein linker Fuß ist nicht schlecht. Vermutlich ein bisschen besser als meiner." Beide grinsen. Um letzte Zweifel zu zerstreuen, ergänzt der Barça-Star: „Wir hatten immer ein gutes Verhältnis. Wir sind Freunde auf professioneller Ebene, wir haben einfach keinen täglichen Kontakt, weil wir für unterschiedliche Klubs spielen. Aber es hat auf beiden Seiten stets Respekt und Bewunderung geherrscht." Während der Zeremonie sitzen sie nebeneinander, und als Leos Sieg verkündet wird, ist niemand überrascht, negative Reaktionen bleiben aber auch aus. Der Argentinier erhält 41,33 Prozent der Stimmen, Cristiano 27,76 und Neymar 7,86.

Ronaldo kehrt mit leeren Händen nach Madrid zurück, ist aber bereit für einen neuen Anlauf mit der Mannschaft. Schnell wird deutlich, dass unter Zidane eine ganz andere Stimmung im Team herrscht – auf und neben dem Platz. Zwischen Januar und März zeigen sich die Leistungen der Königlichen deutlich verbessert, sie fahren eine Reihe sehr überzeugender Siege ein und sind weiter im Geschäft. „Ich glaube, dass wir uns unter Zidane mehr wertgeschätzt fühlen, wir können spüren, dass er sich für unsere Belange interessiert", erklärt Cristiano. „Wir wissen, dass er in die Aufgabe noch hineinwachsen muss, aber die Mannschaft entwickelt sich bestens, und ich freue mich sehr für ihn. Ich habe ihn als Spieler immer bewundert, und jetzt bewundere ich sein Auftreten als Trainer, seine Art, die Spieler zu führen und mit ihnen zu arbeiten. Ich hoffe, dass er sehr lange bei Real Madrid bleiben wird."

Trotz der Kehrtwende glaubt eigentlich niemand mehr daran, noch die Meisterschaft gewinnen zu können, erst recht nicht nach einem 0:1 gegen Atlético am 27. März. Die Königlichen dominieren die erste Halbzeit, schießen aber kein Tor. Ronaldo lässt zwei klare Chancen liegen, bevor die Männer von Simeone schließlich in Führung gehen. Nach dem Spiel lässt er sich zu einer seiner bis dato kontroversesten Tiraden hinreißen: „Ohne unsere Spieler kritisieren zu wollen: Um einen so langen und wichtigen Wettbewerb wie die Meisterschaft gewinnen zu können, muss man die Besten der Besten zur Verfügung haben. Uns fehlen Karim [Benzema], Pepe, Marcelo, Bale … Es ist schwierig. Ich sage nicht, dass die Spieler, die heute auf dem Platz standen, nicht ihr Bestes gegeben haben, aber wenn einer Mannschaft ihre besten Spieler fehlen, hat das natürlich Auswirkungen." Und als wäre das nicht genug, fügt er hinzu: „Ich bin derjenige, der die Kritik einsteckt: Von allen Seiten heißt es, Reals Leistungen hätten nachgelassen, weil meine Leistungen nachgelassen haben. Aber würden alle auf meinem Niveau spielen, würden wir an der Tabellenspitze stehen! Die spanischen Medien gehen unangemessen hart mit mir ins Gericht. Das tun sie immer. Sie diskutieren über meinen Wert, als wäre ich scheiße. Aber die Wahrheit ist, dass die Statistiken nicht lügen. Schaut euch einfach die Statistiken an!"

Ein paar Stunden später, nachdem er sich ein wenig beruhigt hat, beeilt er sich, seine Aussagen zu relativieren: „Ich glaube nicht, dass ich besser bin als alle anderen. Ich habe mich darauf bezogen, dass einige Spieler nicht ganz fit waren oder verletzt ausfallen. Es lag mir fern, meine Teamkollegen zu kritisieren." Immerhin hat er die Leute schon im November in einem Interview mit *EFE* gewarnt: „Ich kann nicht verlieren. Ich gerate dann richtig in Rage. Ich schreie und brülle und sage verrückte Sachen, die mir hinterher leidtun." Es ist seine wohl größte Schwäche, und sie lässt ihn bisweilen arrogant rüberkommen, wenngleich ihm das nicht allzu große Kopfschmerzen zu bereiten scheint. „Für mich bin ich der Beste. Und ich finde, dass jeder, der Großes vollbringen will, genau so über sich denken sollte."

Am 2. April, sechs Wochen nach der Niederlage gegen Atlético, macht sich Real auf den Weg nach Barcelona zum zweiten Clásico der Saison. Die Hausherren gehen in der 55. Minute in Führung, aber die Königlichen können in der 62. Minute durch Benzema ausgleichen, bevor Cristiano in der 85. Minute mit einem tollen Tor das 2:1 erzielt. Er erhält ein Zuspiel von Gareth Bale am langen Pfosten, kontrolliert den Ball perfekt mit der Brust und schiebt ihn dann unter Torwart Claudio Bravo hindurch ins Netz. Die Königlichen sind außer sich vor Freude, ihre Ehre ist wiederhergestellt, und plötzlich ist auch der Meistertitel wieder greifbar.

Der Rest der Saison ist für Cristiano und die ganze Mannschaft eine wilde Fahrt. Ein paar Wochen zuvor hatte sich der Portugiese angesichts der vielen Schläge, die er auf dem Platz einstecken musste, Sorgen um seine Fitness gemacht, und am 20. April bestätigen sich seine Befürchtungen, als er im Spiel gegen Villarreal verletzt vom Platz muss. Erst am 4. Mai, zum Rückspiel gegen Manchester City im Halbfinale der Champions League im Bernabéu, ist er wieder dabei. Es gibt ein recht zähes 1:0, aber das reicht, um ins Finale in Mailand zu kommen. „Die Champions League hat etwas Besonders an sich, es herrscht eine ganz eigene Atmosphäre. Ich fühle mich bei jedem Champions-League-Spiel so, als wäre es mein erstes", sagt Ronaldo. „Unser oberstes Ziel als Mannschaft ist natürlich, den Titel zu holen."

24 Tage später erfüllt sich die Mannschaft diesen Traum. Bis dahin hat sie bis zum letzten Moment alles versucht, um ihrem Erzrivalen die Meisterschaft noch zu entreißen. Am Ende fehlt nur ein einziger Punkt. Aber der Gewinn der Champions League tröstet über die Enttäuschung rasch hinweg.

Doch die Saison ist in Mailand noch nicht zu Ende. Der Sommer beschert Cristiano den Titel, von dem er seit dem 4. Juli 2004 träumt, als er, gerade 19-jährig, nach der Niederlage gegen Griechenland im EM-Finale in Lissabon bittere Tränen vergoss. Ja, der Sommer 2016 ist wunderbar: Er bringt Portugal den ersten internationalen Triumph. Und Cristiano weint wieder, erst vor Wut und dann vor Freude.

10. Juli, Stade de France, Saint-Denis, das Finale der Europameisterschaft 2016. Portugal gegen Frankreich. Die Portugiesen haben es ins Endspiel geschafft, ohne dabei zu glänzen. Nur eine einzige Partie gewannen sie innerhalb der regulären Spielzeit. In der Gruppenphase gab es drei Unentschieden (1:1 gegen Island, 0:0 gegen Österreich, 3:3 gegen Ungarn). Im Achtelfinale haben sie Kroatien durch ein Tor in der 117. Minute geschlagen, im Viertelfinale Polen erst im Elfmeterschießen bezwungen. Nur im Halbfinale gegen Wales gewann Portugal in 90 Minuten mit 2:0.

In der Gruppenphase fällt CR7 zunächst durch einen verschossenen Elfmeter gegen Österreich auf. Doch dann bewahrt er Portugal vor dem Ausscheiden. Gegen Ungarn trifft er zweimal, Portugal erreicht damit als Dritter der Gruppe F das Achtelfinale. Der Hackentrick, mit dem er Ungarns Torwart Gábor Király bezwingt, ist ein Tor für die Geschichtsbücher.

Im direkten Duell mit Polens Robert Lewandowski wirkt Ronaldo nicht wie der beste Mittelstürmer der Welt. Er vergibt Chancen aus wenigen Metern Torentfernung, tritt Löcher in die Luft, schießt Freistöße weit daneben. Es ist eine Katastrophe. Im Elfmeterschießen tritt er den ersten Elfer und nicht den letzten, entscheidenden wie im Champions-League-Finale. Bis zum EM-Endspiel in Paris gelingt ihm nur ein einziges weiteres Tor. Das ist allerdings spielentscheidend und spektakulär. Im Halbfinale entzieht er sich der Bewachung durch den Waliser James Chester, springt ab, schwebt in der Luft wie Michael Jordan und trifft den Ball: Der gewaltige Kopfstoß lässt Torhüter Wayne Hennessey keine Abwehrchance. Es ist der neunte Treffer Ronaldos bei einer Europameisterschaft, er ist nun zusammen mit Michel Platini der erfolgreichste EM-Torschütze.

Cristiano hält auch den Rekord, wenn man die Qualifikationsspiele mitzählt. In 47 Partien schoss er 29 Tore, vier mehr als Ibrahimović. Und das ist noch nicht alles. Der portugiesische Star ist auch der erste Spieler, der bei vier Europameisterschaften getroffen hat. Viele Rekorde also, aber das Wichtigste fehlt: ein Titelgewinn mit der Nationalmannschaft. Am Vorabend des Finales gegen Frankreich bekennt Cristiano: „Es ist ein Traum, etwas Großes für Portugal zu erreichen. Wir sind ganz dicht dran, und ich glaube, wir werden gewinnen. Dieses Mal möchte ich vor Freude weinen."

Das wird nicht leicht gegen Franzosen, die im Halbfinale den Weltmeister und Mitfavoriten Deutschland aus dem Turnier geworfen haben. *Les Bleus* haben ihre feine Technik, gute Taktik und physische Stärke demonstriert. Es scheint so, als habe Didier Deschamps mit Payet, Giroud, Pogba und Antoine Griezmann die richtige Mischung gefunden. Der Stürmer von Atlético Madrid ist mit sechs Treffern in sechs Spielen der beste Torschütze des Turniers. Und derjenige, der sich mit Cristiano die Titelseiten der Sportzeitungen teilt. Der große portugiesische Star und der aufstrebende französische Stern werden die Protagonisten des Endspiels sein, schreibt *L'Équipe*. Aber es kommt anders.

In der siebten Minute der ersten Halbzeit macht Payet eine Vollbremsung. Er prallt auf Ronaldo und trifft ihn hart am Knie. Die Nummer 7 geht zu Boden und muss behandelt werden. Die französischen Zuschauer pfeifen laut. Der portugiesische Kapitän kommt mit schmerzverzerrtem Gesicht auf das Spielfeld zurück. Aber es geht ihm nicht gut, in der 16. Minute lässt er sich erneut auf den Rasen fallen. Tränen sprudeln aus ihm heraus, eine Motte sitzt auf seinem Augenlid, er macht keine Bewegung, um sie zu verscheuchen. Er steht wieder auf, humpelt an die Bande und sagt zu seinem Trainer Fernando Santos: „Ich will spielen, ich will spielen!"

Er probiert es mit einer Bandage, aber nach weiteren sechs Minuten gibt er sich geschlagen. Er reicht die Kapitänsbinde an Nani weiter und wird auf einer Trage vom Feld gebracht, begleitet vom Mitleid des ganzen Stadions und dem bestürzten Schweigen der portugiesischen Fans. Nach 90 Minuten steht es 0:0. Vor Beginn der Verlängerung kehrt Ronaldo auf den Platz zurück, in Latschen und mit einem Knieverband, und macht seinen Mannschaftskollegen Mut. Anschließend setzt er sich auf die Bank, aber das hält er nicht lange aus. Er geht an den Spielfeldrand, um Anweisungen zu geben. Er schreit, schimpft mit Gegnern, den Mitspielern, dem Schiedsrichter. Und als Éder in der 109. Minute das 1:0 schießt, den Siegtreffer für die Portugiesen, springt er auf, aber nur ein bisschen, sehr hoch kommt er nicht. Beim Schlusspfiff umarmt er einen nach dem anderen und weint vor Freude. Humpelnd steigt er die Treppe hoch, um den Pokal in Empfang zu nehmen. Er hebt ihn in die Höhe, küsst ihn und schreit: „Síííííííí! Vamos!" Die Tränen sind da schon Vergangenheit.

Kapitel 32

# The Best

## Die Saison 2016/17

*„Ich bin kein Heiliger, aber ich bin auch nicht der Teufel, als der ich von vielen Leuten dargestellt werde."*

„Es hat viel Stimmungsmache und Kampagnen gegen mich gegeben, sowohl innerhalb der Fußballwelt als auch außerhalb davon. Sie versuchen, mich von allen Seiten anzugreifen, aber letztendlich bekommt den *The Best*-Preis der beste Spieler, und das bin ich."

Am 9. Januar 2017, nur einen Monat nachdem er zum vierten Mal von *France Football* mit dem *Ballon d'Or* bedacht wurde, nimmt ein sichtlich stolzer Cristiano Ronaldo von Gianni Infantino den neuen *The Best*-Preis für den FIFA-Weltfußballer entgegen. Die beiden Auszeichnungen bestätigen ihn als den besten Spieler des Jahres 2016 – ein Jahr, das schwer zu toppen sein wird.

In den paar Monaten zuvor hatte Ronaldo seinen unglaublichen Lauf auf und neben dem Platz fortgesetzt. Am 7. November 2016 unterzeichnet er in der königlichen Loge des Santiago Bernabéu, im Beisein von Klub-Präsident Florentino Pérez, seiner Mutter Dolores und seines Agenten Jorge Mendes, seine Vertragsverlängerung. Gemeinsam posieren sie für ein Foto, auf dem sie ein Trikot mit der Aufschrift „Ronaldo 2021" präsentieren – die Laufzeit des neuen Vertrags, der dem Spieler schlappe 18 Millionen Euro im Jahr sichert, zuzüglich Prämien für individuelle Auszeichnungen wie den *Ballon d'Or*. Auf der anschließenden Pressekonferenz, zwanglos in weißem Hemd, dunkler Jacke und Jeans gekleidet, versichert der Portugiese, dass der Vertrag, obwohl er am Ende von dessen Laufzeit 36 Jahre alt sein wird, „definitiv nicht mein letzter ist. Ich möchte mit 41 immer noch spielen. Ich möchte die nächsten fünf Jahre und darüber hinaus weiterhin mein Ding machen."

Falls er mit „mein Ding machen" Titel gewinnen meint, verschwendet er jedenfalls keine Zeit. Am 18. Dezember beendet Real Madrid das Jahr mit dem Gewinn der FIFA Klub-WM in Japan. Cristiano ist bester Torschütze und Spieler des Turniers, vor allem dank seines Dreierpacks im Finale gegen die Kashima Antlers aus Japan. Aber der Weg zum Titel war keineswegs leicht. Im Halbfinale gegen Club América aus Mexiko tun sich die Königlichen weit schwerer als erwartet und setzen sich nur dank der Klasse ihrer Stars Benzema und Ronaldo mit 2:0 durch. Im Finale zwingen sie die Kashima Antlers, die im Halbfinale den kolumbianischen Vertreter Atlético Nacional klar mit 3:0 besiegt haben, überraschend in die Verlängerung.

Zwar trifft Benzema kurz nach dem Anstoß, als Torwart Sogahata einen Schuss von Modrić direkt vor die Füße des Franzosen abwehrt, doch dann schaltet Real ab. Die Folge: 1:2-Rückstand in der 52. Minute. Ronaldo gelingt in der 59. Minute per Foulelfmeter der Ausgleich, aber trotz einer beherzten Schlussoffensive können die Königlichen keine Entscheidung zu ihren Gunsten herbeiführen. Erst in der Verlängerung macht der Portugiese mit zwei weiteren Toren den Sieg perfekt. Für die Madrilenen ist es der zweite Titel der Saison, nachdem sie im August mit einem 3:2 gegen den FC Sevilla den UEFA Super Cup geholt hatten. Doch es ist der erste für Ronaldo, der das Spiel wegen einer Knieverletzung verpasste, die er sich im Finale der EM 2016 zugezogen hatte.

Zurück in Madrid setzt sich die beispiellose Serie der Mannschaft fort: 40 Spiele und 284 Tage in Folge ohne Niederlage. Doch jede Serie geht einmal zu Ende, so auch diese. Nachdem Sevilla, unter der Regie von Jorge Sampaoli, am 15. Januar 2017, dem 18. Spieltag der Saison, in der 67. Minute durch einen Elfmeter von Ronaldo das 0:1 hinnehmen musste, schafft es noch die Wende. Ein Eigentor von Sergio Ramos in der 85. sowie ein Treffer von Steven Jovetić in der 92. reichen aus, um die Liga kurz vor Halbzeit der Saison noch einmal wachzurütteln.

Es wird für die Königlichen nicht der einzige Rückschlag in diesem Winter sein. In der darauffolgenden Woche scheitern sie im Viertelfinale der Copa del Rey an Celta Vigo. Man schreibt den 18. Januar, es ist bitterkalt, minus 2 Grad in Madrid, und die nicht ganz 60.000 Fans, die sich schließlich einfinden, sind nicht gerade enthusiastisch gestimmt. Beide Teams tun in der ersten Hälfte wenig dafür, die Stimmung zu heben, Torchancen sind Mangelware. Nach dem Wechsel geht Celta in Führung: Nach einem Patzer von Marcelo taucht Iago Aspas vor Kiko Casilla auf – der immer im Pokal das Tor für Real hütet – und schießt zum 1:0 ein. Das Tor scheint Real Madrid aufzuwecken. Marcelo macht seinen Fehler wieder gut und trifft in der 69. Minute mit einem unhaltbaren Volleyschuss zum 1:1. Aber die Freude ist nur von kurzer Dauer, denn nur 50 Sekunden später schließt Jonny einen blitzartigen Konter seiner Mannschaft erfolgreich ab und bringt Celta damit erneut in Front. Die Atmosphäre im Bernabéu, die sich nach dem Ausgleich ein wenig aufgeheizt hatte, kühlt sich gleich wieder ab und bleibt bis zum Schluss frostig. Der Januar bringt zwei Niederlagen in Folge – das hatte es unter Zidane noch nicht gegeben.

„Jeder hat jemanden, der ihn nicht leiden kann, nicht nur ich", erklärt Cristiano Ronaldo ein paar Tage später gegenüber dem chinesischen Fußballportal *Dongqiudi*. Im Spiel gegen Celta waren im Bernabéu Pfiffe zu hören gewesen, wann immer er am Ball war. „Meine Kritiker scheren mich nicht, ich bin hier, um die Fans zufriedenzustellen, die mich achten", schließt er den Gedanken ab, bevor er sich bei den chinesischen Fans bedankt, die ihn zum besten Spieler 2016 gewählt haben.

Dennoch machen sich Zweifel bei den Königlichen breit. Im Rückspiel im Balaídos eine Woche später tut sich die Mannschaft schwer, die Pleite aus dem Hinspiel umzubiegen. In der 26. Minute bringt es Cristiano fertig, freistehend vor dem leeren Tor nur den Pfosten zu treffen, und kurz darauf geht Celta in Führung. Zur Pause braucht Real drei Tore, um das Ausscheiden zu verhindern.

Das Wunder bleibt aus. Zwar gelingt Cristiano in der 62. Minute mit einem tollen Freistoß der Ausgleich, und die Madrilenen hoffen, es zumindest in die Verlängerung zu schaffen. Aber sie sind zu nachlässig, und Celta geht erneut in Führung. In der Schlussphase werfen Zidanes Männer alles nach vorn und gleichen durch Lucas Vázquez in der 89. Minute noch einmal aus, doch zu mehr reicht es nicht. Das Jahr hat kaum angefangen, da ist Real bereits bei einem der drei wichtigsten Wettbewerbe ausgeschieden. Die Copa del Rey wird warten müssen.

Die Fans können sich damit trösten, dass die Mannschaft in der Liga und der Champions League noch im Rennen ist, wenngleich sie insbesondere in der Meisterschaft nicht besonders zwingend auftritt. Auch die Auftritte in der Königklasse sind keineswegs berauschend, aber immerhin stimmen die Resultate. Im Hinspiel des Achtelfinals gegen den SSC Neapel am 15. Februar liegen die Königlichen früh mit 0:1 hinten, verschaffen sich durch Tore von Benzema, Kroos und Casemiro aber eine gute Ausgangsposition für das Rückspiel im San Paolo am 7. März. Dort geraten sie durch ein Tor von Dries Mertens in der 24. Minute erneut früh in Rückstand, aber zwei Kopfballtreffer von Ramos sorgen für klare Verhältnisse, und Morata besorgt in der Nachspielzeit den 3:1-Endstand.

In der Liga läuft es unterdessen ziemlich durchwachsen. Am 22. Februar erzielt Cristiano in Valencia ein tolles Kopfballtor, bei dem Erinnerungen wach werden an einen der großen Siege für Real in den letzten Jahren. CR7 überspringt seinen Gegenspieler Mangala und wuchtet den Ball unwiderstehlich ins Netz. Der Treffer ist eine Kopie des Tors, das er am 20. April 2011 an gleicher Stelle gegen Barcelona erzielte und das Real den Pokalsieg brachte. Diesmal aber reicht es nicht, um das 2:0 aus Sicht der Gastgeber wettzumachen, und Real kassiert die zweite Niederlage in der Meisterschaft. Die nächste droht bereits im darauffolgenden Spiel gegen Villarreal, wo die Königlichen 56 Minuten erneut 0:2 zurückliegen. Real schafft die Wende durch Tore von Bale, Ronaldo und Morata, aber eine Woche später reicht es im Bernabéu gegen Las Palmas nur zu einem 3:3-Unentschieden – und auch das nur dank zwei später Treffer durch Ronaldo. Trotz alledem bleibt Real im Titelrennen, denn auch Barça lässt Federn, und Sevilla kriegt kein Bein mehr auf die Erde.

Am 29. März steht für CR7 ein ganz besonderer Termin im Kalender: Der Flughafen Funchal in Madeira wird in „Aeropuerto Internacional Cristiano Ronaldo" umbenannt. „Ich habe nicht darum gebeten, aber ich gebe zu, dass ich mich geschmeichelt fühle und sehr froh bin." Es ist eine seltene Auszeichnung, wie sie zuvor nur George Best mit dem Belfast City Airport zuteilwurde. Neben der Namensänderung wird außerdem eine Bronzestatue präsentiert, die in den Medien aufgrund der geringen Ähnlichkeit mit dem Spieler sofort Hohn und Spott auf sich zieht. Gleichwohl wohnen der Veranstaltung zahlreiche VIPs bei, darunter der portugiesische Präsident Marcelo Rebelo de Sousa. „Dies ist eine einzigartige Ehre für eine einzigartige Persönlichkeit, die uns nie enttäuschen wird", bekundet er und fügt hinzu, dass Cristiano Ronaldo „unseren Nationalstolz und unser Ansehen in der Welt nährt".

Wie schon bei der FIFA-Weltfußballergala ist Georgina Rodríguez an Ronaldos Seite. Seitdem die Medien die beiden im November 2016 im Disneyland Paris entdeckt haben, hat die zehn Jahre jüngere Spanierin Ronaldo zu zahlreichen Anlässen begleitet, ganz anders als Irina Shayk, die sich nur selten mit dem Spieler in der Öffentlichkeit zeigte. Darüber hinaus hat sie zusammen mit Cristiano Junior zahlreiche Spiele im Bernabéu verfolgt und kommt gut mit Ronaldos Mama Dolores aus.

Zurück in Madrid steht dem Klub ein hartes Programm bevor. Zunächst, am 8. April, an einem milden Abend, das Madrider Derby. Atlético ist in der Meisterschaft bereits abgeschlagen, braucht aber ein gutes Ergebnis, um vielleicht noch den Tabellendritten Sevilla abzufangen. Die Gäste treten sehr motiviert auf, aber auch für Real geht es um viel, haben sie doch die Chance, das strauchelnde Barcelona weiter auf Distanz zu halten. In der 30. Minute durchbricht Modrić Atléticos erste Verteidigungslinie und treibt den Ball durchs Mittefeld. Auf rechts lauert Ronaldo, auf links Benzema. Modrić spielt den Pass auf rechts, CR7 nimmt den Ball an und zieht ab. Torhüter Oblak ist machtlos, aber als das Stadion schon den Torschrei auf den Lippen hat, taucht von irgendwo Savić zwischen den Pfosten auf und klärt den Ball auf wundersame Weise mit dem Kopf über die Latte. Cristiano kann es nicht fassen.

Anfangs der zweiten Hälfte zieht Marcelo über links nach innen und schlägt eine perfekte Flanke in den Strafraum, wo Ronaldo nur noch über Godín hinweg köpfen muss, aber sein Versuch geht am Tor vorbei. Reals anderer Portugiese Pepe macht es in der 51. Minute besser und bringt sein Team in Führung, dennoch tut sich die Mannschaft schwer, weitere Chancen zu kreieren, während Atlético auf den Ausgleich drängt. In der 85. Minute stößt Griezmann in die Lücke zwischen zwei Real-Verteidigern und wird mustergültig von Ángel Correa bedient. Der Franzose lässt Navas keine Chance und trifft zum 1:1. Jubel bei Atlético, lange Gesichter bei Real ob der verpassten Gelegenheit.

Am 12. April laufen die Madrilenen im Champions-League-Viertelfinale bei Bayern München zum ersten Mal in der Klubgeschichte ganz in Schwarz auf. Die Gastgeber bestehen darauf, in weißen Hosen zu spielen, so dass die Königlichen auf ihre schwarze Auswärtskluft ausweichen müssen. Dabei ist ein wenig Aberglauben im Spiel, denn 2014 waren die Bayern gegen Real in der Allianz Arena mit 0:4 unter die Räder gekommen. Sie haben einen weiteren Talisman auf der Bank in Person von Carlo Ancelotti, der damals der Trainer der Gäste war, nun aber den deutschen Meister gegen seinen früheren Untergebenen Zinédine Zidane ins Feld führt.

Bayern legt vor ausverkauftem Haus einen stürmischen Beginn hin und erarbeitet sich sechs Ecken in den ersten 25 Minuten. Die sechste bringt die Führung: Arturo Vidal wühlt sich wie ein Güterzug durch die Real-Verteidigung und erzielt das 1:0. Kurz vor der Pause hat erneut Vidal die Riesenchance, auf 2:0 zu erhöhen. Ein Kopfball von Ribéry trifft Carvajal am Arm, und der Schiedsrichter entscheidet auf Elfmeter. Nach wütenden Protesten der Gäste und einer Verwarnung für den Verteidiger nimmt Vidal einen kurzen Anlauf und zieht ab, doch der Chilene hämmert den Ball im Übereifer über das Tor. Erleichtert rettet sich Real mit knappem Rückstand in die Pause.

Die Spanier kommen buchstäblich wie ausgewechselt aus der Kabine. Zwei Minuten nach Wiederanpfiff setzt sich Carvajal auf der rechten Seite durch und flankt in den Strafraum, wo Ronaldo ungedeckt zum Schuss kommt und dem bis dahin fehlerlosen Neuer mit einem satten Volley keine Chance lässt. Es steht 1:1, und der deutsche Meister wirkt nach dem Rückschlag deutlich gezeichnet.

Ronaldo ist überall. Zweimal erwischt er Javi Martínez auf dem falschen Fuß, zweimal weiß sich der Innenverteidiger nur mit unlauteren Mitteln zu helfen. Die Konsequenz: Gelb-Rot, eine halbe Stunde vor Schluss ist Bayern nur noch zu zehnt. Real zeigt keine Gnade und setzt den Gegner unter Druck, bis schließlich das entscheidende Tor fällt. Wieder ist es Ronaldo, der schneller schaltet als Bernat und den Ball mit der Sohle an Neuer vorbei über die Linie drückt.

Real hat sich mit dem Ergebnis eine gute Ausgangsposition für das Rückspiel verschafft, doch die Partie im Bernabéu am 18. April entwickelt sich dennoch zu einem hochdramatischen Krimi. Die Bayern treffen zweimal – Lewandowski per Elfmeter und Ramos mit einem Eigentor – und Ronaldo einmal, so dass das Spiel in die Verlängerung geht, in der die Gäste nach dem Platzverweise von Arturo Vidal mit zehn Mann auskommen müssen. Mit der letzten Aktion der ersten Hälfte der Verlängerung verwandelt Ronaldo aus abseitsverdächtiger Position eine Flanke von Ramos zum Ausgleich. Für die Bayern ist das Spiel damit so gut wie gelaufen, doch bevor es vorbei ist, müssen sie noch einen weiteren Treffer des Portugiesen sowie einen von Marco Asensio hinnehmen.

Am 23. April stehen sich Real und Barça unter ganz unterschiedlichen Vorzeichen im letzten Clásico der Saison gegenüber. Die Königlichen stehen im Halbfinale der Champions League, die Blau-Roten sind nur vier Tage zuvor gegen Juventus ausgeschieden. Unterdessen liefern sich die

Rivalen in der Liga weiter ein Kopf-an-Kopf-Rennen, Real liegt bei einem Spiel weniger mit drei Zählern in Front. Die Schlussphase des Spiels ist an Spannung nicht zu überbieten. Nach 1:2-Rückstand schafft Real in der 85. Minute den Ausgleich, doch Messi ist mit einem sensationellen Treffer in der Nachspielzeit der Matchwinner. Er feiert das Tor, indem er sein Trikot auszieht und den heimischen Fans seine Rückennummer präsentiert. Wieder einmal hat er im Stadion des ärgsten Rivalen seine Klasse bewiesen. Die Klubs sind nun punktgleich, bei noch fünf ausstehenden Partien für Barça und deren sechs für Real.

Beide Teams geben sich keine Blöße, und als die Madrilenen am 21. Mai in das Saisonfinale in Málaga gehen, reicht ihnen ein Punkt, um zum ersten Mal seit fünf Jahren wieder die Meisterschaft zu gewinnen. Cristiano will nichts anbrennen lassen und bringt seine Mannschaft nach nur zwei Minuten in Führung. Benzema erzielt in der 55. Minute das 2:0. Am Ende ist es ein ungefährdeter Sieg für den neuen spanischen Meister.

Cristianos Freude ist indes deutlich getrübt, die permanente Kritik im Verlauf der Saison ist nicht spurlos an ihm vorübergegangen. „Sie reden über mich, als wäre ich ein Verbrecher. Die Leute liegen falsch mit allem, was sie über Cristiano sagen“, erklärt er nach dem Spiel im Pressebereich. „Ich bin kein Heiliger, aber ich bin auch nicht der Teufel, als der ich von vielen Leuten dargestellt werde.“

Nach dem Gewinn seiner zweiten Meisterschaft mit Real richtet CR7 seine Aufmerksamkeit auf Europa. Im Viertelfinale erzielte er als erster Spieler überhaupt sein 100. Tor in UEFA-Klubwettbewerben, im Halbfinale gegen Atlético am 2. Mai gelingt ihm im Hinspiel (3:0) ein Dreierpack. „Mehr denn je ist er erneut der Favorit auf den *Ballon d'Or*“, schreibt *L'Équipe*.

Atlético setzt im Rückspiel alles daran, das Wunder zu schaffen, doch am Ende reicht es nur zu einem 2:1 – Real steht im Finale in Cardiff, wo sie am 3. Juni 2017 auf Juventus Turin treffen.

„Zu viel Demut bringt nichts. Wir müssen unsere Qualitäten ausspielen und ihnen zeigen, wer die Besten sind“, unterstreicht CR7 am Open Media Day vor dem Finale, dass er hungrig auf den Titel ist. Auf dem Platz dauert es ganze 20 Minuten, bis er seinen Hunger stillt. Nach schönem Zusammenspiel mit Carvajal erzielt er mit seinem ersten, von Bonucci leicht abgefälschten Torschuss das 1:0. Als er jubelnd Richtung Eckfahne läuft, zeigt er mit beiden Händen in den Himmel. „Ich habe alles im Griff“, scheint er zu sagen. Aber es ist noch keine halbe Stunde gespielt, da schlägt Juve mit einem fulminanten Volleyschuss von Mandžukić zurück. Die Italiener haben Porto, Barcelona und Monaco ausgeschaltet und werden sich nicht so leicht geschlagen geben.

Doch die Königlichen gönnen ihnen keine Atempause. Sie sind hochkonzentriert, und in der zweiten Hälfte zeigen sich erste Risse im Bollwerk der alten Dame. Casemiro besorgt mit einem abgefälschten Schuss aus der zweiten Reihe das 2:1, und in der 67. Minute macht Cristiano nach Hereingabe von Modrić aus kurzer Distanz alles klar. Den Schlusspunkt setzt Marco Asensio in der 90. Minute mit dem 4:1.

Am Spielfeldrand erklärt „Man of the Match" Ronaldo gegenüber dem Sender *Antena 3*: „Ich war hierauf voll und ganz vorbereitet, denn die Finals sind immer die wichtigsten Spiele. Dies war eine große Chance für mich und meinen Trainer, und ich bin sehr glücklich." Die Fernsehkameras folgen einem gelösten Ronaldo, der feiert und tanzt, Georgina und Cristiano Junior umarmt und vor aller Augen noch ein wenig mit dem Spielball dribbelt. Es ist der perfekte Abschluss einer historischen Saison, in der die Königlichen ihren Titel verteidigen können und damit zum besten Team der jüngeren Champions-League-Geschichte werden.

Doch Ronaldo brilliert auch auf individueller Ebene. Er hat in der Champions League die meisten Tore geschossen, für den Klub Treffer Nummer 400 markiert und hat mit nun 371 Toren den 1971 von Jimmy Greaves aufgestellten Rekord für die meisten Treffer in den fünf europäischen Topligen gebrochen. War 2016 schon ein unglaubliches Jahr für CR7, so setzt er 2017 sogar noch einen drauf.

Bevor er sich auf den Weg in den Urlaub macht, steht Cristiano noch eine letzte Aufgabe bevor: der FIFA Confederations Cup in Russland. Mit einem Remis gegen Mexiko und einem Sieg gegen Neuseeland zieht Portugal recht souverän ins Halbfinale ein. CR7 trifft zweimal und ist in allen drei Matches bester Spieler seiner Mannschaft, aber ausnahmsweise sind es eher Ereignisse abseits des Platzes, mit denen der portugiesische Star für Schlagzeilen sorgt.

Mitte Juni erhebt die Staatsanwaltschaft in Madrid Anklage gegen ihn wegen Steuerhinterziehung in den Jahren von 2011 bis 2014. Ihm wird zur Last gelegt, mittels einer Briefkastenfirma, die Gelder über Irland auf die Steueroase Britische Jungferninseln umgeleitet habe, Einnahmen aus dem Verkauf von Bildrechten in Millionenhöhe hinterzogen zu haben. Der Staatsanwalt erachtet diesen Umweg als „nicht erforderlich" und behauptet, er sei einzig deswegen gegangen worden, um „sein Gesamteinkommen zu verschleiern". Die genannten Summen sind keine Peanuts: Während dieser vier Geschäftsjahre habe der Spieler Einnahmen in Höhe von 11,5 Millionen Euro aus Bildrechten deklariert, während sein Einkommen 43 Millionen Euro betragen haben soll. Es wird geschätzt, dass der Spieler weitere bis zu 14,7 Millionen Euro an Steuern zahlen müsse. Ebenso wie Lionel Messi droht auch ihm eine Haftstrafe. Ronaldo und seine engsten Vertrauten beharren auf seiner Unschuld, aber Messis Präzedenzfall spielt ihm nicht gerade in die Karten. Mit seinen Anwälten und seinem Berater Jorge Mendes wappnet sich Ronaldo für den Fall, die Sache vor Gericht ausfechten zu müssen.

Unterdessen sorgt auch sein Privatleben für Schlagzeilen: Am 8. Juni wird er zum zweiten Male Vater. Diesmal begrüßt er die Zwillinge Eva und Mateo, die, ebenso wie Cristiano Junior sieben Jahre zuvor, von einer Leihmutter in den USA ausgetragen wurden. Am 28. Juni trifft Portugal im Halbfinale des Confed Cups auf Chile. Nach 120 torlosen Minuten geht es ins Elfmeterschießen, das zu einem Desaster wird: Die ersten drei Portugiesen scheitern, während die Südamerikaner sich keine Blöße geben. Cristiano ist als letzter Schütze vorgesehen, kommt aber nicht mal dazu, zu seinem Versuch anzutreten.

Ein paar Stunden später verlässt er mit dem Segen des Trainers das Teamquartier und verpasst das Spiel um den dritten Platz, um bei seinen Babys sein zu können. „Wie immer habe ich mich voll und ganz, mit Leib und Seele, in den Dienst der Nationalmannschaft gestellt, obwohl ich wusste, dass meine Kinder zur Welt gekommen waren", erklärt er am nächsten Tag auf seiner Facebook-Seite. „Leider haben wir nicht das Resultat erreicht, das wir uns erhofft hatten, aber ich bin sicher, dass wir unseren Fans dennoch Freude bereiten werden. Die Haltung, die der Präsident des portugiesischen Verbandes und der Nationaltrainer eingenommen haben, hat mich sehr bewegt, und ich werde es nie vergessen. Ich bin so glücklich, endlich zum ersten Mal meine Kinder sehen zu können."

Auf Instagram und Twitter sieht man ihn mit den beiden Kleinen im Arm, dazu die Bildunterschrift: „So glücklich, die beiden neuen Lieben meines Lebens halten zu dürfen."

Kapitel 33

# Veränderungen

## Ab nach Italien

*„Juve? Die Entscheidung fiel mir nicht schwer. Juve ist einer der besten Fußballklubs der Welt."*

Fast jeder schaut Richtung Fernseher und hält einen Moment lang den Atem an. Es ist fast Mitternacht in Barcelona, ein drückender 13. August, es sind noch acht Minuten im Hinspiel der spanischen Supercopa. Nach einem 30-Meter-Solo steckt Marco Asensio den Ball zwischen zwei Verteidigern hindurch, so dass Cristiano Ronaldo ihn an der Strafraumgrenze annehmen kann. Daneben macht sich Samuel Umtiti ganz lang und versucht, sich zwischen den Portugiesen und den Ball zu schieben. Ronaldo kommt zu Fall. Real liegt bereits mit einem Tor vorn, ein Elfmeter könnte die Vorentscheidung bedeuten. Ricardo de Burgos Bengoetxea bläst in seine Pfeife, läuft auf den Stürmer zu … und zeigt ihm für eine Schwalbe die zweite Gelbe Karte. Kein Elfmeter demnach, stattdessen vorzeitig Feierabend für Cristiano, der wütend reagiert und den Schiri schubst.

Am nächsten Morgen gelten die Schlagzeilen ebenso sehr Ronaldos Sperre wie dem Endergebnis (1:3, Asensio trifft für Real): ein Spiel für die Gelb-Rote Karte, vier weitere für den Schubser. Das Rückspiel findet ohne ihn statt, in der Liga darf er erst Ende September eingreifen. „Ich kann in einer solchen Situation unmöglich ruhig bleiben. Fünf Spiele! Ich finde das überzogen und lächerlich, das nennt man Schikane! Dank an meine Mitspieler und die Fans für ihre Unterstützung", sagt Cristiano, als er vom Strafmaß erfährt.

Trotz dieses Rückschlags hat die Saison nicht schlecht begonnen, ganz im Gegenteil. Am 8. August 2017 holt Real in der mazedonischen Hauptstadt Skopje gegen José Mourinhos Manchester United den europäischen Supercup, wobei CR nur in den letzten Minuten zum Einsatz kommt. Dank eines weiteren guten Resultats im Bernabéu (2:0) folgt der spanische Supercup, und zum Auftakt der Liga gibt es einen Sieg gegen Deportivo La Coruña. Danach allerdings reicht es gegen Valencia und Levante nur zu einem Unentschieden.

Für ihn persönlich läuft es noch besser: Am 24. August wird Cristiano von der UEFA zum Spieler des Jahres gekürt und ist damit der erste Spieler überhaupt, der die Auszeichnung dreimal gewinnt, zweimal davon in Folge. Die Auszeichnung „würdigt den besten Spieler, unabhängig von der Nationalität, der für einen Klub eines Mitgliedsverbandes der UEFA spielt" und bedeutet somit einen weiteren Sieg über Lionel Messi, der den Preis lediglich 2011 und 2015 erhielt.

Am 23. Oktober wird im London Palladium wieder die *The Best*-Auszeichnung der FIFA verliehen. Diego Armando Maradona und Ronaldo Nazário ist es vorbehalten, den Preis an den Stürmer zu übergeben, der sich bei der Abstimmung von Journalisten, Trainern, Nationalmannschaftskapitänen und erstmals auch Fans aus aller Welt mit deutlichem Vorsprung durchgesetzt hat. Anderthalb Monate später erstrahlt anlässlich der Verleihung des *Ballon d'Or* der Eiffelturm in goldenem Glanz. 946 der Stimmen der von *France Football* befragten Journalisten entfielen auf CR7, 670 auf Messi und 361 auf Neymar. Der fünfte *Ballon d'Or*, der zweite in Folge. Während der Preisverleihung am 7. Dezember trägt Ronaldo ein blaues Sakko mit schwarzen Aufschlägen, eine Fliege und am Handgelenk eine goldene Uhr von Tag Heuer – eine Marke, die er als Botschafter repräsentiert und die außerdem Sponsor der Veranstaltung ist.

In einer exklusiv von *France Football* ausgegebenen Stellungnahme spricht Cristiano über seine Verdienste auf dem Platz: „Ich sehe keinen, der besser ist als ich. Kein anderer Spieler macht Dinge, die ich nicht auch kann, aber ich zeige Dinge, die andere nicht können. Es gibt keinen kompletteren Spieler als mich." Während der Gala wirkt er gelöst und sogar vergnügt, als er gefragt wird, was er sich zu Weihnachten wünsche. „Sieben *Ballons d'Or* und sieben Kinder", antwortet er. Im Publikum, in der ersten Reihe sitzend, muss Georgina Rodríguez lächeln, sichtlich überrascht von dem launigen Scherz.

Das Paar hat soeben sein erstes gemeinsames Kind bekommen, Töchterchen Alana Martina, das am 12. November zur Welt gekommen ist. Georgina ist zum ersten Mal Mutter, und auch für Cristiano ist es eine ganz neue Erfahrung: Cristiano Jr. sowie die Zwillinge Eva und Mateo wurden künstlich gezeugt und von einer Leihmutter ausgetragen, Alana Martina aber ist das Produkt einer natürlichen Empfängnis. Über die Familie sagt Georgina im Dezember in einem exklusiven Interview mit dem spanischen

Magazin *¡Hola!*: „Kinder sind unsere Freude. Wir erwachen, und das Erste, was wir tun, ist, sie zu umarmen und zu küssen, uns um sie zu kümmern und auf sie achtzugeben. Rund um die Uhr also!" Eine große Veränderung für Cristiano, wie er wenige Wochen zuvor dem Wochenmagazin *Hello!* gegenüber gestanden hat, in diesem Fall anlässlich der Präsentation seiner neuen Modelinie „CR7 Junior Collection": „Es ist eine dermaßen einzigartige und persönliche Erfahrung, aber auch etwas, das mich vollkommen verändert hat. Es hat mir Dinge über die Liebe gezeigt, von deren Existenz ich nichts geahnt hatte. Es hat mich milder gestimmt und mir eine neue Sicht darauf gegeben, was wirklich wichtig ist im Leben."

Mit nur einem Tag Pause nach seiner Rückkehr aus Paris reist Real Madrid am 10. Dezember nach Abu Dhabi zur FIFA Klub-WM. Ein siebenstündiger Flug zu zwei Spielen um den letzten Titel des Jahres. Das Halbfinale gegen al-Jazira erweist sich als unerwartet schwierige Aufgabe. Die Araber gehen früh in Führung, bevor Tore von CR7 in der 52. und Bale in der 81. Minute schließlich die Wende herbeiführen.

Im Finale wartet der brasilianische Vertreter Grêmio Porto Alegre. Vor dem Spiel nach Ronaldo befragt, erklärt Diego Maradona: „Wenn die Mannschaft ihn braucht, ist er da. Glauben Sie mir, nach Cruyff gab es nicht mehr viele Spieler von seiner Qualität." Seine Einschätzung ist treffender denn je. Real Madrid kontrolliert das Spiel von Anfang bis Ende, aber nur Cristiano gelingt ein Tor: In der 53. Minute findet ein Freistoß aus rund 30 Metern durch eine Lücke in der Mauer den Weg ins Netz und lässt Keeper Marcelo Grohe keine Chance. Die Madrilenen erweisen sich in Finals weiter als so gut wie unbezwingbar.

Der Rest des Monats ist durchwachsen und bestätigt, dass es in der Liga nicht rund läuft. Von Anfang an rennt das Team hinterher. Seit seiner Rückkehr von der Sperre hat der Portugiese nur zweimal getroffen – gegen Getafe am achten Spieltag und gegen Málaga am 13. Spieltag –, was den Stürmer zum bevorzugten Ziel der Kritiker macht. „Ich bin sehr gelassen, was meine Tore angeht", sagt Ronaldo dem Radiosender *Cadena Cope*. „Wie es scheint, sind Sie nicht an guten Leistungen, sondern nur an Toren interessiert, aber googlen Sie mal ‚Cristiano Tore', da können Sie sich alle von mir ansehen." In jedem Fall fällt seine größte Durststrecke in der Liga seit seiner Ankunft in Madrid mit einer Schwächephase des gesamten Teams zusammen, was dazu führt, dass Real mit acht Punkten Rückstand auf den unangefochtenen Tabellenführer aus Barcelona zum ersten Clásico der Saison reist. Einen solchen Abstand zwischen den beiden Rivalen vor dem ersten direkten Duell der Saison hat es seit 1987 nicht mehr gegeben.

Eine Woche vor dem Spiel wird das Verhältnis zwischen Cristiano Ronaldo und Real Madrid erneut durch die mutmaßliche Steuerhinterziehung des Spielers auf die Probe gestellt. Nach ein paar Wochen Unterbrechung wird vor Gericht wieder verhandelt. Überzeugt von seiner Unschuld hat der Portugiese sein Anwaltsteam verstärkt, gleichzeitig aber wird in den Medien spekuliert, Cristiano versuche vom Klub eine Erhöhung seiner Bezüge zu erwirken, um eine mögliche Geldstrafe bezahlen zu können.

Vor diesem Hintergrund trifft Barça am 23. Dezember in Madrid mit einer eindrucksvollen Serie von 24 Spielen ohne Niederlage ein, also seit dem Rückspiel um die Supercopa, das am 16. August um 23 Uhr begann und am 17. August endete. Diesmal hingegen wird das Spiel um 13 Uhr angepfiffen, eine ungewohnte Zeit, mit der ein internationales Publikum erreicht werden soll.

Real Madrid erwischt einen guten Start und trifft nach nicht einmal zwei Minuten durch Cristiano: Nach Ecke Kroos verlängert Carvajal an den langen Pfosten, wo er nur noch einzunicken braucht. Leider hat der Schiedsrichterassistent die Fahne gehoben, um anzuzeigen, dass Ronaldo im Abseits stand. In der zehnten Minute hat er nach einer scharfen Hereingabe die nächste Riesenchance, doch freistehend am Elfmeterpunkt lauernd schlägt er ein Luftloch. Nach einer halben Stunde setzt sich CR7 über links durch und zieht aus spitzem Winkel ab, aber Ter Stegen kann mit dem Fuß klären. Drei vergebene Chancen in der ersten Hälfte, denen die Mannschaft noch hinterhertrauern wird.

Kurz nach Wiederanpfiff gehen die Katalanen in Führung: Nach schönem Zusammenspiel von Rakitić und Sergi Roberto ist Suárez zur Stelle und schließt aus neun Metern ab. Zehn Minuten später erhöht Messi per Handelfmeter auf 2:0, Übeltäter Carvajal muss außerdem mit Rot vom Platz. Das Spiel ist gelaufen, und in der Nachspielzeit erhöht Aleix Vidal sogar noch auf 3:0. Mit nun elf Zählern Rückstand muss sich Real mit dem Gedanken vertraut machen, schon zu Weihnachten nichts mehr mit der Meisterschaft zu tun zu haben.

Ganz anders sieht es in der Champions League aus. Die Madrilenen haben noch alle Chancen, und CR7 ist stärker denn je. Nachdem er im April als erster Spieler überhaupt das 100. Tor im Europapokal erzielt hat, ist er nun der erste, der diese Marke für ein- und dasselbe Team knackt. Es gelingt ihm am 21. November in einem ungefährdeten Sieg gegen Apoel Nikosia, mit dem die Mannschaft außerdem das Ticket für das Achtelfinale löst. Die Gruppenphase war nicht leicht gewesen, und wenngleich sich die Madrilenen gegen die Zyprioten und Borussia Dortmund durchsetzen konnten, gab es gegen Tottenham ein 1:3 im Wembley und ein 1:1 im Bernabéu. Im März geht es weiter gegen Paris Saint-Germain und Neymar.

Zuvor aber gibt es eine wohlverdiente Pause. „2017 war unglaublich", sagt Ronaldo der Zeitung *AS* von Madeira aus, wo er sich mit all seinen Trophäen ablichten lässt. „Als ich auf den Straßen von Madeira spielte und davon träumte, im Fußball ganz nach oben zu kommen, hätte ich mir nicht vorstellen können, eines Tages ein solches Foto zu machen. Ich widme diesen Moment allen voran meiner Familie, meinen Freunden, meinen Mitspielern, den Trainern, von denen ich so viel gelernt habe, und den vielen anderen, die auf Vereins- und Verbandsebene tätig sind. Und schließlich geht ein besonderer Dank an meine Fans. Diese Trophäen gehören auch euch!"

Kaum geht es wieder los, erleiden die Königlichen den nächsten Rückschlag: Im Halbfinale der Copa del Rey scheiden sie gegen Leganés aus. Die Underdogs aus dem Vorort von Madrid verlieren zwar 0:1 im Hinspiel, sorgen aber am 24. Januar mit einem 2:1-Sieg im Bernabéu für die größte Sensation im Wettbewerb. Cristiano kommt in beiden Spielen nicht zum Einsatz, laut *Marca* in Absprache mit Zinédine Zidane, der den Portugiesen für die Champions League schonen möchte.

Chancenlos in der Liga und raus aus dem Pokal, richtet sich nun alle Aufmerksamkeit auf die europäische Königsklasse. Real Madrid schaffte es 2017 als erster Verein seit Bestehen der Champions League, seinen Titel zu verteidigen. Noch keiner hat ihn dreimal in Folge gewinnen können. Die Mission, dieses beispiellose Kunststück zu vollbringen, beginnt vielversprechend, denn das Achtelfinale gegen Paris Saint-Germain erweist sich als einseitige Angelegenheit. Von Neymar, dem großen Star der Franzosen, ist im Hinspiel im Bernabéu nicht viel zu sehen. Ronaldo dagegen glänzt mit zwei Toren, das erste per Elfmeter. Im Rückspiel, in dem der

Brasilianer verletzungsbedingt fehlt, trifft CR erneut, ein herrlicher Kopfball nach Vorarbeit von Lucas Vázquez, sein zwölfter Treffer der laufenden Saison, in der Cristiano in allen acht Spielen getroffen hat.

Die Serie setzt sich am 3. April in Turin fort. Ronaldo zeigt eine Vorstellung für die Ewigkeit, die von zwei Toren gekrönt wird. Nach nur drei Minuten überläuft er die gesamte Abwehr der Italiener und spitzelt eine tolle Hereingabe von Isco mit dem rechten Fuß ins Tor. In der 63. Minute dann müssen selbst die Juve-Fans applaudieren, als Cristiano mit einem sagenhaften Fallrückzieher auf 2:0 erhöht. Michael Owen schreibt auf Twitter: „OMG. Bitte, wenn ihr heute nichts anderes macht, schaut euch auf jeden Fall das zweite Tor von Ronaldo an. Sein erstes war fantastisch. Für das zweite fehlen mir einfach die Worte." Gary Lineker vermeldet: „Ich habe in meinem Leben schon viele tolle Tore gesehen, aber das war absolut atemberaubend von Ronaldo." Und selbst Juve-Torhüter Gianluigi Buffon geht in die Knie: „Wir haben gesehen, was Ronaldo ist und immer war – ein herausragender Champion, der, neben Lionel Messi, in höchste Höhen vorstößt."

Was macht den Treffer so besonders? Der frühere schottische Nationalspieler Pat Nevin formuliert es auf *BBC Radio 5* so: „Als der Ball in seine Richtung kommt, denkt man: ‚Oh, du wirst doch wohl keinen Fallrückzieher probieren.' Und dann, bumm! Oh, wow! Man muss das einfach gesehen haben." Im Stadion gibt es stehende Ovationen für den direkt am Elfmeterpunkt mit rechts und mit dem Rücken zum Tor perfekt ausgeführten Schuss.

Marcelo legt in der 70. Minute noch ein drittes Tor nach, aber am nächsten Tag spricht alle Welt nur von Cristianos zweitem Treffer. Die Höhe des Fußes im Moment des Kontakts: 2,21 Meter; die Geschwindigkeit des Balls auf dem Weg zum Tor: 81 Stundenkilometer. Seine eigenen Worte, für *Real Madrid TV*: „Es war spektakulär. Ich sprang sehr hoch, und es ist ein Tor, das noch lange im Gedächtnis bleiben wird. Ich wollte schon lange ein solches Tor erzielen, aber es hängt von den Gegebenheiten des Spiels ab. Mir kam einfach in den Sinn, es zu probieren, man muss es halt versuchen. Heute versuchte ich es, und es hat geklappt."

Nach dem 0:3 braucht Juve im Rückspiel ein Wunder – und beinahe schaffen es die Italiener. In einem irren Spiel machen sie mit zwei Toren von Mandžukić und einem von Matuidi den Rückstand wett. Als sich alles auf die Verlängerung einstellt, startet Real einen letzten Angriff. Toni Kroos spielt einen hohen Ball hinter die Juve-Verteidigung, und Ronaldo köpft aus spitzem Winkel auf Lucas Vázquez, der von Mehdi Benatia im Strafraum zu Fall gebracht wird. Unter wütenden Protesten der ihn umlagernden Gäste zeigt Schiedsrichter Michael Oliver auf den Punkt. Nach fünf Minuten hitziger Diskussionen fliegt Gianluigi Buffon schließlich vom Platz, CR7 tritt zum Elfmeter an und verwandelt. 1:3, das Spiel ist aus, und Bayern wartet im Halbfinale. Für die Madrilenen ist es die letzte verbliebene Chance auf einen Titel, denn in der Meisterschaft sind sie weit abgeschlagen. Am Ende werden sie Dritte hinter Barça und Atlético. Ronaldo schließt die Saison mit 26 Toren ab, klar hinter Messi mit 34.

In den letzten drei Champions-League-Spielen geht Ronaldo leer aus. Beim 2:1-Sieg in der Allianz Arena bleibt er zum ersten Mal in dieser CL-Saison ohne Tor, und auch im Rückspiel gelingt ihm kein Treffer. Bayern ist im Bernabéu die bessere Mannschaft, und es wird noch einmal eng, aber das 2:2 reicht am Ende gerade so, um das Finale am 26. Mai in Kiew gegen Liverpool zu erreichen. Der dritte Champions-League-Sieg in Folge und vierte in fünf Jahren kommt am Ende eher dank der Patzer des bedauernswerten Loris Karius im Tor der *Reds* als durch eigenen Verdienst zustande. Benzema besorgt in der 51. Minute nach einem missratenen Abwurf des Keepers die Führung, die Mané wenig später ausgleichen kann. Dann schaut sich der eingewechselte Bale den Fallrückzieher von Ronaldo ab und stellt auf 2:1. Cristiano selbst hat in der 73. die Chance zur Vorentscheidung, sein Schuss wird aber von Robertson geblockt. So ist es erneut Bale vorbehalten, in der 83. Minute alles klarzumachen, mit einem Distanzschuss, den Karius trotzt freier Sicht ins eigene Tor lenkt.

Nach dem Schlusspfiff und der Pokalübergabe hält der überglückliche Cristiano den Pott in der rechten Hand und signalisiert mit der linken die fünf Titel, die er in diesem Wettbewerb nunmehr geholt hat. Anschließend stellt er sich auf dem Platz, im Beisein seiner Familie, den spanischen Medien und sorgt auf die Frage nach seiner Zukunft mit einer unerwarteten Äußerung für Verwunderung: „Jetzt werden wir erst einmal feiern. In ein paar Tagen gebe ich den Fans, die mir zur Seite standen, eine Antwort. Ich hatte eine tolle Zeit bei Real Madrid." Bereits im Dezember, als es in der Mannschaft ein wenig kriselte, war über seinen Abschied spekuliert worden, aber es ist überraschend, dass das Thema direkt nach dem Finalsieg in der Champions League wieder auf den Tisch kommt. Sein Ärger mit den spanischen Steuerbehörden, das Nein des Klubs zu einer weiteren Gehaltserhöhung oder einfach die Erschöpfung nach neun Jahren als *Madridista* sind der Nährboden für das Gerücht, das auch zum Start der WM längst nicht aus der Welt ist.

Als amtierender Europameister reisen die Portugiesen mit großen Hoffnungen zum Turnier nach Russland. Im Gruppenspiel gegen Spanien holen sie einen wichtigen Punkt – dank einer überragenden Leistung ihres Kapitäns, der mit einem Freistoß kurz vor Schluss das 3:3 und sein drittes Tor der Partie erzielt. Mit dem Dreierpack übernimmt CR7 gleich die Spitze in der Torjägerwertung, und im zweiten Spiel gegen Marokko legt er bereits nach vier Minuten einen weiteren Treffer nach. Wie ein heißer Anwärter auf den WM-Titel tritt die Elf indes nicht auf. Fünf Tage später mühen sich die Portugiesen gegen den Iran zu einem 1:1. Quaresma trifft, doch Cristiano vergibt einen Elfmeter. Mit dem Unentschieden zieht Portugal gerade so als Gruppenzweiter ins Achtelfinale ein, wo Uruguay sich aber als deutlich stärker erweist. Der Europameister tritt enttäuscht die Heimreise an. „Ein zerbrochener Traum“, schreibt *A Bola*, während die Titelseite von *Record* Ronaldo zeigt, wie er dem verletzten Cavani vom Platz hilft: „Abgang eines Champions“. Eine weitere Schlagzeile auf dem Titel lautet: „Juve macht Ernst mit CR7.“

In den folgenden Tagen verdichten sich die Gerüchte, die weder vom Klub noch vom Spieler dementiert werden. In den Nachrichten ist tagelang mehr über den Wechsel als über den Fortgang der WM zu lesen. Schließlich, am 10. Juli, um 17:34 Uhr spanischer Zeit, wird der Transfer vom Verein offiziell bestätigt: „Real Madrid CF gibt bekannt, dass er, in Erwiderung des vom Spieler Cristiano Ronaldo zum Ausdruck gebrachten Willens und Wunsches, einem Transfer zu Juventus Turin FC zugestimmt hat. … Neben den in diesen neun Jahren auf dem Spielfeld gewonnenen Titeln, erlangten Trophäen und erreichten Triumphen ist Cristiano Ronaldo ein Musterbeispiel an Einsatz, Eifer, Verantwortung, Talent und Entwicklung gewesen. … Für Real Madrid wird Cristiano Ronaldo stets eine seiner großen Symbolfiguren und eine einmalige Referenz für kommende Generationen sein. Real Madrid wird immer dein Zuhause sein.“

Der Spieler fügt in einem offenen Brief an die Fans hinzu: „Ich empfinde für diesen Klub und diese Stadt nichts als enorme Dankbarkeit. Ich hatte neun wunderbare Jahre bei Real Madrid. Der Klub hat ebenso mein Herz erobert wie das meiner Familie, und deswegen möchte ich mehr denn je danke sagen: danke an den Klub, den Präsidenten, den Vorstand, meine Kollegen, sämtliche Betreuer, Ärzte, Physios und all die anderen unglaublichen Menschen, die alles am Laufen halten." Er schließt sein Statement ab mit den Worten: „Danke euch allen und, na klar, wie ich damals beim ersten Mal in unserem Stadion sagte: Hala Madrid!"

Cristiano geht, mit 451 Toren in 438 Spielen, als erfolgreichster Torschütze in der Geschichte des Klubs. Mit ihm hat Real viermal die Champions League gewonnen, zwei spanische Meisterschaften, zweimal die Copa del Rey, zweimal die spanische Supercopa, dreimal den Europäischen Supercup und dreimal die Klub-WM. Dazu hat er in seiner Zeit bei Real Madrid viermal den *Ballon d'Or*, dreimal den „Goldenen Schuh" der UEFA, dreimal die Auszeichnung zum UEFA Spieler des Jahres und zweimal den *The Best*-Preis der FIFA gewonnen und ist zum erfolgreichsten Torschützen in europäischen Wettbewerben geworden.

Was lässt sich Juve das alles kosten? „Mehr als Leonardo Da Vincis *Salvator Mundi* [das teuerste Kunstwerk aller Zeiten]", titelt *Il Corriere della Sera* am 11. Juli bezugnehmend auf den Gesamtumfang des Transfers: 400 Millionen Euro, einschließlich der 30 Millionen netto, die der Spieler in jedem seiner vier Jahre erhalten wird, der Provision für seinen Agenten Jorge Mendes, der 100 Millionen, die an Real überwiesen werden und der zwölf, die an die früheren Teams des Portugiesen gehen. Da Vincis Werk wurde übrigens für die Rekordsumme von 380 Millionen Euro versteigert.

Ist das überzogen?, fragt *Il Corriere*. Sicherlich nicht, so die Schätzung von Andrea Sartori, dem Global Head of Sports beim Wirtschaftsprüfungsunternehmen KPMG. Man müsse bedenken, dass Ronaldo den Italienern 100 bis 130 Millionen Euro im Jahr zusätzlich in die Kassen spülen wird. „Aus finanzieller Sicht ist das eine kluge Transaktion. Sie wird eine Steigerung der Ticketverkäufe und Sponsoreneinnahmen bringen." Er fügt hinzu: „Der Name Ronaldo wird Juve das Tor zu einzigartigen Märkten öffnen." Informationen von *Business Insider* zufolge setzt Juventus allein in den ersten 24 Stunden Ronaldo-Trikots für 60 Millionen Dollar ab. Darüber hinaus gewinnt der Klub Millionen neuer Follower in den sozialen Medien und verzeichnet eine Steigerung des Aktienwerts um 30 Prozent.

Am 16. Juli ist der Stürmer in Juves brandneuem Sportkomplex J Village zu Besuch. Am Eingang rufen etwa 300 Fans: „Cristiano, hol für uns die Champions League!" Im anthrazitgrauen Anzug, schwarzen Hemd und Krawatte sowie mit fast kahlrasiertem Schädel trifft CR7 auf seinen neuen Trainer Massimiliano Allegri und seine neue Teamkollegen. Um 18:30 Uhr, auf der Pressekonferenz vor 300 Journalisten und 30 Fernsehstationen aus aller Welt, ist es endlich so weit: sein erstes Foto mit dem Trikot der *Bianconeri*.

„Juve? Die Entscheidung fiel mir nicht schwer. Juve ist einer der besten Fußballklubs der Welt. Ich traf die Entscheidung schon vor langer Zeit. Ich bin glücklich, bei einem solchen Klub zu sein. Er ist das Siegen gewohnt und hat einen tollen Präsidenten. Es war eine einfache Entscheidung. Ich bin sehr glücklich und zuversichtlich, dass es gut für uns laufen wird. Mein Alter? Nun ja, Spieler in meinem Alter gehen normalerweise nach China oder Katar. Deswegen bin ich so froh, mich einem Klub wie Juventus anzuschließen. … Ich bin entschlossen und motiviert, den Menschen in Italien zu zeigen, dass ich ein Topspieler bin. Ich glaube nicht, dass ich noch irgendjemandem etwas beweisen muss, denn Zahlen lügen nicht, aber ich habe Ehrgeiz, und ich liebe die Herausforderung. Nachdem ich sowohl in Manchester als auch Madrid Geschichte geschrieben habe, möchte ich hier das Gleiche schaffen."

Kapitel 34

# Weiß-Schwarz und Grün-Rot

## Neustart mit Meisterschaft

*„Wir sind eine starke und außergewöhnliche Truppe! Und dies ist erst der Anfang! Grande Juve."*

Georgina Rodríguez veröffentlicht auf Instagram ein Foto von ihrem Cristiano, mit dem eigentlich alles gesagt ist: Es zeigt den Stürmer von hinten, im schwarz-weißen Trikot mit der Nummer 7, vor der Tribüne stehend, mit den Händen ein Herz formend, im Haar noch den Rasierschaum, mit dem die Kollegen ihn eingeseift haben. Der zugehörige Text ist kurz und knapp: „Campeones @juventus", dazu das Emoji einer Trophäe; „Campeón @cristiano", gefolgt von einem roten Herzen. Das Bild wird innerhalb weniger Stunden mehr als 1,5 Millionen Mal aufgerufen.

Es ist Samstag, der 20. April 2019. Juventus setzt sich im heimischen Stadion mit 2:1 gegen die Fiorentina durch und sichert sich zum achten Mal in Folge die italienische Meisterschaft. Ein Kunststück, das in Italien und den europäischen Topligen seinesgleichen sucht. Die *Bianconeri* gewinnen den Scudetto bereits fünf Spieltage vor Schluss und stellen damit den Rekord des Stadtrivalen FC Turin, der Fiorentina und von Inter Mailand ein. Die alte Dame war der große Favorit auf den Titel, der letztlich nie in Gefahr geriet. Nur Carlo Ancelottis SSC Neapel konnte eine Weile mithalten, dennoch betrug der Abstand schon am Ende der Hinrunde satte neun Punkte.

Auf dem Platz und den Tribünen beginnen die Feierlichkeiten. Die Hausherren hatten sich für diesen Ostersamstag den Slogan „W8nderful" ausgedacht, doch eine Weile sieht es so aus, als müsste die Party eine Woche verschoben werden. 37 Minuten lang wehren sich die Gäste und gehen durch ein Tor von Nikola Milenković früh in Führung. Ein anschließender Pfostentreffer von Federico Chiesa unterstreicht, dass die Florentiner nicht nur zum Gratulieren angereist sind.

Juve findet langsam ins Spiel und schafft noch vor der Pause den Ausgleich durch Alex Sandro, der nach einer Ecke von Pjanić mit dem Kopf vollendet. Acht Minuten nach Wiederanpfiff werden die Weichen endgültig auf Feiern gestellt: Cristiano Ronaldo setzt sich auf der rechten Seite durch und bedient den im Zentrum lauernden Bernardeschi. Gäste-Kapitän Pezzella kommt ihm zuvor, lenkt den Ball aber ins eigene Tor. Es bleibt beim 2:1, und damit ist Juventus die Meisterschaft auch rechnerisch nicht mehr zu nehmen.

Nach dem Spiel äußert sich CR7 auf DAZN und Sky: „Ich bin sehr glücklich, gleich in meiner ersten Saison in Italien mit Juventus den Titel zu gewinnen. Es war eine sehr gute erste Saison, ich habe mich gut eingelebt. Wir haben den Scudetto und den italienischen Supercup gewonnen, was gewiss nicht leicht ist, aber wir waren die beste Mannschaft. Und nächstes Jahr werden wir sogar noch besser sein", versichert der Portugiese.

Am Abend postet er in den sozialen Medien ein Video, das seine Saison mit Juventus von seiner Ankunft in Turin bis zum Scudetto nachzeichnet. Atmosphärische Bilder, begleitet von einem kurzen Text: „Italienischer Meister! Stolz, einen Beitrag zur Geschichte dieses einzigartigen Klubs geleistet zu haben, der mich nach Kräften unterstützt hat und für den zu spielen mir eine Ehre ist. Ich bin glücklich. Wir dominierten eine schwierige Meisterschaft, wir kämpften, alle zusammen. Wir sind eine starke und außergewöhnliche Truppe! Und dies ist erst der Anfang! Grande Juve." Worte, mit denen der Portugiese erneut bekräftigt, dass an den Gerüchten nichts dran ist, dass er nach dem bitteren Ausscheiden in der Champions League wenige Tage zuvor und vermeintlichen atmosphärischen Störungen im Team gar mit einem Abschied aus Turin geliebäugelt haben soll. „Ob ich bleibe? Zu tausend Prozent!", erklärt der Stürmer. „Die Champions League? Man kann nicht immer gewinnen. Wir haben unser Bestes gegeben, aber es kann nur einer weiterkommen."

Die Champions League, wieder mal … Ronaldo war nach Turin gekommen, um die Dämonen zu vertreiben, die die *Bianconeri* plagen. Um die Erinnerungen an die letzten beiden Finalniederlagen zu begraben (2015 gegen Barcelona und 2017 gegen Real Madrid) und den Henkelpott zu holen, der die Vitrine des Klubs seit 1996 nicht mehr geschmückt hat. Aber es lief nicht alles nach Plan, weder für die *Bianconeri* noch für Cristiano. Im ersten Gruppenspiel, am 19. September 2018 in Valencia, sieht der Portugiese nach einem Gerangel mit Jeison Murillo die Rote Karte. Es ist sein erster Platzverweis in 154 Einsätzen in der europäischen

Königsklasse und beschert ihm eine Zwangspause im zweiten Gruppenspiel gegen Young Boys Bern. Am Ende der Gruppenphase fällt die Bilanz des ewigen Torschützenkönigs der Champions League entsprechend mager aus: nur ein Treffer, immerhin ein ziemlich sehenswerter, bei der 1:2-Heimniederlage gegen Manchester United.

Auch im Achtelfinal-Hinspiel gegen Atlético in Madrid geht er leer aus, im Rückspiel jedoch ist er der *Gazzetta dello Sport* zufolge „erstaunlich, der Zorn Gottes". Mit einem Dreierpack macht er fast im Alleingang das 0:2 aus dem Hinspiel wett und kegelt die *Colchoneros* aus dem Wettbewerb. Im Viertelfinale wartet die junge, begeisternde Ajax-Mannschaft von Erik ten Hag. Sowohl in Amsterdam als auch daheim in Turin zählt Cristiano zu den Besten auf dem Platz und schießt zwei Tore, die eigentlich reichen sollten, um seiner Mannschaft den Weg ins Finale in Madrid zu ebnen. Doch die alte Dame unterliegt schließlich der Jugend und dem sehenswerten Fußball der hochtalentierten Elf aus den Niederlanden.

Sichtlich genervt verschwindet der Portugiese an diesem Dienstag, dem 16. April, in den Katakomben, wobei er in Richtung Ersatzbank gestikuliert, als wolle er andeuten, dass der eine oder andere nicht den nötigen Mumm an den Tag gelegt habe und der Aufgabe nicht gewachsen gewesen sei. Er, der acht Jahre in Folge immer mindestens das Halbfinale der Champions League erreicht und zuletzt dreimal hintereinander den Henkelpott gestemmt hatte, kann die Demütigung des Ausscheidens einfach nicht ertragen, ebenso wenig wie den Umstand, in seinem ersten Jahr in Italien nicht Torschützenkönig der Serie A geworden zu sein. Er wird nur Vierter mit 21 Toren, davon fünf Elfmeter, hinter Fabio Quagliarella von Sampdoria Genua mit 26, Duván Zapata von Atalanta Bergamo mit 23 und Krzysztof Piatek, der es auf 22 Tore für CFC Genua und den AC Mailand bringt. Zählt man alle Wettbewerbe zusammen – Serie A, Champions League, Coppa Italia und Supercoppa – kommt der Portugiese auf 28 Tore, eine magere Ausbeute für seine Verhältnisse. Allerdings verpasste er auch einige Spiele wegen einer Verletzung, die er sich im März bei der Nationalmannschaft zugezogen hatte. Zwei bittere Enttäuschungen in einer Saison, die er trotz allem als „großartig" bezeichnet – und die mit einem Triumph endet.

Am 5. Juni im Stadion Do Dragão in Porto, wo CR7 einst sein erstes Tor für die *Selecção* erzielte, gelingt dem 34-jährigen Stürmer im Halbfinale der erstmals ausgetragenen UEFA Nations League ein Dreierpack. Die Qualifikation im vorangegangen Herbst hatte Ronaldo mit dem Segen von Nationaltrainer Fernando Santos ausgelassen, um seinen Akku aufzuladen. Dementsprechend motiviert und hungrig wirkt Cristiano im Spiel gegen die Schweiz. In der 25. Minute gibt es einen Freistoß aus gut 20 Metern. Die Nummer 7 wirft sich wie gewohnt in Positur, läuft an … und versenkt unhaltbar für Torwart Sommer, der dem Ball nur hinterherschauen kann. 350 Tage waren seit dem letzten Tor des Kapitäns für das Nationalteam vergangen, 355 seit seinem letzten Freistoßtreffer in Rot und Grün – am 15. Juni 2018 beim denkwürdigen 3:3 im WM-Gruppenspiel gegen Spanien in Russland. Im Juve-Trikot war er bei 23 Versuchen die ganze Saison über leer ausgegangen. Im Do Dragão aber passt alles zusammen. Und binnen zwei Minuten, in der 88. und der 90., beendet er die Hoffnungen der Elf von Vladimir Petković. Die zwei Treffer, einer schöner als der andere, schrauben seine Bilanz in der *Selecção* auf 88 Tore und entscheiden das Spiel zugunsten seiner Mannschaft. 3:1, Portugal steht im Finale.

Das Endspiel findet ebenfalls in Porto statt. Gegner am 9. Juni ist die Überraschung des Turniers, die Niederlande. Das von Ronald Koeman trainierte Team setzte sich in der Gruppenphase unerwartet gegen den amtierenden Weltmeister Frankreich und Deutschland durch. Im Halbfinale dann besiegte es England mit 3:1 nach Verlängerung. Die *Elftal* erlebt nach einigen schwierigen Jahren eine Renaissance, dank solcher Talente wie Frenkie de Jong, der im Juli 2019 für 86 Millionen Euro von Amsterdam nach Barcelona wechselt, oder Matthijs de Ligt, ebenfalls Ajax, der wenige Wochen später für 85,5 Millionen Euro Juves Königstransfer dieses Sommers wird.

Im Finale im Do Dragão wirkt die junge Mannschaft bereit für ihren ersten internationalen Titel. Aber sie haben die Rechnung ohne den erfahrenen Ronaldo gemacht, der keine Wiederholung der Schmach von vor 15 Jahren erleben möchte, als die Portugiesen im EM-Finale im eigenen Land völlig überraschend den zähen Griechen unterlagen. Auch möchte er nicht das Finale größtenteils von der Bank aus verfolgen, so wie vor drei Jahren, als Portugal Europameister wurde, er sich aber nach wenigen Minuten eine Verletzung zuzog. Diesmal möchte er mittendrin sein, er möchte gewinnen und Tore schießen, denn dies war ihm in den beiden vorigen Finalspielen nicht vergönnt gewesen. Aber auch diesmal wird es nichts mit einem Treffer. Held des Tages ist Gonçalo Guedes, der nach einer Stunde mit einem feinen Schlenzer aus 16 Metern das einzige Tor des Spiels erzielt. Als Kapitän nimmt Cristiano den Pokal als Erster entgegen, präsentiert ihn den Zuschauern im Stadion und stemmt ihn in die Höhe. Es ist sein zweiter Titel mit der *Selecção* und der insgesamt 28. seiner herausragenden Karriere. Und wer weiß, vielleicht erhält er im Dezember seinen sechsten *Ballon d'Or?* Und so endet die Saison 2018/19 mit einem sportlichen Höhepunkt. Abseits des Platzes aber halten sich dunkle Wolken.

Am 21. Januar 2019, am Morgen, nachdem er im Ligaspiel gegen Chievo Verona einen Elfmeter verschoss, geht Cristiano, mit dunkler Sonnenbrille und in schwarzem Anzug, Hand in Hand mit Georgina den schweren Gang vor das Provinzgericht von Madrid, wo der Streitfall mit den spanischen Finanzbehörden um Steuerhinterziehung in den Jahren 2011 bis 2014 zum Abschluss gebracht werden soll. Ronaldo stimmt einem Vergleich zu und wird zur Zahlung eines Bußgelds von 18,8 Millionen Euro verurteilt. Damit endet die leidige Geschichte, die sich seit 2017 hingezogen hatte.

Im Raum stehen außerdem noch die Vergewaltigungsvorwürfe, die Kathryn Mayorga gegen ihn vorgebracht hat. Die heute 34 Jahre alte Amerikanerin behauptet, im Juni 2009 in einem Hotel in Las Vegas vom portugiesischen Superstar zum Sex gezwungen worden zu sein. Ronaldo verteidigt sich: „Fake News … Ich weise die Anschuldigungen gegen mich entschieden zurück. Vergewaltigung ist ein abscheuliches Verbrechen, das allem zuwiderläuft, was ich bin und woran ich glaube. So sehr ich mir wünsche, meinen Namen reinzuwaschen, weigere ich mich, das mediale Spektakel zu befeuern, das Leute entfachen, um sich auf meine Kosten hervorzutun." Am 22. Juli 2019 wird die Anklage gegen Ronaldo fallengelassen. „Basierend auf einer Überprüfung der gegebenen Informationen können die Anschuldigungen gegen Cristiano Ronaldo bezüglich eines sexuellen Übergriffs nicht zweifelsfrei bewiesen werden. Deshalb wird der Fall nicht weiter strafrechtlich verfolgt", teilte das Büro des Bezirksstaatsanwalts Steve Wolfson mit.

Kapitel 35

# Scudetto in Corona-Zeiten

## Meister ohne Publikum

*„Dieser Titel ist allen Juventus-Fans gewidmet, insbesondere denen, die unter der Pandemie gelitten haben und leiden."*

Um elf Uhr Ortszeit landet die Mannschaft von Juventus Turin nach einem 13-stündigen Flug in Singapur. Es ist Samstag, der 20. Juli 2019, und es ist die erste Etappe der asiatischen *Summer Tour* des Klubs, die die *Bianconeri* nach Nanjing und Seoul führen wird. Am Flughafen und später vor dem Swissôtel The Stamford haben sich viele Fans der alten Dame versammelt. Sie warten seit Stunden auf die Ankunft ihrer Mannschaft. Als ihre Idole endlich auftauchen, sieht man Plakate mit Sprüchen darauf und das Blitzgewitter der Smartphonekameras. Man hört Gesänge, Schreie, Lachen – viele bitten um Selfies und Autogramme. Der meist gerufene Name ist der von Cristiano Ronaldo.

Nach dem Sieg in der Nations League, seinem zweiten Titelgewinn mit der portugiesischen Nationalmannschaft, hat sich der Stürmer einen königlichen Urlaub gegönnt. Zunächst im Resort Costa Navarino in Griechenland, wo er ein Jahr zuvor mit Andrea Agnelli, dem Juventus-Präsidenten, auf den sensationellen Transfer angestoßen hatte. Von Griechenland aus ist Ronaldo an die französische Riviera gereist, wo er sich in Villefranche-sur-Mer an Bord der Megayacht „Africa" begeben hat. Zwischen Bootstörn und einem Sprung ins Meer Zeit hat er Zeit gefunden, ein Foto mit Ex-NBA-Star Michael Jordan auf Instagram zu posten. „Wir machen Geschichte", schreibt Cristiano dazu. Der Urlaub des Champions endet kurz darauf.

Die zweite Saison mit Turin wartet auf Cristiano – allerdings mit neuem Trainer auf der Bank. Nach fünf Spielzeiten und elf Trophäen ist Massimiliano Allegri von Maurizio Sarri abgelöst worden. Der ehemalige Trainer von Napoli und Chelsea – mit den Blues hat Sarri im Mai 2019 die Europa League gegen den Londoner Stadtrivalen Arsenal gewonnen – soll eine neue Epoche bei Juventus einläuten. Cristiano hat seinen neuen

Tainer Ende Juni kennengelernt, als der ihm an der Côte d'Azur einen Blitzbesuch abstattete. Sarri wollte dem Portugiesen bei dem Treffen seine Spielphilosophie erläutern und ihm erklären, wie wichtig er als offensiver Dreh- und Angelpunkt des Teams sein würde. Und das scheint in den ersten Spielen der Asien-Tour bereits mehr als ordentlich zu funktionieren. Am 21. Juli trifft Ronaldo gegen Mauricio Pochettinos Tottenham, auch wenn die Spurs – der Champions-League-Finalist von 2019 – das erste Spiel des International Champions Cup im Nationalstadion von Singapur mit 3:2 für sich entscheiden. Drei Tage später, im chinesischen Nanjing, trifft Juves Nummer 7 erneut, diesmal gegen das von Antonio Conte trainierte Inter Mailand – 1:1 zum Ende der regulären Spielzeit, 4:3 für die *Bianconeri* im Elfmeterschießen.

Nach der Rückkehr aus Asien fällt Cristiano wegen eines leichten Muskelproblems für den „Testspielklassiker" zwischen Juve A und B im vor den Toren Turins gelegenen Villar Perosa aus, seine Anwesenheit im ersten Ligaspiel im Stadio Tardini von Parma ist ebenso fraglich. Doch dann kann Entwarnung gegeben werden: Am 24. August beim 1:0-Sieg der *Bianconeri* (Tor: Chiellini) steht Ronaldo die gesamten 90 Minuten auf dem Feld, am zweiten Spieltag erzielt er im heimischen Allianz Stadion gegen Napoli das dritte Tor in einem hart umkämpften Spiel, das Juve mit 4:3 für sich entscheidet.

Nachdem ihm zum Auftakt der Champions League gegen Atlético Madrid kein Tor gelungen ist, trifft Ronaldo am 1. Oktober im zweiten Spiel der Gruppe D zum 3:0-Endstand gegen Bayer 04 Leverkusen – und stellt damit einen Rekord ein: Cristiano hat in der 14. Saison in Folge in Europas Königsklasse getroffen und damit mit dem Spanier Raúl und seinem Erzrivalen Lionel Messi gleichgezogen. Es ist keine wirklich neue Erkenntnis, dass die Tore bei Ronaldo fallen wie reife Früchte. So auch im Qualifikationsspiel zur Euro 2020 gegen die Ukraine am 14. Oktober, als Portugals Kapitän als einziger noch aktiver Spieler die Marke von 700 Karrieretoren erreicht. Messi steht bei 672 Toren, Luis Suárez bei 463. CR7 hat nun 605 Tore für Vereine und 95 für die portugiesische Nationalmannschaft (Freundschaftsspiele eingerechnet) erzielt – 700 Tore in 27 verschiedenen Wettbewerben. Das erste gelang ihm am 7. Oktober 2002, als er im Trikot von Sporting Lissabon gegen Moreirense traf. Und auf das letzte Tor, jenes, das seine Karriere beenden wird, werden wir wohl noch lange warten müssen.

Aber bei allen Torrekorden ist im Jahr 2019 nicht alles nur rosa: Cristiano hat im ersten Teil der Saison körperliche Probleme, er erreicht sein Leistungsvermögen nicht zu 100 Prozent – und es gibt Reibereien mit Sarri: Der neue Trainer wechselt ihn am 6. November im Champions-League-Spiel bei Lokomotive Moskau kurz vor Schluss gegen Paulo Dybala aus. Und als Sarri den Superstar am 10. November im Meisterschaftsspiel gegen Milan in der 55. Minute erneut für Dybala vom Feld nimmt, ist Ronaldo sichtlich genervt. Zwar hat er im Spiel gegen die Mailänder keine Großtaten vollbracht, aber die erneute Auswechslung kommt bei CR7 gar nicht gut an. Statt auf der Bank Platz zu nehmen, flüchtet er sofort in die Umkleidekabine und verlässt schnell das Stadion. „Die Reaktion ist okay", versucht Sarri die Situation öffentlich zu entschärfen und souverän zu bleiben. „Das Gegenteil würde mich beunruhigen." Einige Zeit später gibt es ein klärendes Gespräch zwischen den Parteien, dennoch bleibt das Verhältnis zwischen dem Trainer und seinem Superstar in der Folge angespannt.

Der Dezember bringt schon vor Weihachten ein bisschen Frieden und Ablenkung. Am 2. des Monats wird Cristiano im Rahmen einer großen Gala des Italienischen Spielerverbandes zum besten Spieler der Serie A in der Saison 2018/19 gekürt – derweil Lionel Messi in Paris am selben Tag seinen sechsten *Ballon d'Or* in Empfang nimmt. Cristiano ist hinter dem Argentinier und dem Niederländer Virgil van Dijk nur Dritter bei der Wahl zum besten Fußballer der Welt geworden. Doch diese Niederlage spornt den portugiesischen Ausnahmekönner zusätzlich an. Im letzten Monat des Jahres 2019 mutiert er wieder zu jener Tormaschine, die die Abwehrspieler fürchten. Sassuolo, Lazio, Bayer 04 Leverkusen, Udinese und Sampdoria kriegen das zu spüren. Wobei insbesondere Ronaldos Tor im Luigi-Ferraris-Stadion von Genua am 18. Dezember gegen Sampdoria zum Einrahmen schön ist: 71 Zentimeter springt Cristiano hoch, trifft den Ball per Kopf in einer Höhe von 2,56 Metern und bleibt dabei für 0,92 Sekunden in der Luft. Beeindruckend.

Ausgerechnet im letzten Saisonspiel, dem italienischen Supercup, ausgetragen im saudi-arabischen Riad zwei Tage vor Weihnachten, beendet Lazio Rom eine Erfolgsserie: 64 Monate lang hat Ronaldo bis zu diesem Tag kein Finale mehr verloren, aber nun gewinnt Lazio gegen Juventus im King Saud University Stadium vor knapp 24.000 Zuschauern mit 3:1.

Allzu lange währt Ronaldos Ärger über die Niederlage indes nicht: Am 6. Januar, dem ersten Spiel des Jahres 2020, reagiert CR7 sich in der Serie A mit drei Toren gegen Cagliari ab, sein erster Hattrick in Italien. Sein neuer Look, ein trendiger Zopf, scheint ihm Glück zu bringen – nicht nur in diesem Spiel. In der Folge trifft Cristiano in elf aufeinander folgenden Partien – mit Ausnahme des Spiels gegen Brescia am 16. Februar, wo er aussetzt – und wird nach Gabriel Batistuta und Fabio Quagliarella der dritte Spieler in Italiens höchster Spielklasse mit einem vergleichbaren Lauf. Ein Lauf, der jäh gestoppt wird. Von der Corona-Pandemie.

Das ursprünglich für den 1. März geplante *Derby d'Italia* zwischen Juventus und Inter, wird zunächst auf den 13. Mai verschoben, dann wird beschlossen, es am 8. März 2020 hinter verschlossenen Türen und ohne Fans auszutragen. Dank eines 2:0-Sieges übernehmen die *Bianconeri* mit 63 Punkten die Führung in der Liga vor Lazio mit 62 und Inter mit 57 Zählern. Es ist das letzte Juve-Spiel vor der Corona-bedingten Unterbrechung des Spielbetriebs. Erst 95 Tage nach dem letzten Spiel der Serie A (Sassuolo – Brescia am 9. März) und 94 Tage nach dem letzten Spiel einer italienischen Mannschaft in der Champions League (Valencia – Atalanta am 10. März) rollt der Ball endlich wieder: Am 12. Juni 2020 trifft Juventus im Halbfinal-Rückspiel des italienischen Pokals auf Milan. Das Stadion in Turin ist leer, die Hygienevorschriften werden penibel beachtet. Vor dem Spiel wird eine Schweigeminute zu Ehren der Opfer des Virus abgehalten: Um den Mittelkreis haben sich die beiden Mannschaften versammelt, die Spieler tragen Mundschutz und bedanken sich bei den Vertretern der wahren Helden der Pandemie mit Applaus: einem Arzt, einer Krankenschwester und einer Pflegekraft. Das anschließende Spiel endet 0:0, Juve zieht durch Ronaldos Hinspiel-Tor ins Finale ein, das fünf Tage später, am 17. Juni, im Stadio Olimpico von Rom ansteht. Gegen den SSC Neapel steht es auch nach 93 Minuten noch 0:0. Und als im abschließenden Elfmeterschießen Paulo Dybala und Danilo auf Seiten von Juve scheitern, sichert Napoli sich mit 4:2 den nationalen Pokal. Zum ersten Mal in seiner Karriere hat Cristiano damit zwei Endspiele in Folge verloren. Am Ende bleibt der Scudetto als Trost.

Den Meistertitel erringen Ronaldo und Juventus hinter verschlossenen Türen. In einem Stadion ohne Publikum, ohne Jubel, ohne Party auf der Tribüne – alles Folgen der Pandemie. Das entscheidende Spiel findet am

26. Juli 2020 gegen Sampdoria statt. Es ist der 36. Spieltag der Serie A, zwei Runden vor Meisterschaftsschluss. Damit hat Juve den zweiten Matchball verwandelt, nachdem man drei Tage zuvor in Udine verloren hat. Für Juventus ist es der neunte Scudetto in Folge, für Trainer Maurizio Sarri ist es die erste Meisterschaft. Noch nie hat ein Trainer in Italien seinen ersten Titel in so hohem Alter gewonnen: 61 Jahre, 5 Monate und 19 Tage ist Sarri alt. Für Cristiano Ronaldo ist es der zweite Scudetto in Folge, auf Instagram schreibt der Superstar seinen zig Millionen Followern: „Dieser Titel ist allen Juventus-Fans gewidmet, insbesondere denen, die unter der Pandemie gelitten haben und leiden, die uns alle überrascht und die Welt auf den Kopf gestellt hat. Es war nicht einfach! Euer Mut, eure Einstellung und eure Entschlossenheit waren die Kraft, die wir brauchten, um uns auf der Zielgeraden der Meisterschaft zu stellen und bis zum Ende um diesen Titel zu kämpfen, der ganz Italien gehört. Eine große Umarmung an euch alle."

Ganz vorbei ist der Kampf um Titel für Juventus in der Saison jedoch noch nicht: Am 7. August 2020 findet das Achtelfinal-Rückspiel der Champions League gegen Lyon statt. Fünf Monate zuvor hat „OL" alle Experten überrascht, als die Mannschaft sich in ihrem neuen Stadion mit 1:0 gegen Italiens Rekordmeister durchsetzte, aber Ronaldo gilt als Spezialist für Comebacks. Und sein Team glaubt daran. Die *Bianconeri* erwischen einen guten Start, doch in der 10. Minute ändert sich alles: Plötzlich liegt Aouar nach einem Kontakt mit Bernardeschi im Juventus-Strafraum am Boden. Der Schiedsrichter zeigt auf den Elfmeterpunkt. Memphis Depay, der Niederländer in Diensten von Lyon, trifft – à la Panenka! Die alte Dame muss nun drei Tore schießen, um ins Viertelfinale zu kommen. In der 43. Minute gleicht Cristiano Ronaldo die Partie ebenfalls per Elfmeter zum 1:1 aus. Ein Handspiel Depays nach einem Freistoß von Miralem Pjanic wird vom Referee nicht geahndet, dann schlägt Ronaldo in der 61. Minute erneut zu – 2:1. Jetzt fehlt Juve nur noch ein Tor, aber die Franzosen halten bis zur 97. Minute durch und erreichen erstmals nach zehn Jahren das Viertelfinale in Europas Königsklasse. Juves Traum vom Gewinn der Champions League hat sich wieder einmal in Luft aufgelöst. Ronaldo hat alles gegeben, er hat 37 Tore in 46 Spielen erzielt (31 in der Serie A, vier in der Champions League, zwei im italienischen Pokal), dazu sieben Assists. Aber es hat nicht gereicht, um Juve auf den europäischen Gipfel zu führen.

Kapitel 36

# Torschützenkönig

## Der zehnte Scudetto in Folge

*„Ziele. Siege. Anstrengung.*
*Hingabe. Professionalität."*

Ronaldos 37 Tore der Saison 2019/20 werden zu 53 Sekunden Werbespot. CR7, oder besser CR37, veröffentlicht das Video, begleitet von ein paar Zeilen mit guten Vorsätzen, am 27. August 2020 auf seinem Instagram-Account, wenige Tage vor dem Trainingsauftakt. „Während ich mich auf meine dritte Saison als Juventus-Spieler vorbereite", schreibt Ronaldo dazu, „ist mein Ehrgeiz größer denn je zuvor. Ziele. Siege. Anstrengung. Hingabe. Professionalität. Mit all meiner Kraft und mit der wertvollen Hilfe meiner Teamkollegen und aller Juventus-Mitarbeiter arbeiten wir erneut daran, Italien, Europa und die Welt zu erobern!"

Worte, um sich zu motivieren, Mitspieler und Fans auf eine Saison einzustimmen, die wieder einmal mit einem neuen Trainer beginnt: Andrea Pirlo ist der dritte Übungsleiter der alten Dame in drei Spielzeiten. Der ehemalige Mittelfeldspieler, der mit Juventus vier Meistertitel, einen italienischen Pokal und zwei italienische Superpokale gewonnen hat, übernimmt den Posten von Sarri, dem das frühe Ausscheiden in der Champions League und das schlechte Verhältnis zur Vereinsspitze und den Granden im Kader zum Verhängnis geworden ist. Pirlo ist 41 Jahre alt, kommt frisch von der Trainerausbildung in Coverciano, es ist sein erster Job als Cheftrainer. Die Berufung des „Maestro", wie man Pirlo in seiner aktiven Zeit genannt hat, ist eine Wette Agnellis. Der Juve-Präsident ist überzeugt, dass Pirlo, der Weltmeister von 2006, alles hat, was es braucht, um ein Team aus Primadonnen zu führen und endlich diesen gottverdammten Champions-League-Pokal zu gewinnen, dem man seit nunmehr 24 Jahren hinterher läuft. Und dass das Verhältnis von Cristiano Ronaldo zu Andrea Pirlo deutlich besser ist als das des Superstars zu Sarri, ist sofort zu sehen. Am 20. September, nach einem Sommer ohne Freundschaftsspieltournee durch Asien – Corona verhinderte dies –, beginnt die italienische Meisterschaft, und Ronaldo geht sofort auf Torejagd. Er trifft an den ersten beiden Spieltagen gegen Sampdoria und die Roma (Doppelpack), muss aber am 12. Oktober eine Pause einlegen. Im Trainingslager der portugiesischen Nationalmannschaft wird Cristiano positiv auf das Coronavirus getestet, asymptomatisch zwar, aber er muss sich umgehend von der Mannschaft isolieren. Ronaldo ist nach José Fonte und Anthony Lopez der dritte Corona-Fall im Team. CR7 wird im Nations-League-Spiel gegen Schweden am 14. Oktober nicht eingesetzt, kehrt noch am selben Tag im Privatjet nach Italien zurück und begibt sich in Turin in Quarantäne. Er fehlt seinem Klub für vier Spiele, darunter das 0:2 gegen den FC Barcelona in der Champions League. Am 1. November kehrt er auf den Platz zurück und trifft beim 4:1-Sieg gegen Spezia Calcio gleich zweimal ins Schwarze. Der Neustart des portugiesischen Stürmers nach der Quarantäne gelingt aber nicht nur in der Serie A: Am 8. Dezember trifft CR7 im Camp Nou gegen Barça beim 3:0 zweimal vom Elfmeterpunkt, Juve zieht ins Achtelfinale der Champions League ein.

Drei Tage später feiert Ronaldo sein 100. Spiel im Juve-Trikot mit einem Doppelpack gegen Genua, und etwas mehr als einen Monat später gewinnt er seinen zweiten italienischen Supercup: Am 20. Januar erzielt CR7 in Reggio Emilia gegen Napoli in der 64. Minute den ersten Treffer des Spiels, das 2:0 endet. Doch das große Ziel wartet ja noch auf die *Bianconeri*: Im Achtelfinale der Champions League treffen sie auf einen auf dem Papier schwächeren Gegner. Und da der FC Porto das Hinspiel am 17. Februar im heimischen Estadio Do Dragao nur mit 2:1 gewonnen hat, rechnet sich Turin große Chancen aufs Erreichen der nächsten Runde aus. Das Rückspiel am 9. März im Allianz Stadion gerät zum Schlüsselspiel. Das Weiterkommen in der Champions League erlangt für das Prestige und die Kassen von Juventus grundlegende Bedeutung: 10,5 Millionen Euro ist das Erreichen des Viertelfinals wert, eine nicht unerhebliche Summe angesichts der wegen der Pandemie rückläufigen Einnahmen.

Das 1:2 aus dem Hinspiel aufzuholen, erscheint machbar. Aber die Dinge gehen an diesem Abend in Turin nicht in die gewünschte Richtung. Wie schon in Porto beginnt das Spiel schlecht für Ronaldo und sein Team: In der 19. Minute verwandelt Sérgio Oliveira einen Foulelfmeter – Merih Demiral hat Mehdi Taremi gefoult. 0:1 aus Juve-Sicht, ein Ergebnis das auch nach 45 Minuten Bestand hat. Zu Beginn der zweiten Halbzeit gleicht Chiesa dann nach Vorarbeit von Ronaldo mit links zum 1:1 für Turin aus. Als Portos iranischer Stürmer Taremi in der 54. Minute Rot sieht, keimt Hoffnung bei den *Bianconeri* auf – neun Minuten später: Flanke von rechts durch Cuadrado, Chiesa köpft ein, Augustín Marchesín, der portugiesische Torhüter, ist chancenlos. 1:2 im Hinspiel, jetzt 2:1 im Rückspiel. Doch der dritte Treffer für Juve will in der regulären Spielzeit nicht mehr fallen. Man geht in die Verlängerung. 115. Minute: Freistoß für Porto. Sérgio Oliveira schießt flach, Cristiano springt hoch, dreht sich weg – der Ball fliegt unter seinen Füßen hindurch und landet im Netz: 2:2. Zwar bringt Adrien Rabiot Juve mit seinem Kopfballtor zum 3:2 in der 117. Minute zurück ins Spiel. Aber als Porto-Keeper Marchesín mit einer fantastischen Parade in der 123. Minute das Aus für sich und sein Team verhindert, ist Juventus raus. Und am Tag danach prasselt die Kritik der Medien auf Ronaldo ein. Für diesen Fehler, für diesen Sprung, bei dem er sich weggedreht hat, um sich vor dem Ball zu schützen. Fünf Tage nach den Vorwürfen folgt ein Trostpreis: Mit seinem Hattrick gegen Cagliari überholt Ronaldo die Legende Pelé und erreicht die Marke von 770 Toren in offiziellen Spielen. Und am 19. März wird er zum zweiten Mal ausgezeichnet: Bei der „Grand Gala" des Calcio kürt man ihn zum besten Spieler der Serie A.

Am Sonntag, den 21. März 2021, schlägt das von Pippo Inzaghi trainierte Benevento Calcio Juve mit 1:0. Nach dem Spiel ist von Wut und Geschrei in der Turiner Kabine zu lesen, kein Wunder. Die *Bianconeri* liegen zehn Punkte hinter Tabellenführer Inter, es sieht nicht danach aus, als ob der zehnte Scudetto in Serie noch eine Option ist. Und tatsächlich gewinnt schließlich Inter unter Ex-Juve-Trainer Antonio Conte die Meisterschaft – vor Milan und Atalanta. Juventus wird nur Vierter. Der alten Dame bleibt als Trost der Pokalgewinn: Am 19. Mai 2021 schlägt man Atalanta in Reggio Emilia mit 2:1. Und Ronaldo sichert sich in einer durchwachsenen Saison mit 29 Toren den Titel des Torschützenkönigs der Serie A. Er ist der erste Spieler, dem dies in drei der fünf großen europäischen Ligen gelingt: Nach Premier League und La Liga jetzt also auch in der Serie A. In drei Spielzeiten bei Juve hat er nun 101 Tore erzielt, doch niemand weiß, ob der Portugiese auch im kommenden Jahr noch das schwarz-weiße Trikot tragen wird. Die Gerüchte überschlagen sich, aber zunächst ist eine Europameisterschaft zu spielen.

Kapitel 37

# Rekordmann

## CR7 und die Euro 2020

*„Ich bin der Mannschaft sehr dankbar, dass sie mir geholfen hat, zwei Tore zu erzielen."*

Cristiano Ronaldo spielt in Budapest stark. Bei Portugals Auftaktmatch der Euro 2020, am 15. Juni 2021 in der Puskás Aréna, erzielt er gegen Ungarn einen Doppelpack. Er ist der „Star of the Match", und er stellt weitere neue Bestmarken auf. Mit seinen elf Toren ist Cristiano der beste Torschütze in der EM-Geschichte. Er übertrifft damit die neun Tore des bisherigen Rekordhalters Michel Platini. Auch an seine 106 Treffer im portugiesischen Nationaltrikot reicht keiner heran. Nach dem 3:0 gegen Ungarn – das dritte Tor gelang Raphaël Guerreiro – sagt CR7: „Es war ein hartes Spiel gegen einen Gegner, der sehr gut verteidigt hat, aber wir haben drei Tore geschossen und ich bin der Mannschaft sehr dankbar, dass sie mir geholfen hat, zwei Tore zu erzielen und der ‚Star of the Match' zu werden. Es war wichtig, einen guten Start hinzulegen, um Selbstvertrauen zu gewinnen."

Schon vor der Partie in Budapest hat Cristiano Ronaldo für Schlagzeilen gesorgt: In der Pressekonferenz zum Auftaktmatch findet Cristiano vor dem Mikrofon zwei Cola-Flaschen. Coca-Cola ist einer der Sponsoren der EM 2020. Genervt stellt der Superstar das zuckerhaltige Getränk unter den Tisch, hebt eine kleine Flasche mit Wasser hoch und predigt dessen Genuss. Die Szene geht um die Welt, und in den folgenden Tagen berichten Medien in alle Ecken der Welt, dass Ronaldos Geste für Coca-Cola einen Verlust von vier Milliarden Dollar verursacht habe. Tatsächlich hatte das Börsendebakel des Softdrink-Unternehmens aber bereits begonnen, lange bevor der portugiesische Star die Menschen zum Wassertrinken einlud.

Am Samstag, den 19. Juni, trifft Titelverteidiger und Nations-League-Sieger Portugal in der Vorrundengruppe F auf Deutschland, vierfacher Welt- und dreifacher Europameister. Die „Mannschaft" hat zum Auftakt der Euro 2020 mit 0:1 gegen Frankreich verloren – eine Niederlage gegen Portugal würde das vorzeitige Aus besiegeln und damit auch ein unschönes Ende für Weltmeistertrainer Joachim Löw bedeuten, für den diese EM das letzte Turnier als Nationaltrainer ist. Von der Ohnmacht, die die deutsche Mannschaft gegen die Franzosen noch gezeigt hat, ist an diesem Abend in der Allianz Arena in München nichts mehr zu sehen.

Von Beginn an scheint es, dass Löws Mannschaft ihre alte Kompaktheit und Entschlossenheit wiedergefunden hat. Doch zunächst einmal wird die DFB-Elf von Cristiano und Diogo Jota überrumpelt. Es läuft die 15. Minute, ein sehr schneller Konter: Bernardo Silva nimmt den Ball nach einer abgewehrten Ecke der Deutschen auf, zieht bis vor den Strafraum und passt nach rechts heraus zu Jota, der – alleine vor Neuer – den Ball für Cristiano auflegt, der nur noch einzuschieben braucht. Es ist der erste Treffer des portugiesischen Ausnahmespielers gegen Deutschland, sein insgesamt 19. bei Europa- und Weltmeisterschaften. Doch statt den Portugiesen nehmen in der Folge die Deutschen gehörig Fahrt auf und zermalmen ihren Gegner, der kräftig mithilft: Zwischen der 35. und 39. Minute erzielen Rúben Dias und Raphaël Guerreiro zwei Eigentore. Und in der zweiten Hälfte trifft zunächst Kai Havertz, dann erhöht Robin Goosens auf 4:1. Portugal gibt aber nicht auf. In der 67. Minute erwischt Ronaldo am langen Pfosten per Grätsche einen Ball, der Richtung Torauslinie fliegt, und spielt ihn in den Fünfmeterraum zurück – der freistehende Jota netzt zum 2:4 ein. Mehr Tore fallen nicht, doch aufgrund des unerwarteten 1:1-Unentschiedens der Franzosen gegen Ungarn ist in der Gruppe F noch nichts entschieden. Frankreich steht mit vier Punkten an der Spitze der Tabelle, gefolgt von Portugal und Deutschland mit je drei, am Tabellenende findet sich Ungarn mit einem Zähler.

Die Entscheidung über Weiterkommen und Ausscheiden fällt am letzten Spieltag, an dem es Portugal mit dem Weltmeister aus Frankreich zu tun bekommt. Das Spiel endet 2:2. Hauptdarsteller der Partie in Budapest sind die Stürmer Cristiano Ronaldo und Karim Benzema, die einst gemeinsam für Real Madrid aufgelaufen sind. Portugals Nummer 7 erzielt per Elfmeter die Führung. In der Nachspielzeit der ersten Hälfte schießt Benzema den Ausgleich – ebenso per Elfmeter, den der VAR für ein Foul von Nélson Semedo an Kylian Mbappé verhängt hat. Es ist das erste Tor von Karim Benzema für Frankreich seit 5 Jahren und 258 Tagen, seitdem er im Oktober 2015 gegen Armenien getroffen hat. Kurz nach Wiederanpfiff in Budapest treffen die *Bleus* und stellen auf 2:1: Pogba spielt einen langen Pass in die Tiefe auf den durchstartenden Benzema. Der alles richtig macht und Rui Patricio im portugiesischen Kasten überwindet. Ein Treffer, der erst wegen Abseits aberkannt und nach Überprüfung durch den VAR schließlich gegeben wird. Mit einem weiteren Elfmetertor rückt Kapitän Ronaldo die Dinge aus Sicht der Portugiesen wieder zurecht. In der 58. Minute flankt er, Frankreichs Jules Koundé bringt die Hand ins Spiel – und es heißt erneut CR7 gegen Hugo Lloris, und erneut gewinnt Ronaldo, 2:2. Das Spiel wogt hin und her, steht auf der Kippe, bis sich beide Teams ab der 85. Minute entscheiden, das Gas vom Pedal zu nehmen. Denn das Unentschieden erlaubt beiden den Einzug ins Achtelfinale, und so kommt es auch. Nach dem Schlusspfiff umarmen sich Karim Benzema und Cristiano Ronaldo lächelnd. Der Franzose trifft jetzt auf die Schweiz, Portugal wird sich mit Belgien auseinandersetzen, einem der Titelfavoriten. CR7 ist dank seines Doppelpacks der erste europäische Spieler, der die Marke von 20 Toren bei Europa- und Weltmeisterschaften reißt. Und mit den 109 Toren, die er im Portugal-Trikot mit diesem Tag erzielt hat, stellt er den Rekord an Toren für eine Nationalmannschaft ein, der bis dato vom Iraner Ali Daei gehalten wurde.

Am Sonntag, dem 27. Juni 2021, beenden Belgiens „Rote Teufel" im Stadion La Cartuja von Sevilla das Abenteuer Portugals bei der Euro 2020. Thorgan Hazard, Bruder von Real Madrids Eden, besiegelt das Ausscheiden von Cristiano und Co. mit einem schönen Tor am Ende einer extrem ausgeglichenen ersten Spielhälfte, die keiner der beiden Mannschaften große Torgelegenheiten geboten hat. Zwar versuchen die Portugiesen in der zweiten Hälfte noch mal alles, aber ein Treffer gelingt ihnen nicht mehr. In den Schlussminuten klatscht ein Schuss von Guerreiro an den Pfosten.

Als Italien am 11. Juli verdient Europameister wird, befindet sich Cristiano Ronaldo auf einer Yacht vor den Balearen. Per Instagram gratuliert er Roberto Mancinis Team zum Finalsieg über England nach Elfmeterschießen in Wembley: Italienische Flagge, klatschende Hände und ein „Herzlichen Glückwunsch!" – und er dankt auch „allen, die mir geholfen haben, einen weiteren historischen Meilenstein zu erreichen". Ronaldo ist Torschützenkönig der EM 2020, die im Jahr 2021 ausgetragen worden ist. Er hat wie Patrik Schick fünf Tore erzielt. Da er aber weniger Minuten als Bayer Leverkusens tschechischer Stürmer auf dem Platz gestanden und zudem Diogo Jota im Spiel gegen Deutschland eine Vorlage gegeben hat, geht die Auszeichnung für den treffsichersten Spieler des Turniers an ihn.

Kapitel 38

# Abschied mit Ansage

## Viele Gerüchte und Spekulationen

*„Weniger Geschwätz und mehr Action,*
*das ist seit Beginn meiner Karriere mein Motto."*

Die Gulfstream G200 aus Lissabon setzt am Sonntag, den 25. Juli 2021, wenige Minuten nach 15 Uhr auf der Landebahn des Flughafens Turin Caselle auf. Von dort begeben sich Cristiano, Georgina und ihre Kinder zu ihrer Villa in die Hügel vor der Stadt. Am nächsten Tag stellt sich CR7 kurz nach 8:30 Uhr im Trainingszentrum Continassa zum Medizincheck und zur ersten Trainingseinheit seiner vierten Saison bei Juventus vor. Er macht Fotos mit den Fans, die sich am Eingang drängen, gibt geduldig Autogramme. Manche der anwesenden Journalisten werden später schreiben, dass Ronaldo entspannt und gut gelaunt gewirkt hat, für andere Medienvertreter blickt der Superstar finster drein, lächelt wenig und lässt keine Spur von Verbundenheit mit dem schwarz-weißen Juve-Trikot erkennen. Vor dem Medizincheck hat der Portugiese ein Gespräch mit Trainer Massimiliano „Max" Allegri, der am 28. Mai auf seinen alten Cheftrainerposten zurückgekehrt ist und Andrea Pirlo abgelöst hat, der nach den schlechten Ergebnissen der Saison 2020/21 abgesetzt worden war. Über Cristiano sagt Allegri: „Er trägt eine größere Verantwortung als bei seiner Ankunft in Turin: Das war ein erfahrenes Team, das jetzige viel weniger. Ob er bleiben wird? Er schießt Tore und das ist das Einzige, was zählt: völlig egal, ob er von links oder mehr in der Mitte startet." Pavel Nedved, Vizepräsident des Turiner Klubs, hat mehrmals wiederholt, dass Ronaldo in keinem Fall während der Transferperiode im Sommer verkauft werde.

Aber die Gerüchte über einen möglichen Abgang von CR7 klingen nicht ab. Am 31. Juli spielt Cristiano nicht in der „Trofeo Berlusconi" gegen Monza, dem ersten Testspiel der neuen Saison. Und sofort häufen sich Gerüchte, die von einem Wechselwunsch der Nummer 7 zu Paris Saint-Germain oder Manchester United wissen wollen. Es wird behauptet, dass Ronaldos Super-Spielerberater Jorge Mendes schon dabei wäre, einen neuen

Klub zu suchen, und es wird spekuliert, dass Juve ihn bei einem guten Angebot ziehen lassen wird. Aus Spanien versichern sie seit Monaten schon, dass Cristiano sich für einen Weggang entschieden hat, dass aber seine Zukunft mit der von Kylian Mbappé verknüpft sei. Wenn der junge französische Stürmer an den Hof von Real Madrids schillerndem Präsidenten Florentino Pérez wechsele, würden sich für Ronaldo die Türen in Paris öffnen. Wenn wiederum PSG-Boss Nasser Al-Khelaïfi Mbappé nicht freigebe, könnte CR7 dank der guten Beziehung zu Carlo Ancelotti den Weg zurück zu Real Madrid ins Bernabéu finden.

Am 8. August wird erst einmal Fußball gespielt. Im Camp Nou von Barcelona steht die Joan-Gamper-Trophäe auf dem Programm, die seit 1966 zu Ehren des Barça-Gründers ausgetragen wird und bei der eine eingeladene Mannschaft auf den FC Barcelona trifft. Cristiano Ronaldo spielt die den ersten 45 Minuten für Juve, aber auf der anderen Seite fehlt sein langjähriger Rivale um den inoffiziellen Titel „Bester Fußballer der Welt“: Lionel Messi hat sich wenige Stunden zuvor unter Tränen vom FC Barcelona verabschiedet, dem Verein, der ihn als Kind aufnahm, dem Verein, mit dem er alles gewann, wo er zum König der Welt wurde. Messi wechselt zu Paris Saint-Germain. Das Spiel gegen Juventus Turin ist folglich das erste der Nach-Messi-Ära. Das Publikum im Camp Nou schreit seinen Namen in der zehnten Minute eines Spiels, das mit 3:0 für die *Blaugrana* endet. Und manch einem (Barça-Fans ausgenommen) mag zu diesem Zeitpunkt die Vorstellung faszinieren, die beiden ewigen Rivalen Messi und Ronaldo gemeinsam im Trikot von PSG zu sehen. Ein Traum, der nicht lange währt. Wie am Ende auch die andere große Option: Es ist Carlo Ancelotti, der in einem Tweet den Transfermarkt-Gerüchten widerspricht, nach denen er eine Rückkehr des Portugiesen ins weiße Trikot befürworten würde. „Cristiano Ronaldo ist eine Legende von Real Madrid, er hat all meine Liebe und meinen Respekt, aber ich habe nie versucht, ihn zu verpflichten“, erklärt der italienische Trainer, der zu dieser Saison vom FC Everton an seine alte Wirkungsstätte zurückgekehrt ist.

An diesem Punkt der Geschichte sieht sich auch Cristiano Ronaldo zum Eingreifen verpflichtet. Am 17. August veröffentlicht er auf Instagram ein Foto von sich, Finger über dem Mund, um alle zum Schweigen zu bringen. In dem begleitenden, sehr langen Post schreibt er unter anderem: „Wer mich kennt, weiß, wie sehr ich mich auf meine Arbeit konzentriere.

Weniger Geschwätz und mehr Action, das ist seit Beginn meiner Karriere mein Motto. Nach all dem, was in letzter Zeit gesagt und geschrieben wurde, muss ich jedoch meinen Standpunkt darlegen. Mehr als die Respektlosigkeit gegenüber mir selbst als Mann und als Spieler ist es die leichtfertige Art und Weise, mit der in den Medien über meine Zukunft berichtet wird, respektlos gegenüber allen Klubs, die an diesen Gerüchten beteiligt sind, sowie ihren Spielern und Mitarbeitern." CR7 erinnert sich mit Zuneigung und Respekt an Real, schließt aber eine Rückkehr nach Madrid aus. Und er fügt hinzu: „Ich breche jetzt mein Schweigen, um zu sagen, dass ich nicht zulassen kann, dass die Leute weiter mit meinem guten Namen spielen. Ich bleibe fokussiert auf meine Karriere und meine Arbeit, bin engagiert und bereit für alle Herausforderungen, denen ich gegenüberstehen werde. Der ganze Rest? Der ganze Rest ist nur Geschwätz."

Die italienische Meisterschaft beginnt am 22. August. Juve tritt am ersten Spieltag der Saison 2021/22 im Stadio Friuli bei Udinese an. Vorn spielen Paulo Dybala und Álvaro Morata. Cristiano Ronaldo sitzt auf der Bank. Taktische Entscheidung des Trainers, körperliche Probleme des Spielers, Entscheidung des Juventus-Managements im Hinblick auf einen möglichen Transfer von CR7? Die Sache sorgt für Gesprächsstoff. In der dritten Minute geht Juve durch ein Tor von Dybala in Führung, 20 Minuten später erhöht Juan Cuadrado auf 2:0. Nach 51 Minuten bringt Roberto Pereyra die Gastgeber per Elfmeter wieder heran, neun Minuten später startet Allegri eine Spielerwechselkaskade: Aaron Ramsey, Morata und Federico Bernardeschi verlassen den Platz, für sie kommen Giorgio Chiellini, Dejan Kulusevski und Cristiano Ronaldo. Und kurz darauf verlässt Juan Cuadrado für Federico Chiesa das Feld. Aber Juve kann das Spiel nicht vorzeitig entscheiden, stattdessen gleicht Gerard Deulofeu sieben Minuten vor dem Ende der regulären Spielzeit für Udinese Calcio aus. In der 95. Minute ein letzter Versuch des Favoriten: Chiesa bringt den Ball von rechts in den Strafraum, Ronaldo springt höher als der gegnerische Verteidiger und trifft per Kopfball. Dann zieht er sein Trikot aus und läuft zum Feiern gen Tribüne. Doch der VAR-Check annulliert das Tor – Ronaldo hat einen Millimeter im Abseits gestanden. Der Portugiese protestiert und bekommt eine gelbe Karte.

Zwei Tage später titelt *L'Équipe* „Transferts: Cristiano Ronaldo se voit à Manchester City" („Transfers: Cristiano Ronaldo sieht sich bei Manchester City“). Die französische Zeitung behauptet, der Juventus-Stürmer sei nur einen Schritt davon entfernt, sich das *Citizen*-Trikot überzuziehen. Eine Einigung über einen Wechsel nach Manchester könne, so das Blatt, bis zum Wochenende erreicht werden. Am 26. August ist Jorge Mendes in Turin, um mit Cristiano und der Geschäftsführung von Juve zu sprechen. Und auch wenn Al Khelaïfi, der PSG-Präsident, nach der Champions-League-Auslosung in Istanbul versichert, dass „es keinen Kontakt zu Ronaldo gegeben hat“, beharrt man in Spanien, Italien und England auf der Manchester-City-Hypothese. Und nennt sogar Zahlen: Der vereinbarte Vertrag mit City habe eine Laufzeit von zwei Spielzeiten, das Jahresgehalt betrage 14 Millionen Euro. Die Argumentation vieler Zeitungsmacher ist schlicht: City will einen Top-Stürmer. Harry Kane bleibt bei Tottenham, die Alternative heißt Cristiano Ronaldo, der Turin verlassen möchte. Am Morgen des 27. titelt der *Mirror*: „The Blue Ronnie“ („Der blaue Ronnie“) und fügt hinzu: „CR7 sagte einmal, es sei sehr, sehr schwierig … Jetzt steht er mit City im Gespräch.“ Die *Daily Mail* schreibt „Welcome to Ronchester“ und erklärt: „City in Gesprächen über Cristiano, während Juve sich auf den Verkauf vorbereitet“. Der *Telegraph* versichert: „City-Spieler wollen, dass Ronaldo zu ihnen kommt.“ Der portugiesische *Record* schreibt auf der Titelseite „Ronaldo tem acordo com o City“ („Ronaldo hat eine Vereinbarung mit City“). In Italien deklariert der *Corriere dello Sport*: „Endstation, Ronaldo Richtung City“, während die *Gazzetta dello Sport* auf ein Foto von Ronaldos Rücken „CR Ciao“ druckt und erklärt: „Ronaldo hat sich entschieden, er verlässt Juve, er geht zu City.“

Am 27. August um 15:30 Uhr findet bei Juventus die übliche Spieltagspressekonferenz mit dem Trainer statt. Alle warten darauf, was Massimiliano Allegri zur Ronaldo-Sache erklären wird. „Gestern hat mir Cristiano gesagt, dass er nicht die Absicht hat, bei Juve zu bleiben“, beginnt der Trainer. „Deswegen hat er nicht trainiert und wird nicht aufgestellt. Ich bin von Cristiano Ronaldo nicht enttäuscht. Inzwischen überrascht mich nichts mehr, es ist das Leben. Das ist der Markt und seine Logik. Es bleiben Juventus, das ist das Wichtigste, und die Spieler, die hier sind und arbeiten wollen.“ Keine Stunde nach Ende von Allegris Pressekonferenz hebt Cristiano Ronaldo mit einem Privatjet vom Turiner Flughafen ab. Er fliegt nach Lissabon ins Trainingslager der portugiesischen Nationalmannschaft, die sich dort auf die Qualifikationsspiele für die WM 2022 in Katar vorbereitet.

Kapitel 39

# Willkommen zu Hause

## Zurück bei Manchester United

*„Let's go, Devils!"*

„Ich bin aus zwei Gründen zu Manchester United zurückgekehrt. Erstens liebe ich den Klub, zweitens liebe ich die Siegermentalität dieses Vereins. Ich bin nicht als Cheerleader gekommen. Wenn ihr erfolgreich sein wollt, müsst ihr United aus tiefstem Herzen lieben. Ihr müsst für den Verein essen, schlafen und kämpfen. Egal ob ihr spielt oder nicht, ihr müsst immer 100 Prozent geben und eure Mitspieler unterstützen. Ich bin hier, um zu gewinnen, und gewinnen macht glücklich. Wir wollen glücklich sein, oder? Ihr seid fantastische Fußballer und ich glaube an euch, sonst wäre ich nicht zurückgekehrt. Wenn ihr das Maximum herausholt, werden euch die Fans unterstützen. Ich möchte eine Siegermentalität schaffen, dies alles wird bleiben, wenn ich mich zurückziehe, und ihr werdet dann auch ohne mich dominieren. Ich werde alles geben, aber ich brauche euch. Seid ihr bereit zu kämpfen? Seid ihr bereit, auf dem Platz alles zu geben?"

Es ist Freitag, der 10. September 2021, die Nacht vor der Partie Manchester United gegen Newcastle, der vierte Spieltag der Premier League. Der Vorabend des zweiten Debüts, des zweiten Lebens von Cristiano Ronaldo im Trikot der *Red Devils* und dies ist, laut *The Sun*, die Rede des Portugiesen vor seinen neuen Teamkollegen. Es ist üblich, dass sich der Neuling mit wenigen Worten dem Team vorstellt oder sein Lieblingslied singt. Ronaldo erhielt Applaus von Spielern und Staff für diese Ansprache.

„Zehn Tage sind seit Cristianos Unterschrift bei United vergangen, und die Fans haben sie wirklich genossen", erklärt Ole Gunnar Solskjær. 15 Tage sind seit dem 27. August vergangen, als der portugiesische Star nach einer Blitzverhandlung innerhalb weniger Stunden das Ziel wechselte. Um 9:20 Uhr an diesem Tag traf CR7 im Juve-Trainingszentrum Continassa ein, um sich von seinen Mitspielern zu verabschieden und die letzten Sachen aus dem Spind zu holen. Zu diesem Zeitpunkt glaubten alle, dass die Reise des Portugiesen zu Manchester City führt. Aber auf der Pressekonferenz am selben Morgen scheint der Mann, der davon wissen müsste – Pep Guardiola, Trainer der *Citizens* –, zumindest nicht besonders überzeugt von CR7 als möglichen Neuzugang. „Cristiano wird entscheiden, wo er spielen möchte, nicht Manchester City oder ich", beantwortet Pep Fragen von Journalisten und ergänzt: „In diesem Moment scheint er weit weg zu sein." Böse Zungen aus Spanien werden später behaupten, Guardiola habe tatsächlich nichts von Cristiano wissen wollen – wegen der Art Spieler, die er sei, und wegen seines Egos auf dem Platz. Und weil der Veteran freiwillig niemals Guardiolas Philosophie des Pressings und des hohen Tempos akzeptiert hätte und zudem die Zukunftsaussichten von Spielern wie Raheem Sterling oder Ferrán Torres ausgebremst hätte. Nicht zuletzt sei das Ganze ein finanzielles Investment in einer Höhe gewesen, die die Möglichkeit zukünftiger Verpflichtungen stark beeinflusst hätte.

Ein paar Kilometer südwestlich spiegeln die Aussagen von Citys Lokalrivalen United deutlich mehr Zuversicht. Manager Ole Gunnar Solskjær erklärt: „Cristiano ist eine Legende dieses Klubs, der Beste aller Zeiten, wenn ihr mich fragt. Ich hatte das Glück, mit ihm zu spielen und ihn zu trainieren, und ich hatte immer eine gute Beziehung zu ihm. Wenn er Juventus verlässt, weiß er, dass wir bereit sind." Und United ist bereit. Am 27. August um 16:46 Uhr erreicht Juve das Angebot der *Red Devils*: 15 Millionen Euro, zahlbar in fünf Jahresraten plus maximal weitere acht Millionen Euro Bonus. United hat sich mit dem Spieler bereits auf einen Zweijahresvertrag mit Option auf ein drittes Jahr für 25 Millionen Euro pro Saison geeinigt. Um 18:03 Uhr gibt Manchester United auf seiner Website die Einigung mit Juventus über den Transfer bekannt – „vorbehaltlich einer Einigung über die persönlichen Bedingungen und des Medizinchecks des Spielers Dos Santos Aveiro Cristiano Ronaldo". Am 31. August unterschreibt CR7 den Vertrag mit United und ist damit auch offiziell nach Hause zurückgekehrt.

Am Samstag, den 11. September 2021, ist Party im Old Trafford. Die Feierlichkeiten zur Rückkehr des verlorenen Sohns begannen bereits am Morgen in den Pubs der Stadt. Rund um das Stadion sind viele Fans, jede Menge Schals, Trikots, Fanartikel, Schilder und Banner mit der Nummer 7 zu sehen. Die Sonne strahlt. Und als die leibhaftige Nummer 7 um kurz vor 15 Uhr im roten Trikot das Feld betritt, als Letzter hinter der Nummer 6, Paul Pogba, da erhebt sich ein irres Getöse von den Tribünen: Applaus,

Sprechchöre, Lieder. Eine fantastische Atmosphäre. Und ein für die Marke CR7 bedeutender Aspekt: Dass Cristiano seine angestammte Nummer auch bei United tragen kann, hat er Edinson Cavani zu verdanken. Der Uruguayer überlässt ihm die 7 und nimmt stattdessen das Trikot mit der 21.

Nach zwölf Jahren und 119 Tagen steht CR7 wieder vor seinem Publikum, das letzte Mal im „Theater der Träume" war gegen Arsenal. Ronaldo spielt vor Sir Alex Ferguson, der ihm von der Tribüne applaudiert und die Rückkehr seines Ziehsohns augenscheinlich genießt. Jenes Jungen, den Ferguson mit 18 Jahren von Sporting Lissabon geholt und zum Champion gemacht hat. Für den Portugiesen scheint die Zeit stehen geblieben zu sein: Er ist kräftig, sprintstark, schnell, er will den Ball, er fordert den Pass, er zeigt dem Publikum, was er will: Finten, Doppelpässe und Tore. Und Ronaldo fackelt nicht lang: In der 47. Minute erzielt er das erste Tor dieses Premier-League-Nachmittags. Das 1:0 ist ein Geschenk von Newcastle-Keeper Freddie Woodman, der einen Schuss von Mason Greenwood nicht festhalten kann. Cristiano muss den Ball im Stil eines abgekochten Strafraumstürmers nur ins Netz schieben – und Old Trafford explodiert. Ein lautes „Siiiiiiiii" hört man von den Tribünen – und ein donnerndes „Booooom", als CR7 nach seinem ikonischen Jubelsprung wieder auf der Erde gelandet ist. Javier Manquillo schießt in der zweiten Halbzeit den Ausgleich für die Magpies, aber dieser Samstagnachmittag gehört Ronaldo. In der 62. Minute versucht er nach Vorlage von Luc Shaw einen Linksschuss. Der Ball geht zwischen den Beinen Woodmans hindurch – 2:1. Ein weiteres „Siiiiiii" und ein weiteres „Boooom" folgen, und dann kann die Party mit den Wundertoren von Bruno Fernandes und Jesse Lingard weitergehen: 4:1. 72.732 Zuschauer sind glücklich: Ronaldo ist wieder zu Hause.

Nach dem Spiel schreibt der Superstar an seine 340 Millionen Follower auf der ganzen Welt: „Meine Rückkehr nach Old Trafford war nur eine kurze Erinnerung daran, warum dieses Stadion als ‚Theater der Träume' bekannt ist. Für mich war es schon immer ein magischer Ort, an dem man alles erreichen kann, was man will. Zusammen mit meinen Teamkollegen und mit der unglaublichen Unterstützung, die wir immer von den Tribünen bekommen, gehen wir mit Zuversicht und Optimismus den vor uns liegenden Weg, den wir am Ende alle gemeinsam feiern werden. Stolz, wieder bei Man. United zu sein und wieder in der Premier League zu spielen, aber vor allem glücklich, dem Team zu helfen! Let's go, Devils!"

Kapitel 40

# Siebte Minute

## Krise in Manchester

*„Niemand gibt auf, und es gibt nur einen Weg, wieder in die Spur zu kommen: harte Arbeit."*

19. April 2022, der Dienstag nach Ostern. Im Nachholspiel des 30. Spieltags der Premier League treffen in Anfield Liverpool und Manchester United aufeinander. Nachdem Referee Mike Atkinson das Spiel um 20 Uhr Ortszeit angepfiffen hat, vergehen keine fünf Minuten bis zur Führung der Gastgeber: Sadio Mané wird von Trent Alexander-Arnold an der Mittellinie angespielt, dreht sich und bedient den mitgelaufenen Mohamed Salah auf der rechten Seite. Der Ägypter schlägt einen Diagonalball an die Kante des Fünfmeterraums, wo Luis Díaz auftaucht und den Ball über die Linie knallt. 1:0 für die Reds.

7. Minute: Das ganze Stadion erhebt sich und applaudiert, während das Spiel unten auf dem Rasen weiterläuft. Der Kop skandiert „You'll Never Walk Alone", und im Gästeblock hebt ein United-Fan Ronaldos rotes Trikot mit der Nummer 7 in den Himmel. Anfield nimmt Anteil an der Trauer von Georgina und Cristiano über den Verlust eines ihrer Zwillingskinder, das bei der Geburt gestorben ist. Erst am Vortag hat das Paar über die sozialen Medien informiert, welches Drama ihm widerfahren ist: „Wir sind zutiefst traurig, dass wir den Tod unseres Sohnes bekannt geben müssen. Es ist der größte Schmerz, den Eltern erleben können. Nur die Geburt unseres Mädchens gibt uns die Kraft, diesen Moment mit etwas Hoffnung und Glück zu leben, am Boden zerstört durch das Drama, aber vereint in der Liebe zu dem Kleinen, der geboren wurde, wie auch in der Liebe zu dem Kind, das es nicht geschafft hat. Wir möchten uns bei den Ärzten und Krankenschwestern für ihre Fürsorge und Unterstützung bedanken. Wir sind erschüttert über diesen Verlust und bitten in dieser schweren Zeit um Einhaltung der Privatsphäre. Kleines", schreiben die beiden Eltern, „du bist unser Engel. Wir werden dich immer lieben."

Im Oktober 2021 hatte Cristiano Ronaldo das Foto eines Ultraschallbildes veröffentlicht und so bekannt gegeben, dass er Zwillinge erwartet. Sein fünftes und sechstes Kind – nach Cristiano Junior, der 2010 das Licht der Welt erblickt hatte, den Geschwistern Eva und Matteo, die im Juni 2017 von einer Leihmutter geboren wurden, sowie Alana Martina, die im November 2017 das erste Kind Cristianos mit Georgina gewesen war. Eine große Familie, zu der 2022 dann auch noch Bella Esmeralda hinzukam; ihr kleiner Zwillingsbruder überlebte die Geburt nicht.

Die Nachricht vom Tod des Säuglings schockierte die Fußballwelt. Von Mannschaftskameraden, Gegnern, Vereinen und Fans kamen Beileidsbekundungen, Unterstützungsangebote und Solidaritätsbekundungen. Der englische *Daily Mirror* titelte: „Dein Schmerz ist unser Schmerz.“ Aber die Ehrung, die Anfield CR7 zuteilwerden lässt, der nicht beim Spiel, nicht im Stadion, sondern weit weg ist in seiner Trauer, diese Ehrung ist die mit Abstand bewegendste Geste von allen. Und sie wiederholt sich vier Tage später im Emirates. CR7 steht gegen Arsenal in der Startaufstellung, und in der 7. Minute zollt ihm das ganze Stadion Respekt, alle erheben sich und spenden einen langen Applaus. Als der Portugiese in der 34. Minute den Torreigen an diesem Nachmittag eröffnet, feiert er seinen Treffer nicht wie üblich. Stattdessen neigt er den Kopf, bekreuzigt sich und hebt den Zeigefinger gen Himmel. Das Tor ist seinem verstorbenen Sohn gewidmet.

Am nächsten Tag postet Cristiano auf Instagram einen Schnappschuss mit der kleinen Bella Esmeralda in seinen Armen, daneben Georgina mit den anderen Kindern. „Home sweet home. Gio und unser kleines Mädchen sind endlich mit uns zusammen. Wir möchten uns bei allen für all die netten Worte und Gesten bedanken. Eure Unterstützung ist sehr wichtig, wir haben die Liebe und den Respekt gespürt, den ihr uns geschickt habt. Jetzt ist es an der Zeit, dankbar für jenes Leben zu sein, das wir gerade in dieser Welt willkommen geheißen haben.“ Ein lächelndes Familienfoto in einer auch aus sportlicher Sicht traurigen Zeit.

Wie unglaublich großartig hatte das Comeback von CR7 im Trikot der Red Devils begonnen. Mit einem Doppelpack gegen Newcastle und mit drei weiteren Toren in vier Spielen in der Liga und der Champions League. Die Form des portugiesischen Stürmers war so beeindruckend, dass er im September zum besten Spieler der Premier League gewählt worden war – vor João Cancelo, Antonio Rüdiger und Mohamed Salah.

Einziger Wermutstropfen für die Red Devils in dieser Phase ist das Ausscheiden in der dritten Runde des englischen Ligapokals gegen West Ham am 22. September 2021. Ronaldo steht nicht im Aufgebot.

Zwischen Oktober und den ersten Novemberwochen geht es dann bergab. In der Champions League trifft CR7 zwar dreimal gegen Atalanta Bergamo, aber in fünf Premier-League-Spielen erzielt der Superstar nur ein Tor – mit einem gleichwohl herrlichen Distanzschuss beim 3:0-Sieg über Tottenham. Besorgniserregender ist jedoch die Situation der Mannschaft: Auswärts setzt es eine 2:4-Niederlage bei Leicester City, und in der darauffolgenden Woche wird man im Derby gegen Liverpool von Jürgen Klopps Team regelrecht vernichtet: 0:5. Doch damit nicht genug: Am 6. November setzt es im Old Trafford eine 0:2-Niederlage gegen den Stadtrivalen City. Der Stuhl von Ole Gunnar Solskjær wackelt heftig. Nach einer luxuriösen Sommer-Shoppingtour – neben Cristiano waren auch Raphaël Varane von Real Madrid und Jadon Sancho von Borussia Dortmund verpflichtet worden – galt United zum Saisonstart als einer der Favoriten auf den Titel in der Premier League.

Für Ablenkung vom tristen Ligaalltag sorgt die anstehende Länderspielpause. Am 14. November 2021 empfängt Portugal mit Kapitän Ronaldo in Lissabon Serbien zum letzten Spieltag der Qualifikation für die Weltmeisterschaft 2022 in Katar. Den Gastgebern reicht ein Unentschieden, Serbien muss gewinnen. Das Spiel im Estadio da Luz läuft planmäßig für Ronaldo & Co: Nach etwas mehr als 90 Sekunden geht die Seleção durch Renato Sanches in Führung. Doch Serbien steckt nicht auf und kommt in der 32. Minute zum Ausgleichstreffer: Dušan Tadić, die Nummer 10 im weißen Trikot, versucht es mit einem Schuss von der Strafraumgrenze, den Portugals Keeper Rui Patrício zunächst gut unter Kontrolle zu haben scheint. Doch dann rutscht ihm der Ball durch die Hände und ins Netz. Das 1:1 sichert das Ticket nach Katar, doch dann kommt die 89. Spielminute.

Eine Flanke Tadícs von rechts findet Aleksandar Mitrovíc am langen Pfosten, der mit seinem Schuss das 2:1 erzielt. Auf dem Platz bricht der Wahnsinn los: Hemmungslose Serben feiern ihre WM-Qualifikation, während die Portugiesen im März in die Playoffs müssen, um die Teilnahme an der WM-Endrunde in Katar sicherzustellen. Und das wird schwer: Denn man trifft zunächst auf die Türkei und im Finale auf den Sieger der Partie zwischen Nordmazedonien und Italien.

Sechs Tage nach dem Debakel mit der Nationalmannschaft folgt ein weiteres für CR7, diesmal mit United. Die Red Devils treten beim Tabellensiebzehnten aus Watford an. Die Hornets und ihr Trainer Claudio Ranieri benötigen zum Klassenerhalt dringend einen Sieg. Für United und Solskjær ist es eine gute Gelegenheit, nach den Niederlagen gegen Liverpool und City zurück auf die Siegerstraße zu kehren. Doch statt mit einem Triumph endet Uniteds Auftritt an der Vicarage Road mit einem weiteren Desaster: Watford 4, Manchester United 1. Damit liegen die Red Devils nach 12 Spieltagen nur auf Platz 8 der Tabelle und haben bereits 12 Punkte Rückstand auf Tabellenführer Chelsea.

Am nächsten Tag wird Ole Gunnar Solskjær von seinem Posten entbunden. „Ich gehe mit gutem Gewissen, denn ich denke, jeder weiß, dass ich alles für den Verein gegeben habe. Diese Mannschaft bedeutet mir alles, und wir haben zusammen ein gutes Tandem gebildet. Leider habe ich nicht die notwendigen Ergebnisse erzielt. Es ist an der Zeit, dass ich zurücktrete", schreibt der Norweger zum Abschied. Neben der jüngsten Niederlagenserie hat Solskjær in seinen dreieinhalb Jahren Amtszeit keinen Titel ins Old Trafford geholt, sein größter Erfolg ist das im vergangenen Sommer gegen Villarreal verlorene Europa-League-Finale. Michael Carrick, Solskjærs Stellvertreter, nimmt den Platz des Norwegers vorübergehend ein. Er betreut die Mannschaft im Auswärtsspiel bei Chelsea (1:1).

Am 29. November gibt Manchester United bekannt, dass der Deutsche Ralf Rangnick seinen Posten als Sportdirektor von Lokomotive Moskau aufgibt, um bis zum Saisonende als Cheftrainer der Red Devils zu arbeiten. Am 2. Dezember gibt Rangnick sein Debüt im Heimspiel gegen Arsenal. Unter tatkräftiger Mithilfe von CR7, der – auf Vorlage von Rashford und per Elfmeter – zwei Tore erzielt, gelingt ein knapper 3:2-Sieg. Im Laufe des Dezembers holt der deutsche Trainer drei weitere Siege sowie zwei Unentschieden. Cristiano kommt im letzten Gruppenspiel der Champions League gegen Young Boys Bern (1:1), das United ins Achtelfinale bringt, nicht zum Einsatz. Er spielt aber volle 90 Minuten in der Premier League bei Norwich und erzielt dabei den Ausgleich zum 1:1-Endstand. Das Jahr beendet er am 30. Dezember mit einem Treffer in der Liga gegen Burnley. CR7 macht damit seinem größten Mentor ein verfrühtes Geschenk: Am Tag nach dem 3:1-Sieg über Burnley, den er auf der Tribüne im Old Trafford verfolgt, wird Sir Alex Ferguson seinen 80. Geburtstag feiern.

Das Jahr 2022 beginnt schlecht: Am 3. Januar setzt es die erste Niederlage der kurzen Rangnick-Zeit. United verliert zu Hause mit 0:1 gegen Wolverhampton. CR7 trägt die Kapitänsbinde, schafft es aber nicht, die Dinge wieder geradezurücken, wie er es in der Vergangenheit so oft schon getan hat. Wegen muskulärer Probleme fehlt CR7 in den beiden Spielen gegen Aston Villa (1:0 im FA Cup, 2:2 in der Liga). Aber als er bei der 1:3-Auswärtsniederlage in Brentford wieder in der Startaufstellung steht, trifft er erneut nicht, und was noch schlimmer ist, er wird auch bei seinen folgenden vier Einsätzen gegen West Ham, Middlesbrough, Burnley (eingewechselt) und Southampton ohne Torerfolg bleiben. Dabei verschießt er am 4. Februar in der 4. Runde des FA Cups im Elfmeterschießen gegen Middlesbrough – United scheidet aus dem Wettbewerb aus. Eine solche Durststrecke hat der portugiesische Stürmer seit 13 Jahren nicht mehr erlebt, damals traf er im Trikot von United zwischen Dezember 2008 und Januar 2009 in sieben Spiele nacheinander nicht ins gegnerische Tor.

Zu der Ladehemmung kommt hinzu, dass Cristianos Verhältnis zu Ralf Rangnick nicht gerade ideal ist. Das wird erstmals öffentlich deutlich, als der Trainer seinen Stürmer in der 71. Minute der Partie gegen Brentford vom Feld holt. Neun Minuten zuvor hat CR7 im Zusammenspiel mit seinem Landsmann Bruno Fernandes die 2:0-Führung der Red Devils durch Mason Greenwood vorbereitet. Als Cristiano bemerkt, dass er das Spielfeld verlassen soll, verändert sich sein Gesichtsausdruck, er stürmt in Richtung Bank. Seine Gesten sprechen eine eindeutige Sprache, er ist stinksauer. Nachdem Marcus Rashford kurz darauf mit seinem Treffer zum 3:0 das Spiel entscheidet, geht Rangnick noch mal auf Ronaldo zu, um die Angelegenheit zu schlichten. „Ich habe ihm gesagt: Du bist 36 Jahre alt, wenn du Trainer bist, wirst du die Dinge anders sehen", erklärt Rangnick später. Aber die Erklärung scheint nicht zu wirken.

Einige Wochen später sprechen britische Zeitungen ganz offen von tiefgreifenden Differenzen zwischen Cristiano und Rangnick. Es wird gemunkelt, dass der Trainer nicht die Unterstützung der Schwergewichte in der Umkleidekabine besitze und dass Ronaldo überzeugt ist, dass der Deutsche nicht in der Lage ist, eine Mannschaft wie United zu führen. Der Trainer nimmt kein Blatt vor den Mund und sagt am Vorabend des Spiels gegen Southampton über seine Nummer 7: „Er sollte mehr Tore schießen, weil wir Chancen kreieren. Er hat nicht genug Tore erzielt, aber das ist nicht nur ein Problem von Cristiano. Das passiert auch bei anderen Spielern." Aber man sollte nie an „El Bicho" zweifeln …

Drei Tage nach Rangnicks Verbalattacke kehrt Cristiano im Heimspiel gegen Brighton am 15. Februar aufs Feld zurück. In der 51. Minute bezwingt er Torwart Robert Sánchez mit einem Rechts-Volleyschuss von der Strafraumgrenze aus zum 1:0. Dann vergisst er, das Tor mit dem klassischen „SIIIIIIIIUUU" zu feiern, und rutscht stattdessen auf Knien Richtung Tribüne im Old Trafford. Nach dem 2:0-Sieg twittert Cristiano: „Zurück in der Spur! Niemand gibt auf, und es gibt nur einen Weg, wieder in die Spur zu kommen: harte Arbeit, Teamarbeit, ernsthafte Arbeit. Alles andere ist nur Lärm. Auf geht's Devils." United klettert in der Premier League auf den vierten Platz, ein gutes Omen für das Champions-League-Achtelfinale gegen Atlético Madrid, sollte man meinen.

Doch am 23. Februar 2022 im Wanda Metropolitano dominieren die Colchoneros von Anpfiff weg, in der 6. Minute köpft João Félix, die portugiesische Nummer 7 im Atlético-Trikot, nach einer Flanke von Renan Lodi den Ball an David de Gea vorbei zum 1:0 ein. Madrid lässt den Ball gut laufen und erspielt sich zahlreiche Chancen, doch in der 79. Minute gelingt United nach Vorbereitung von Bruno Fernandes der Ausgleichstreffer durch Anthony Elanga. In Anbetracht des Spielverlaufs ist das kein schlechtes Ergebnis für United. Alles wird am 15. März in Old Trafford entschieden. Davor gibt es aber noch entscheidende Duelle in der Premier League und einige Kontroversen. So wie die am Vorabend des großen Spiels gegen den Lokalrivalen City. Offiziell ist CR7 wegen einer Verletzung und Hüftproblemen nicht mit von der Partie. Inoffiziell soll Cristiano sich geweigert haben, auf der Bank zu sitzen, wo Rangnick ihn haben wollte. Eine Entscheidung, die dem Portugiesen missfällt. Er verlässt das Trainingslager von United und fliegt in einem Privatjet nach Madeira, um dort ein paar Tage mit seiner Familie zu verbringen. In der britischen Presse ist von einer endgültigen Trennung zwischen dem Spieler und dem Trainer die Rede, und es wird bereits darüber spekuliert, wohin der Portugiese als nächstes gehen könnte. An Angeboten, so heißt es, mangele es nicht: von Real Madrid bis Paris Saint-Germain, von Bayern München bis Sporting Lissabon, bis hin zu David Beckhams Inter Miami.

Doch innerhalb von sechs Tagen ändert sich alles, zumindest fast. Manchester United trifft zu Hause auf Tottenham. Die Spurs sind Vierter in der Liga, zwei Plätze vor United. Beide Klubs spielen um einen Platz in der Champions League. Cristiano kommt hoch motiviert zu dem Spiel. Mit einem Hattrick, der alle fassungslos macht, fegt er die Nordlondoner im Alleingang vom Platz. Paul Pogba, sein Mannschaftskamerad, sagt der BBC: „Den besten Stürmer in der Geschichte des Fußballs im Team zu haben, kann nie ein Problem sein." Sogar Ralf Rangnick findet lobende Worte für Cristiano: „Er hat seine beste Leistung gezeigt, seit ich hier bin. Ich habe nicht erwartet, dass er einen Hattrick erzielt, aber ich habe erwartet, dass er trifft. Deshalb habe ich ihn ja gebracht." Auch Tottenhams Spieler verneigen sich vor dem Sieger. Hugo Lloris, Torwart und Kapitän der Spurs, gibt zu: „Ohne Ronaldo wäre das kein guter Abend für United gewesen." El Bicho hat gegen die Spurs seinen 49. Hattrick auf Vereinsebene erzielt. Er ist damit der zweitälteste Spieler (37 Jahre und 35 Tage), der in der Premier League einen Hattrick erzielt hat, nur Teddy Sheringham (37 Jahre und 146 Tage) übertrifft ihn in dieser Rangliste. Es ist Cristianos Pflichtspieltor Nummer 808, sein 18. in der laufenden Saison (12 in der Premier League, 6 in der Champions League). Nur Mohamed Salah hat in der besten Liga der Welt mit 20 Toren häufiger getroffen.

Cristiano hat ein klares Zeichen gesetzt, dass die Zeit des Ruhestands für ihn noch nicht gekommen ist. Das erste seiner drei Tore gegen Tottenham wird zum „Tor des Monats" gekürt und zählt später zu den Kandidaten für das beste Tor der Saison: Ein strammer Schuss von außerhalb des Strafraums, der unter die Latte geht, ohne dass Lloris den Einschlag irgendwie hätte verhindern können. Die drei CR7-Tore geben den United-Fans im Old Trafford Hoffnung für das Rückspiel im Achtelfinale der Champions League drei Tage später. Aber Cristiano Ronaldo kann Atlético nicht versenken. Er hat es mit Real und mit Juve geschafft, aber dieses Mal bleibt das Wunder aus. Diesmal sieht Cristiano, wie die Ferse seines Landsmanns João Félix den Ball auf Antoine Griezmann rechts im Strafraum legt. Der Franzose bringt den Ball an den langen Pfosten auf Lodi, der im Laufen einen Kopfball an De Gea vorbei zum 1:0 ins Tor setzt. Es ist das Tor, das Atlético den Einzug ins Viertelfinale beschert. Es ist das Tor, das eine katastrophale Saison für Manchester United besiegelt. CR7 wird in dieser Saison keine Trophäe gewinnen. Etwas, das ihm seit zwölf Jahren nicht mehr passiert ist.

Pause in den nationalen Wettbewerben. Die Playoffs, um die letzten Tickets für Katar zu lösen, stehen an. Am 24. März schlagen Cristiano und seine Mannschaftskameraden die Türkei in Lissabon mit 3:1 und erreichen damit das Playoff-Finale. Dort treffen sie fünf Tage später auf Nordmazedonien, das völlig überraschend Europameister Italien ausgeschaltet hat. Doch eine weitere Sensation schafft das kleine Land nicht, Portugal gewinnt 2:0. Bruno Fernandes trifft doppelt, das erste Tor hat Cristiano Ronaldo vorbereitet. Portugal fliegt nach Katar, und CR7 spielt seine fünfte Weltmeisterschaft.

Der April 2022 ist der Monat, in dem der Tod seines Sohnes beklagt wird. Und es ist der Monat, in dem Cristiano nach so viel Kritik, nach so vielen schlechten Momenten wieder glänzt. Er schießt fünf Tore in vier Spielen. Er erzielt einen wunderbaren Hattrick in Norwich und schießt den Ehrentreffer bei der 1:3-Niederlage gegen Arsenal – und sein 100. Tor in der Premier League. Er ist nach Ryan Giggs, Paul Scholes und Wayne Rooney der vierte United-Spieler, der diese Marke erreicht. Sein 101. Tor erzielte er im letzten Spiel des Monats, als er mit einem Volleyschuss das Match gegen Chelsea entscheidet.

Es sind Tore und Leistungen, die dazu führen, dass CR7 zum Spieler des Monats in der Premier League gewählt wird. Ebenfalls im April, am 21., um genau zu sein, gibt United bekannt, dass Erik ten Hag am Ende der Saison neuer Cheftrainer des Klubs wird. Der Niederländer hat einen Vertrag bis 2025 unterschrieben und sagt gegenüber der Tageszeitung *De Telegraaf*: „Ich freue mich auf die Arbeit mit Ronaldo. Er ist ein Riese, das hat er schon bewiesen, und ich glaube, er ist immer noch sehr ehrgeizig. Natürlich möchte ich, dass er bleibt. Er war dieses Jahr sehr wichtig für Manchester United und kann der Mannschaft viel geben."

Cristiano sagt in einem Interview auf der Webseite des Vereins: „Ten Hag hat bei Ajax fantastische Arbeit geleistet und ist ein erfahrener Trainer, aber wir müssen ihm Zeit geben. Die Dinge müssen sich so entwickeln, wie er es will. Wenn er gut arbeitet, wird ganz Manchester United erfolgreich sein, also wünsche ich ihm alles Gute. Wir sind alle glücklich und freuen uns, dass er hier ist. Und wir müssen daran glauben, dass wir nächstes Jahr Titel gewinnen können." Es sind Aussagen, die darauf hindeuten, dass CR7 eine weitere Saison bei United bleibt und seinen im Juni 2023 auslaufenden Vertrag erfüllt.

Während des Wartens auf die Ankunft von Ten Hag wird es für die Red Devils immer schlimmer: Die 0:4-Niederlage gegen Brighton am 7. Mai bedeutet, dass Manchester United in der kommenden Spielzeit nicht an der Champions League teilnehmen wird. Es ist 19 Jahre her, dass sich eine Mannschaft mit Cristiano Ronaldo im Kader nicht mehr für den wichtigsten europäischen Vereinswettbewerb hat qualifizieren können. Das letzte Mal war das in der Saison 2002/03 der Fall, als Sporting Lissabon in der portugiesischen Liga mit dem damals 18-Jährigen Dritter wurde und die Qualifikation für Europas „Königsklasse" verpasste.

Sonntag, 22. Mai 2022, steht der letzte Spieltag der Premier-League-Saison an. Cristiano Ronaldo steht wegen eines Hüftproblems nicht im Kader. United verliert in London bei Crystal Palace mit 0:1, belegt aber dank der unerwarteten Auswärtsniederlage von West Ham in Brighton den sechsten Platz in der Liga und qualifiziert sich für die Europa League. Damit endet eine katastrophale Saison für Englands erfolgreichsten Fußballklub. Katastrophal in nahezu allen Belangen.

*Trainer:* Ole Gunnar Solskjær hat nicht das erreicht, was er von der Mannschaft wollte, und Ralf Rangnick ist mit dem Versuch gescheitert, die Mannschaft wieder zurück auf die Siegerstraße zu bringen.

*Spieler:* Die neuen, überbezahlten Spieler Raphaël Varane und Jadon Sancho haben sich nicht in die Mannschaft eingefügt, ihre Leistungen haben nicht den Erwartungen entsprochen. Zwei verlässliche Kandidaten wie Marcus Rashford und Harry Maguire haben die schwächste Phase ihrer Karriere durchlebt, die Leistungen von Stürmer Edinson Cavani sind nach Ansicht des ehemaligen United-Spielers Paul Scholes eine einzige Schande gewesen.

Und *Cristiano*? Er hat nicht wie sonst geglänzt, hat nicht so viele Tore erzielt wie in der Vergangenheit, aber mit seinen 37 Jahren ist er neben De Gea und Fred einer der wenigen, die sich dem allgemeinen Desaster entgegengestemmt haben. CR7 hat 24 Tore erzielt, sechs in der Champions League und 18 in der Premier League. Damit war er Dritter in der Torschützenliste hinter Liverpools Salah (23) und Tottenhams Son (23). Und er hat United schon mehr als einmal gerettet. Aber was wird in Zukunft sein?

Kapitel 41

# Eine neue Herausforderung

## Die WM in Katar und ein unerwarteter Wechsel

*„Mein Job in Europa ist vorbei.*
*Ich habe nichts mehr zu beweisen."*

Achtundvierzig Stunden vor seinem WM-Debüt in Katar twittert Manchester United eine 67 Wörter umfassende Erklärung: „Cristiano Ronaldo verlässt Manchester United im gegenseitigen Einvernehmen und mit sofortiger Wirkung." Der Verein dankt ihm für seinen immensen Beitrag, den er in zwei Jahren im Old Trafford mit 145 Toren in 346 Einsätzen geleistet hat, und wünscht ihm und seiner Familie alles Gute für die Zukunft. „Alle bei Manchester United konzentrieren sich darauf, die Fortschritte der Mannschaft unter Erik ten Hag fortzusetzen und gemeinsam für den Erfolg auf dem Platz zu arbeiten."

Über die sozialen Netzwerke bestätigt Cristiano: „Nach Gesprächen mit Manchester United haben wir uns einvernehmlich darauf geeinigt, unseren Vertrag vorzeitig zu beenden. Ich liebe Manchester United und ich liebe die Fans, das wird sich nie ändern. Aber es erscheint mir der der richtige Zeitpunkt, eine neue Herausforderung zu suchen. Ich wünsche der Mannschaft viel Erfolg für den Rest der Saison und für die Zukunft." Es ist Dienstag, der 22. November 2022, und hier endet die zweite Etappe des portugiesischen Superstars im Trikot der Red Devils.

Es ist eine Trennung in gegenseitigem Einvernehmen, nach Monaten der Kontroversen und einem schwierigen Saisonstart. Erik ten Hag, der niederländische Trainer, hat ihm nur vier Starts in der Premier League gegeben. In 14 Ligaspielen erzielte Cristiano nur ein Tor, immerhin zwei in der Europa League gegen Sheriff Tiraspol. Es ist ein Ende, das sich spätestens nach jenem Interview angekündigt hat, das CR7 wenige Stunden vor seiner Abreise nach Katar dem englischen Journalisten Piers Morgan vom Sender Talk TV gab: 90 Minuten, in denen CR7 den Verein, die Trainer, die Eigentümer und einige seiner ehemaligen Mannschaftskameraden verunglimpfte. Ronaldo ließ kein gutes Haar an niemandem.

Über United: „Ich dachte, nach 13 Jahren hätte sich viel verändert. Aber ich war überrascht, im negativen Sinne. Alles war gleich geblieben. Mir wurde klar, dass der Verein rückwärtsgewandt war, als ob die Uhr für ihn stehen geblieben wäre. Nach Sir Alex Ferguson gab es bei Manchester United kein Wachstum mehr: Der Fortschritt war gleich null (…) Ich fühlte mich von United verraten. Sie haben versucht, mich zu zwingen, zu gehen. Ich habe das Gefühl, dass einige Leute mich nicht bei Manchester United haben wollen, nicht nur in diesem Jahr, sondern auch schon seit der letzten Saison. Ich wurde zum schwarzen Schaf."

Über die Krankheit seiner kleinen Tochter: „Wir waren eine Woche lang wegen eines ernsten Problems im Krankenhaus. Ich habe mit dem Management und dem Präsidenten von Manchester United gesprochen und sie schienen mir nicht zu glauben. Das hat mich wirklich verletzt, weil sie an meinen Worten gezweifelt haben. Ich habe sehr gelitten. Ich habe nicht am Sommertraining teilgenommen, weil ich meine Familie nicht verlassen konnte."

Über Ralf Rangnick: „Ich hatte noch nie von ihm gehört. Ich respektiere ihn, alle Trainer in meiner Karriere musste ich Chef nennen, aber innerlich habe ich ihn nie als Chef gesehen."

Über Erik ten Hag: „Ich habe keinen Respekt vor ihm, weil er keinen Respekt vor mir hat. Wenn du keinen Respekt vor mir hast, werde ich auch keinen Respekt vor dir haben."

Über die Familie Glazer, die Eigentümer des Klubs: „Der Klub ist ihnen egal. Sie interessieren sich nicht für den Sport. United ist für sie ein ‚Marketing-Club' sie nehmen ihr Geld aus dem Marketing. Sie vernachlässigen den Sport."

Über den Ex-Teamkollegen Wayne Rooney: „Ich verstehe nicht, warum er mich so sehr kritisiert. Wahrscheinlich ist er neidisch, weil er seine Karriere im Alter von 30 Jahren beendet hat. Ich spiele immer noch auf einem hohen Niveau. Ich will nicht sagen, dass ich besser bin als er, was ja auch stimmt … aber es ist schwer, sich diese Art von Kritik von Leuten anzuhören, die mit einem selbst gespielt haben. Das gilt auch für Gary Neville."

Das Interview mit Piers Morgan endet mit einem Gespräch über die Weltmeisterschaft, die einige Tage später in Katar eröffnet wird. Es ist die fünfte für Cristiano. Und wahrscheinlich auch seine letzte. Beim nächsten Turnier wird er 41 Jahre alt sein, „und es wäre schwer, dabei zu sein". Für die portugiesische Nationalmannschaft ist er optimistisch: „Wir haben einen fantastischen Trainer, eine gute Generation von guten Spielern. Ich hoffe, dass wir ein überraschendes Turnier spielen werden.“ Als Morgan ihn fragt, ob der Gewinn der Weltmeisterschaft der Höhepunkt seiner Karriere wäre, reagiert Cristiano unsicher. Er zögert, dann antwortet er, dass er schon einmal davon geträumt habe, den Pokal zu gewinnen. Aber sein Traum wird ein Traum bleiben.

Am Donnerstag, dem 24. November 2022, beginnt die Weltmeisterschaft für Portugal und Cristiano Ronaldo auf die bestmögliche Art und Weise. Im ersten Spiel gegen Ghana steht der Kapitän der Seleção in der Startelf und trifft per Elfmeter. Beim 3:2-Sieg gegen die „Black Stars“ eröffnet er den Torreigen und fügt seiner persönlichen Bilanz zwei weitere Rekorde hinzu: Er ist nun der einzige Spieler, der bei fünf Weltmeisterschaften ein Tor erzielt hat, und er reiht sich in die kleine Gruppe von Spielern ein, die an fünf WM-Turnieren teilgenommen haben.

Cristiano Ronaldo steht auch in den beiden anderen Gruppenspielen seiner Mannschaft auf dem Platz, beim 2:0-Sieg gegen Uruguay und bei der 1:2-Niederlage gegen Südkorea. Wobei die Partie gegen die Asiaten sicherlich nicht das beste Spiel des portugiesischen Kapitäns gewesen ist, denn sein abgefälschter Schuss ermöglichte Kim Young-Gwon den Ausgleich, und auch in der Offensive kann CR7 keine Akzente setzen. Als Trainer Fernando Santos den Superstar in der 65. Minute auswechselt, gefällt das CR7 überhaupt nicht, er reagiert ungehalten. Später wird er erklären, dass er nicht auf Santos wütend gewesen ist, sondern auf einen koreanischen Spieler, der ihn aufgefordert hatte, schneller vom Platz zu gehen. In der Version, die das portugiesische Fernsehen verbreitet, hört sich das jedoch anders an. „Sie haben es sehr eilig, mich rauszuschmeißen – verpissen Sie sich“, soll Cristiano in Richtung seines Trainers beim Verlassen des Rasens gesagt haben. Santos äußert sich später in einer Pressekonferenz am Vorabend des Achtelfinales gegen die Schweiz: „Ich habe nichts gehört, was er auf dem Spielfeld gesagt hat, ich habe nur gesehen, wie er sich mit dem koreanischen Spieler gestritten hat. Dann habe ich ihn wieder im Fernsehen gesehen und er hat mir überhaupt nicht gefallen. Nein, ganz und gar nicht. Diese Dinge werden zu Hause geklärt.“ Auf die Frage, mit welcher Aufstellung er gegen die Schweiz antreten wird, sagt der Trainer nur, dass alle zur Verfügung stehen.

Am 6. Dezember gegen die Schweiz lässt Santos Cristiano Ronaldo auf der Bank und bringt stattdessen den 21-jährigen Gonçalo Ramos von Benfica in der Startformation. Eine auf den ersten Blick verblüffende Entscheidung, doch die reinen Fakten geben Santos recht: Beim überragenden 6:1-Sieg der Portugiesen gegen die Eidgenossen erzielt Ramos einen Hattrick. Für Cristiano bleiben 15 Minuten Einsatzzeit und ein Tor, das wegen Abseits annulliert wird. Portugal zieht ins Viertelfinale ein, wo man auf Marokko trifft. Doch zwei Tage vor diesem Match platzt eine Bombe.

Am 8. Dezember melden die auflagenstarken portugiesischen Sportzeitungen *Record* und *A Bola*, dass CR7 mit der sofortigen Abreise vom WM-Turnier gedroht hat. Das sei die Reaktion des Superstars gewesen, als er erfahren habe, dass er nicht in der Startelf für das Spiel gegen die Schweiz stehe. Zudem soll der Kapitän auch einen erbitterten Streit mit Fernando Santos vom Zaun gebrochen haben. Grund dafür: die öffentliche Kritik des Trainers an Cristianos Reaktion nach der Auswechslung gegen Südkorea.

Der portugiesische Fußballverband greift umgehend ein, um die Wogen zu glätten. In einer offiziellen Erklärung wird kategorisch dementiert, dass der Kapitän der Nationalmannschaft gedroht habe, die Mannschaft während der WM zu verlassen. Via Instagram wird folgende Botschaft von Cristiano Ronaldo gepostet: „Eine Gruppe, die zu sehr vereint ist, um von äußeren Kräften gebrochen zu werden. Eine Nation, die zu mutig ist, um irgendeinen Gegner zu fürchten. Eine Mannschaft, im wahrsten Sinne des Wortes, die bis zum Ende für ihren Traum kämpfen wird! Forza Portugal!"

Zwei Tage später, am 10. Dezember im Al-Thumama-Stadion gegen Marokko, sitzt Cristiano Ronaldo zunächst jedoch erneut auf der Bank. In der 42. Minute geht Marokko in Führung: Nach einer weiten Flanke von links kommt Portugals Torhüter Diogo Costa nicht an den Ball und Youssef En-Nesyri köpft mit Hilfe der Latte zum 1:0 ein. Neun Minuten danach kommt CR7 anstelle von Rúben Neves auf den Platz – und stellt damit einen Weltrekord ein: Gemeinsam mit dem Kuwaiter Bader Al-Mutawa kommt Ronaldo auf die unglaubliche Zahl von 196 Länderspieleinsätzen. Doch in diesem Viertelfinale gegen Marokko gelingt es weder ihm noch einem seiner Mitspieler, die gegnerische Abwehrmauer zu überwinden. Marokko zieht ins Halbfinale ein. Es ist die erste afrikanische Mannschaft, die dieses Ziel erreicht. Portugal scheidet unglücklich aus dem Turnier aus. Cristiano Ronaldo verlässt den Platz sofort nach dem Abpfiff und schreitet unter Tränen in die Umkleidekabine. In Katar geht der große Traum vom größten Titel im Fußball für die Nummer 7 wahrscheinlich zu Ende, aber geräuschlos bleibt es nicht.

Ronaldos Partnerin Georgina postet unmittelbar nach dem WM-Aus auf Instagram: „Dein Freund und Trainer hat heute einen Fehler gemacht. Dieser Freund, für den du so viele Worte der Bewunderung und des Respekts übrig hast. Derselbe, der, als du das Feld betreten hast, sah, wie sich alles änderte, aber es war zu spät. Du darfst den besten Spieler der Welt, deine stärkste Waffe, nicht unterschätzen. Man kann nicht jemanden verteidigen, der es nicht verdient hat." In der Pressekonferenz nach der Niederlage wird Fernando Santos mit dem Post der Ronaldo-Partnerin konfrontiert. Er sagt: „Cristiano ist ein großartiger Spieler und er kam auf den Platz, als wir merkten, dass er gebraucht wurde. Ich bedauere die getroffenen Entscheidungen nicht."

Am Tag nach der großen Enttäuschung teilt CR7 in einer langen Nachricht auf Instagram seine Gedanken öffentlich: „Eine Weltmeisterschaft mit Portugal zu gewinnen, war der größte und ehrgeizigste Traum meiner Karriere. Zum Glück habe ich viele internationale Titel gewonnen, auch mit Portugal, aber den Namen unseres Landes auf die höchste Ebene der Welt zu bringen, war mein größter Traum. Dafür habe ich gekämpft. Bei den fünf Weltmeisterschaften, an denen ich in 16 Jahren teilgenommen habe, immer an der Seite großer Spieler und unterstützt von Millionen Portugiesen, habe ich alles gegeben. Ich habe alles auf dem Spielfeld gelassen. Ich habe keinen Kampf gescheut und diesen Traum nie aufgegeben. Leider ist der Traum gestern zu Ende gegangen." Ronaldo vermeidet diesmal die Kontroverse und schreibt: „Es hat keinen Sinn, in der Hitze des Gefechts zu reagieren. Ich möchte nur, dass alle wissen, dass viel gesagt, viel geschrieben und viel spekuliert wurde, aber meine Hingabe für Portugal hat sich keinen Augenblick geändert. Ich habe immer für die Ziele aller gekämpft und würde meinen Mannschaftskameraden und meinem Land niemals den Rücken kehren. Im Moment gibt es nicht viel mehr zu sagen. Danke an Portugal. Danke an Katar. Der Traum war gut, solange er währte …"

Und wohin zieht es Cristiano Ronaldo, den Mann mit den fünf „Ballon d'Ors“? Seit seinem Abschied von United am 22. November brodelt die Gerüchteküche, denn seither ist er vertragslos und kann sich einen neuen Verein suchen. Als wahrscheinlichstes Ziel gilt Saudi-Arabien. Mohamed bin Salman, der saudische Kronprinz, ist bereit, CR7 mit viel Geld zu überschütten, damit er für den Al-Nassr FC und vielleicht ein halbes Jahr beim Premier-League-Club Newcastle United spielt, den der staatliche saudische Investmentfond übernommen hat. Als zweite Option für einen Wechsel gilt die US-amerikanische MLS, wo LA Galaxy, der Los Angeles FC oder auch David Beckhams Inter Miami CR7 gerne in ihrem Team hätten. Bei Europas Topklubs erscheint kein Platz für einen Topverdiener wie Ronaldo frei.

Am Freitag, dem 30. Dezember 2022, ist das Spiel mit den Gerüchten und Spekulationen beendet. In Madrid unterschreibt Ronaldo einen Vertrag mit Al-Nassr bis zum 30. Juni 2025. Er soll ein Gehalt von umgerechnet 200 Millionen Euro pro Saison erhalten und eine Zukunft als Botschafter für das Projekt Fußballweltmeisterschaft 2030 in Saudi-Arabien. Am 3. Januar 2023 ist der große Tag des Portugiesen in Riad. CR7 stellt sich der Presse und den Fans vor, die sich im Stadion der King Saud University versammelt haben. Im Presseraum wird Cristiano, der einen grauen Nadelstreifenanzug, ein weißes Hemd und eine blaue Krawatte trägt, von Dutzenden von Journalisten begrüßt, die den Moment mit ihren Mobiltelefonen fotografisch festhalten. Und inmitten von Cristianos Ungläubigkeit wiederholt jemand seinen Lieblingsruf „SIIIIIIUUU“. Der Neuzugang ergreift das Wort und erklärt: „Mein Job in Europa ist vorbei, ich habe nichts mehr zu beweisen. Ich hatte Angebote aus Australien, Europa und Portugal, Brasilien und den Vereinigten Staaten, aber ich hatte Al-Nassr mein Wort gegeben. Ich habe die Angebote abgelehnt, um hierher zu kommen. Dies ist eine neue große Herausforderung für mich.“

# Zahlen und Fakten

**Persönliche Daten**
Vollständiger Name: Cristiano Ronaldo dos Santos Aveiro
Spitznamen: CR7, CR9, Cris
Geburtsdatum: 5. Februar 1985
Geburtsort: Funchal auf Madeira, Portugal
Staatsangehörigkeit: Portugal
Eltern: José Dinis (gestorben am 6. September 2005) und María Dolores
Schwestern: Cátia and Elma
Bruder: Hugo
Freundin: Georgina Rodríguez
Kinder: Cristiano Junior, Eva Maria, Mateo, Alana Martina
Größe: 1,86 m
Gewicht: 85 kg
Position: Flügelspieler
Trikotnummer: 7

**Vereine**
CF Andorinha: 1993-1995
Nacional Funchal: 1995-1997
Sporting Lissabon: 1997-2003
Manchester United: 2003-2009
Real Madrid: 2009-2018
Juventus Turin: 2018-2021
Manchester United: 2021-2022
Al-Nassr FC: seit 2023

*Sporting Lissabon:*
Debüt in der Profimannschaft: 14. Juli 2002, Freundschaftsspiel gegen Olympique Lyon
Ligadebüt: 7. Oktober 2002 gegen Moreirense FC
Erstes Tor: 3. August 2002, Freundschaftsspiel gegen Real Betis Sevilla
Einsätze:
Liga: 25 (3 Tore)
Pokal: 3 (2 Tore)
UEFA-Pokal: 2 (keine Tore)

*Manchester United:*
Debüt: 16. August 2003, Premier League, gegen Bolton Wanderers
Erstes Tor: 1. November 2003 gegen FC Portsmouth
Einsätze:
Premier League: 236 (122 Tore)
League Cup: 12 (4 Tore)
FA Cup: 27 (13 Tore)
Community Shield: 1 (kein Tor)
Champions League: 59 (21)
Europa League: 6 (2)
FIFA Klub-WM: 2 (1 Tor)

*Real Madrid:*
Debüt: 21. Juli 2009, Freundschaftsspiel gegen Shamrock Rovers
Ligadebüt: 29. August 2009 gegen Deportivo La Coruña
Erstes Tor: 29. Juli 2009, Freundschaftsspiel gegen Liga Deportiva Universitaria de Quito
Einsätze:
Primera División: 292 (311 Tore)
Copa del Rey: 30 (22 Tore)
Supercopa: 7 (4 Tore)
Champions League: 101 (105 Tore)
UEFA Super Cup: 2 (2 Tore)
FIFA Klub-WM: 6 (6 Tore)

*Juventus Turin:*
Debüt: 19. August 2018, Serie A, gegen Chievo Verona

Einsätze:
Serie A: 98 (81 Tore)
Coppa Italia: 10 (4 Tore)
Supercoppa Italiana: 3 (2 Tore)
Champions League: 23 (14 Tore)

*Al-Nassr FC:*
Debüt: 22. Januar 2023, Saudi Professional League, gegen Al-Ettifaq
Einsätze:
Saudi Professional League: 10 Spiele (11 Tore)
King's Cup: 1 Spiel
Saudi Super Cup: 1 Spiel

**Portugiesische Nationalmannschaft**
Debüt: 20. August 2003, Freundschaftsspiel gegen Kasachstan
Erstes Tor: 12. Juni 2004 gegen Griechenland im Eröffnungsspiel der EM 2004
Einsätze: 198 (122 Tore)

*Turnierteilnahmen:*
Europameisterschaft 2004, 2008, 2012, 2016, 2021
Weltmeisterschaft 2006, 2010, 2014, 2018, 2022
UEFA Nations League 2018/19, 2021/22

**Gewonnene Titel**

*Mit Manchester United:*
Champions League: 2008
Englische Meisterschaft: 2007, 2008, 2009
FA Cup: 2004
League Cup: 2006, 2009
Community Shield: 2007
FIFA Klub-WM: 2008

*Mit Real Madrid:*
Champions League: 2014, 2016, 2017, 2018
Spanische Meisterschaft: 2012, 2017
Copa del Rey: 2011, 2014
Supercopa: 2012, 2017
FIFA Klub-WM: 2014, 2016, 2017
UEFA Super Cup: 2014, 2016, 2017

*Mit Juventus Turin:*
Italienische Meisterschaft: 2019, 2020
Coppa Italia: 2021
Supercoppa Italiana: 2018, 2020

*Mit der Nationalmannschaft:*
Europameister 2016
Vizeeuropameister 2004
UEFA Nations League 2019

**Individuelle Ehrungen** (Auswahl)
Ballon d'Or/FIFA Ballon d'Or: 2008, 2013, 2014, 2016, 2017
FIFA Weltfußballer: 2008, 2016, 2017
Europas Fußballer des Jahres: 2008, 2014, 2016, 2017
UEFA Best Player in Europe: 2014, 2016, 2017
UEFA Stürmer des Jahres: 2008, 2017, 2018
Trofeo Alfredo di Stéfano (Bester Spieler der spanischen Liga): 2012, 2013, 2014, 2016
PFA Players' Player of the Year (Spieler des Jahres des englischen Profispieler-Verbandes): 2007, 2008
PFA Young Player of the Year (Nachwuchsspieler des Jahres des englischen Profispieler-Verbandes): 2007
Sir Matt Busby Player of the Year (Spieler des Jahres bei Manchester United, gewählt von den Fans): 2004, 2007, 2008, 2022

Fußballer des Jahres, Italien: 2019, 2020
FIFPro Weltfußballer des Jahres: 2008
FIFA/FIFPro World XI: 2007, 2008, 2009, 2010, 2011, 2012, 2013, 2014, 2015 , 2016, 2017, 2018, 2021
World Soccer Spieler des Jahres: 2008, 2013, 2014, 2016

**Torschützenkönig**
Europameisterschaft: 2021
Premier League: 2008
Primera División: 2011, 2014, 2015
Copa del Rey: 2014, 2015, 2016
Serie A: 2021
Champions League: 2008, 2011, 2014, 2015, 2016, 2017, 2018
Goldener Schuh der UEFA: 2008, 2011, 2014, 2015

**Rekordtorschütze**
Europameisterschaft (14 Tore)
UEFA Champions League (140 Tore)
FIFA-Klub-Weltmeisterschaft (7 Tore)
Portugiesische Nationalmannschaft (122 Tore)
Real Madrid (450 Tore)

Anmerkung: alle Angaben Stand April 2023

# Bibliografie


## Bücher

BALL, Phil, *Tormenta blanca*, Madrid 2009.

BEST, George, *Blessed. The autobiography*, London, 2002.

CARLIN, John, *Los ángeles blancos. El Real Madrid y el nuevo fútbol*, Barcelona 2004.

CUBEIRO, Juan Carlos; GALLARDO, Leonor, *Mourinho versus Guardiola*, Barcelona 2010.

CUBEIRO, Juan Carlos; GALLARDO, Leonor, *El Mundial de la Roja*, Barcelona 2010.

DECALÓ, Alessandro, *Il calcio di Cristiano Ronaldo ai raggi X*, Mailand 2010.

GONZÁLEZ, Luis Miguel; GALLARDO, Juan Ignacio, *Las mejores anécdotas del Real Madrid*, Madrid 2011.

LOURENÇO, Luis, *Mourinho*, Mailand 2010.

MODEO, Sandro, *L'alieno Mourinho*, Mailand 2010.

OLDFIELD, Tom, *Cristiano Ronaldo: The 80 million man. The inside story of the greatest footballer on earth*, London 2009.

ORTEGO, Enrique, *Sueños cumplidos. Cristiano Ronaldo*, León 2010.

RELAÑO, Alfredo, *366 Historias del fútbol mundial que deberías saber*, Madrid 2010.

RONALDO, Cristiano; BRANDÃO, Manuela, *Momentos*, Lissabon 2007.

SUÁREZ, Orfeo, *Palabra de entrenador*, Barcelona 2011.

TIDEY, Will, *Life with Sir Alex. A Fan's Story of Ferguson's 25 Years at Manchester United*, London 2011.

TORO, Carlos, *Anécdotas del fútbol*, Madrid 2004.

VILLAREJO, Luis, *Capitanes*, Madrid 2010.

## Zeitschriften

*FourFourTwo*, London
*France Football*, Paris
*Don Balón*, Barcelona
*Guerin Sportivo*, Bologna

## Zeitungen

**Spanien**
*El País*
*El Mundo*
*La Vanguardia*
*Marca*
*As*
*Sport*
*Mundo Deportivo*

**Großbritannien**
*The Times*
*Guardian*
*Independent*
*Daily Mirror*
*Daily Star*
*Daily Telegraph*
*The Sun*
*News of the World* (Erscheinen mittlerweile eingestellt)

**Portugal**
*Diario de Notícias*
*Público*
*Jornal da Madeira*
*Correio da Manhã*
*A Bola*
*Record*

**Italien**
*Corriere della Sera*
*La Repubblica*
*La Gazzetta dello Sport*
*Corriere dello Sport*

**Frankreich**
*L'Équipe*

**Jahrbücher**
*Guía Marca de la Liga 2010*
*Guía Marca de la Liga 2011*
*Guía Marca de la Liga 2012*

## Fernsehsender

**Spanien**
*RTVE*
*Antena 3*
*Telecinco*
*LaSexta*
*Intereconomía TV*
*Real Madrid TV*

**Portugal**
*RTP*
*SIC*

**Großbritannien**
*Sky Sports*
*MUTV*

## Dokumentarfilme

*Planeta Ronaldo* (SIC)
*Cristiano Ronaldo al Límite* (Castrol)

## Radiosender

**Spanien**
*Cadena SER*
*Cadena COPE*
*Onda Cero*
*Radio Marca*

**Großbritannien**
*BBC Radio*

## Webseiten

www.fifa.com
www.uefa.com
www.realmadrid.com
www.manutd.com
www.sporting.pt
www.twitter.com/cristiano
www.twitter.com/cr7web
www.facebook.com/Cristiano
www.cronaldo7.es
www.ronaldofan.com
www.ronaldoweb.com
www.cristianoronaldo.com
www.cr7.es
www.ronaldoattack.com
www.gestifute.com
www.instagram.com/cristiano